많은 일본어 학습자들의 고민! 한자!

"일본어 한자 어디서부터 시작해야 할지 모르겠어요"

"한자가 잘 안 외워지고 어려워요."

"JLPT 시험을 위해 한자 공부가 필요해요"

단 한 권으로 30일만에 해결!

한자 학습에 필요한 모든 자료 제공!

- 30일 학습플랜
- 한자 쓰기 노트
- 무료 암기장 영상
- 무료 MP3
- 한자 정리표 PDF
- 온라인테스트 5회분

기초부터 한자, JLPT, 회화까지

올패키지 **5만원 할인** 쿠폰코드

쿠폰 코드: ALL50000

이용 방법
결제 시, 쿠폰 코드 입력란에 해당 쿠폰 코드 입력 후 적용해 주세요.
*쿠폰에 관련된 문의는 유하다요 고객센터로 문의 부탁드립니다.

본 교재와 연계된 **한자강의**도 수강가능합니다.
유하다요 사이트 바로가기 ▶

일본어 전문 인강이 만든
'유하다요 일본어 상용한자 1026' 만의 확실한 차별 포인트!

한자 학습에 필요한 모든 것을
다~ 담았다!

포인트1 일본 초등학교 학년별 한자 총집합!

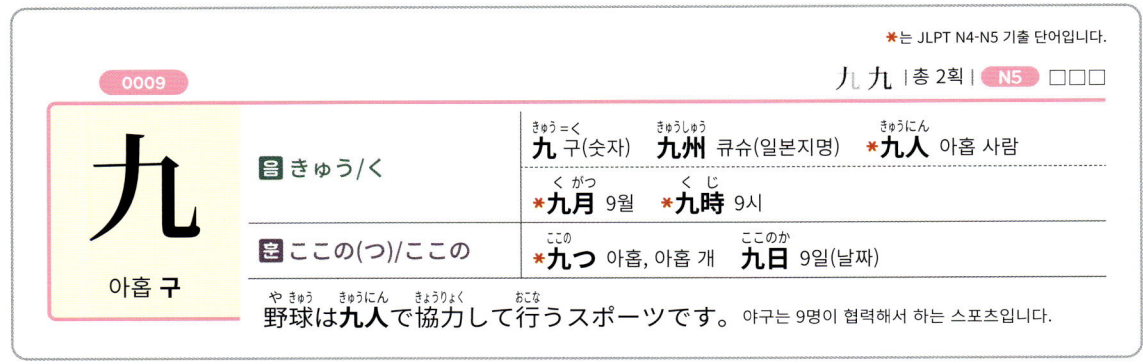

- 한자의 획순, 한글 발음, 음독과 훈독, 단어, 예문 구성

포인트2 기초부터 실전까지 한자 30일 완성!

✦ 30일 완성 학습플랜

☐ DAY 01	☐ DAY 02	☐ DAY 03	☐ DAY 04	☐ DAY 05
초등학교 1학년 Unit 01	초등학교 1학년 Unit 02	초등학교 2학년 Unit 03	초등학교 2학년 Unit 04	초등학교 2학년 Unit 05
	연습문제 01			

- 본 교재에 알맞게 짜여진 30일 학습플랜으로 빠르게 학습 가능
- 자신만의 학습스타일로 N회독하여 더욱 한자 실력업 가능

쉽게 배우는 일본어 유하다요 yuhadayo.com

포인트3   JLPT 실전 대비 가능!

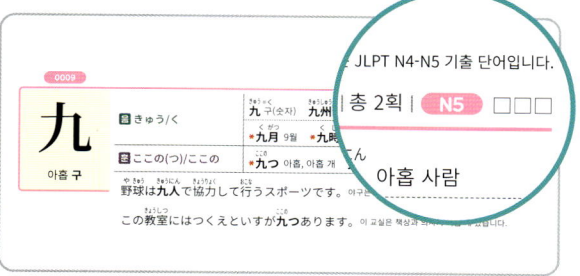

- 한자별 JLPT 레벨 표시
- JLPT 출제유형과 같은 문자어휘 문제 수록

포인트4   한자 학습 서포트 자료 무료 제공!

무료 MP3 다운로드

본교재 모든 한자, 단어, 예문 원어민 음성을 들으면서 학습해보세요.

무료 암기장 영상

언제 어디서나 핵심만 간편하게 복습 할 수 있어요.

무료 한자쓰기 노트 수록

한자를 획순에 따라 직접 쓰면서 학습해보세요.

+추가 학습자료

한자 테스트 5회분 PDF

한자 정리표 PDF

유하다요 사이트 바로가기▼

쉽게 배우는 일본어 유하다요 yuhadayo.com

3,800만의 이유 있는 선택!

*유하다요 유튜브 영상 누적 조회수 기준(25.02)

JLPT 시리즈

유하다요 JLPT N3 한 권 스피드 합격

유하다요 JLPT N2 한 권 스피드 합격

유하다요 JLPT N1 한 권 스피드 합격

알라딘 JLPT 분야 및 일본어 통합 분야 1위 (2024.4.18~2024.4.24)

쉽게 배우는 일본어 유하다요 yuhadayo.com

유하다요

NEW 최신판

일본어 상용한자 1026

유하다요

목차

- ✦ 일본어 상용한자란? ·· 004
- ✦ 이 책의 구성과 특징 ·· 006
- ✦ 학습플랜 ·· 009

초등학교 1학년 한자

- Unit 01 초등학교 1학년 ·· 012
- Unit 02 초등학교 1학년 ·· 026
- 연습문제 한자읽기/한자표기 ·· 040

초등학교 2학년 한자

- Unit 03 초등학교 2학년 ·· 044
- Unit 04 초등학교 2학년 ·· 056
- Unit 05 초등학교 2학년 ·· 072
- Unit 06 초등학교 2학년 ·· 084
- 연습문제 한자읽기/한자표기 ·· 098

초등학교 3학년 한자

- Unit 07 초등학교 3학년 ·· 102
- Unit 08 초등학교 3학년 ·· 116
- Unit 09 초등학교 3학년 ·· 126
- Unit 10 초등학교 3학년 ·· 142
- Unit 11 초등학교 3학년 ·· 156
- 연습문제 한자읽기/한자표기 ·· 170

초등학교 4학년 한자

Unit 12	초등학교 4학년	•• 174
Unit 13	초등학교 4학년	•• 188
Unit 14	초등학교 4학년	•• 202
Unit 15	초등학교 4학년	•• 216
Unit 16	초등학교 4학년	•• 230
연습문제	한자읽기/한자표기	•• 244

초등학교 5학년 한자

Unit 17	초등학교 5학년	•• 248
Unit 18	초등학교 5학년	•• 282
Unit 19	초등학교 5학년	•• 274
Unit 20	초등학교 5학년	•• 286
Unit 21	초등학교 5학년	•• 300
연습문제	한자읽기/한자표기	•• 312

초등학교 6학년 한자

Unit 22	초등학교 6학년	•• 316
Unit 23	초등학교 6학년	•• 330
Unit 24	초등학교 6학년	•• 342
Unit 25	초등학교 6학년	•• 356
Unit 26	초등학교 6학년	•• 368
연습문제	한자읽기/한자표기	•• 378

✦ 색인 •• 381

일본어 상용한자란?

상용한자는 일본 문부과학성에서 지정한 법령, 공문서, 신문, 잡지, 방송 등 일반적인 사회생활에 있어서 현대 일본어를 표기하고 있는 2,136자를 말해요. 일본에서만 쓰는 한자도 있고, 같은 한자라도 중국과 한국에서 쓰는 한자와 의미가 다를 수 있으니 유의해서 학습해야 해요. 본 책에서는 2020년 4월 1일 문부과학성에서 새롭게 지정한 일본 초등학교 교육한자 1,026자를 익힐 수 있도록 구성했어요.

일본 초등학교 학년별 교육한자 수

1학년	2학년	3학년	4학년	5학년	6학년
80자	160자	200자	202자	193자	191자

✦ 일본어 문자 알아보기

일본어를 구성하는 문자는 히라가나, 카타카나 그리고 한자가 있어요.

あ	ア	漢
히라가나	**카타카나**	**한자**
일본어의 가장 기본적인 문자로 46자로 구성되어 있어요.	외래어나 강조 표현, 의성어, 의태어를 표기할 때 사용해요.	실질적인 어휘를 표기할 때 사용해요.

✦ 한자 발음하는 방법

한자를 발음하는 방법으로는 음독과 훈독이 있어요. 음독은 중국 한자에서 유래되었으며, 훈독은 일본인들이 예로부터 사용하던 순수 일본어에서 유래되었어요. 우리나라에서는 한자의 음독과 훈독이 한 개씩인 경우가 많지만, 일본어 한자는 음독과 훈독 중 하나가 없거나 여러 개인 경우도 있어요.

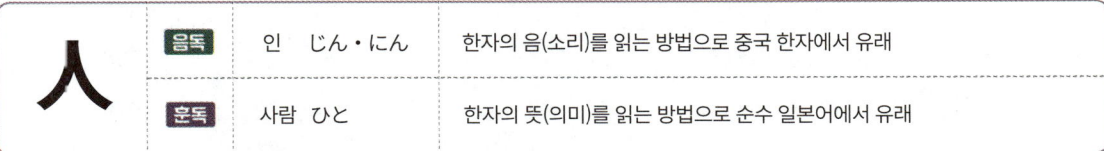

人	음독	인 じん・にん	한자의 음(소리)를 읽는 방법으로 중국 한자에서 유래
	훈독	사람 ひと	한자의 뜻(의미)를 읽는 방법으로 순수 일본어에서 유래

✦ 일본어 발음 변화

일본어는 두 개 이상의 한자로 한 개의 단어(합성어)를 만들 때 발음이 변화되기도 해요. 대표적으로 연탁, 반탁음화, 촉음화 현상 등이 있어요. 이러한 단어를 학습할 때는 유의 깊게 보면서 반복 학습이 필요해요.

연탁 현상 연탁 현상은 뒤에 오는 단어의 첫 음이 탁음(が・ざ・だ・ば행)으로 변하는 현상을 말해요.
다만, 모든 합성어가 다 연탁이 되는 것은 아니에요.
花(はな)＋火(ひ) → 花火(はなび) 불꽃 놀이

반탁음화 현상 반탁음화 현상은 앞 단어의 마지막이 つ 또는 ん로 끝나거나 숫자와 조수사를 함께 올 때 뒤에 오는 단어의 처음이 반탁음(ぱ행)으로 변하는 현상을 말해요.
3(さん)＋分(ふん) → 3分(さんぷん) 3분

촉음화 현상 촉음 현상은 앞 단어의 뒷부분이 뒤에 오는 음에 따라 촉음(っ)으로 변하는 현상을 말해요.
총 3가지 규칙이 있어요.
① き・く＋か행 　学(がく)＋校(こう) → 学校(がっこう) 학교
② ち・つ＋か・さ・た행 　日(にち)＋記(き) → 日記(にっき) 일기
③ ち・つ＋は행 　*반탁음화 현상도 함께 일어나요!
　　出(しゅつ)＋発(はつ) → 出発(しゅっぱつ) 출발

✦ 요미가나, 후리가나, 오쿠리가나

일본어 한자를 학습하다 보면 요미가나, 후리가나, 오쿠리가나와 같은 말을 접하게 되는데, 이는 모두 문장을 읽을 때 한자를 쉽게 읽기 위해 한자 위나 옆에 붙는 히라가나를 말해요.

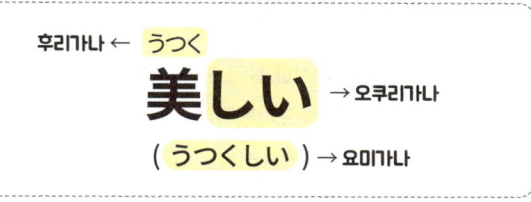

요미가나 한자를 잘못 읽지 않도록 읽는 방법을 히라가나로 표기한 것
후리가나 어려운 한자나 한자를 모르는 사람이 쉽게 읽을 수 있도록 한자 위에 작은 히라가나로 표기한 것
오쿠리가나 한자 뒤에 히라가나를 붙여 한자 단어를 쉽게 읽을 수 있도록 한 것
*같은 한자여도 오쿠리가나에 따라 읽는 방법과 뜻이 달라짐으로 주의하여야 해요.
예) 入れる 넣다 / 入る 들어가다, 들어오다

이 책의 구성

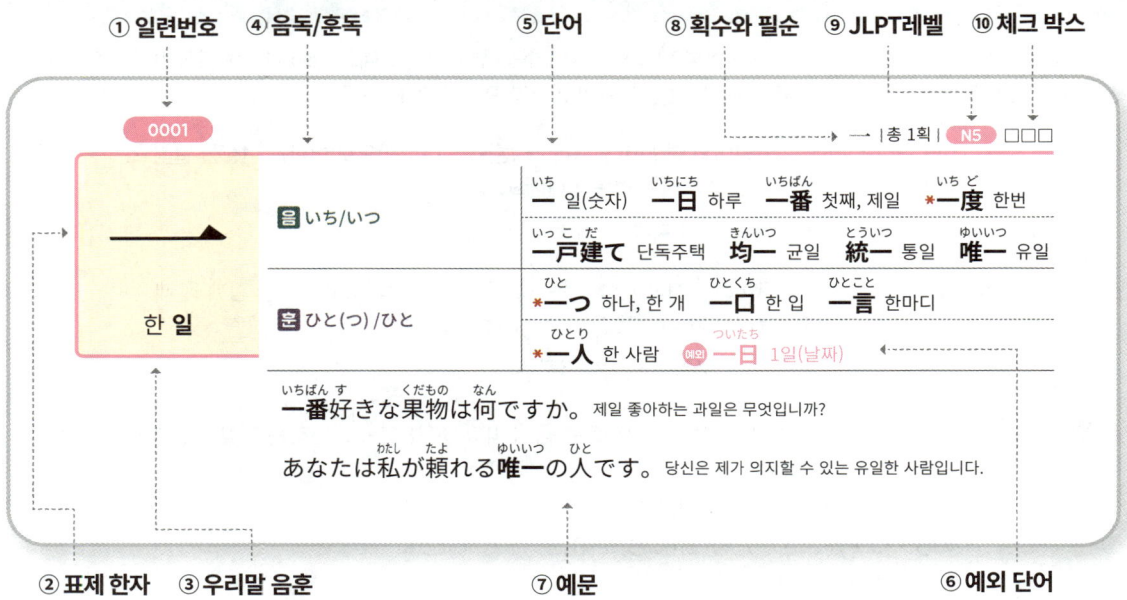

① 일련번호	1부터 1026자까지의 일련번호예요. 스스로 몇 자를 학습하였는지 확인할 수 있어요.
② 표제 한자	보기 편하도록 한자를 크게 표기했어요.
③ 우리말 음훈	표제 한자를 순수 한국어 뜻과 한자어의 음으로 읽는 방식이에요.
④ 음독/훈독	표제 한자의 일본어 발음으로 잘 쓰이는 것들을 위주로 표기했어요.
⑤ 단어	표제 한자로 자주 쓰는 필수 단어를 예시를 들어 수록하였고, JLPT N5-N4 기출 단어를 기준으로 ✱표시했어요.
⑥ 예외 단어	표제 한자의 음독, 훈독이 아닌, 예외 발음으로 읽는 단어를 포인트 색으로 표기했어요.
⑦ 예문	표제 한자를 포함한 단어를 활용한 실용 예문을 통해 다시 한번 한자를 익힐 수 있어요.
⑧ 획수와 필순	표제 한자의 총 획수와 올바른 순서대로 한자를 쓸 수 있도록 한자의 순서를 표기했어요.
⑨ JLPT레벨	표제 한자의 레벨에 맞는 일본어능력시험 급수를 표시하여 JLPT를 대비할 수 있어요.
⑩ 체크 박스	스스로 학습한 후 암기한 한자와 복습한 한자를 표기할 수 있어요.

✦ 유닛별 머리말
각 유닛에서 학습할 모든 한자를 표기했어요. 각 유닛별로 어떤 한자를 학습하는지 한눈에 알 수 있어요.

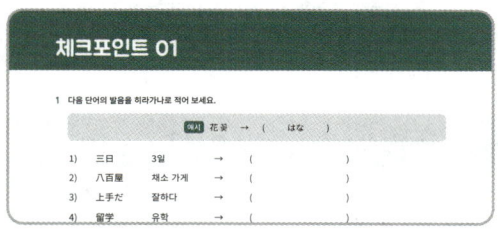

✦ 체크 포인트
각 유닛별로 중간중간 한자 발음 적기와 한자 뜻 적기, 선 연결 문제 총 15문제를 통해서 그동안 학습한 한자를 스스로 체크해 볼 수 있어요. 향상된 실력을 점검해 보세요.

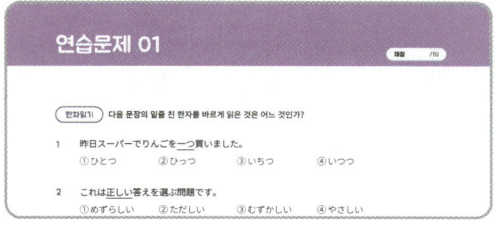

✦ 연습문제 한자읽기/표기
각 학년의 한자 학습이 끝난 후에 JLPT 시험 형식의 한자읽기/표기 문제를 풀어보면서 지금까지 학습한 내용을 자신이 정확하게 알고 있는지 최종 점검할 수 있어요.

✦ 색인
각 한자의 가나다순, 총 획순을 기준으로 정렬하여 해당 한자가 수록된 페이지를 쉽게 찾을 수 있어요.

+부록

✦ 30일 완성 학습플랜

개인별 학습스타일과 학습스피드에 따라서 학습량을 조절하여 학습계획을 세워보세요.
꼼꼼하게 확실히 학습하고 싶다면 30일 학습플랜을 2회 반복하거나 1일 학습량을 2일로 나눠 학습해보세요.

☐ DAY 01	☐ DAY 02	☐ DAY 03	☐ DAY 04	☐ DAY 05
초등학교 1학년 Unit 01	초등학교 1학년 Unit 02	초등학교 2학년 Unit 03	초등학교 2학년 Unit 04	초등학교 2학년 Unit 05
	연습문제 01			
☐ DAY 06	☐ DAY 07	☐ DAY 08	☐ DAY 09	☐ DAY 10
초등학교 2학년 Unit 06	복습하기	초등학교 3학년 Unit 07	초등학교 3학년 Unit 08	초등학교 3학년 Unit 09
연습문제 02				
☐ DAY 11	☐ DAY 12	☐ DAY 13	☐ DAY 14	☐ DAY 15
초등학교 3학년 Unit 10	초등학교 3학년 Unit 11	복습하기	초등학교 4학년 Unit 12	초등학교 4학년 Unit 13
	연습문제 03			
☐ DAY 16	☐ DAY 17	☐ DAY 18	☐ DAY 19	☐ DAY 20
초등학교 4학년 Unit 14	초등학교 4학년 Unit 15	초등학교 4학년 Unit 16	복습하기	초등학교 5학년 Unit 17
		연습문제 04		
☐ DAY 21	☐ DAY 22	☐ DAY 23	☐ DAY 24	☐ DAY 25
초등학교 5학년 Unit 18	초등학교 5학년 Unit 19	초등학교 5학년 Unit 20	초등학교 5학년 Unit 21	복습하기
			연습문제 05	
☐ DAY 26	☐ DAY 27	☐ DAY 28	☐ DAY 29	☐ DAY 30
초등학교 6학년 Unit 22	초등학교 6학년 Unit 23	초등학교 6학년 Unit 24	초등학교 6학년 Unit 25	초등학교 6학년 Unit 26
				연습문제 06

🔴 한자 학습 TIP

1. 반복하여 눈으로 보면서 익혀주세요!
2. 손으로 직접 한자를 쓰면서 외워보세요!
3. MP3의 원어민 음성을 들어보세요!
4. 단어장 영상과 함께 함께 학습해보세요!

✦ 나만의 습관 달력

자신만의 학습플랜으로 한자 학습을 위한 습관 달력을 만들어 보세요.

☐ DAY 01	☐ DAY 02	☐ DAY 03	☐ DAY 04	☐ DAY 05
☐ DAY 06	☐ DAY 07	☐ DAY 08	☐ DAY 09	☐ DAY 10
☐ DAY 11	☐ DAY 12	☐ DAY 13	☐ DAY 14	☐ DAY 15
☐ DAY 16	☐ DAY 17	☐ DAY 18	☐ DAY 19	☐ DAY 20
☐ DAY 21	☐ DAY 22	☐ DAY 23	☐ DAY 24	☐ DAY 25
☐ DAY 26	☐ DAY 27	☐ DAY 28	☐ DAY 29	☐ DAY 30

✦ 한자를 공부해야 하는 이유! ✦

1 문장 읽기가 수월해져요!
문장 끊어 읽기가 수월하여 문장을 빠르게 읽을 수 있어요.

はははわたしにさいふをかってくれた。
엄마는 나에게 지갑을 사 주었다

▼

はは　わたし　さいふ　か
母は私に財布を買ってくれた。
엄마는 나에게 지갑을 사 주었다

2 뜻을 유추하기가 쉬워져요!
단어를 하나 외우지 않아도 한자 모양으로 뜻을 알 수 있어요.

3 단어 암기 속도가 붙어요!
단어 외우는 것이 빨라지면 학습 시간을 절약할 수 있어요.

4 레벨업하는 지름길이에요!
향후 중급, 고급 레벨까지 실력을 빠르게 향상 시킬 수 있어요.

5 JLPT(일본어능력시험)에 유리해요!
한자를 많이 알면 JLPT 언어지식(문자・어휘, 문법, 독해)가 쉬워져요!

일본 문부과학성이 지정한 상용한자

1 초등학교 학년 한자

Unit 01 40자

Unit 02 40자

Unit 01 초등학교 1학년 40자

MP3 다운로드

一 한 일	二 두 이	三 석 삼	四 넉 사	五 다섯 오
六 여섯 륙(육)	七 일곱 칠	八 여덟 팔	九 아홉 구	十 열 십
百 일백 백	千 일천 천	年 해 년(연)	月 달 월	火 불 화
水 물 수	木 나무 목	金 성 김, 쇠 금	土 흙 토	日 날 일
大 큰 대	中 가운데 중	小 작을 소	上 윗 상	下 아래 하
右 오른쪽 우	左 왼 좌	目 눈 목	口 입 구	耳 귀 이
手 손 수	足 발 족	白 흰 백	赤 붉을 적	青 푸를 청
学 배울 학	校 학교 교	先 먼저 선	生 날 생	文 글월 문

＊는 JLPT N4-N5 기출 단어입니다.

0001

一 | 총 1획 | N5

한 일

- 음 いち/いつ
  - いち 一 일(숫자)
  - いちにち 一日 하루
  - いちばん 一番 첫째, 제일
  - ＊いちど 一度 한번
  - いっこだて 一戸建て 단독주택
  - きんいつ 均一 균일
  - とういつ 統一 통일
  - ゆいいつ 唯一 유일
- 훈 ひと(つ)/ひと
  - ＊ひと 一つ 하나, 한 개
  - ひとくち 一口 한 입
  - ひとこと 一言 한마디
  - ＊ひとり 一人 한 사람
  - 예외 ついたち 一日 1일(날짜)

一番好きな果物は何ですか。 제일 좋아하는 과일은 무엇입니까?

忙しかったので、クリームパン一つを一口だけ食べた。
바빴기 때문에 크림빵 하나를 한 입만 먹었다.

0002

二 二 | 총 2획 | N5

두 이

- 음 に
  - に 二 이(숫자)
  - ＊にさつ 二冊 두 권
  - ＊にだい 二台 두 대
  - にばい 二倍 두 배
- 훈 ふた(つ)/ふた
  - ＊ふた 二つ 둘, 두 개
  - ふたり 二人 두 사람
  - ふたえ 二重 이중, 두 겹
  - 예외 ふつか 二日 이틀, 2일(날짜)

田中さんの部屋は、私の部屋よりも二倍大きい。
다나카 씨의 방은 나의 방보다도 2배 크다.

昨日は友達と二人で映画を見ました。 어제는 친구와 둘이서 영화를 봤습니다.

0003

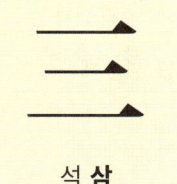 三 三 三 | 총 3획 | N5

석 삼

- 음 さん
  - さん 三 삼(숫자)
  - さんかく 三角 삼각
  - さんがつ 三月 3월
  - さんにん 三人 세 사람
  - ＊さんぷん 三分 3분
- 훈 みっ(つ)/み(つ)/み
  - ＊みっ 三つ 셋, 세 개
  - みっか 三日 3일(날짜)
  - みかづき 三日月 초승달

三月に大学を卒業します。 3월에 대학교를 졸업합니다.

三角形の書き方は、三つの線を繋いで描きます。
삼각형을 그리는 방법은 세 개의 선을 이어서 그립니다.

0004

四 四 四 四 四 | 총 5획 | N5

넉 사

- 음 し
  - し 四 사(숫자)
  - しかく 四角 사각
  - ＊しがつ 四月 4월
  - しき 四季 사계
- 훈 よん/よっ(つ)/よ/よ(つ)
  - よん 四 사(숫자)
  - よっ 四つ 넷, 네 개
  - よじ 四時 4시
  - よつかど 四つ角 사거리

韓国は春、夏、秋、冬の四季がある。 한국은 봄, 여름, 가을, 겨울의 4계절이 있다.

明日四時までにここに集合してください。 내일 4시까지 여기에 집합해 주세요.

0005

다섯 오 | 五 五 五 五 | 총 4획 | N5

- 음 ご
  - ご 五 오(숫자)　ごがつ 五月 5월　ごにん 五人 다섯 사람　ごほん 五本 다섯 병
  - ごりん 五輪＝オリンピック 올림픽
- 훈 いつ(つ)/いつ
  - いつ 五つ 다섯, 다섯 개　＊いつか 五日 5일(날짜)

私の家族は、父と母、兄と妹の五人家族です。
저의 가족은 아버지, 어머니, 형, 여동생의 5인 가족입니다.

五日間ハワイ旅行に行くので、とても楽しみです。
5일간 하와이 여행에 가기 때문에 몹시 기대됩니다.

0006

여섯 륙(육) | 六 六 六 六 | 총 4획 | N5

- 음 ろく
  - ろく 六 육(숫자)　ろくがつ 六月 6월　＊ろくじ 六時 6시　ろっこ 六個 여섯 개
- 훈 むっ(つ)/むい/む(つ)/む
  - ＊むっ 六つ 여섯, 여섯 개　むいか 六日 6일(날짜)

六月は梅雨の期間だから雨がよく降ります。
6월은 장마 기간이기 때문에 비가 자주 내립니다.

今月の六日が誕生日なので、パーティーを開きます。
이번 달 6일이 생일이기 때문에 파티를 개최합니다.

0007

일곱 칠 | 七 七 | 총 2획 | N5

- 음 しち
  - しち 七 칠(숫자)　＊しちがつ 七月 7월　しちじ 七時 7시　しちにん 七人 일곱 사람
- 훈 なな/なな(つ)/なの
  - なな 七 칠(숫자)　なないろ 七色 일곱 가지 색　ななつ 七つ 일곱, 일곱 개
  - ＊なのか 七日 7일(날짜)

最近デビューしたあの七人組のアイドルグループはとてもかっこいい。
최근에 데뷔한 저 7인조의 아이돌 그룹은 대단히 멋있다.

きれいな七色の虹が空にかかっています。 예쁜 일곱 색깔의 무지개가 하늘에 걸려있습니다.

0008

여덟 팔 | 八 八 | 총 2획 | N5

- 음 はち
  - はち 八 팔(숫자)　はちがつ 八月 8월　＊はちじ 八時 8시　はっぴゃく 八百 팔백(숫자)
- 훈 やっ(つ)/よう/や/や(つ)
  - ＊やっ 八つ 여덟, 여덟 개　＊ようか 八日 8일(날짜)　やおや 八百屋 야채가게

日本の八月は真夏なのでとても暑いです。 일본의 8월은 한여름이기 때문에 매우 덥습니다.

来月の八日には待ちに待った初孫が産まれます。
다음 달 8일에는 기다리고 기다렸던 첫 손자/손녀가 태어납니다.

*는 JLPT N4-N5 기출 단어입니다.

0009 九 | 총 2획 | N5

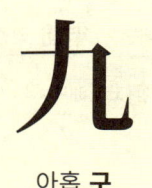

아홉 **구**

- 음 きゅう/く
  - きゅう 九 구(숫자)
  - きゅうしゅう 九州 큐슈(일본지명)
  - *きゅうにん 九人 아홉 사람
  - *くがつ 九月 9월
  - くじ 九時 9시
- 훈 ここの(つ)/ここの
  - *ここの 九つ 아홉, 아홉 개
  - ここのか 九日 9일(날짜)

野球は九人で協力して行うスポーツです。 야구는 9명이 협력해서 하는 스포츠입니다.

この教室にはつくえといすが九つあります。 이 교실은 책상과 의자가 아홉 개 있습니다.

0010 十 | 총 2획 | N5

열 **십**

- 음 じゅう/じっ
  - じゅう 十 십(숫자)
  - じゅうがつ 十月 10월
  - じゅうじ 十時 10시
  - じゅうねん 十年 10년
  - *じゅうぶんだ 十分だ 충분하다
  - じゅっぷん 十分 10분
  - じっぷん 十分 10분
- 훈 とお/と
  - とお 十 열, 열 개
  - *とおか 十日 10일(날짜)
  - じゅうにんといろ 十人十色 각인각색

二足す八は十です。 2 더하기 8은 10입니다.

最近は、十日に一回くらい車で買い物に行きます。
요즘에는 10일에 한 번 정도 자동차로 장을 보러 갑니다.

0011 百 | 총 6획 | N5

일백 **백**

- 음 ひゃく
  - *ひゃく 百 백(숫자)
  - さんびゃく 三百 삼백(숫자)
  - ひゃくさい 百歳 100살
  - ひゃくねん 百年 100년

もし宝くじで百万円当たったらどうしますか。
만약 복권에서 100만 엔(에) 당첨되면 어떻게 할 것입니까?

この建物は百年前に建てられたそうだ。 이 건물은 100년 전에 지어졌다고 한다.

0012 千 | 총 3획 | N5

일천 **천**

- 음 せん
  - せん 千 천(숫자)
  - さんぜん 三千 삼천(숫자)
  - せんえん 千円 1000엔
  - せんにん 千人 1000명
- 훈 ち
  - ちばけん 千葉県 치바현(일본 지명)

桜図書館には本が5千万冊あります。 사쿠라 도서관에는 책이 5천만 권 있습니다.

千葉県は、東京ディズニーランドもある有名な県です。
치바현은 도쿄 디즈니랜드도 있는 유명한 현입니다.

0013

年 해 년(연)

음	ねん	ねん 年 ~년	がくねん 学年 학년	きょねん 去年 작년	*らいねん 来年 내년	ねんかん 年間 연간
훈	とし	とし 年 해, 나이	ことし 今年 올해	としよ 年寄り 노인	まいとし 毎年 매년	

年年年年年年 | 총 6획 | N5

かれ ねん し あ ねん た
彼と2001**年**に知り合い、もう10**年**経ちました。
그와 2001년도에 아는 사이가 되어 벌써 10년 지났습니다.

ことし いっかげつ お
今年はあと一カ月で終わりますね。 올해는 앞으로 한 달로 끝나네요.

0014

月 달 월

음	がつ/げつ	いちがつ 一月 1월	*しょうがつ 正月 정월, 설	いっかげつ 1ヶ月 1개월	こんげつ 今月 이번 달
		*らいげつ 来月 다음 달	げつようび 月曜日 월요일		
훈	つき	つき 月 달	つきひ 月日 날짜, 세월	*まいつき 毎月 매달	

月月月月 | 총 4획 | N5

に ほん しょうがつ がつついたち
日本の**正月**は**1月**1日です。 일본의 설은 1월 1일입니다.

すいどうだい まいつき えん
水道代は**毎月**4,000円です。 수도 요금은 매달 4,000 엔입니다.

0015

火 불 화

음	か	かようび 火曜日 화요일	*かざん 火山 화산	*かじ 火事 화재	しょうかき 消火器 소화기
훈	ひ/ほ	ひ 火 불	た び 焚き火 모닥불	はなび 花火 불꽃놀이	
		ほて 火照る 화끈해지다, 달아오르다			

火火火火 | 총 4획 | N5

かようび たいいく じゅぎょう
火曜日は体育の授業があります。 화요일은 체육 수업이 있습니다.

ひ いわ はじ
バースデーケーキのろうそくに**火**をつけてお祝いを始めましょう。
생일 케이크의 촛불에 불을 붙이고 축하를 시작합시다.

0016

水 물 수

음	すい	*すいようび 水曜日 수요일	すいえい 水泳 수영	こうすい 香水 향수	*すいどう 水道 수도
훈	みず	*みず 水 물	みずぎ 水着 수영복	はなみず 鼻水 콧물	

水水水水 | 총 4획 | N5

ようちえん とき すいえいきょうしつ かよ
幼稚園の時から**水泳**教室に通っています。 유치원 때부터 수영교실에 다니고 있습니다.

きょう あつ つめ みず の
今日はとても暑いので、冷たい**水**を飲みます。
오늘은 몹시 덥기 때문에 차가운 물을 마십니다.

※는 JLPT N4-N5 기출 단어입니다.

0017

木 나무 목 | 木木木木 | 총 4획 | N5

음	もく/ぼく	※木曜日(もくようび) 목요일　木材(もくざい) 목재　土木(どぼく) 토목　大木(たいぼく) 거목, 큰나무
훈	き/こ	※木(き) 나무　木々(きぎ) 나무들　並木(なみき) 가로수
		木枯(こが)らし 초겨울의 찬 바람

木曜日(もくようび)はレディースデイで、映画(えいが)の料金(りょうきん)が安(やす)くなります。
목요일은 여성의 날이기 때문에 영화 요금이 저렴해집니다.

この山(やま)の木々(きぎ)は、10年前(ねんまえ)に植(う)えられました。 이 산의 나무들은 10년 전에 심어졌습니다.

0018

金 성 김, 쇠 금 | 金金金金金金金金 | 총 8획 | N5

음	きん/こん	※金曜日(きんようび) 금요일　金色(きんいろ) 금색　金(きん)メダル 금메달　現金(げんきん) 현금
		料金(りょうきん) 요금　黄金(おうごん) 황금
훈	かね/かな	※お金(かね) 돈, 금전　金持(かねも)ち 부자　金(かな)づち 쇠망치

自分(じぶん)へのごほうびに金色(きんいろ)の指輪(ゆびわ)を買(か)いました。
자신에 대한 상으로 금색의 반지를 샀습니다.

生活費(せいかつひ)はアルバイトをしてお金(かね)を稼(かせ)ぎます。 생활비는 아르바이트를 해서 돈을 법니다.

0019

土 흙 토 | 土土土 | 총 3획 | N5

음	と/ど	土地(とち) 토지　※土曜日(どようび) 토요일　土台(どだい) 토대　粘土(ねんど) 점토
		領土(りょうど) 영토
훈	つち	土(つち) 흙

毎週(まいしゅう)土曜日(どようび)は休(やす)みです。 매주 토요일은 휴일입니다.

土(つち)の中(なか)にお花(はな)の種(たね)を植(う)えます。 흙 속에 꽃의 씨앗을 심습니다.

0020

日 날 일 | 日日日日 | 총 4획 | N5

음	にち/じつ	日曜日(にちようび) 일요일　一日(いちにち) 하루　※日記(にっき) 일기　先日(せんじつ) 요전(날)
		平日(へいじつ) 평일　毎日(まいにち) 매일　예외 一日(ついたち) 1일(날짜)
훈	ひ/か	日(ひ) 날, 일　日々(ひび) 나날, 하루하루　生年月日(せいねんがっぴ) 생년월일
		日付(ひづけ) 날짜　二日(ふつか) 2일(날짜)　5日(いつか) 5일(날짜)

一日(いちにち)は24時間(じかん)です。 하루는 24시간입니다.

5月(がつ)5日(いつか)はこどもの日(ひ)です。 5월 5일은 어린이날입니다.

0021

큰 대

음	たい/だい	*大切だ 중요하다, 소중하다	大変だ 힘들다, 큰일이다
		*大学 대학교　大丈夫だ 괜찮다　*大好きだ 매우 좋아하다	
훈	おお(きい)/おお/おお(いに)	*大きい 크다　大きな 큰　大雨 큰비, 호우　大勢 많은 사람	
		大いに 대단히, 크게　예외 大人 어른, 성인	

大大大 | 총 3획 | N5

明日はとても**大切**な用事があります。 내일은 매우 중요한 볼일이 있습니다.

世界で一番**大きな**国はロシアです。 세계에서 가장 큰 나라는 러시아입니다.

0022

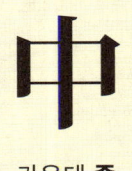

가운데 중

음	ちゅう/じゅう	中学生 중학생　中心 중심　*途中 도중
		一日中 하루 종일　世界中 전 세계
훈	なか	*中 가운데, 안　真ん中 한가운데　背中 등　夜中 한밤중

中中中中 | 총 4획 | N5

中学生のとき、バレー部のキャプテンでした。 중학교 때 배구부의 주장이었습니다.

この写真の**真ん中**に写っているのが私です。
이 사진의 한가운데에 찍혀있는 것이 저입니다.

0023

작을 소

음	しょう	小学生 초등학생　小学校 초등학교　*小説 소설
훈	ちい(さい)/こ/お	*小さい 작다　小さな 작은　小麦 밀　小指 새끼손가락
		小倉あん 단팥, 팥소

小小小 | 총 3획 | N5

太郎君とは**小学生**のときから友達です。 타로 군과는 초등학생 때부터 친구입니다.

家に帰る道で**小さな**猫を拾いました。 집에 돌아가는 길에서 작은 고양이를 주웠습니다.

* 는 JLPT N4-N5 기출 단어입니다.

0024

上 上 上 | 총 3획 | N5

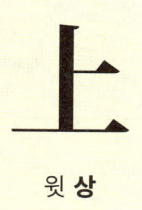

윗 **상**

음	じょう/しょう	*以上 이상	*屋上 옥상	上下 상하	上昇 상승
		上手だ 잘하다, 능숙하다			
훈	うえ/あ(がる) /あ(げる)/うわ/かみ /のぼ(る)/のぼ(す) /のぼ(せる)	*上 위	年上 연상	上がる 올라가다	上げる 올리다
		上着 겉옷	上半期 상반기	上る 오르다	上す 올리다
		上せる 오르게 하다			

彼はサッカーが上手なので、プロになりたいそうです。
그는 축구를 잘하기 때문에 프로가 되고 싶다고 합니다.

飛行機に乗ったら、荷物を上の棚に上げてください。
비행기를 타면, 짐을 위의 선반에 올려주세요.

0025

下 下 下 | 총 3획 | N5

아래 **하**

음	か/げ	地下鉄 지하철	天下 천하	下旬 하순	下水道 하수도
		上下 상하			
훈	した/しも/もと /さ(げる)/さ(がる) /お(りる)/お(ろす) /くだ(す)/くだ(る)	*下 아래	年下 연하	下半期 하반기	下 아래, 슬하
		下げる 내리다	下がる 내려가다	*下りる 내려오다	
		下ろす 아래로 옮기다	下す (명령 등) 내리다		
		下る (명령 등이) 내려지다	예외 下手だ 서투르다, 어설프다		

地下鉄はバスより便利です。 지하철은 버스보다 편리합니다.

あの椅子の下にかばんを置いてください。 저 의자의 밑에 가방을 놓아주세요.

0026

右 右 右 右 右 | 총 5획 | N5

오른쪽 **우**

음	う/ゆう	右折 우회전	左右 좌우	
훈	みぎ	*右 오른쪽	右側 우측, 오른쪽	右手 오른손

次の角を右折したら、公園があります。 다음 모퉁이를 우회전하면 공원이 있습니다.

右に座っているのは私の父です。 오른쪽에 앉아 있는 사람은 저희 아버지입니다.

0027 左 | 왼 좌 | 총 5획 | N5

음	さ	左折 좌회전　左右 좌우
훈	ひだり	*左 왼쪽　左側 좌측, 왼쪽　左足 왼쪽 다리

ここでは**左折**禁止なので注意してください。
여기에서는 좌회전 금지이기 때문에 주의해 주세요.

自転車は**左側**を通らなければいけません。 자전거는 좌측을 지나가지 않으면 안 됩니다.

0028 目 | 눈 목 | 총 5획 | N4

음	もく	科目 과목　注目 주목　目的 목적　目標 목표
훈	め	*目 눈　目薬 안약　回目 ~회차, ~번째　年目 ~년차

私は1月1日になると、今年の**目標**を立てます。
저는 1월 1일이 되면 올해의 목표를 세웁니다.

目が悪くて、眼鏡をかけなければならない。 눈이 나빠서 안경을 끼지 않으면 안 된다.

0029 口 | 입 구 | 총 3획 | N4

음	こう/く	*人口 인구　口座 계좌　口頭 구두, 입으로 말함　口調 어조
훈	くち	口 입　入口 입구　口紅 립스틱　無口 과묵함 悪口 욕, 나쁜 말

インドの**人口**は、世界で一番多いです。 인도의 인구는 세계에서 가장 많습니다.

彼は**無口**であまり話しません。 그는 과묵하고 별로 말하지 않습니다.

0030 耳 | 귀 이 | 총 6획 | N4

음	じ	耳鼻科 이비인후과
훈	みみ	*耳 귀　耳たぶ 귓불　両耳 양쪽 귀

耳が痛いので、**耳鼻科**に行きます。 귀가 아프기 때문에 이비인후과에 갑니다.

両耳にイヤホンをつけてランニングします。 양쪽 귀에 이어폰을 끼고 러닝을 합니다.

✽는 JLPT N4-N5 기출 단어입니다.

0031

手 손 수

手手手手 | 총 4획 | N4

음 しゅ
- か しゅ 歌手 가수
- あく しゅ 握手 악수
- しゅ だん 手段 수단
- しゅ わ 手話 수화
- とう しゅ 投手 투수
- はく しゅ 拍手 박수

훈 て/た
- ✽て 手 손
- きって 切手 수표, 우표
- て がみ 手紙 편지
- て くび 手首 손목
- て ぶくろ 手袋 장갑
- へ た 下手だ 서투르다, 어설프다

예외
- う ま 上手い 잘하다
- じょう ず 上手だ 잘하다

あの歌手は声がきれいなので、とても人気があります。
저 가수는 목소리가 예쁘기 때문에 매우 인기가 있습니다.

彼と手をつないで公園デートをしました。 그와 손을 잡고 공원 데이트를 했습니다.

0032

足 발 족

足足足足足足 | 총 7획 | N4

음 そく
- そく 足 ~켤레
- えんそく 遠足 소풍
- ふ そく 不足 부족
- まんぞく 満足 만족

훈 あし/た(す)/た(りる)/た(る)
- ✽あし 足 발
- ✽た 足す 더하다
- ✽た 足りる 족하다, 충분하다
- ✽た 足りない 모자라다, 부족하다
- た 足る 만족하다
- たび 足袋 일본식 버선

明日、近くの動物園まで遠足に行きます。 내일 근처의 동물원까지 소풍을 갑니다.

私は足が遅いので、運動会が苦手です。 저는 발이 느리기 때문에 운동회가 질색입니다.

0033

白 흰 백

白白白白白 | 총 5획 | N5

음 はく/びゃく
- こくはく 告白 고백
- はくし 白紙 백지
- はくば 白馬 백마
- はくまい 白米 백미, 흰쌀
- はくや =びゃくや 白夜 백야

훈 しろ/しろ(い)/しら
- しろいろ 白色 흰색
- ✽しろ 白い 하얗다
- しろくま 白熊 백곰
- ✽おもしろ 面白い 재미있다
- しら が 白髪 백발

今夜、彼女に告白しようと思います。 오늘 밤 그녀에게 고백하려고 합니다.

お肌が白くて、きれいですね。 피부가 하얗고 깨끗하네요.

0034 | 赤赤赤赤赤赤赤 | 총 7획 | N4

赤 붉을 적

- 음 せき/しゃく
  - 赤道 적도　赤飯 팥밥
- 훈 あか/あか(い)/あか(らむ)/あか(らめる)
  - 赤色 빨간색　赤ちゃん 아기　赤字 적자　*赤い 빨갛다
  - 赤らむ 붉어지다　赤らめる 붉히다　예외 真っ赤 새빨감

赤道の近くの国はとても暑いです。 적도 근처의 국가는 매우 덥습니다.

新しく、赤色の傘を買いました。 새롭게 빨간색의 우산을 샀습니다.

0035 | 青青青青青青青青 | 총 8획 | N4

青 푸를 청

- 음 せい/しょう
  - 青春 청춘　青年 청년　群青 군청(색)
- 훈 あお/あお(い)
  - 青色 파란색　青空 파란 하늘　*青い 파랗다
  - 예외 真っ青 새파람

私の青春時代は、ずっとバンドをしていました。
저의 청춘시절에는 계속 밴드를 했습니다.

たくやさんは、いつも青い服を着ていますね。 타쿠야 씨는 항상 파란 옷을 입고 계시네요.

0036 | 学学学学学学学学 | 총 8획 | N5

学 배울 학

- 음 がく
  - 学生 학생　大学生 대학생　学校 학교　*見学 견학
  - 奨学金 장학금　*留学 유학
- 훈 まな(ぶ)
  - 学ぶ 배우다, 익히다

大学生になったら、アルバイトをしてみたいです。
대학생이 되면 아르바이트를 해보고 싶습니다.

日本のアニメが大好きなので、日本語を学びたいです。
일본의 애니메이션을 매우 좋아하기 때문에 일본어를 배우고 싶습니다.

0037 | 校校校校校校校校校校 | 총 10획 | N5

校 학교 교

- 음 こう
  - 学校 학교　高校 고등학교　休校 휴교　校長 교장
  - 全校生 전교생　転校 전학

私は毎日、自転車で高校へ行きます。 저는 매일 자전거로 고등학교에 갑니다

引っ越しをするので、転校しなければなりません。
이사를 하기 때문에 전학 가지 않으면 안 됩니다.

*는 JLPT N4-N5 기출 단어입니다.

0038

先先先先先先 |총 6획| N5

먼저 선

음	せん	*先生 선생님	*先月 지난달	*先週 지난주
		先日 요전(날)	最先端 최첨단	
훈	さき	*先 앞, 끝	先に 먼저	連絡先 연락처

中学校で英語の先生をしています。 중학교에서 영어 선생님을 하고 있습니다.

早く早く！時間がないから先に行くよ。 빨리빨리! 시간이 없으니까 먼저 갈게.

0039

生生生生生 |총 5획| N5

날 생

음	しょう/せい	一生 일생, 평생	生涯 생애	人生 인생	生活 생활
		生徒 중고생	*誕生日 생일		
훈	う(まれる)/う(む) /い(きる)/い(かす) /い(ける)/なま/お(う) /き/は(える)/は(やす)	生まれる 태어나다	生む 낳다	生きる 살다	
		生かす 살리다, 활용하다	*生ごみ 음식물 쓰레기		
		生ビール 생맥주	生い立ち 성장 과정	生地 본성, 옷감	
		生える 나다	生やす 자라게 하다		

今日は人生で一番幸せな日です。 오늘은 인생에서 가장 행복한 날입니다.

私は韓国で生まれて、日本で育ちました。 나는 한국에서 태어나 일본에서 자랐습니다.

0040

文文文文 |총 4획| N4

글월 문

음	ぶん/もん	*文 글, 문장	文化 문화	*文学 문학	文章 문장
		文法 문법	注文 주문	文句 불평	예외 文字 글자, 문자
훈	ふみ	恋文 연문, 연애편지	文月 음력 7월		

日本語には文法がたくさんありますね。 일본어에는 문법이 많이 있네요.

文月とは、旧暦の7月のことです。 후미츠키란 음력 7월을 의미합니다.

체크포인트 01

1 다음 단어의 발음을 히라가나로 적어 보세요.

예시 花 꽃 → (はな   )

1) 三日   3일   → (   )
2) 八百屋   야채가게   → (   )
3) 上手だ   잘하다   → (   )
4) 留学   유학   → (   )
5) 大人   어른   → (   )
6) 二人   두 사람   → (   )
7) 足   발   → (   )

2 다음 단어의 한자를 적어 보세요.

예시 별 ほし → (星   )

1) 선생님   せんせい   → (   )
2) 요금   りょうきん   → (   )
3) 하루   いちにち   → (   )
4) 지하철   ちかてつ   → (   )
5) 불평, 불만   もんく   → (   )
6) 살다   いきる   → (   )
7) 천(숫자)   せん   → (   )

3 아래의 단어와 뜻이 올바르게 연결되도록 선을 그어 보세요.

1) 人口(じんこう) ·   · 목적
2) 香水(こうすい) ·   · 정월,설
3) 正月(しょうがつ) ·   · 향수
4) 火事(かじ) ·   · 인구
5) 目的(もくてき) ·   · 화재
6) 来年(らいねん) ·   · 중심
7) 中心(ちゅうしん) ·   · 내년

정답

1 1) みっか 2) やおや 3) じょうずだ 4) りゅうがく 5) おとな 6) ふたり 7) あし

2 1) 先生 2) 料金 3) 一日 4) 地下鉄 5) 文句 6) 生きる 7) 千

3 1) 人口-인구 2) 香水-향수 3) 正月-정월,설 4) 火事-화재 5) 目的-목적 6) 来年-내년 7) 中心-중심

Unit 02 초등학교 1학년 (40자)

MP3 다운로드

字 글자 자	人 사람 인	子 아들 자	女 여자 녀(여)	男 사내 남
王 임금 왕	空 빌 공	山 메 산	川 내 천	草 풀 초
花 꽃 화	竹 대 죽	林 수풀 림(임)	森 수풀 삼	石 돌 석
天 하늘 천	気 기운 기	雨 비 우	田 밭 전	町 밭두둑 정
村 마을 촌	夕 저녁 석	早 이를 조	車 수레 차	入 들 입
出 날 출	犬 개 견	虫 벌레 충	貝 조개 패	力 힘 력(역)
音 소리 음	円 화폐 단위 엔, 둥글 원	玉 구슬 옥	糸 실 사	立 설 립(입)
見 볼 견	休 쉴 휴	正 바를 정	本 근본 본	名 이름 명

0041

字 글자 자 | 총 6획 | N4

- 음: じ
  - 字 (じ) 글자, 글씨
  - ＊漢字 (かんじ) 한자
  - 習字 (しゅうじ) 글씨 쓰기 연습
  - 数字 (すうじ) 숫자
  - 文字 (もじ) 글자, 문자
  - 絵文字 (えもじ) 이모티콘
  - ローマ字 (ローマじ) 로마자
- 훈: あざ
  - 字 (あざ) 지역 구분 단위의 일종

中国語(ちゅうごくご)は全部(ぜんぶ)漢字(かんじ)です。 중국어는 전부 한자입니다.

小学生(しょうがくせい)のころ、習字(しゅうじ)を習(なら)っていました。 초등학생 때 글씨를 예쁘게 쓰는 법을 배웠습니다.

0042

人 사람 인 | 총 2획 | N5

- 음: じん/にん
  - 日本人 (にほんじん) 일본인
  - 友人 (ゆうじん) 친구
  - 人権 (じんけん) 인권
  - ＊人口 (じんこう) 인구
  - ＊人気 (にんき) 인기
  - 人形 (にんぎょう) 인형
  - 人間 (にんげん) 인간
- 훈: ひと
  - ＊人 (ひと) 사람
  - 恋人 (こいびと) 연인
  - 예외 一人 (ひとり) 한 사람
  - 二人 (ふたり) 두 사람

あの子(こ)は目(め)が大(おお)きくてまるで人形(にんぎょう)みたいにかわいい。 저 아이는 눈이 커서 마치 인형 같이 귀엽다.

彼(かれ)はとても優(やさ)しい人(ひと)です。 그는 매우 상냥한 사람입니다.

0043

子 아들 자 | 총 3획 | N5

- 음: し/す
  - 帽子 (ぼうし) 모자
  - お菓子 (おかし) 과자
  - 子孫 (しそん) 자손
  - 椅子 (いす) 의자
  - 扇子 (せんす) 접부채
- 훈: こ
  - ＊子 (こ) 자식
  - ＊子供 (こども) 아이, 자식
  - 子犬 (こいぬ) 강아지
  - 迷子 (まいご) 미아
  - 息子 (むすこ) 아들

日差(ひざ)しが強(つよ)い日(ひ)は、帽子(ぼうし)を被(かぶ)って出(で)かけます。 햇살이 강한 날은 모자를 쓰고 외출합니다.

毎週日曜日(まいしゅうにちようび)は息子(むすこ)と公園(こうえん)で遊(あそ)びます。 매주 일요일은 아들과 공원에서 놉니다.

0044

女 여자 녀(여) | 총 3획 | N5

- 음: じょ/にょ/にょう
  - 彼女 (かのじょ) 그녀, 여자친구
  - 少女 (しょうじょ) 소녀
  - 女子 (じょし) 여자
  - ＊女性 (じょせい) 여성
  - 天女 (てんにょ) 선녀
  - 女房 (にょうぼう) 마누라, 아내
- 훈: おんな
  - ＊女 (おんな) 여자
  - ＊女の子 (おんなのこ) 여자아이
  - 女の人 (おんなのひと) 여자
  - 女湯 (おんなゆ) 여탕
  - 예외 女神 (めがみ) 여신

彼女(かのじょ)は笑顔(えがお)がとても可愛(かわい)いです。 그녀는 웃는 얼굴이 매우 귀엽습니다.

綺麗(きれい)な女(おんな)の人(ひと)が歩(ある)いていたので、声(こえ)をかけてみました。 예쁜 여자가 걷고 있었기 때문에 말을 걸어봤습니다.

0045

男 사내 남 | 총 7획 | N5

- 음: だん/なん
  - 男女 (だんじょ) 남녀
  - 男性 (だんせい) 남성
  - 男子 (だんし) 남자
  - 次男 (じなん) 차남, 둘째 아들
  - 長男 (ちょうなん) 장남
- 훈: おとこ
  - *男 (おとこ) 남자
  - 男の子 (おとこのこ) 남자아이
  - *男の人 (おとこのひと) 남자
  - 男湯 (おとこゆ) 남탕

私(わたし)が卒業(そつぎょう)した高校(こうこう)は**男子**校(だんしこう)でした。 제가 졸업한 고등학교는 남자 고등학교였습니다.

昨日(きのう)、3000グラムの元気(げんき)な**男の子**(おとこのこ)が生(う)まれました。
어제 3000그램의 건강한 남자아이가 태어났습니다.

0046

王 임금 왕 | 총 4획 | N5

- 음: おう
  - 王様 (おうさま) 임금님, 왕
  - 王国 (おうこく) 왕국
  - 国王 (こくおう) 국왕
  - 王子 (おうじ) 왕자
  - 王妃 (おうひ) 왕비
  - 女王 (じょおう) 여왕

家来(けらい)は**王様**(おうさま)の命令(めいれい)を聞(き)きます。 하인은 임금님의 명령을 듣습니다.

現在(げんざい)のイギリスの**国王**(こくおう)は誰(だれ)ですか。 현재의 영국 국왕은 누구입니까?

0047

空 빌 공 | 총 8획 | N5

- 음: くう
  - 空気 (くうき) 공기
  - 空港 (くうこう) 공항
  - 空中 (くうちゅう) 공중
  - 空車 (くうしゃ) 빈 차
  - 航空券 (こうくうけん) 항공권
- 훈: そら/あ(く)/あ(ける)/から
  - *空 (そら) 하늘
  - 青空 (あおぞら) 파란 하늘
  - 空く (あく) 비다
  - 空ける (あける) 비우다
  - 空 (から) 빔, 허공
  - 空っぽ (からっぽ) 텅 빔

田舎(いなか)はやっぱり、**空気**(くうき)がきれいですね。 시골은 역시 공기가 맑네요.

今日(きょう)の**空**(そら)は雲一(くもひと)つない晴天(せいてん)で、洗濯日和(せんたくびより)です。
오늘의 하늘은 구름 한 점 없이 맑은 하늘로 빨래하기 좋은 날씨입니다.

0048

山 메 산 | 총 3획 | N5

- 음: さん
  - 火山 (かざん) 화산
  - 山頂 (さんちょう) 산꼭대기
  - 登山 (とざん) 등산
  - 富士山 (ふじさん) 후지산
- 훈: やま
  - *山 (やま) 산
  - 山登り (やまのぼり) 등산
  - 山道 (やまみち) 산길

山頂(さんちょう)に着(つ)いたら、少(すこ)し休憩(きゅうけい)しましょう。 산꼭대기에 도착하면 조금 쉽시다.

日本(にほん)で一番高(いちばんたか)い**山**(やま)は**富士山**(ふじさん)です。 일본에서 가장 높은 산은 후지산입니다.

* 는 JLPT N4-N5 기출 단어입니다.

0049

川 내 천 | 총 3획 | N5

- 음 せん — 河川 하천
- 훈 かわ — *川 강, 하천   川釣り 강 낚시   アマゾン川 아마존 강

今年の夏は近くの河川で花火大会が行われるそうです。 올해 여름은 근처의 하천에서 불꽃놀이가 행해진다고 합니다.

夏休みはよく友達と川で泳ぎました。 여름 방학은 곧잘 친구와 강에서 헤엄쳤습니다.

0050

草 풀 초 | 총 9획 | N3

- 음 そう — 雑草 잡초   草原 초원   牧草 목초   薬草 약초
- 훈 くさ — 草 풀   草刈り 풀베기   草木 초목, 식물
  草むしり 풀을 뽑음, 제초

草原で牛がのんびりしています。 초원에서 소가 태평하게 지내고 있습니다.

この公園は草木が多く、花もきれいに咲いています。 이 공원은 식물이 많고, 꽃도 예쁘게 피어있습니다.

0051

花 꽃 화 | 총 7획 | N4

- 음 か — 花瓶 꽃병   花粉 꽃가루   花粉症 꽃가루 알레르기
  造花 조화
- 훈 はな — *花 꽃   花束 꽃다발   お花見 꽃구경   花火 불꽃놀이
  生け花 꽃꽂이

花瓶に花を飾ると、お部屋が明るくなります。 꽃병에 꽃을 장식하면 방이 밝아집니다.

4月は桜の木の下でお花見をします。 4월은 벚꽃나무 아래에서 꽃구경을 합니다.

0052

竹 대 죽 | 총 6획 | N2

- 음 ちく — 竹林 죽림, 대나무 숲   爆竹 폭죽
- 훈 たけ — 竹 대나무   竹馬 죽마   竹筒 대통, 죽통   竹の子 죽순

おばあちゃんの家の裏は竹林です。 할머니 댁의 뒤쪽은 대나무 숲입니다.

これは竹で作られた楽器です。 이것은 대나무로 만들어진 악기입니다.

0053

수풀 림(임)

林林林林林林林林 | 총 8획 | N2

음	りん	森林 삼림	樹林 수림	林業 임업	林檎 사과
		農林 농림, 농업과 임업			
훈	はやし	*林 숲	杉林 삼나무 숲	松林 소나무 숲	

林業は私達の生活に必要な仕事です。 임업은 우리들의 생활에 필요한 일입니다.

朝、杉林を散歩します。 아침에 삼나무 숲을 산책합니다.

0054

수풀 삼

森森森森森森森森森森森森 | 총 12획 | N2

음	しん	森林 삼림
훈	もり	*森 숲

最近、森林破壊という言葉をよく聞きます。 최근 삼림 파괴라는 말을 자주 듣습니다.

森の中に一軒だけある小さな家が気になります。
숲속에 한 채만 있는 작은 집이 신경 쓰입니다.

0055

돌 석

石石石石石 | 총 5획 | N3

음	せき/しゃく/こく	宝石 보석	化石 화석	石油 석유	石炭 석탄
		磁石 자석			
훈	いし	*石 돌			

宝石のなかでダイヤモンドが一番美しい。 보석 중에서 다이아몬드가 가장 아름답다.

絶対、人に石を投げてはいけません。 절대 사람에게 돌을 던져서는 안 됩니다.

0056

하늘 천

天天天天 | 총 4획 | N5

음	てん	*天気 날씨	天気予報 일기예보	天才 천재	天国 천국
		天ぷら 튀김			
훈	あま/あめ	天の川 은하수	天のじゃく 심술꾸러기	天地 천지, 우주	

明日の天気は雨だそうです。 내일의 날씨는 비라고 합니다.

天の川を見るには夏の夜空が最高だ。 은하수를 보기에는 여름의 밤하늘이 최고다.

✱는 JLPT N4-N5 기출 단어입니다.

0057

気気気気気気 | 총 6획 | N5

기운 기

- 음 き/け
- 気 기운, 기분　気持ち 마음, 기분　空気 공기　✱人気 인기
- ✱元気だ 활기차다, 잘 지내다　寒気 한기　湿気 습기

お久しぶりですね。元気でしたか。 오랜만이네요. 잘 지내셨어요?

韓国のアイドルは日本で人気があります。 한국의 아이돌은 일본에서 인기가 있습니다.

0058

雨雨雨雨雨雨雨雨 | 총 8획 | N5

비 우

- 음 う
- 雨天 우천　豪雨 호우
- 훈 あめ/あま
- ✱雨 비　大雨 큰비　雨具 우비　雨空 비가 올 때의 하늘

雨天のため遠足を中止にします。 우천 때문에 소풍을 중지합니다.

いつもかばんの中に雨具を入れて出かけます。 항상 가방 안에 우비를 넣어서 외출합니다.

0059

田田田田田 | 총 5획 | N4

밭 전

- 음 でん
- 水田 수전　예외 田舎 시골
- 훈 た
- 田んぼ 논　田植え 모내기　田畑 논밭
- 秋田県 아키타현(일본 지명)　羽田空港 하네다 공항

私は、高校生まで田舎で育ちました。 저는 고등학생 때까지 시골에서 자랐습니다.

私の家は農家で、田んぼで米を作っています。
우리 집은 농가로 논에서 벼농사를 짓고 있습니다.

0060

町町町町町町町 | 총 7획 | N4

밭두둑 정

- 음 ちょう
- 町 쵸(일본 지방 자치 단체의 하나)
- 町内会 지역 주민의 자치 조직
- 훈 まち
- ✱町 마을, 동네　田舎町 시골 마을　下町 도시의 상업 지역
- 町中 마을 전체, 마을 사람들　港町 항구 도시

一カ月に一回、町内会があります。 한 달에 한 번 반상회가 있습니다.

私の町は静かで自然が多い町です。 저희 마을은 조용하고 자연이 많은 동네입니다.

0061

村 — 마을 촌

村村村村村村村 | 총 7획 | N3

음 そん	農村 농촌	村長 촌장
훈 むら	*村 마을	村人 마을 사람

うちの農村は自然豊かでいいところです。 우리 농촌은 자연이 풍요롭고 좋은 곳입니다.

村長は村で一番偉い人ですね。 촌장님은 마을에서 가장 훌륭한 분이시죠.

0062

夕 — 저녁 석

夕夕夕 | 총 3획 | N4

음 せき	一朝一夕 일조일석		
훈 ゆう	*夕方 저녁	*夕ご飯 저녁밥	夕食 저녁 식사
	夕日 석양	夕べ 저녁	夕焼け 저녁노을

一朝一夕とはとても短い時間という意味です。
일조일석이란 몹시 짧은 시간이라는 의미입니다.

夕食を食べに予約したレストランへ行きます。
저녁 식사를 먹으러 예약한 레스토랑에 갑니다.

0063

早 — 이를 조

早早早早早早 | 총 6획 | N4

음 そう/さっ	早退 조퇴	早朝 조조, 이른 아침	早急 조급, 몹시 급함
	早速 즉시		
훈 はや(い)/はや(まる)/はや(める)	早い (시간적으로) 이르다	早起き 일찍 일어남	*早く 빨리
	早まる 빨라지다	早める 예정보다 이르게 하다	

早朝から隣の部屋から大きな声が聞こえる。 이른 아침부터 옆방에서 큰 목소리가 들린다.

疲れているのでしょう。寝るのが早いですね。 지쳐 계신 거겠죠. 주무시는 게 이르네요.

0064

車 — 수레 차

車車車車車車車 | 총 7획 | N5

음 しゃ	駐車場 주차장	*電車 전철	*自転車 자전거
	車庫 차고	新車 새 차	
훈 くるま	*車 자동차	車椅子 휠체어	歯車 톱니바퀴

駐車場に車を停めます。 주차장에 자동차를 세워둡니다.

車に乗って海までドライブします。 자동차를 타고 바다까지 드라이브합니다.

※는 JLPT N4-N5 기출 단어입니다.

0065

들 **입**

음	にゅう	加入 가입　侵入 침입　入学式 입학식　※入院 입원
		入場 입장
훈	はい(る)/いれ(る)/い(る)	※入る 들어오다, 들어가다　※入れる 넣다
		気に入る 마음에 들다, 만족하다　出入り 출입　※入口 입구

初めての**入学式**は緊張します。 첫 입학식은 긴장됩니다.

仕事で疲れたので、温泉に**入り**たいです。 일로 지쳐있기 때문에 온천에 들어가고 싶습니다.

0066

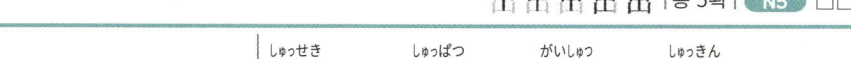

날 **출**

음	しゅつ/すい	出席 출석　※出発 출발　外出 외출　出勤 출근
		出張 출장　提出 제출　(예외)出納 출납
훈	だ(す)/で(る)	※出す 내다, 꺼내다　※出る 나가다, 나오다
		出かける 외출하다, 나가다　出口 출구　思い出 추억

学校の授業に**出席**します。 학교 수업에 출석합니다.

あちらが入口なので、**出口**から入らないで下さい。
저쪽이 입구이기 때문에 출구로 들어가지 말아 주세요.

0067

개 **견**

음	けん	大型犬 대형견　小型犬 소형견　介助犬 안내견
		犬種 견종　柴犬 시바견(개 종류)
훈	いぬ	※犬 개　犬小屋 개집　子犬 강아지

小型犬をうちで飼いたいです。 소형견을 집에서 키우고 싶습니다.

朝と夕方に**犬**の散歩をします。 아침과 저녁에 강아지의 산책을 합니다.

0068

虫虫虫虫虫虫 |총 6획| N3

虫 벌레 충

- 음 ちゅう
  - がいちゅう 害虫 해충
  - きせいちゅう 寄生虫 기생충
  - こんちゅう 昆虫 곤충
  - さっちゅうざい 殺虫剤 살충제
  - ようちゅう 幼虫 유충, 애벌레
- 훈 むし
  - むし 虫 벌레
  - けむし 毛虫 모충, 송충이
  - むし 虫かご 벌레 채집통
  - むしば 虫歯 충치

木の下に昆虫がたくさんいます。 나무 아래에 곤충이 많이 있습니다.

捕まえた虫を虫かごに入れます。 잡은 벌레를 채집통에 넣습니다.

0069

貝貝貝貝貝貝貝 |총 7획| N2

貝 조개 패

- 음 かい
  - かい 貝 조개
  - かいがら 貝殻 조개껍데기
  - かいるい 貝類 조개류
  - がい ホタテ貝 가리비

貝の形のお皿を買いました。 조개 형태의 접시를 샀습니다.

砂浜できれいな貝殻を拾います。 모래사장에서 예쁜 조개껍데기를 줍습니다.

0070

力力 |총 2획| N4

力 힘 력(역)

- 음 りょく/りき
  - きりょく 気力 기력
  - きょうりょく 協力 협력
  - けんりょく 権力 권력
  - しりょく 視力 시력
  - たいりょく 体力 체력
  - どりょく 努力 노력
  - じりき 自力 자력
  - りきし 力士 씨름꾼
- 훈 ちから
  - *ちから 力 힘
  - そこぢから 底力 저력, 잠재력
  - ばかぢから 馬鹿力 뚝심

みんなで協力して頑張りましょう。 다 함께 협력해서 열심히 합시다.

これから、注射をします。腕の力を抜いてください。 지금부터 주사를 놓습니다. 팔 힘을 빼주세요.

0071

音音音音音音音音音 |총 9획| N4

音 소리 음

- 음 おん/いん
  - *おんがく 音楽 음악
  - *はつおん 発音 발음
  - ろくおん 録音 녹음
  - そうおん 騒音 소음
  - ざつおん 雑音 잡음
  - ぼいん 母音 모음
- 훈 おと/ね
  - *おと 音 소리
  - あしおと 足音 발소리
  - ねいろ 音色 음색
  - ほんね 本音 본래의 음색, 진심

私の趣味は音楽を聴くことです。 저의 취미는 음악을 듣는 것입니다.

テレビの音が大きいですね。もっと小さくしてください。 텔레비전 소리가 크네요. 조금 더 작게 해주세요.

0072

円
화폐단위 엔, 둥글 원

円円円円 | 총 4획 | N5

음	えん	*円 원, 엔(일본 화폐 단위)	円形 원형	円周 원주, 원둘레
		円満だ 원만하다		
훈	まる(い)	円い 둥글다		

このカメラは8万円でした。 이 카메라는 8만 엔이었습니다.

あそこの円い椅子に座ってください。 저쪽의 둥근 의자에 앉아주세요.

0073

玉
구슬 옥

玉玉玉玉玉 | 총 5획 | N2

음	ぎょく	玉砕 옥쇄	玉露 옥로(일본 차 일종)	
훈	たま	玉 옥, 구슬	お手玉 공기(놀이)	500円玉 500엔 동전
		玉ねぎ 양파	水玉 물방울	目玉焼き 달걀프라이

玉露のお茶は高級茶のひとつです。 옥로 차는 고급차의 하나입니다.

目玉焼きに醤油をかけて食べます。 달걀 프라이에 간장을 뿌려서 먹습니다.

0074

糸
실 사

糸糸糸糸糸糸 | 총 6획 | N2

| 음 | し | 一糸 한 가닥의 실 | 抜糸 (수술 후) 실밥 제거 | |
| 훈 | いと | *糸 실 | 糸口 실마리, 단서 | 毛糸 털실 | 釣り糸 낚싯줄 |

今日は病院に抜糸をしに行きます。 오늘은 병원에 실밥 제거하러 갑니다.

針に糸を通します。 바늘에 실을 통과시킵니다.

0075

立
설 립(입)

立立立立立 | 총 5획 | N4

음	りつ/りゅう	国立 국립	私立 사립	成立 성립	独立 독립
		立体的 입체적	立派だ 훌륭하다	建立 (절이나 성) 건립	
훈	た(つ)/た(てる)	*立つ 일어서다	役に立つ 도움이 되다	立てる 세우다	

私の目標は国立大学に合格することです。 저의 목표는 국립대학교에 합격하는 것입니다.

赤ちゃんが初めて両足で立ちました。 아기가 처음으로 두 다리로 섰습니다.

0076 見 볼 견 | 총 7획 | N5

음 けん
- 意見 의견
- 外見 외견
- 見解 견해
- *見学 견학
- 発見 발견

훈 み(る)/み(える)/み(せる)
- *見る 보다
- 見える 보이다
- 見せる 보여주다
- お見舞い 병문안
- 見本 견본

ビール工場の見学に行きます。 맥주 공장의 견학에 갑니다.

彼はさっきから私をじっと見ています。 그는 아까부터 나를 지그시 쳐다보고 있습니다.

0077 休 쉴 휴 | 총 6획 | N5

음 きゅう
- 休日 휴일
- 休憩 휴게
- 休校 휴교
- 休職 휴직
- 定休日 정기 휴일
- 連休 연휴

훈 やす(む)/やす(まる)/やす(める)
- *休む 쉬다
- 休み 휴일, 쉬는 날
- *昼休み 점심시간
- 冬休み 겨울방학
- 休まる 편안해지다
- 休める 쉬게 하다

美容室に行ったら定休日でした。 미용실에 갔더니 정기 휴일이었습니다.

今日もお疲れさまでした。ゆっくり休んでください。
오늘도 수고 많으셨습니다. 푹 쉬세요.

0078 正 바를 정 | 총 5획 | N4

음 せい/しょう
- 正解 정답
- 正確 정확
- 正義 정의
- *正月 정월, 설
- 正直 정직
- 正体 정체

훈 ただ(しい)/ただ(す)/まさ
- *正しい 옳다, 바르다
- 規則正しい 규칙적이다
- 正す 바르게 하다, 바로잡다
- 正に 틀림없이, 정말로

お正月は家族と過ごします。 설은 가족과 보냅니다.

今回のテストは難しかったが、全問正解でした。
이번 테스트는 어려웠지만 전부 정답이었습니다.

*는 JLPT N4-N5 기출 단어입니다.

0079

本本本本本 | 총 5획 | N5

本 근본 본

음	ほん	ほん **本** 책, ~병, ~자루(얇고 가는 것을 세는 단위)	***本屋** ほんや 책방
		日本 にほん 일본　**本当** ほんとう 정말　**本場** ほんば 본고장　**本物** ほんもの 진짜, 실물
훈	もと	**本** もと 근본, 기본　**根本** ねもと 뿌리, 근원

毎日寝る前に**本**を30分読みます。 매일 자기 전에 책을 30분 읽습니다.

山に生えている木を**根本**から切り倒していく。
산에 나 있는 나무를 뿌리부터 베어 쓰러뜨려간다.

0080

名名名名名名 | 총 6획 | N5

名 이름 명

음	めい/みょう	**何名** なんめい 몇 명　***有名だ** ゆうめい 유명하다　**名詞** めいし 명사　**名刺** めいし 명함
		名物 めいぶつ 명물　**本名** ほんみょう 본명　**名字** みょうじ 성씨
훈	な	**名** な 이름　***名前** なまえ 이름　**名札** なふだ 명찰　**平仮名** ひらがな 히라가나
		片仮名 かたかな 카타카나

私の**名字**は田中です。 제 성은 다나카입니다.

平仮名を全部覚えました。 히라가나를 전부 외웠습니다.

체크포인트 02

1 다음 단어의 발음을 히라가나로 적어 보세요.

> 예시 花 꽃 → （　　はな　　）

1) 彼女　　여자친구, 그녀　→　（　　　　　　　）
2) 田舎　　시골　　　　　　→　（　　　　　　　）
3) 花束　　꽃다발　　　　　→　（　　　　　　　）
4) 王様　　왕, 임금　　　　→　（　　　　　　　）
5) 登山　　등산　　　　　　→　（　　　　　　　）
6) 草　　　풀　　　　　　　→　（　　　　　　　）
7) 石　　　돌　　　　　　　→　（　　　　　　　）

2 다음 단어의 한자를 적어 보세요.

> 예시 별 ほし → （　　星　　）

1) 천재　　てんさい　→　（　　　　　　　）
2) 남성　　だんせい　→　（　　　　　　　）
3) 강　　　かわ　　　→　（　　　　　　　）
4) 가입　　かにゅう　→　（　　　　　　　）
5) 숲　　　もり　　　→　（　　　　　　　）
6) 마을　　むら　　　→　（　　　　　　　）
7) 실　　　いと　　　→　（　　　　　　　）

3 아래의 단어와 뜻이 올바르게 연결되도록 선을 그어 보세요.

1) 元気だ(げんき) ・　　　　　　・ 활기차다, 잘 지내다
2) 駐車場(ちゅうしゃじょう) ・　　　　　　・ 빠르다
3) 音楽(おんがく) ・　　　　　　・ 공항
4) 早い(はや) ・　　　　　　・ 과자
5) 空港(くうこう) ・　　　　　　・ 글자
6) 字(じ) ・　　　　　　・ 음악
7) お菓子(かし) ・　　　　　　・ 주차장

정답
1 1) かのじょ 2) いなか 3) はなたば 4) おうさま 5) とざん 6) くさ 7) いし
2 1) 天才 2) 男性 3) 川 4) 加入 5) 森 6) 村 7) 糸
3 1) 元気だ-활기차다, 잘 지내다 2) 駐車場-주차장 3) 音楽-음악 4) 早い-빠르다 5) 空港-공항 6) 字-글자
　　7) お菓子-과자

연습문제 01

채점 /10

한자읽기 다음 문장의 밑줄 친 한자를 바르게 읽은 것은 어느 것인가?

1 昨日スーパーでりんごを<u>一つ</u>買いました。
　① ひとつ　　② ひっつ　　③ いちつ　　④ いつつ

2 これは<u>正しい</u>答えを選ぶ問題です。
　① めずらしい　② ただしい　③ むずかしい　④ やさしい

3 <u>子供</u>のときは、サッカークラブに入っていました。
　① おとな　　② こども　　③ こと　　④ おとも

4 これは過去<u>百年</u>で一番の嵐です。
　① びゃくねん　② ぴゃくねん　③ ひゃくねん　④ ひゃっねん

5 <u>平日</u>は映画を見たり、友達と遊んだりします。
　① たいじつ　② へいにち　③ たいにち　④ へいじつ

6 この会社は<u>男</u>の人ばかりだ。
　① おんな　　② おとこ　　③ おとな　　④ こども

7 韓国語と日本語の<u>文法</u>は似ているので、わかりやすい。
　① ぶんぽう　② ふんぽう　③ ぶんぼう　④ ぷんぼう

8 将来は<u>歌手</u>になりたいです。
　① かじゅう　② かしゅう　③ かしゅ　　④ がしゅ

9 <u>人生</u>は楽しいこともあれば、苦しいこともある。
　① じんぜい　② いんぜい　③ いんせい　④ じんせい

10 私は毎日バスで<u>学校</u>へ行きます。
　① がつこう　② がっこう　③ がっごう　④ がっこ

한자표기 다음 문장의 밑줄 친 히라가나의 한자의 표기로 올바른 것은 어느 것인가?

1. 日本で運転するときは、みぎかわ通行ではありません。
   ① 右側　　　② 左側　　　③ 左測　　　④ 右測

2. 今週はずっとあめだそうです
   ① 霧　　　② 雪　　　③ 雨　　　④ 雷

3. 私はしろい車がほしいです。
   ① 百い　　　② 黒い　　　③ 赤い　　　④ 白い

4. 小学校6年間、やすむことなく学校へ通った。
   ① 作む　　　② 体む　　　③ 休む　　　④ 住む

5. 明日は新しいしたぎを買いにデパートへ行く予定です。
   ① 下着　　　② 上着　　　③ 外着　　　④ 内着

6. 彼はちゅうもくされるのが好きなタイプだ。
   ① 注日　　　② 住目　　　③ 注目　　　④ 住日

7. たいへんなことが起きました。
   ① 対変　　　② 大恋　　　③ 大変　　　④ 急変

8. 明日のてんきが良ければピクニックへ行きます。
   ① 天気　　　② 運気　　　③ 元気　　　④ 人気

9. 私のこいびとはハンサムで性格もいいです。
   ① 恋愛　　　② 変人　　　③ 変身　　　④ 恋人

10. 彼のなまえはなんですか。
    ① 名子　　　② 名前　　　③ 男前　　　④ 出前

연습문제 01 정답 및 해석

한자읽기

정답 1 ① 2 ② 3 ② 4 ③ 5 ④ 6 ② 7 ① 8 ③ 9 ④ 10 ②

해석
1. 어제 슈퍼에서 사과를 한 개 샀습니다.
2. 이것은 올바른 정답을 고르는 문제입니다.
3. 어렸을 떼는 축구 클럽에 들어가 있었습니다.
4. 이것은 과거 100년간 제일의 폭풍입니다.
5. 평일은 영화를 보거나 친구와 놀거나 합니다.
6. 이 회사는 남자뿐이다.
7. 한국어와 일본어의 문법은 비슷하기 때문에 알기 쉽다.
8. 장래에는 가수가 되고 싶습니다.
9. 인생은 즐거운 일도 있으면 괴로운 일도 있다.
10. 저는 매일 버스로 학교에 갑니다.

한자표기

정답 1 ① 2 ③ 3 ④ 4 ③ 5 ① 6 ③ 7 ③ 8 ① 9 ④ 10 ②

해석
1. 일본에서 운전할 때는 우측통행이 아닙니다.
2. 이번 주는 계속 비가 온다고 합니다.
3. 저는 하얀 자동차를 갖고 싶습니다.
4. 초등학교 6년간 쉬는 일 없이 학교에 다녔다.
5. 내일은 서로운 속옷을 사러 백화점에 갈 예정입니다.
6. 그는 주목받는 것을 좋아하는 타입이다.
7. 큰일이 일어났습니다.
8. 내일 날씨가 좋으면 피크닉에 갑니다.
9. 저의 연인은 잘 생기고 성격도 좋습니다.
10. 그의 이름은 무엇입니까?

일본 문부과학성이 지정한 상용한자

2학년 초등학교 한자

- **Unit 03** 40자
- **Unit 04** 40자
- **Unit 05** 40자
- **Unit 06** 40자

Unit 03 초등학교 2학년 (40자)

春 봄 춘	夏 여름 하	秋 가을 추	冬 겨울 동	東 동녘 동
西 서녘 서	南 남녘 남	北 북녘 북	方 모 방, 본뜰 방	前 앞 전
後 뒤 후	外 바깥 외	內 안 내	親 친할 친	父 아버지 부
母 어머니 모	兄 형 형	弟 아우 제	姉 윗누이 자	妹 누이 매
家 집 가	戶 집 호	頭 머리 두	顔 낯 안	首 머리 수
体 몸 체	毛 터럭 모	心 마음 심	肉 고기 육	今 이제 금
週 돌 주	曜 빛날 요	朝 아침 조	晝 낮 주	夜 밤 야
時 때 시	間 사이 간	分 나눌 분	色 빛 색	黃 누를 황

* 는 JLPT N4-N5 기출 단어입니다.

0081

봄 춘

春春春春春春春春春 | 총 9획 | N4

| 음 | しゅん | 春夏秋冬 춘하추동 春季 춘계 春分 춘분 青春 청춘 |
| 훈 | はる | *春 봄 春休み 봄 방학 |

もっと**青春**を**楽**しめば**良**かったと**後悔**しています。
좀 더 청춘을 즐기면 좋았을 거라고 후회하고 있습니다.

冬が**終**わり、**春**が**来**ました。 겨울이 끝나고 봄이 왔습니다.

0082

여름 하

夏夏夏夏夏夏夏夏夏夏 | 총 10획 | N4

| 음 | か/げ | 夏季 하계 夏期 하기, 여름 기간 初夏 초여름 夏至 하지 |
| 훈 | なつ | *夏 여름 夏休み 여름 방학 真夏 한여름 |

夏期講習で**数学**と**英語**を**勉強**します。 하기 강습에서 수학과 영어를 공부합니다.

今年の**夏**は5キロ**痩**せようと**思**います。 올해 여름은 살을 5킬로 빼려고 합니다.

0083

가을 추

秋秋秋秋秋秋秋秋秋 | 총 9획 | N4

| 음 | しゅう | 秋分 추분 立秋 입추 |
| 훈 | あき | *秋 가을 秋風 가을 바람 秋葉原 아키하바라(일본 지명) |

秋分の**日**は**祝日**なので**会社**は**休**みです。
추분은 공휴일이기 때문에 회사는 휴무입니다.

秋の**期間**はとても**短**いですね。 가을 기간은 매우 짧네요.

0084

겨울 동

冬冬冬冬冬 | 총 5획 | N4

| 음 | とう | 冬季 동계 冬至 동지 冬眠 동면 |
| 훈 | ふゆ | *冬 겨울 冬休み 겨울 방학 真冬 한겨울 |

冬季オリンピックでフィギュアスケートが**一番好**きです。
동계 올림픽에서 피겨 스케이팅을 가장 좋아합니다.

北海道の**冬**は**思**ったより**寒**いです。 홋카이도의 겨울은 생각했던 것보다 춥습니다.

0085

東 동녘 동 | 총 8획 | N5

- 음 とう
  - とうざいなんぼく 東西南北 동서남북
  - とうよう 東洋 동양
  - とうきょう 東京 도쿄(일본 지명)
  - かんとう 関東 관동(도쿄 지방)
- 훈 ひがし
  - ひがし 東 동쪽
  - *ひがしがわ 東側 동쪽
  - ひがしアジア 東アジア 동아시아
  - *ひがしぐち 東口 동쪽 출입구

とうきょう と かい ひと おお
東京は都会なので、とても人が多いです。 도쿄는 도시이기 때문에 몹시 사람이 많습니다.

たいよう ひがし のぼ にし しず
太陽は東から昇り、西に沈みます。 태양은 동쪽에서 떠서 서쪽으로 집니다.

0086

西 서녘 서 | 총 6획 | N5

- 음 せい/さい
  - *せいよう 西洋 서양
  - せいようじん 西洋人 서양인
  - せいれき 西暦 서력, 서기
  - とうざい 東西 동서, 동쪽과 서쪽
  - かんさい 関西 관서(교토, 오사카 지방)
- 훈 にし
  - *にし 西 서쪽
  - *にしがわ 西側 서쪽
  - にしにほん 西日本 일본 열도의 서반부 지역

あのレストランでは西洋人が働いています。 저 레스토랑에서는 서양인이 일하고 있습니다.

きょう にしにほん てんき は
今日の西日本の天気は晴れです。 오늘 서일본의 날씨는 맑음입니다.

0087

南 남녘 남 | 총 9획 | N5

- 음 なん/な
  - なんきょく 南極 남극
  - なんせい 南西 남서, 남쪽과 서쪽
  - なんぶ 南部 남부
  - なむ 南無 나무(불교 용어)
- 훈 みなみ
  - *みなみ 南 남쪽
  - *みなみがわ 南側 남쪽
  - みなみはんきゅう 南半球 남반구
  - みなみむき 南向き 남향

いちど なんきょく い
一度、南極へ行ってみたいです。 한번 남극에 가보고 싶습니다.

みなみ まど たいよう ひかり はい
南の窓から太陽の光が入ります。 남쪽의 창문으로부터 태양 빛이 들어옵니다.

0088

北 북녘 북 | 총 5획 | N5

- 음 ほく
  - ほっきょく 北極 북극
  - ほっきょくぐま 北極熊 북극곰
  - ほっきょくせい 北極星 북극성
  - ほっかいどう 北海道 홋카이도(일본 지명)
- 훈 きた
  - *きた 北 북쪽
  - *きたがわ 北側 북쪽
  - きたぐに 北国 북쪽 나라

どうぶつえん はじ ほっきょくぐま み
動物園で初めて北極熊を見ました。 동물원에서 처음으로 북극곰을 봤습니다.

わたし ゆき おお きたぐに す
私は雪の多い北国に住んでいます。 저는 눈이 많은 북쪽 나라에 살고 있습니다.

0089

方 모 방, 본뜰 방 | 총 4획 | N4

- 음 ほう
  - 地方(ちほう) 지방
  - 方言(ほうげん) 방언, 사투리
  - 方向(ほうこう) 방향
  - 方法(ほうほう) 방법
  - 両方(りょうほう) 쌍방, 양쪽
- 훈 かた
  - *方(かた) ~쪽, ~하는 법, ~분(높임말)
  - 使い方(つかいかた) 사용법
  - 味方(みかた) 아군
  - *夕方(ゆうがた) 저녁

国の中でも、地域によって方言がいくつもあります。
국가 안에서도 지역에 따라 사투리가 몇 개나 있습니다.

あの方はアメリカで有名な方です。 저분은 미국에서 유명한 분입니다.

0090

前 앞 전 | 총 9획 | N5

- 음 ぜん
  - 以前(いぜん) 이전
  - *午前(ごぜん) 오전
  - 前回(ぜんかい) 지난번
  - 前半(ぜんはん) 전반
  - 前方(ぜんぽう) 전방
- 훈 まえ
  - *前(まえ) 앞
  - *名前(なまえ) 이름
  - お前(おまえ) 너, 자네
  - 手前(てまえ) 바로 앞
  - 前向き(まえむき) 긍정적

午前10時から買い物へ行きます。 오전 10시부터 쇼핑하러 갑니다.

私の名前はマイケルです。 제 이름은 마이클입니다.

0091

後 뒤 후 | 총 9획 | N5

- 음 ご/こう
  - 以後(いご) 이후
  - *午後(ごご) 오후
  - *最後(さいご) 최후, 마지막
  - 今後(こんご) 앞으로
  - 後悔(こうかい) 후회
  - 後輩(こうはい) 후배
  - 後半(こうはん) 후반
- 훈 あと/うし(ろ)/おく(れる)/のち
  - *後(あと) 뒤, 나중
  - 後片付け(あとかたづけ) 뒷정리
  - 後回し(あとまわし) 뒤로 미룸
  - 後ろ(うしろ) 뒤, 뒤쪽
  - 後れる(おくれる) 뒤떨어지다
  - 後ほど(のちほど) 나중에

昼休みは午後1時半までです。 점심시간은 오후 1시 반까지입니다.

映画館では後ろの席に座ります。 영화관에서는 뒤쪽 자리에 앉습니다.

0092

바깥 외 | 외 | 총 5획 | N5

음	がい/げ	*以外 이외	外出 외출	*外国 외국	海外 해외
		*郊外 교외	例外 예외	外科 외과	
훈	そと/はず(す)/はず(れる)/ほか	*外 밖	外側 바깥쪽, 겉면	外す 떼다, 벗기다	
		外れる 빠지다, 벗겨지다	その外 그 외, 기타		

将来は外国に住みたいです。 장래에는 외국에 살고 싶습니다.

今日は外が35度もあります。 오늘은 바깥이 35도나 됩니다.

0093

안 내 | 총 4획 | N3

음	ない/だい	*案内 안내	以内 이내	家内 아내, 집사람	国内 국내
		内科 내과	内容 내용	境内 사찰의 경내	
훈	うち	内 안(쪽)	内気 내향적인 성격		

私が道を案内します。 제가 길을 안내하겠습니다.

彼は内気な性格なので、あまり周りとの関わりを持とうとしない。
그는 내향적인 성격이기 때문에 그다지 주변과 관계를 가지려 하지 않는다.

0094

친할 친 | 총 16획 | N4

음	しん	親戚 친척	*親切だ 친절하다	親睦 친목
		親友 친한 친구	両親 양친, 부모	
훈	おや/した(しい)/した(しむ)	親 부모님	*親指 엄지	親しい 친하다
		親しむ 친하게 지내다		

親友にはどんな話もできます。 친한 친구에게는 어떤 이야기도 할 수 있습니다.

親はいつも私の心配をしてくれます。 부모님은 언제나 제 걱정을 해주십니다.

0095

아버지 부 | 총 4획 | N5

음	ふ	祖父 조부, 할아버지
훈	ちち	*父 아버지 父親 부친
		예외 *お父さん 아버지 伯父 백부, 아저씨 叔父 숙부, 아저씨

昨年祖父は85歳で亡くなりました。 작년 할아버지는 85세의 나이로 돌아가셨습니다.

子供ができて私も父親になりました。 아이가 생겨서 저도 아버지가 되었습니다.

＊는 JLPT N4-N5 기출 단어입니다.

0096

어머니 **모**

母母母母母 | 총 5획 | N5

음	ぼ	＊祖母(そぼ) 조모, 할머니　母国語(ぼこくご) 모국어　母性(ぼせい) 모성
		母乳(ぼにゅう) 모유
훈	はは	母(はは) 어머니　母親(ははおや) 모친　예외 お母(かあ)さん 어머니

日本人(にほんじん)の母国語(ぼこくご)は日本語(にほんご)です。 일본인의 모국어는 일본어입니다.

母(はは)の日(ひ)にバラの花(はな)をあげました。 어머니의 날에 장미꽃을 드렸습니다.

0097

형 **형**

兄兄兄兄兄 | 총 5획 | N4

음	きょう/けい	兄弟(きょうだい) 형제　義兄(ぎけい) 의형, 매형　父兄(ふけい) 부형
		예외 従兄弟(いとこ) (남자) 사촌
훈	あに	兄(あに) 형, 오빠　兄貴(あにき) 형님　예외 お兄(にい)さん 형, 오빠

僕(ぼく)は3人(にん)兄弟(きょうだい)の長男(ちょうなん)です。 저는 3인 형제의 장남입니다.

兄(あに)は私(わたし)よりも3歳(さい)年上(としうえ)です。 형은 저보다 저보다도 3살 연상입니다.

0098

아우 **제**

弟弟弟弟弟弟弟 | 총 7획 | N4

음	だい/で/てい	兄弟(きょうだい) 형제　弟子(でし) 제자　義弟(ぎてい) 의제, 처남, 동서
		師弟(してい) 사제, 스승과 제자
훈	おとうと	＊弟(おとうと) 남동생

今日(きょう)から師匠(ししょう)の弟子(でし)になりました。 오늘부터 스승님의 제자가 되었습니다.

弟(おとうと)が一人暮(ひとりぐ)らしを始(はじ)めました。 남동생이 자취를 시작했습니다.

0099

윗누이 **자**

姉姉姉姉姉姉姉姉 | 총 8획 | N4

| 음 | し | 姉妹(しまい) 자매　예외 従姉妹(いとこ) (여자) 사촌 |
| 훈 | あね | ＊姉(あね) 누나, 언니　姉貴(あねき) 누님　예외 ＊お姉(ねえ)さん 언니, 누나 |

私達(わたしたち)は2歳差(さいさ)の姉妹(しまい)です。 우리들은 2살 차이의 자매입니다.

今日(きょう)は姉(あね)と二人(ふたり)でショッピングへ行(い)きます。 오늘은 언니와 둘이서 쇼핑에 갑니다.

0100

妹 누이 매 | 총 8획 | N4

- 음: まい
  - 姉妹 (しまい) 자매
- 훈: いもうと
  - ＊妹 (いもうと) 여동생

2024年に姉妹会社を設立しました。 2024년에 자매 회사를 설립했습니다.

妹の誕生日に靴をプレゼントしました。 여동생의 생일에 신발을 선물했습니다.

0101

家 집 가 | 총 10획 | N4

- 음: か/け
  - 家具 (かぐ) 가구　家事 (かじ) 가사, 집안일　＊家族 (かぞく) 가족　家庭 (かてい) 가정
  - 小説家 (しょうせつか) 소설가　家来 (けらい) 하인　本家 (ほんけ) 본가, 종가
- 훈: いえ/や
  - 家 (いえ) 집　家賃 (やちん) 집세　大家 (おおや) 셋집 주인

将来、結婚したら幸せな家庭を作りたいです。
장래에 결혼하면 행복한 가정을 만들고 싶습니다.

私の家はここから歩いて10分です。 저희 집은 여기서 걸어서 10분입니다.

0102

戸 집 호 | 총 4획 | N2

- 음: こ
  - 一戸建て (いっこだて) 단독주택　戸籍 (こせき) 호적
- 훈: と
  - 戸 (と) 문, 대문　井戸 (いど) 우물　戸締り (とじまり) 문단속　雨戸 (あまど) 덧문
  - 網戸 (あみど) 방충망

引っ越しをして一戸建てに住みたいです。 이사를 해서 단독주택에 살고 싶습니다.

戸締りをしてから家を出ます。 문단속을 하고 나서 집을 나섭니다.

0103

頭 머리 두 | 총 16획 | N3

- 음: ず/とう/と
  - 頭痛 (ずつう) 두통　頭脳 (ずのう) 두뇌　先頭 (せんとう) 선두
  - 頭 (とう) 필(큰 동물을 세는 단위)　音頭 (おんど) 선창하는 사람
- 훈: あたま/かしら
  - ＊頭 (あたま) 머리　頭数 (あたまかず) 머릿수　頭金 (あたまきん) 계약금　頭 (かしら) 두목, 우두머리
  - 頭文字 (かしらもじ) 이니셜

頭が痛くて、頭痛薬を買いにきました。 머리가 아파서 두통약을 사러 왔습니다.

持ち物に名前の頭文字を書く。 소지품에 이름의 이니셜을 쓴다.

* 는 JLPT N4-N5 기출 단어입니다.

0104

顔顔顔顔顔顔顔顔顔顔顔顔顔顔顔顔顔顔 | 총 18획 | N3

낯 **안**

음	がん	がんめん 顔面 안면	せんがん 洗顔 세안	どうがん 童顔 동안
훈	かお	かお *顔 얼굴	えがお 笑顔 웃는 얼굴	かおいろ 顔色 얼굴빛, 안색
		ねがお 寝顔 잠자는 얼굴		

あさお
朝起きたら、まず洗顔をする。 아침에 일어나면 맨 먼저 세안을 한다.

かのじょ かお げんき で
やっぱり彼女の顔をみると元気が出る。 역시 그녀의 얼굴을 보면 힘이 난다.

0105

首首首首首首首首首 | 총 9획 | N3

머리 **수**

음	しゅ	しゅと 首都 수도	しゅい 首位 수석	しゅしょう 首相 수상
훈	くび	くび *首 목	あしくび 足首 발목	てくび 手首 손목	くびすじ 首筋 목덜미
		くび 首になる 해고되다		

にほん しゅと とうきょう
日本の首都は東京です。 일본의 수도는 도쿄입니다.

くび てくび あしくび み   や み
首と手首と足首が見えると痩せて見えます。 목과 손목과 발목이 보이면 말라 보입니다.

0106

体体体体体体体 | 총 7획 | N4

몸 **체**

음	たい/てい	たいいく 体育 체육	たいおん 体温 체온	たいそう 体操 체조	たいけい 体型 체형
		たいじゅう 体重 체중	たいりょく 体力 체력	ていさい 体裁 체재	
훈	からだ	からだ *体 몸, 신체			

きょう たいいく じゅぎょう
今日、体育の授業でバスケをしました。 오늘 체육 수업에서 농구를 했습니다.

なっとう からだ た もの
納豆は体にいい食べ物です。 낫토는 몸에 좋은 음식입니다.

0107

毛毛毛毛 | 총 4획 | N2

터럭 **모**

음	もう	うもう 羽毛 깃털, 새털	もうこん 毛根 모근	もうはつ 毛髪 모발	もうふ 毛布 담요
		ようもう 羊毛 양모, 양털			
훈	け	け 毛 털	かみ け 髪の毛 머리카락	けいと 毛糸 털실	まゆげ 眉毛 눈썹

さむ   もうふ か
寒くなってきたので毛布を買いました。 추워졌기 때문에 담요를 샀습니다.

さいきん いぬ け   ぬ
最近、犬の毛がよく抜けます。 최근 강아지의 털이 자주 빠집니다.

0108

마음 심

心心心心 |총 4획| N4

- **음** しん
  - *安心 안심 *心配 걱정, 근심 関心 관심 決心 결심
  - 心臓 심장 心理 심리
- **훈** こころ
  - *心 마음 真心 진심

みなさん、心配しないでください。大丈夫です。 여러분 걱정하지 마세요. 괜찮습니다.

彼と喧嘩して心が痛いです。 그와 싸워서 마음이 아픕니다.

0109

고기 육

肉肉肉肉肉肉 |총 6획| N4

- **음** にく
  - 肉 살, 고기 豚肉 돼지고기 *牛肉 소고기 鶏肉 닭고기
  - 筋肉 근육 皮肉だ 얄궂다, 짓궂다

私は野菜より肉が好きです。 저는 야채보다 고기를 좋아합니다.

今日はハンバーグを作るので、豚肉を500グラム買いました。
오늘은 함박스테이크를 만들기 때문에 돼지고기를 500그램 샀습니다.

0110

이제 금

今今今今 |총 4획| N5

- **음** こん/きん
  - *今月 이번 달 *今週 이번 주 今度 이번, 다음번
  - 今晩 오늘 밤 今夜 오늘 밤 (예외) 今日 오늘 今年 올해
- **훈** いま
  - *今 지금 今更 이제 와서 只今 지금, 다녀왔습니다

今晩、久しぶりにパーティーに行きます。 오늘 밤 오랜만에 파티에 갑니다.

今から部屋を掃除します。 지금부터 방 청소를 합니다.

0111

돌 주

週週週週週週週週週 |총 11획| N4

- **음** しゅう
  - *一週間 일주일 今週 이번 주 来週 다음 주
  - 週末 주말
  - 毎週 매주

手術後、一週間は運動をしてはいけません。 수술 후 일주일간은 운동을 해서는 안 됩니다.

今週は雨が降っていません。 이번 주는 비가 오지 않습니다.

※는 JLPT N4-N5 기출 단어입니다.

0112

曜 빛날 요

曜曜曜曜曜曜曜曜曜曜曜曜曜曜曜曜 | 총 18획 | N4 ☐☐☐

음	よう	※曜日(ようび) 요일	何曜日(なんようび) 무슨 요일	月曜日(げつようび) 월요일
		火曜日(かようび) 화요일	水曜日(すいようび) 수요일	木曜日(もくようび) 목요일
		金曜日(きんようび) 금요일	※土曜日(どようび) 토요일	日曜日(にちようび) 일요일

今日(きょう)は**何曜日(なんようび)**ですか。 오늘은 무슨 요일입니까?

来週(らいしゅう)の**月曜日(げつようび)**は祝日(しゅくじつ)です。 다음 주 월요일은 공휴일입니다.

0113

朝 아침 조

朝朝朝朝朝朝朝朝朝朝朝朝 | 총 12획 | N4 ☐☐☐

음	ちょう	朝食(ちょうしょく) 조식	早朝(そうちょう) 조조, 이른 아침	朝刊(ちょうかん) 조간
		朝夕(ちょうせき) 조석, 아침 저녁	朝礼(ちょうれい) 조례	
훈	あさ	※朝(あさ) 아침	朝日(あさひ) 아침 해	※毎朝(まいあさ) 매일 아침
	예외	今朝(けさ) 오늘 아침		

子供(こども)のために**朝食(ちょうしょく)**を5時(じ)から作(つく)ります。 아이를 위해서 아침밥을 5시부터 만듭니다.

朝(あさ)、起(お)きたらまずトイレに行(い)きます。 아침에 일어나면 맨 먼저 화장실에 갑니다.

0114

昼 낮 주

昼昼昼昼昼昼昼昼昼 | 총 9획 | N4 ☐☐☐

음	ちゅう	昼食(ちゅうしょく) 중식, 점심	昼夜(ちゅうや) 주야, 밤과 낮	
훈	ひる	※昼(ひる) 낮	昼寝(ひるね) 낮잠	※昼休(ひるやす)み 점심시간	昼間(ひるま) 주간, 낮
		真昼(まひる) 한낮		

昼食(ちゅうしょく)はパスタを食(た)べようと思(おも)います。 점심은 파스타를 먹으려고 합니다.

昼休(ひるやす)みの時間(じかん)に少(すこ)し寝(ね)ます。 점심시간에 조금 잡니다.

0115

夜 밤 야

夜夜夜夜夜夜夜夜 | 총 8획 | N4 ☐☐☐

음	や	今夜(こんや) 오늘 밤	昨夜(さくや) 어젯밤	深夜(しんや) 심야	夜景(やけい) 야경
		夜行性(やこうせい) 야행성	夜食(やしょく) 야식		
훈	よ/よる	※夜(よる) 밤	夜中(よなか) 한밤중	夜道(よみち) 밤길	

今夜(こんや)、久(ひさ)しぶりに会(あ)った友達(ともだち)と食事(しょくじ)をするんです。
오늘 밤 오랜만에 만난 친구와 식사를 합니다.

1月(がつ)と2月(がつ)の**夜(よる)**は寒(さむ)いです。 1월과 2월의 밤은 춥습니다.

0116

時 때 시 | 時時時時時時時時時時 | 총 10획 | N4

음	じ	*時 ~시(시간)　*時計 시간　時期 시기　時差 시차
		時代 시대　当時 당시
훈	とき	時 때, 시간　時々 가끔, 때때로　예외 *時計 시계

今は何時かわかりますか。 지금은 몇 시인지 아십니까?

時計がついに壊れてしまいました。 시계가 결국 고장 나 버렸습니다.

0117

間 사이 간 | 間間間間間間間間間間間間 | 총 12획 | N5

음	かん/けん	*時間 시간　期間 기간　間隔 간격　間接 간접
		空間 공간　世間 세간, 세상　人間 인간
훈	あいだ/ま	*間 사이　*間 사이, 간격　いつの間にか 어느샌가
		合間 틈, 짬　居間 거실　隙間 빈틈
		間違う 잘못되다, 틀리다

今日は3時間も勉強しました。 오늘은 3시간이나 공부를 했습니다.

友達を待っている間はカフェで休みます。 친구를 기다리는 동안은 카페에서 쉽니다.

0118

分 나눌 분 | 分分分分 | 총 4획 | N5

음	ふん/ぶん/ぶ	*分 ~분(시간)　*気分 기분　自分 자기, 자신　*半分 절반
		分別 분별　部分 부분
훈	わ(かる)/わ(ける) /わ(かれる)/わ(かつ)	分かる 알다, 이해할 수 있다　分ける 나누다, 분류하다
		*分かれる 갈라지다, 나뉘다　分かつ 나누다, 구분하다

1分は60秒です。 1분은 60초입니다.

ごみは、缶と瓶を分けて捨てます。 쓰레기는 캔과 병을 분류해서 버립니다.

* 는 JLPT N4-N5 기출 단어입니다.

0119

色 빛 색 | 色色色色色色 | 총 6획 | N4

음 しょく/しき
- 一色(いっしょく) 일색, 한 가지 색
- 特色(とくしょく) 특색
- 無色(むしょく) 무색
- *景色(けしき) 경치
- 色彩(しきさい) 색채

훈 いろ
- *色(いろ) 색
- 色あせる(いろあせる) 색(빛)이 바래다, 퇴색하다
- 色々(いろいろ) 여러 가지
- 色鉛筆(いろえんぴつ) 색연필

この作品(さくひん)は他(ほか)の作品(さくひん)に比(くら)べて特色(とくしょく)がある。 이 작품은 다른 작품에 비해서 특색이 있다.

長(なが)く着(き)ている洋服(ようふく)が色(いろ)あせた。 오래 입었던 양복이 색이 바랬다.

0120

黄 누를 황 | 黄黄黄黄黄黄黄黄黄黄黄 | 총 11획 | N2

음 おう/こう
- 黄金(おうごん) 황금
- 黄桃(おうとう) 황도
- 黄砂(こうさ) 황사

훈 き/こ
- 黄色(きいろ) 노란색
- 黄色い(きいろい) 노랗다
- 黄身(きみ) 노른자위
- 黄金色(こがねいろ) 황금빛

ある時期(じき)になると、黄砂(こうさ)が中国大陸(ちゅうごくたいりく)から飛(と)んでくる。
어떤 시기가 되면 황사가 중국 대륙으로부터 날아온다.

誕生日(たんじょうび)に黄色(きいろ)の財布(さいふ)をもらいました。 생일에 노란색 지갑을 받았습니다.

체크포인트 03

1 다음 단어의 발음을 히라가나로 적어 보세요.

> 예시　花 꽃　→　(　　はな　　)

1)　秋　　　가을　　　　→　(　　　　　　　)
2)　色　　　색　　　　　→　(　　　　　　　)
3)　黄金　　황금　　　　→　(　　　　　　　)
4)　首都　　수도　　　　→　(　　　　　　　)
5)　心配　　걱정　　　　→　(　　　　　　　)
6)　兄　　　형, 오빠　　→　(　　　　　　　)
7)　西　　　서쪽　　　　→　(　　　　　　　)

2 다음 단어의 한자를 적어 보세요.

> 예시　별 ほし　→　(　　星　　)

1)　주말　　　　しゅうまつ　→　(　　　　　　　)
2)　해외　　　　かいがい　　→　(　　　　　　　)
3)　집세　　　　やちん　　　→　(　　　　　　　)
4)　친절하다　　しんせつだ　→　(　　　　　　　)
5)　최후, 마지막　さいご　　　→　(　　　　　　　)
6)　지방　　　　ちほう　　　→　(　　　　　　　)
7)　안내　　　　あんない　　→　(　　　　　　　)

3 아래의 단어와 뜻이 올바르게 연결되도록 선을 그어 보세요.

1) 頭 (あたま) ・　　　　　・ 낮
2) 東 (ひがし) ・　　　　　・ 머리
3) 夜景 (やけい) ・　　　　・ 동쪽
4) 午前 (ごぜん) ・　　　　・ 자매
5) 姉妹 (しまい) ・　　　　・ 체육
6) 昼 (ひる) ・　　　　　・ 야경
7) 体育 (たいいく) ・　　　・ 오전

정답 1 1) あき 2) いろ 3) おうごん 4) しゅと 5) しんぱい 6) あに 7) にし
2 1) 週末 2) 海外 3) 家賃 4) 親切だ 5) 最後 6) 地方 7) 案内
3 1) 頭-머리 2) 東-동쪽 3) 夜景-야경 4) 午前-오전 5) 姉妹-자매 6) 昼-낮 7) 体育-체육

Unit 04 초등학교 2학년 40자

MP3 다운로드

黒 검을 흑	牛 소 우	魚 물고기 어	鳥 새 조	馬 말 마
丸 둥글 환	形 모양 형	角 뿔 각	近 가까울 근	遠 멀 원
強 강할 강	弱 약할 약	多 많을 다	少 적을 소	古 옛 고
新 새 신	太 클 태	細 가늘 세	高 높을 고	長 길 장
広 넓을 광	風 바람 풍	雪 눈 설	雲 구름 운	晴 갤 청
国 나라 국	市 저자 시	京 서울 경	里 마을 리(이)	場 마당 장
寺 절 사	道 길 도	歩 걸음 보	走 달릴 주	行 다닐 행
来 올 래(내)	帰 돌아갈 귀	店 가게 점	茶 차 차	食 밥 식, 먹을 식

* 는 JLPT N4-N5 기출 단어입니다.

0121

黒 黒 黒 黒 黒 黒 黒 黒 黒 黒 黒 | 총 11획 | N4 ☐☐☐

黒 검을 흑

음	こく	こくばん **黒板** 칠판 　あんこく **暗黒** 암흑 　こくじん **黒人** 흑인
		だいこくばしら **大黒柱** 한집안·나라·단체의 기둥
훈	くろ/くろ(い)	くろ **黒** 검정 　くろじ **黒字** 흑자 　しろくろ **白黒** 흑백 　＊くろ **黒い** 검다, 까맣다
		はらぐろ **腹黒い** 속이 검다

こくばん　か
黒板に書いたことをノートに書いてください。 칠판에 쓴 것을 노트에 적어 주세요.

くろ　かみ　おんな　こ　す
黒い髪の女の子が好きです。 검은 머리의 여자애를 좋아합니다.

0122

牛 牛 牛 牛 | 총 4획 | N4 ☐☐☐

牛 소 우

음	ぎゅう	ぎゅうにく ＊**牛肉** 소고기 　ぎゅうにゅう **牛乳** 우유 　にゅうぎゅう **乳牛** 젖소
		ぎゅうどん **牛丼** 규동(일본 음식)
훈	うし	うし **牛** 소

まいあさちょうしょく　　　　　　　　　ぎゅうにゅう
毎朝朝食は、パンと**牛乳**です。 매일 아침 조식은 빵과 우유입니다.

ぼくじょう　　うし　そだ
牧場で、**牛**を育てています。 목장에서 소를 기르고 있습니다.

0123

魚 魚 魚 魚 魚 魚 魚 魚 魚 魚 魚 | 총 11획 | N4 ☐☐☐

魚 물고기 어

음	ぎょ	ぎょかいるい **魚介類** 어패류 　きんぎょ **金魚** 금붕어 　しんかいぎょ **深海魚** 심해어 　にんぎょ **人魚** 인어
훈	さかな/うお	さかな ＊**魚** 물고기, 생선 　さかなつ **魚釣り** 낚시질 　や　ざかな **焼き魚** 생선구이
		うお **魚** 물고기 　うおざ **魚座** 물고기자리

まつ　　　　きんぎょ　　　びき　と
お祭りで**金魚**を3匹取りました。 축제에서 금붕어를 3마리 낚았습니다.

つ　　　　さかな　　　　　　　や
釣れた**魚**をさばいて焼きます。 낚은 물고기를 손질해서 굽습니다.

0124

鳥 鳥 鳥 鳥 鳥 鳥 鳥 鳥 鳥 鳥 鳥 | 총 11획 | N4 ☐☐☐

鳥 새 조

음	ちょう	はくちょう **白鳥** 백조 　やちょう **野鳥** 들새
훈	とり	とり ＊**鳥** 새 　ことり ＊**小鳥** 작은 새 　とり **鳥かご** 새장 　とり　す **鳥の巣** 새 둥지

はくちょう　しろ　　　うつく　　　とり
白鳥は白くて美しい**鳥**だ。 백조는 하얗고 아름다운 새다.

とり　　　　　　　　な　ごえ　　め　　さ
鳥のきれいな鳴き声で目が覚めました。 새의 아름다운 울음소리에 눈이 떠졌습니다.

0125 馬馬馬馬馬馬馬馬馬馬 | 총 10획 | N3 □□□

말 마

음	ば	競馬 경마　乗馬 승마　馬車 마차　馬鹿 바보
훈	うま/ま	馬 말　絵馬 에마(사찰에서 기원을 적어 거는 그림 액자)
		竹馬 죽마

私が育てた馬が競馬で1位になりました。 제가 기른 말이 경마에서 1등을 했습니다.

体重40キロ以下の人は乗馬できます。 체중 40킬로 이하의 사람은 승마 가능합니다.

0126 丸丸丸 | 총 3획 | N2 □□□

둥글 환

음	がん	一丸 한 덩어리　弾丸 탄환, 총알
훈	まる/まる(い)/まる(める)	丸 동그라미, 원　丸ごと 통째로　丸い 둥글다
		丸める 둥글게 하다, 뭉치다

チームが一丸となって優勝を目指す。 팀이 한 덩어리가 되어 우승을 목표로 한다.

正解した問題に、赤ペンで丸をつける。 맞힌 문제에 빨간펜으로 동그라미를 친다.

0127 形形形形形形形 | 총 7획 | N3 □□□

모양 형

음	けい/ぎょう	形式 형식　三角形 삼각형　図形 도형　人形 인형
훈	かたち/かた	形 모양, 형태　形 모양, 형상　跡形 흔적, 자취
		形見 유품, 기념품　手形 어음

誕生日に両親からバービー人形をもらった。 생일에 부모님으로부터 바비 인형을 받았다.

昨日の雨のせいで、山が跡形もなく崩れてしまった。 어제의 비 때문에 산이 흔적도 없이 무너져 버렸다.

0128 角角角角角角角 | 총 7획 | N2 □□□

뿔 각

음	かく	角度 각도　鋭角 예각　三角 삼각　直角 직각
훈	かど/つの	角 모퉁이, 구석　街角 길모퉁이　角 뿔

木を直角に切りたいので角度を測ります。 나무를 직각으로 자르고 싶기 때문에 각도를 잽니다.

部屋の角に棚を置きます。 방구석에 선반을 둡니다.

*는 JLPT N4-N5 기출 단어입니다.

0129 近 (가까울 근) | 총 7획 | N4

- **음** きん
  - *最近 (さいきん) 최근
  - *近所 (きんじょ) 근처
  - 接近 (せっきん) 접근
  - 付近 (ふきん) 부근
- **훈** ちか(い)
  - *近い (ちかい) 가깝다
  - *近く (ちかく) 근처
  - 近道 (ちかみち) 지름길, 샛길
  - 近頃 (ちかごろ) 최근
  - 近づく (ちかづく) 가까이 가다, 접근하다

あれ？**最近**少し痩せました？ 어라? 최근에 조금 살이 빠지셨어요?

この細い道はうちまでの**近道**なんですよ。 이 좁은 길은 집까지의 지름길이에요.

0130 遠 (멀 원) | 총 13획 | N3

- **음** えん/おん
  - 遠足 (えんそく) 소풍
  - 永遠 (えいえん) 영원
  - 遠距離 (えんきょり) 원거리
  - 遠慮 (えんりょ) 사양, 겸손
  - 久遠 (くおん) 구원, 영원
- **훈** とお(い)
  - *遠い (とおい) 멀다
  - *遠く (とおく) 먼 곳, 멀리
  - 遠出 (とおで) 멀리 나감

お弁当を持って**遠足**に行きます。 도시락을 가지고 소풍에 갑니다.

遠くに住んでいる祖父に会いに行きます。 먼 곳에 살고 계신 할아버지를 만나러 갑니다.

0131 強 (강할 강) | 총 11획 | N4

- **음** きょう/ごう
  - 強風 (きょうふう) 강풍
  - *勉強 (べんきょう) 공부
  - 強打 (きょうだ) 강타
  - 最強 (さいきょう) 최강
  - 強引に (ごういんに) 억지로
  - 強盗 (ごうとう) 강도
- **훈** つよ(い)/つよ(まる)/つよ(める)/し(いる)
  - *強い (つよい) 강하다
  - 心強い (こころづよい) 마음이 든든하다
  - 強まる (つよまる) 강해지다
  - 強める (つよめる) 강하게 하다
  - 強火 (つよび) 센 불
  - 強いる (しいる) 강요하다

今日は**強風**なので、出かける時は気を付けてください。 오늘은 바람이 세기 때문에 외출할 때는 조심해 주세요.

雨がだんだん**強まって**きました。 비가 점점 강해지기 시작했습니다.

0132 弱 (약할 약) | 총 10획 | N3

- **음** じゃく
  - 強弱 (きょうじゃく) 강약
  - 弱者 (じゃくしゃ) 약자
  - 弱点 (じゃくてん) 약점
  - 衰弱 (すいじゃく) 쇠약
- **훈** よわ(い)/よわ(まる)/よわ(める)/よわ(る)
  - *弱い (よわい) 약하다
  - 弱虫 (よわむし) 겁쟁이
  - 弱まる (よわまる) 약해지다
  - 弱める (よわめる) 약하게 하다
  - 弱る (よわる) 약해지다

ピアノは**強弱**をつけて弾くのが大事です。 피아노는 강약의 리듬을 넣어서 치는 것이 중요합니다.

体が**弱い**のでよく風邪を引きます。 몸이 약하기 때문에 자주 감기에 걸립니다.

0133

많을 다

음	た	最多 최다	多分 아마	多機能 다기능	多少 다소, 약간
		多数決 다수결	多様 다양		
훈	おお(い)	*多い 많다			

多多多多多多 | 총 6획 | N4

明日は**多分**雨でしょう。 내일은 아마 비가 오겠지요.

この公園は子供が**多い**です。 이 공원은 어린아이가 많습니다.

0134

적을 소

음	しょう	少年 소년	少女 소녀	減少 감소	少数 소수
		少食 소식	希少 희소		
훈	すく(ない)/すこ(し)	*少ない 적다	*少し 조금, 약간		

少少少少 | 총 4획 | N4

あの有名な**少年**はもう10歳になりました。 저 유명한 소년은 벌써 10살이 되었습니다.

約束の時間に**少し**遅れそうです。 약속 시간에 조금 늦을 것 같습니다.

0135

옛 고

음	こ	中古 중고	古典 고전	古代 고대	稽古 배움, 익힘
훈	ふる(い)/ふる(す)	*古い 오래되다, 낡다	古着屋 구제 옷 가게		
		古本屋 헌 책방			

古古古古古 | 총 5획 | N4

高校から**古典**の勉強をします。 고등학교에서부터 고전 공부를 합니다.

10年前に買った私のカバンはもう**古い**です。 10년 전에 산 제 가방은 이미 낡았습니다.

0136

새 신

음	しん	最新 최신	*新聞 신문	新鮮 신선	新年 신년, 새해
		新品 신품	新幹線 신칸센		
훈	あたら(しい)/あら(た)/にい	*新しい 새롭다	新ただ 새롭다		
		新潟県 니가타현(일본 지명)			

新新新新新新新新新新新 | 총 13획 | N4

最近、**新聞**を読む人が減っています。 최근 신문을 읽는 사람이 줄고 있습니다.

デパートで**新しい**かばんを買いました。 백화점에서 새로운 가방을 샀습니다.

* 는 JLPT N4-N5 기출 단어입니다.

0137

클 태

太太太太 | 총 4획 | N3

| 음 | たい/た | 太陽 태양 | 太平洋 태평양 | 丸太 통나무 |
| 훈 | ふと(い)/ふと(る) | *太い 굵다 | 太さ 굵기 | 太もも 넓적다리 | *太る 살찌다 |

今日は**太陽**が出ていませんね。 오늘은 해가 나 있지 않네요.

この木の**太さ**は約30mです。 이 나무의 굵기는 약 30미터입니다.

0138

가늘 세

細細細細細細細細細細細 | 총 11획 | N2

음	さい	詳細 상세	細菌 세균	細工 세공	細胞 세포
		繊細 섬세			
훈	ほそ(い)/こま(かい)/こま(か)/ほそ(る)	細い 가늘다, 마르다	心細い 마음이 불안하다
		細かい 잘다, 미세하다	細かだ 자세하다, 세세하다
		細る 가늘어지다, 여위다	

詳細はメールで送ります。 상세한 내용은 메일로 보내겠습니다.

モデルの人はみんなきれいで、**細い**ですね。 모델은 모두 예쁘고 말랐네요.

0139

높을 고

高高高高高高高高高高 | 총 10획 | N5

음	こう	高価 고가	最高 최고	高校生 고등학생
		高級だ 고급지다	高層 고층	高速 고속
훈	たか(い)/たか(まる)/たか(める)	*高い 비싸다, 높다	高さ 높이	高値 고가, 값이 비쌈
		高まる 높아지다	高める 높이다	

私は**高校生**の時が一番楽しかったです。 나는 고등학생 때가 제일 즐거웠습니다.

東京スカイツリーの**高さ**は634mです。 도쿄 스카이트리의 높이는 634m입니다.

0140

길 장

음 ちょう	しんちょう 身長 신장	*社長 사장	てんちょう 店長 점장	せいちょう 成長 성장
	ちょうしょ 長所 장점			
훈 なが(い)	なが 長い 길다	なが 長さ 길이	なが い 長生き 장수	

총 8획 | N5

わたし しんちょう
私の身長は160cmです。 저의 신장은 160cm입니다.

どうぶつ なか いちばんくび なが
キリンは動物の中で、一番首が長いです。 기린은 동물 중에서 가장 목이 깁니다.

0141

넓을 광

음 こう	こうこく 広告 광고	こうだい 広大 광대함		
훈 ひろ(い)/ひろ(がる)/ひろ(げる)/ひろ(まる)/ひろ(める)	ひろ *広い 넓다	ひろ 広さ 넓이	ひろば 広場 광장	
	ひろ 広がる 넓어지다, 퍼지다		ひろ 広げる 넓히다, 확장하다	
	ひろ 広まる 넓어지다, 널리 퍼지다			
	ひろ 広める 넓히다, 널리 퍼지게 하다			

총 5획 | N4

こうこく み か もの い
広告を見て買い物に行きます。 광고를 보고 쇼핑을 하러 갑니다.

すずき こころ ひろ ひと
鈴木さんは、心の広い人です。 스즈키 씨는 마음이 넓은 사람입니다.

0142

바람 풍

음 ふう/ふ	きょうふう 強風 강풍	せんぷうき 扇風機 선풍기	たいふう *台風 태풍	ふうけい 風景 풍경
	ふうしゃ 風車 풍차	ふうしゅう 風習 풍습	ふろ 風呂 목욕, 욕조	
훈 かぜ/かざ	かぜ *風 바람	かぜ そよ風 미풍, 산들바람	かざかみ 風上 바람이 불어오는 쪽	
	예외 かぜ 風邪 감기			

총 9획 | N4

きょうふう がいしゅつ き つ
強風なので外出するときは気を付けてください。
강풍이 불기 때문에 외출할 때는 주의해 주세요.

てんき ひ かぜ ふ きも
天気のいい日に風が吹くと気持ちがいい。
날씨가 좋은 날에 바람이 불면 기분이 좋다.

* 는 JLPT N4-N5 기출 단어입니다.

0143

눈 설

雪雪雪雪雪雪雪雪雪雪雪 | 총 11획 | N3

음	せつ	除雪 제설　積雪 적설　雪辱 설욕
훈	ゆき	*雪 눈　大雪 대설　初雪 첫눈　雪だるま 눈사람
		예외 吹雪 눈보라

今日は雪が降ったので、積雪が30cmでした。
오늘은 눈이 내렸기 때문에 적설량이 30cm였습니다.

北海道は雪がたくさん降ります。 홋카이도는 눈이 많이 내립니다.

0144

구름 운

雲雲雲雲雲雲雲雲雲雲雲雲 | 총 12획 | N2

| 음 | うん | 積乱雲 적란운　雲海 운해, 구름바다　雷雲 뇌운 |
| 훈 | くも | *雲 구름　雨雲 비구름　飛行機雲 비행기운 |

積乱雲は夏によく見ます。 적란운은 여름에 자주 봅니다.

雲がたくさんあるから、雨が降るかもしれません。
구름이 많이 있으니까 비가 올지도 모릅니다.

0145

갤 청

晴晴晴晴晴晴晴晴晴晴晴晴 | 총 12획 | N3

음	せい	快晴 쾌청　晴天 맑게 갠 하늘
훈	は(れる)/は(らす)	晴れる (날이) 개다, 풀리다　晴れ 맑음
		晴らす 소원을 이루다, 해소시키다　素晴らしい 훌륭하다
		見晴らし 전망

今日は晴天なので山登りに行きます。 오늘은 하늘이 맑게 개어서 등산하러 갑니다.

午前は晴れですが、午後から雨が降りそうです。
오전은 맑지만 오후부터는 비가 올 것 같습니다.

0146

나라 국

国国国国国国国国 | 총 8획 | N5

음	こく	韓国 한국　*帰国 귀국　国王 국왕　国際 국제
		国民 국민　国家 국가
훈	くに	*国 나라, 국가　国々 여러 나라

国王は国で一番偉い人です。 국왕은 국가에서 가장 위대한 사람입니다.

世界に国はいくつありますか。 세계에 국가는 몇 개 있습니까?

0147

저자 **시**

- 음 し
  - 市内 시내　*市民 시민　市街地 시가지(도시 중심)
  - 都市 도시　市場 시장　市役所 시청
- 훈 いち
  - 市場 시장(마켓)　夜市 야시장

市内のいろんな場所で桜祭りをしていますね。
시내의 여러 장소에서 벚꽃 축제를 하고 있네요.

市場で魚を5匹買いました。 시장에서 생선을 5마리 샀습니다.

0148

서울 **경**

- 음 きょう/けい
  - 上京 상경　東京 도쿄(일본 지명)　京都 교토(일본 지명)
  - 예외 北京 베이징(중국 수도)

18歳の時に上京して来ました。 18세 때에 상경해 왔습니다.

北京で北京料理をたくさん食べました。 베이징에서 북경요리를 많이 먹었습니다.

0149

마을 **리(이)**

- 음 り
  - 海里 해리(거리 단위)　郷里 향리, 고향　万里 만리
- 훈 さと
  - 里 마을, 시골　古里 고향　里芋 토란　里親 수양부모
  - 里帰り 귀성, 귀향

有名な観光地「万里の長城」へ行きました。 유명한 관광지 '만리장성'에 갔습니다.

里芋を使って夕食を作ります。 토란을 사용해 저녁밥을 만듭니다.

0150

마당 **장**

- 음 じょう
  - 運動場 운동장　*会場 회장　*工場 공장
  - 駐車場 주차장　入場 입장
- 훈 ば
  - 場 장소, 곳　*場所 장소　売り場 파는 곳, 매표소
  - 場合 경우　本場 본고장

車を作っている工場で働いています。 자동차를 만들고 있는 공장에서 일하고 있습니다.

バスの切符売り場はあちらです。 버스 티켓 매표소는 저쪽입니다.

✱는 JLPT N4-N5 기출 단어입니다.

0151 寺 | 총 6획 | N2

절 사

- 음 じ
  - 寺院 사원　国分寺 고쿠분지(절 이름)
- 훈 てら
  - 寺 절

タイに行って、寺院の観光をします。 태국에 가서 사원의 관광을 합니다.

お坊さんはお寺で生活しています。 스님은 절에서 생활하고 있습니다.

0152 道 | 총 12획 | N4

길 도

- 음 どう/とう
  - 道路 도로　✱水道 수도　道具 도구　道徳 도덕
  - 北海道 홋카이도(일본 지명)　神道 신도(일본 전통 신앙)
- 훈 みち
  - ✱道 길　坂道 언덕길　夜道 밤길　近道 지름길

日本は道路がきれいに整備されています。 일본은 도로가 깔끔하게 정비되어 있습니다.

日曜日だからか道が混んでいます。 일요일이라서인지 길이 붐비고 있습니다.

0153 歩 | 총 8획 | N4

걸음 보

- 음 ほ/ぶ/ふ
  - 歩 ~보(걸음)　徒歩 도보　歩行者 보행자　歩道 보도, 인도
  - 散歩 산책　万歩計 만보계　歩合 비율, 수수료
- 훈 ある(く)/あゆ(む)
  - ✱歩く 걷다　歩む 걷다

ここは、歩行者用の道路です。 이곳은 보행자용 도로입니다.

万歩計を見たら今日は4000歩、歩いていました。
만보계를 봤더니 오늘은 4000보 걸었습니다.

0154 走 | 총 7획 | N4

달릴 주

- 음 そう
  - 競走 경주　御馳走 대접, 진수성찬　走行 주행　逃走 도주
  - 100m走 100미터 달리기
- 훈 はし(る)
  - ✱走る 달리다

泥棒がコンビニから逃走しました。 도둑이 편의점에서 도주했습니다.

彼は足が速いので50mを6秒で走ります。 그는 발이 빠르기 때문에 50미터를 6초에 뜁니다.

0155

다닐 행 | 行行行行行行 | 총 6획 | N5

음	こう/ぎょう/あん	*銀行 은행　行動 행동　*旅行 여행　行列 행렬 悪行 악행　行事 행사
훈	い(く)/おこな(う)/ゆ(く)	*行く 가다　行きつけ 단골　*行う 하다, 행하다 行く 가다　行き ~행(목적지)　[예외] 行方 행방

現金が必要なので、銀行でお金を下ろします。
현금이 필요하기 때문에 은행에서 돈을 인출합니다.

友達を誘ってカラオケに行きます。 친구를 꼬셔서 노래방에 갑니다.

0156

올 래(내) | 来来来来来来来 | 총 7획 | N5

음	らい	*将来 장래　未来 미래　*来週 다음 주 来店 내점, 가게에 옴　*来年 내년
훈	く(る)/きた(す)/きた(る)	*来る 오다　来す 오게 하다, 초래하다　来る 오다, 다가오다

将来は公務員になりたいです。 장래에는 공무원이 되고 싶습니다.

私は2年前に日本から来ました。 저는 2년 전에 일본에서 왔습니다.

0157

돌아갈 귀 | 帰帰帰帰帰帰帰帰帰帰 | 총 10획 | N4

음	き	*帰国 귀국　帰省 귀성, 고향에 돌아감　帰宅 귀가
훈	かえ(る)/かえ(す)	*帰る 돌아가다, 돌아오다　日帰り 당일치기 帰す (되)돌리다

2年間の留学が終わって帰国しました。 2년간의 유학이 끝나고 귀국했습니다.

毎日夜7時に家に帰ります。 매일 밤 7시에 집에 돌아갑니다.

0158

가게 점 | 店店店店店店店店 | 총 8획 | N4

음	てん	*店員 점원　店長 점장　書店 서점　店舗 점포
훈	みせ	*店 가게　出店 지점, 분점

カフェの店員さんはとても親切で少しサービスもしてくれます。
카페의 점원은 몹시 친절하고 조금 서비스도 주십니다.

お店で子供が泣いています。 가게에서 아이가 울고 있습니다.

* 는 JLPT N4-N5 기출 단어입니다.

0159

茶 茶 茶 茶 茶 茶 茶 茶 茶 | 총 9획 | N4

차 차

음 ちゃ/さ	お茶 차　お茶っぱ 찻잎　紅茶 홍차　緑茶 녹차
	*茶色 갈색　お茶碗 밥그릇　喫茶店 찻집, 다방
	茶道 다도

暑い日は冷たいお茶が飲みたいです。 더운 날은 시원한 차를 마시고 싶습니다.

髪の色を茶色にしました。どうですか。 머리 색을 갈색으로 했습니다. 어떻습니까?

0160

食 食 食 食 食 食 食 食 食 | 총 9획 | N5

밥 식, 먹을 식

음 しょく/じき	外食 외식　食事 식사　*食堂 식당　昼食 중식, 점심
	夜食 야식　夕食 저녁밥　乞食 거지, 구걸
훈 た(べる)/く(う)/く(らう)	食べる 먹다　食べ物 음식물, 먹을 것　食う 먹다
	食らう 처 먹다, 퍼 마시다

明日一緒に食事をしませんか。 내일 함께 식사를 하지 않겠습니까?

私は毎日パンより米を食べます。 나는 매일 빵보다 쌀(밥)을 먹습니다.

체크포인트 04

1 다음 단어의 발음을 히라가나로 적어 보세요.

> 예시 花 꽃 → (はな   )

1) 魚　　　생선　　→　(　　　　　)
2) 雲　　　구름　　→　(　　　　　)
3) 遠い　　멀다　　→　(　　　　　)
4) 中古　　중고　　→　(　　　　　)
5) 黒板　　칠판　　→　(　　　　　)
6) 寺　　　절　　　→　(　　　　　)
7) 鳥　　　새　　　→　(　　　　　)

2 다음 단어의 한자를 적어 보세요.

> 예시 별 ほし → (星   )

1) 말(동물)　うま　　　　　→　(　　　　　)
2) 인형　　にんぎょう　　→　(　　　　　)
3) 약자　　じゃくしゃ　　→　(　　　　　)
4) 우유　　ぎゅうにゅう　→　(　　　　　)
5) 성장　　せいちょう　　→　(　　　　　)
6) 둥글다　まるい　　　　→　(　　　　　)
7) 신문　　しんぶん　　　→　(　　　　　)

3 아래의 단어와 뜻이 올바르게 연결되도록 선을 그어 보세요.

1) 細かい・ ・세세하다
2) 近い・ ・국제
3) 国際・ ・넓다
4) 広い・ ・각도
5) 少年・ ・소년
6) 角度・ ・시민
7) 市民・ ・가깝다

정답
1 1) さかな   2) くも   3) とおい   4) ちゅうこ   5) こくばん   6) てら   7) とり
2 1) 馬   2) 人形   3) 弱者   4) 牛乳   5) 成長   6) 丸い   7) 新聞
3 1) 細かい-세세하다   2) 近い-가깝다   3) 国際-국제   4) 広い-넓다   5) 少年-소년   6) 角度-각도   7) 市民-시민

Unit 05 초등학교 2학년 (40자)

米 쌀 미	麦 보리 맥	数 셈 수	算 셈 산	引 끌 인
万 일만 만	半 반 반	才 재주 재	海 바다 해	岩 바위 암
光 빛 광	星 별 성	谷 골 곡	原 근원 원	野 들 야
地 땅 지	羽 깃 우	鳴 울 명	声 소리 성	歌 노래 가
会 모일 회	社 모일 사	計 셀 계	画 그림 화, 그을 획	教 가르칠 교
室 집 실	言 말씀 언	語 말씀 어	公 공평할 공	園 동산 원
図 그림 도	書 글 서	電 번개 전	池 못 지	思 생각 사
考 생각할 고	用 쓸 용	紙 종이 지	売 팔 매	買 살 매

* 는 JLPT N4-N5 기출 단어입니다.

0161 | 米 | 총 6획 | N3

쌀 미

- 음 まい/べい
  - 白米 (はくまい) 백미
  - 玄米 (げんまい) 현미
  - 雜穀米 (ざっこくまい) 잡곡미
  - 欧米 (おうべい) 유럽과 미국
  - 南米 (なんべい) 남미
  - 米国 (べいこく) 미국
  - 米軍 (べいぐん) 미군
- 훈 こめ
  - 米 (こめ) 쌀
  - 米粉 (こめこ) 쌀가루

これから**玄米**を食べてダイエットをします。 지금부터 현미를 먹어서 다이어트를 합니다.

私のおじいさんは、田んぼで**米**を作っています。
저희 할아버지는 논에서 벼농사를 짓고 있습니다.

0162 | 麦 | 총 7획 | N2

보리 맥

- 음 ばく
  - 麦芽 (ばくが) 맥아, 엿기름
- 훈 むぎ
  - 麦 (むぎ) 보리
  - 麦茶 (むぎちゃ) 보리차
  - 小麦粉 (こむぎこ) 밀가루
  - 麦わら帽子 (むぎわらぼうし) 밀짚모자

麦芽からビールを作ります。 맥아로부터 맥주를 만듭니다.

卵と**小麦粉**を混ぜてケーキを焼きます。 계란과 밀가루를 섞어서 케이크를 굽습니다.

0163 | 数 | 총 13획 | N3

셈 수

- 음 すう/す
  - 数字 (すうじ) 숫자
  - 数学 (すうがく) 수학
  - 数量 (すうりょう) 수량
  - 過半数 (かはんすう) 과반수
  - 奇数 (きすう) 홀수
  - 偶数 (ぐうすう) 짝수
- 훈 かず/かぞ(える)
  - 数 (かず) 수, 숫자
  - 数える (かぞえる) (숫자를) 세다
  - 数え年 (かぞえどし) 연 나이, 세는 나이

数字は世界中どこでも同じですね。 숫자는 세계 어디에서도 똑같네요.

教室にいる人の**人数**を**数えて**ください。 교실에 있는 사람 수를 세 주세요.

0164 | 算 | 총 14획 | N2

셈 산

- 음 さん
  - 算数 (さんすう) 산수
  - 暗算 (あんざん) 암산
  - 計算 (けいさん) 계산
  - 予算 (よさん) 예산
  - 足し算 (たしざん) 덧셈
  - 割り算 (わりざん) 나눗셈

2時間目は**算数**の授業です。 2교시는 산수 수업입니다.

暗算で**計算**すると間違えやすい。 암산으로 계산하면 틀리기 쉽다.

0165

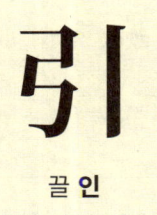

引 | 引引引引 | 총 4획 | N3

끌 **인**

음 いん
- いんよう 引用 인용 いんそつ 引率 인솔 いんたい 引退 은퇴 ごういん 強引だ 강제적이다
- さくいん 索引 색인, 인덱스

훈 ひ(く)/ひ(ける)
- ひ 引く 끌다, 당기다 わりびき 割引 할인 つなひき 綱引き 줄다리기
- て ひ 手を引く 손을 떼다 ひ わ 引き分け 무승부 ひ 引ける 기가 죽다
- *ひ こ 引っ越す 이사하다

ネットの記事を引用して文章を書く。 인터넷 기사를 인용해서 문장을 쓴다.

運動会で、父と一緒に綱引きに参加した。 운동회에서 아버지와 함께 줄다리기에 참가했다.

0166

万 | 万万万 | 총 3획 | N5

일 만 **만**

음 まん/ばん
- *まん 万 만(숫자) まんねんひつ 万年筆 만년필 まん いち 万が一 만에 하나, 만일
- まんび 万引き 절도 ばんざい 万歳 만세 ばんじ 万事 만사 ばんのう 万能 만능

日本の人口は一億二千万人くらいです。 일본의 인구는 일억 이천만 명 정도입니다.

万年筆で手帳に字を書きます。 만년필로 수첩에 글자를 적습니다.

0167

半 | 半半半半半 | 총 5획 | N5

반 **반**

음 はん
- はん 半 반, 절반 *はんぶん 半分 절반 はんとし 半年 반년 じょうはんしん 上半身 상반신
- か はんしん 下半身 하반신 かみはん き 上半期 상반기

훈 なか(ば)
- なか 半ば 중반, 중도

母は毎日6時半に起きます。 어머니는 매일 6시 반에 일어납니다.

彼は今、30代半ばで一番忙しい年代だ。 그는 지금 30대 중반으로 가장 바쁜 시기이다.

0168

才 | 才才才 | 총 3획 | N3

재주 **재**

음 さい
- さい 才 ~세(나이) さいのう 才能 재능 てんさい 天才 천재 えいさい 英才 영재
- たさい 多才 다재 まんざい 漫才 만담

今日は娘の1才の誕生日です。 오늘은 딸의 첫 돌입니다.

彼は才能に満ちあふれている。 그는 재능이 가득 차고 넘친다.

* 는 JLPT N4-N5 기출 단어입니다.

0169

바다 해

海海海海海海海海海 | 총 9획 | N4

음	かい	海外 해외	海岸 해안	海軍 해군	海水浴場 해수욕장
		海底 해저	深海 심해		
훈	うみ	*海 바다	海辺 해변, 바닷가		

死ぬまでに一度は**海外**に行ってみたい。 죽기 전에 한 번은 해외에 가보고 싶다.

海に行って遊んだので日焼けをしました。 바다에 가서 놀았기 때문에 피부가 탔습니다.

0170

바위 암

岩岩岩岩岩岩岩岩 | 총 8획 | N2

음	がん	岩石 암석	岩盤浴 암반욕	溶岩 용암
훈	いわ	岩 바위	岩場 바위가 많은 곳	

岩石にはいろいろな形があります。 암석에는 여러 가지 형태가 있습니다.

沖縄県には象の形をした**岩**がある。 오키나와현에는 코끼리 모양을 한 바위가 있다.

0171

빛 광

光光光光光光 | 총 6획 | N3

음	こう	観光 관광	日光 일광, 햇볕	光景 광경	光合成 광합성
		光沢 광택, 윤기			
훈	ひかり/ひか(る)	*光 빛	*光る 빛나다, 번쩍이다		

香港旅行に行った時、**観光**ツアーに参加しました。
홍콩 여행에 갔을 때 관광투어에 참가했습니다.

月の**光**が池に反射しています。 달빛이 연못에 반사되고 있습니다.

0172

별 성

星星星星星星星星星 | 총 9획 | N2

음	せい/しょう	衛星 위성	星座 별자리	惑星 혹성, 행성	木星 목성
		流星 유성	明星 명성, 샛별		
훈	ほし	星 별	流れ星 별똥별	星占い 점성술	
		星空 별이 총총한 하늘			

1月3日に生まれたので**星座**は山羊座です。
1월 3일에 태어났기 때문에 별자리는 염소자리입니다.

望遠鏡で**星**の観察をします。 망원경으로 별의 관찰을 합니다.

0173

골 곡

음 こく	峡谷 협곡　渓谷 계곡
훈 たに	谷 골짜기　谷間 (산)골짜기　谷川 골짜기를 흐르는 강
	谷底 골짜기의 밑바닥

渓谷の水は透明で綺麗です。 계곡물은 투명하고 깨끗합니다.

この谷はとても深くて怖いですね。 이 골짜기는 매우 깊어서 무섭네요.

0174

근원 원

음 げん	*原因 원인　原料 원료　原作 원작　原始人 원시인
	原稿 원고　原告 원고(법률 용어)
훈 はら	原 들, 벌판　野原 들판　原っぱ 공터

ワインはブドウを原料として造られたお酒です。
와인은 포도를 원료로 해서 만들어진 술입니다.

原っぱで犬と一緒に遊びます。 공터에서 강아지와 함께 놉니다.

0175

들 야

음 や	視野 시야　分野 분야　野外 야외　野球 야구
	野菜 야채　野生 야생
훈 の	野原 들판　野良犬 들개　野良猫 길고양이

野球選手になるのが小さい頃からの夢です。 야구선수가 되는 것이 어릴 때부터의 꿈입니다.

野良猫が私の後ろをついてきました。 길고양이가 제 뒤를 따라왔습니다.

0176

地

땅 지

음 ち/じ	地域 지역　土地 토지　地下鉄 지하철　*地図 지도
	地獄 지옥　地震 지진　地味 수수함　地面 지면

この広い土地にデパートが建つそうだ。楽しみですね。
이 넓은 토지에 백화점이 세워진다고 합니다. 기대가 되네요.

今日は暑いので地面が熱いです。 오늘은 덥기 때문에 지면이 뜨겁습니다.

★는 JLPT N4-N5 기출 단어입니다.

0177 羽 (깃 우) | 총 6획 | N2

- **음** う
  - 羽毛 깃털, 새털
- **훈** はね/は
  - 羽 날개, 깃털
  - 羽田空港 하네다 공항(공항 이름)
  - 羽織る 겉옷을 걸쳐 입다
  - 예외 羽(わ) ~마리(새, 토끼를 세는 단위)

羽毛布団はすごく暖かいので冬に使いましょう。
깃털 이불은 매우 따뜻하기 때문에 겨울에 사용합시다.

道路にカラスの羽が落ちていました。 도로에 까마귀 깃털이 떨어져 있었습니다.

0178 鳴 (울 명) | 총 14획 | N3

- **음** めい
  - 共鳴 공명
  - 悲鳴 비명
- **훈** な(く)/な(る)/な(らす)
  - 鳴く (새·벌레·짐승 등이) 울다
  - 鳴る 소리가 나다, 울리다
  - 怒鳴る 고함치다, 호통치다
  - 鳴らす 소리를 내다

隣から女性の悲鳴が聞こえました。 옆에서 여성의 비명이 들렸습니다.

家の近くで猫がニャーニャー鳴いています。
집 근처에서 고양이가 야옹 하고 울고 있습니다.

0179 声 (소리 성) | 총 7획 | N3

- **음** せい/しょう
  - 音声 음성
  - 歓声 환호성
  - 声優 성우
  - 声援 성원
  - 声楽 성악
  - 声量 성량
- **훈** こえ/こわ
  - 声 목소리
  - 大声 큰 소리
  - 歌声 노랫소리
  - 笑い声 웃음소리

このアニメの主人公の声優は誰ですか。 이 애니메이션 주인공의 성우는 누구입니까?

クラス全員で大きな声で歌います。 학급의 전원 다 같이 큰 소리로 노래합니다.

0180 歌 (노래 가) | 총 14획 | N4

- **음** か
  - 歌詞 가사
  - 歌手 가수
  - 校歌 교가
  - 国歌 국가
  - 歌舞伎 가부키(일본 전통 연극)
- **훈** うた/うた(う)
  - ★歌 노래
  - 鼻歌 콧노래
  - ★歌う 노래하다

あの歌手は歌が上手だと思います。 저 가수는 노래를 잘한다고 생각합니다.

お店で私の好きな歌が流れました。 가게에서 내가 좋아하는 노래가 흘러나왔습니다.

0181

모일 회

会会会会会会 | 총 6획 | N4

음	かい/え	*社会 사회　*会社 회사　会議 회의　会長 회장
		*機会 기회　大会 대회　会釈 가볍게 인사함
훈	あ(う)	*会う 만나다

朝8時から夕方の5時まで会社で働いています。
아침 8시부터 저녁 5시까지 회사에서 근무하고 있습니다.

6時から友達と会う予定です。 6시부터 친구랑 만날 예정입니다.

0182

모일 사

社社社社社社社 | 총 7획 | N4

음	しゃ	社会人 사회인　会社員 회사원　社員 사원　社長 사장
		入社 입사　神社 신사
훈	やしろ	社 신을 모시는 건물, 신사

社会人は大変ですね。学生に戻りたいです。
사회인은 힘드네요. 학생으로 돌아가고 싶습니다.

このお社は昔からあって、子どもの頃よく近くで遊んだ。
이 신사는 예전부터 있어서 어릴 때 자주 근처에서 놀았다.

0183

셀 계

計計計計計計計計計 | 총 9획 | N4

음	けい	*計画 계획　計算 계산　*時計 시계　お会計 계산
훈	はか(る)/はか(らう)	計る 재다, 헤아리다　計り 저울질
		計らう 적절히 조처하다, 상의하다

一郎さんは、さすが、計算が速いですね。 이치로 씨는 역시 계산이 빠르네요.

今からマラソンの時間を計ります。 지금부터 마라톤 시간을 측정합니다.

0184

그림 화, 그을 획

画画画画画画画画 | 총 8획 | N4

음	が/かく	*映画 영화　漫画 만화　絵画 회화(그림)　画家 화가
		画面 화면　企画 기획　*計画 계획

映画を見る前にポップコーンを買いました。 영화를 보기 전에 팝콘을 샀습니다.

計画を立てて効率よく仕事を処理する。 계획을 세워서 효율 좋게 일을 처리한다.

✽는 JLPT N4-N5 기출 단어입니다.

0185

教 | 총 11획 | N4

가르칠 교

- 음 きょう
  - 教師 교사 教授 교수 教科書 교과서 教訓 교훈
  - 教会 교회 説教 설교
- 훈 おし(える)/おそ(わる)
  - ✽教える 가르치다 教わる 가르침을 받다, 배우다

教授はユーモアがあって面白い人です。 교수님은 유머 감각이 있어서 재밌는 사람입니다.

外国人に日本語を教えています。 외국인에게 일본어를 가르치고 있습니다.

0186

室 | 총 9획 | N4

집 실

- 음 しつ
  - 会議室 회의실 喫煙室 흡연실 ✽教室 교실 室温 실온
  - 室内 실내 和室 일본식 방, 다다미방
- 훈 むろ
  - 室 굴, 저장고, 암실 室町時代 무로마치 시대(일본 옛날 정권)

授業が終わった教室の中には誰もいなかった。 수업이 끝난 교실에는 아무도 없었다.

今の室温は25度です。 지금 실내 온도는 25도입니다.

0187

言 | 총 7획 | N4

말씀 언

- 음 げん/ごん
  - 言語 언어 宣言 선언 発言 발언 方言 방언, 사투리
  - 伝言 전언 無言 무언 遺言 유언
- 훈 い(う)/こと
  - ✽言う 말하다 言葉 말, 단어 一言 한마디 小言 잔소리
  - 寝言 잠꼬대

世界にはいくつの言語があるのでしょうか。 세계에는 몇 개의 언어가 있을까요?

「こんにちは」を英語で言うと「Hello」です。 "안녕하세요"를 영어로 말하면 "Hello"입니다.

0188

語 | 총 14획 | N5

말씀 어

- 음 ご
  - ✽英語 영어 ✽日本語 일본어 外来語 외래어
  - 言語 언어 単語 단어
- 훈 かた(る)/かた(らう)
  - 語る 말하다, 이야기하다 語り手 말하는 사람 物語 이야기

ありがとうは英語で「Thank you」です。 고마워는 영어로 "Thank you"입니다.

中村さんは車について3時間も語っていました。
나카무라 씨는 자동차에 관해서 3시간이나 이야기했습니다.

0189

공평할 公

| 총 4획 | N4 |

음	こう	主人公 주인공 公式 공식 公演 공연 公開 공개
		公共 공공 公平 공평
훈	おおやけ	公 공공, 정부, 국가, 공개된

このドラマの**主人公**は演技がとても上手で大人気です。
이 드라마의 주인공은 연기가 몹시 뛰어나서 인기가 많습니다.

彼女に**公**の場でプロポーズしました。 그녀에게 공공장소에서 프러포즈 했습니다.

0190

동산 園

| 총 13획 | N3 |

음	えん	*公園 공원 植物園 식물원 動物園 동물원
		遊園地 유원지 幼稚園 유치원
훈	その	園 동산 花園 꽃동산, 화원

友達と**公園**でサッカーをします。 친구와 공원에서 축구를 합니다.

動物園で見た象はとても大きかったです。 동물원에서 본 코끼리는 매우 컸습니다.

0191

그림 도

| 총 7획 | N4 |

음	ず/と	*地図 지도 路線図 노선도 合図 신호(눈짓, 몸짓)
		図形 도형 図面 도면 *図書館 도서관 意図 의도
훈	はか(る)	図る 도모하다, 꾀하다

路線図と**地図**を持って旅にでます。 노선도와 지도를 가지고 여행을 떠납니다.

会社の将来を**図る**上で、株主の意見は無視できない。
회사의 장래를 도모하는 데 있어서 주주의 의견은 무시할 수 없다.

0192

글 서

| 총 10획 | N5 |

음	しょ	読書 독서 辞書 사전 教科書 교과서 書類 서류
		書道 서예 履歴書 이력서
훈	か(く)	*書く 쓰다

私の趣味は**読書**です。 저의 취미는 독서입니다.

テストでは最初に名前を**書きます**。 테스트에서는 처음에 이름을 씁니다.

※ 는 JLPT N4-N5 기출 단어입니다.

0193

電電電電電電電電電電電電電 | 총 13획 | N5

번개 **전**

- 음 でん
  - ※電車 でんしゃ 전철
  - 終電 しゅうでん 막차
  - 電気 でんき 전기
  - ※電話 でんわ 전화
  - 停電 ていでん 정전
  - 電源 でんげん 전원

毎日、電車に乗って仕事へ行きます。 매일 전철을 타고 직장에 갑니다.

地震で停電になったので、電気が使えません。
지진으로 정전이 되었기 때문에 전기를 사용할 수 없습니다.

0194

池池池池池池 | 총 6획 | N2

못 **지**

- 음 ち
  - 電池 でんち 전지, 배터리
  - 乾電池 かんでんち 건전지
  - 貯水池 ちょすいち 저수지
- 훈 いけ
  - ※池 いけ 연못
  - ため池 いけ 저수지

時計が動かなくなったので電池を入れ替えます。
시계가 안 움직이게 돼서 전지를 갈아 끼웁니다.

ため池に入ったり遊ぶのは危険です。 저수지에 들어가거나 노는 것은 위험합니다.

0195

思思思思思思思思思 | 총 9획 | N4

생각 **사**

- 음 し
  - 意思 いし 의사
  - 思考 しこう 사고, 생각
  - 思春期 ししゅんき 사춘기
  - 思想 しそう 사상
  - 不思議だ ふしぎだ 불가사의하다, 이상하다
- 훈 おも(う)
  - ※思う おもう 생각하다
  - ※思い出す おもいだす 생각해 내다
  - ※思い出 おもいで 추억

自分の意思で学校を辞めることにしました。 자신의 의사로 학교를 그만두기로 했습니다.

韓国に留学しようと思います。 한국에 유학하려고 합니다.

0196

考考考考考考 | 총 6획 | N4

생각할 **고**

- 음 こう
  - 参考 さんこう 참고
  - 考察 こうさつ 고찰
  - 考慮 こうりょ 고려
  - 思考 しこう 사고
- 훈 かんが(える)
  - ※考える かんがえる 생각하다
  - 考え かんがえ 생각
  - 考え方 かんがえかた 사고방식

私の意見を参考にしてみてください。 저의 의견을 참고해 보세요.

今、何を考えているんですか。 지금 무엇을 생각하고 있습니까?

0197		用用用用用 총 5획 N4
 쓸 용	음 よう	しよう 使用 사용　*りよう 利用 이용　あくよう 悪用 악용　*ようじ 用事 볼일, 용무 ひよう 費用 비용　ようい 用意 준비, 대비
	훈 もち(いる)	もち 用いる 사용하다, 이용하다

ちょうじかん　　　　　　　しよう　　　　　　　　　　　め　わる
長時間パソコンを使用することは、目に悪いです。
장시간 컴퓨터를 사용하는 것은 눈에 나쁩니다.

すうがくこうしき　もち　　もんだい　と
数学公式を用いて問題を解く。 수학 공식을 사용해서 문제를 푼다.

0198		紙紙紙紙紙紙紙紙紙紙 총 10획 N4
 종이 지	음 し	ようし 用紙 용지　しへい 紙幣 지폐　しんぶんし 新聞紙 신문지　ひょうし 表紙 표지
	훈 かみ	*かみ 紙 종이　*てがみ 手紙 편지　おがみ 折り紙 종이접기　かべがみ 壁紙 벽지 かみ 紙コップ 종이컵　かみぶくろ 紙袋 종이봉투

ようし　　　　　うら
テスト用紙はまだ裏にしておいてください。 테스트 용지는 아직 뒷면으로 놔 줘 주세요.

かみ　　　　　　のこ　　で
紙にメモを残して出かけます。 종이에 메모를 남겨두고 외출합니다.

0199		売売売売売売売 총 7획 N4
 팔 매	음 ばい	はつばい 発売 발매　しょうばい 商売 장사　はんばい 販売 판매　ばいてん 売店 매점
	훈 う(る)/う(れる)	*う 売る 팔다　う 売れる 팔리다, 인기가 있다

あたら　　　　　　　　き　　はつばい
新しいゲーム機が発売されました。 새로운 게임기가 발매되었습니다.

　　　　　　　　　　　　　　　　　　　　　　やす　う
フリーマーケットでいろんなカバンを安く売っています。
프리마켓에서 여러 가지 가방을 저렴하게 팔고 있습니다.

0200		買買買買買買買買買買買買 총 12획 N4
 살 매	음 ばい	こうばい 購買 구매　ばいしゅう 買収 매수　ばいばい 売買 매매
	훈 か(う)	*か 買う 사다　か もの 買い物 물건을 삼, 쇼핑

ふどうさんや　　　　　いえ　とち　　ばいばい
不動産屋さんは家や土地を売買します。 부동산 중개업자는 집과 토지를 매매합니다.

しょうらい　りょうしん　いえ　か
将来、両親に家を買ってあげたいです。 장래에 부모님께 집을 사드리고 싶습니다.

체크포인트 05

1 다음 단어의 발음을 히라가나로 적어 보세요.

> 예시 花 꽃 → (はな   )

1) 米   쌀   → (   )
2) 声   목소리 → (   )
3) 言語 언어   → (   )
4) 映画 영화   → (   )
5) 大会 대회   → (   )

2 다음 단어의 한자를 적어 보세요.

> 예시 별 ほし → (星   )

1) 생각하다 かんがえる → (   )
2) 재능   さいのう   → (   )
3) 계획   けいかく   → (   )
4) 공원   こうえん   → (   )
5) 전기   でんき   → (   )

3 아래의 단어와 뜻이 올바르게 연결되도록 선을 그어 보세요.

1) 売る(う)   ・   ・ 야구
2) 引く(ひ)   ・   ・ 팔다
3) 観光(かんこう) ・   ・ 노래
4) 野球(やきゅう) ・   ・ 관광
5) 歌(うた) ・   ・ 끌다, 당기다

정답 **1** 1) こめ 2) こえ 3) げんご 4) えいが 5) たいかい
　　　2 1) 考える 2) 才能 3) 計画 4) 公園 5) 電気
　　　3 1) 売る-팔다 2) 引く-끌다, 당기다 3) 観光-관광 4) 野球-야구 5) 歌-노래

유하다요 일본어 상용한자 1026

Unit 06 초등학교 2학년 40자

MP3 다운로드

理 다스릴 리(이)	科 과목 과	何 어찌 하	回 돌아올 회	合 합할 합
作 지을 작	番 차례 번	組 짤 조	直 곧을 직	通 통할 통
知 알 지	同 한가지 동	点 점 점	矢 화살 시	弓 활 궁
刀 칼 도	記 기록할 기	読 읽을 독	絵 그림 회	聞 들을 문
門 문 문	交 사귈 교	友 벗 우	話 말씀 화	答 대답 답
当 마땅 당	楽 즐길 락(낙)	活 살 활	台 별 태, 태풍 태	線 줄 선
毎 매양 매	午 낮 오	明 밝을 명	元 으뜸 원	工 장인 공
止 그칠 지	自 스스로 자	切 끊을 절	汽 물 끓는 김 기	船 배 선

✱는 JLPT N4-N5 기출 단어입니다.

0201

理 | 총 11획 | N4

理 다스릴 리(이)

- 음: り
  - 料理 요리
  - ✱理由 이유
  - 整理 정리
  - ✱地理 지리
  - 無理 무리
  - 理科 이과

料理が苦手なので料理教室に通おうと思います。
요리가 서투르기 때문에 요리교실에 다니려고 합니다.

引っ越しをするので荷物を整理しました。 이사를 하기 때문에 짐을 정리했습니다.

0202

科 | 총 9획 | N3

科 과목 과

- 음: か
  - 科学 과학
  - 科目 과목
  - 学科 학과
  - 教科書 교과서
  - 外科 외과
  - 内科 내과

これから塩を使って科学実験を行います。
지금부터 소금을 사용해 과학실험을 하겠습니다.

私は経済学科1年の山田です。 저는 경제학과 1학년의 야마다입니다.

0203

何 | 총 7획 | N5

何 어찌 하

- 음: か
  - 幾何学 기하학
- 훈: なに/なん
  - ✱何 무엇
  - 何人 어느 나라 사람
  - 何月 몇 월
  - 何時 몇 시
  - 何人 몇 명
  - 何の 무슨, 어떤

幾何学とは、図形や空間の性質について研究する学問です。
기하학이란 도형과 공간의 성질에 대해서 연구하는 학문입니다.

食べ物は何が好きですか。 음식은 무엇을 좋아합니까?

0204

回 | 총 6획 | N3

回 돌아올 회

- 음: かい/え
  - 一回 한 번
  - 回数 횟수
  - 回送 회송
  - 回転 회전
  - 回答 회답
  - 今回 이번
- 훈: まわ(す)/まわ(る)
  - 回す 돌리다, 회전시키다
  - 回る 돌다, 회전하다

サッカーの練習の回数を増やす。 축구 연습의 횟수를 늘린다.

あのアトラクションはぐるぐる回って目まぐるしいです。
저 놀이 기구는 빙글빙글 돌아서 어지럽습니다.

0205

合할 **합** | 총 6획 | N3

음	ごう/がっ/かっ	合格 합격 / 合計 합계 / 集合 집합 / *都合 형편, 사정
		合宿 합숙 / 合唱 합창 / 合戦 전투, 접전
훈	あ(う)/あ(わす)/あ(わせる)	*合う 맞다, 어울리다, 합치다 / 似合う 어울리다, 잘 맞다
		合わす 맞추다, 맞게 하다 / 合わせる 맞추다, 맞게 하다
예외		具合 형편, 상태 / *試合 시합

ご注文の合計は1,550円になります。 주문의 합계는 1,550엔입니다.

まきさんとは話も合うし、気も合います。 마키 씨와는 이야기도 잘 맞고 마음도 잘 맞습니다.

0206

지을 **작** | 총 7획 | N4

음	さく/さ	作詞 작사 / 作曲 작곡 / 作成 작성 / 作品 작품
		創作 창작 / 作業 작업 / 作法 예의범절 / 操作 조작
훈	つく(る)	*作る 만들다 / 手作り 손수 만듦, 수제

この歌は私が作曲しました。 이 노래는 제가 작곡했습니다.

庭に犬小屋を作りました。 정원에 개집을 만들었습니다.

0207

차례 **번** | 총 12획 | N3

| 음 | ばん | 一番 가장, 제일 / 交番 파출소 / 順番 순번, 차례 / 当番 당번 |
| | | 番号 번호 / 留守番 부재중, 집을 지킴 |

高校生の時、クラスで私が一番背が高かった。 고등학생 때 반에서 내가 가장 키가 컸다.

交番に、落ちていた財布を届けた。 파출소에 떨어져 있던 지갑을 가져다 주었다.

0208

짤 **조** | 총 11획 | N3

음	そ	組織 조직 / 組成 조성
훈	く(む)/くみ	組む 짜다, 끼다 / 組み立てる 조립하다 / 腕組み 팔짱
		組 조, 짝 / 組合 조합, 노동조합 / *番組 프로그램

一つの組織を引っ張っていく人をリーダーという。
하나의 조직을 이끌어가는 사람을 리더라고 한다.

説明書を読みながら、一人で本棚を組み立てました。
설명서를 읽으면서 혼자서 책장을 조립했습니다.

※는 JLPT N4-N5 기출 단어입니다.

0209 | 총 8획 | N3

直 곧을 직

음	ちょく/じき	直接 직접 / 直線 직선 / 直前 직전 / 直感 직감
		正直だ 정직하다
훈	なお(す)/なお(る)/ただ(ちに)	直す 고치다 / 直る 고쳐지다 / 仲直り 화해
		素直だ 솔직하다, 고분고분하다 / 直ちに 곧, 즉각

私の**直感**はいつも正しい。 나의 직감은 언제나 옳다.

デート中にお手洗いに行って崩れたメイクを**直**した。
데이트 중에 화장실에 가서 무너진 화장을 고쳤다.

0210 | 총 10획 | N4

通 통할 통

음	つう/つ	※交通 교통 / 通学 통학 / 通勤 통근 / 普通 보통
		通帳 통장 / 通販 통신 판매 / 通夜 철야, 밤샘
훈	とお(る)/とお(す)/かよ(う)	※通る 통하다, 뚫리다 / 通り 길, 거리
		通す 통하게 하다, 길을 내다 / ※通う 다니다

毎朝8時のバスに乗って**通学**しています。
매일 아침 8시의 버스를 타고 통학하고 있습니다.

あの**通**りは夜、真っ暗なので気を付けてください。
저 거리는 밤에, 아주 캄캄하기 때문에 조심해 주세요.

0211 | 총 8획 | N4

知 알 지

음	ち	知人 지인 / 知識 지식 / 知能 지능 / 通知 통지
		未知 미지
훈	し(る)	※知る 알다 / お知らせ 알림, 통지 / 知り合い 아는 사이

知人が良い人を紹介してくれました。 지인이 좋은 사람을 소개해 줬습니다.

掲示板の**お知らせ**、見ましたか。 게시판의 알림 보았습니까?

0212

한가지 **동**

- 음 どう
  - **合同** ごうどう 합동　**同意** どうい 동의　**同時** どうじ 동시　**同情** どうじょう 동정
  - **同窓会** どうそうかい 동창회　**同僚** どうりょう 동료
- 훈 おな(じ)
  - ***同じ** おなじ 같음, 동일함　**同い年** おないどし 같은 나이, 동년배

同同同同同同 | 총 6획 | N4

二人**同時**に話さないでください。 두 사람 동시에 얘기하지 말아주세요.

今年も、ももかさんと**同じ**クラスで嬉しいです。
올해도 모모카 씨와 같은 반이어서 기쁩니다.

0213

점 **점**

- 음 てん
  - **点数** てんすう 점수　**満点** まんてん 만점　**欠点** けってん 결점　**採点** さいてん 채점
  - **弱点** じゃくてん 약점　**赤点** あかてん 낙제점

点点点点点点点点点 | 총 9획 | N3

歴史のテストの**点数**が**満点**だった。 역사 시험의 점수가 만점이었다.

欠点がない人なんていない。 결점이 없는 사람 따위 없다.

0214

화살 **시**

- 음 し
  - **一矢** いっし 화살 한 개　**一矢を報いる** いっしをむくいる 앙갚음하다, 반격하다
- 훈 や
  - **矢** や 화살　**矢印** やじるし 화살표

矢矢矢矢矢 | 총 5획 | N1

負けてばかりではいられない。いつか**一矢を報いて**やる！
지고만 있을 수 없다. 언젠가 반격해 주겠다!

弓道を始めるには、弓と**矢**をそろえてください。
궁도를 시작하기 위해서는 활과 화살을 갖춰주세요.

0215

활 **궁**

- 음 きゅう
  - **弓術** きゅうじゅつ 궁술　**弓道** きゅうどう 궁도, 궁술
- 훈 ゆみ
  - **弓** ゆみ 활　**弓矢** ゆみや 활과 화살

弓弓弓 | 총 3획 | N1

部活は**弓道**部に入部したいです。 부 활동은 궁도부에 입부하고 싶습니다.

明日の試合のために、**弓矢**を手入れする。 내일 시합을 위해서 활과 화살을 손질한다.

*는 JLPT N4-N5 기출 단어입니다.

0216

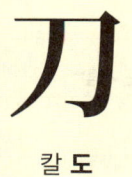

刀 칼 도

| 刀刀 | 총 2획 | N1 |

- 음 とう — 一刀両断 일도양단 日本刀 일본도
- 훈 かたな — 刀 칼, 검 예외 剃刀(かみそり) 면도칼 竹刀(しない) 죽도

この**刀**は歴史ある、**日本刀**です。 이 칼은 역사있는 일본도입니다.

剃刀の扱いには気を付けましょう。 면도칼 취급에는 주의합시다.

0217

記 기록할 기

| 記記記記記記記記記記 | 총 10획 | N3 |

- 음 き — *日記 일기 暗記 암기 記憶 기억 記事 기사
  記入 기입 記録 기록
- 훈 しる(す) — 記す 적다, 쓰다, 기록하다

毎日、忘れずに**日記**を書いています。 매일 잊지 않고 일기를 쓰고 있습니다.

話を聞いて気になったことをメモに**記した**。
이야기를 듣고 신경쓰인 점을 메모로 기록했다.

0218

読 읽을 독

| 読読読読読読読読読読読読読読 | 총 14획 | N5 |

- 음 どく/とく/とう — 読書 독서 購読 구독 読者 독자 読本 독본, 입문서
  句読点 구두점
- 훈 よ(む) — *読む 읽다 読み方 읽는법

子供のころから**読書**をすると頭が良くなります。
어릴 때부터 독서를 하면 머리가 좋아집니다.

寝る前に子供に本を**読んで**あげます。 자기 전에 아이에게 책을 읽어줍니다.

0219

絵 그림 회

| 絵絵絵絵絵絵絵絵絵絵絵絵 | 총 12획 | N3 |

- 음 え/かい — 絵 그림 油絵 유화 絵本 그림책 絵の具 그림물감
  絵画 회화

画用紙に自由に**絵**を描いてください。 도화지에 자유롭게 그림을 그려주세요.

小学校に入学したので、**絵の具**セットを買う。
초등학교에 입학했기 때문에 물감 세트를 산다.

0220 聞 들을 문 | 총 14획 | N5

음	ぶん/もん	*新聞 신문　新聞紙 신문지　聴聞 청문
훈	き(く)/き(こえる)	*聞く 듣다　聞き上手 남의 이야기를 잘 듣는 사람
		聞こえる 들리다

新聞は漢字が多いので難しいです。 신문은 한자가 많기 때문에 어렵습니다.

みなさん、私の話を聞いてください。 여러분, 제 이야기를 들어주세요.

0221 門 문 문 | 총 8획 | N2

음	もん	*門 문　正門 정문　専門 전문　入門 입문　名門 명문
		門限 통금 시간
훈	かど	門 문, 집안

正門を通って学校に入ります。 정문을 지나서 학교에 들어갑니다.

笑う門には福来る。 웃는 집에는 복이 온다(웃으면 복이 온다).

0222 交 사귈 교 | 총 6획 | N3

음	こう	交換 교환　交際 교제　交差点 교차로　交代 교대
		*交通 교통　交流 교류
훈	ま(ぜる)/ま(ざる)/まじ(わる)/まじ(える)/ま(じる)/か(わす)/か(う)	交ぜる 뒤섞다　交ざる 뒤섞이다
		交わる 교차하다, 교제하다　交える 섞다, 교차시키다
		交じる 섞이다, 혼입하다　交わす 주고받다, 교환하다

車のタイヤを冬用のタイヤに交換します。
자동차 타이어를 겨울용 타이어로 교환합니다.

この件について、部長も交えて話し合いましょう。
이 건에 관해서 부장님도 끼게 해서 같이 이야기합시다.

＊는 JLPT N4-N5 기출 단어입니다.

0223 | 友友友友 | 총 4획 | N5

벗 우

- 음: ゆう
  - 友人 친구 　親友 친한 친구 　友情 우정 　友好 우호
- 훈: とも
  - ＊友達 친구

学生時代の**友人**と久しぶりに会いました。 학생 시절의 친구와 오랜만에 만났습니다.

今日仕事終わりに、**友達**と食事に行きます。 오늘 일이 끝나고 친구와 식사하러 갑니다.

0224 | 話話話話話話話話話話話話話 | 총 13획 | N5

말씀 화

- 음: わ
  - 会話 회화 　英会話 영어 회화 　神話 신화
  - ＊世話 도와 줌, 보살핌 　＊電話 전화 　話題 화제
- 훈: はなし/はな(す)
  - ＊話 이야기 　＊話す 이야기하다, 말하다

私は3年ぐらい**英会話**教室に通っています。
나는 3년 정도 영어 회화 교실에 다니고 있습니다.

問い合わせの**電話**をかけたら**話し**中でした。 문의 전화를 걸었더니 이야기 중이었습니다.

0225 | 答答答答答答答答答答答答 | 총 12획 | N4

대답 답

- 음: とう
  - 応答 응답 　回答 회답, 대답 　解答 해답 　答案 답안
- 훈: こた(え)/こた(える)
  - 答え 대답, 정답 　＊答える 대답하다

街頭アンケートに**回答**をしました。 길거리 앙케트에 회답을 했습니다.

ここに、これから質問する**答え**を書いてください。
여기에 지금부터 질문하는 답을 써 주세요.

0226 | 当当当当当当 | 총 6획 | N3

마땅 당

- 음: とう
  - お弁当 도시락 　本当 정말 　＊適当 적당 　当日 당일
  - 当然 당연 　当番 당번
- 훈: あ(たる)/あ(てる)
  - 当たる 들어맞다, 적중하다 　当たり 짐작, 적중
  - 当たり前 당연함 　当てる 맞히다, 적중시키다
  - 예외 当に 당연히, 마땅히

明日は昼食が出るので、**お弁当**はいりません。
내일은 점심밥이 나오기 때문에 도시락은 필요 없습니다.

念願の宝くじに**当たった**！ 염원하던 복권에 당첨되었다!

0227

楽 즐길 락(낙)

- 음 がく/らく
  - 音楽 음악　楽譜 악보　楽器 악기　楽だ 편하다
  - 喜怒哀楽 희로애락　娯楽 오락　楽園 낙원
- 훈 たの(しい)/たの(しむ)
  - 楽しい 즐겁다　楽しむ 즐기다, 좋아하다

楽 楽 楽 楽 楽 楽 楽 楽 楽 楽 楽 楽 楽 | 총 13획 | N4

音楽を聴くと元気が出ます。 음악을 들으면 기운이 납니다.

一人よりみんなで食事をするほうが楽しいです。
한 사람보다 다 같이 식사를 하는 편이 즐겁습니다.

0228

活 살 활

- 음 かつ
  - 活動 활동　生活 생활　活躍 활약　活用 활용
  - 活気 활기　復活 부활

活 活 活 活 活 活 活 活 活 | 총 9획 | N3

ボランティア活動に参加する。 봉사 활동에 참가한다.

生活に余裕を持つために何が必要だろう。 생활에 여유를 가지기 위해서 무엇이 필요할까.

0229

台 별 태, 태풍 태

- 음 たい/だい
  - 台風 태풍　舞台 무대　屋台 포장마차　台湾 대만(국가)
  - 台 ~대(차나 기계를 세는 단위)　台所 부엌
  - 台本 대본, 극본　土台 토대　예외 台詞 대사

台 台 台 台 台 | 총 5획 | N4

今年こそは台湾に行きたい。 올해야말로 대만에 가고 싶다.

台所で料理を一緒に作ろう。 부엌에서 요리를 함께 만들자.

0230

線 줄 선

- 음 せん
  - 線 선　視線 시선　一直線 일직선　曲線 곡선
  - 無線 무선

線 線 線 線 線 線 線 線 線 線 線 線 線 線 線 | 총 15획 | N2

定規を使って図面に線を引きました。 자를 사용해서 도면에 선을 그었습니다.

視線を感じて、後ろを振り向いた。 시선을 느끼고 뒤를 돌아봤다.

0231

매양 매

- 음 まい
- *毎朝 매일 아침　*毎日 매일　*毎週 매주　毎月 매월
- *毎年 매년　毎回 매회, 매번

毎日、犬の散歩をします。 매일 강아지의 산책을 합니다.

毎週水曜日の夜は外食する。 매주 수요일 밤은 외식한다.

0232

낮 오

- 음 ご
- *午前 오전　正午 정오, 한낮　*午後 오후
- 本初子午線 본초 자오선　(예외) 午年 말띠 해

午前10時から友達と遊びます。 오전 10시부터 친구와 놉니다.

休日なので、日曜日は正午まで寝ます。 휴일이기 때문에 일요일은 정오까지 잡니다.

0233

밝을 명

- 음 めい/みょう
- *説明 설명　照明 조명　証明 증명　明確 명확
- 明後日 명후일, 모레　明日 명일, 내일

- 훈 あか(るい)/あ(かり)/あ(かす)/あき(らか)/あ(ける)/あか(らむ)/あか(るむ)/あ(く)/あ(くる)
- *明るい 밝다　明かり 빛　明かす 밝히다, 털어놓다
- 明らかだ 분명하다　明ける 날이 밝다, 새해가 되다
- 明らむ 훤해지다　明るむ 밝아지다　明く 열리다
- 明くる日 다음날
- (예외) 明日 내일　明日 내일　明後日 모레

使い方がわからないので、パソコンの説明書を見ます。
사용법을 몰라서 컴퓨터의 설명서를 봅니다.

明るい部屋で本を読んでください。 밝은 방에서 책을 읽어주세요.

0234

으뜸 **원**

- 음 げん/がん
  - *元気だ 건강하다, 잘 지내다   紀元 기원
  - 元日 설날, 1월 1일   元祖 원조
- 훈 もと
  - 元 처음, 기원   足元 발밑   地元 고향   身元 신원

元元元元 | 총 4획 | N4

子供は元気に外で遊んでいます。 아이는 활기차게 밖에서 놀고 있습니다.

彼の身元が分かりません。 그의 신원을 모르겠습니다.

0235

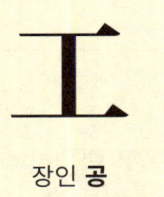

장인 **공**

- 음 こう/く
  - 加工 가공   人工 인공   *工事 공사   *工場 공장
  - 工夫 궁리   大工 목수

工工工 | 총 3획 | N4

高速道路が工事中なので通れません。 고속도로가 공사 중이므로 지날 수 없습니다.

自分にあった勉強法を工夫する。 자신에게 맞는 공부법을 궁리한다.

0236

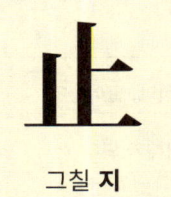

그칠 **지**

- 음 し
  - *中止 중지   禁止 금지   停止 정지
- 훈 と(まる)/と(める)
  - 止まる 멈추다   行き止まり 막다른 길
  - *止める 멈추다, 세우다

止止止止 | 총 4획 | N4

今日は雨なので、運動会は中止になりました。
오늘은 비가 오기 때문에 운동회는 중지되었습니다.

彼氏と別れて涙が止まらない。 남자친구와 헤어져서 눈물이 멈추질 않는다.

0237

스스로 **자**

- 음 し/じ
  - 自然 자연   自分 자기, 자신   自信 자신감   自宅 자택
  - *自動車 자동차   自白 자백   *自由 자유
- 훈 みずか(ら)
  - 自ら 스스로, 몸소

自自自自自自 | 총 6획 | N4

メイクは鏡で自分の顔を見ながらします。 화장은 거울로 자신의 얼굴을 보면서 합니다.

彼は自ら罪を認めて警察に自白した。 그는 스스로 죄를 인정하고 경찰에게 자백했다.

✽는 JLPT N4-N5 기출 단어입니다.

0238

切 끊을 절

切切切切 | 총 4획 | N4

- 음 せつ/さい
  - ✽親切(しんせつ)だ 친절하다　切実(せつじつ)だ 절실하다
  - 大切(たいせつ)だ 중요하다, 소중하다　適切(てきせつ)だ 적절하다
  - 一切(いっさい) 일체, 일절
- 훈 き(る)/き(れる)
  - ✽切(き)る 자르다　切(き)れる 끊어지다, 잘리다
  - 예외 ✽切手(きって) 우표　切符(きっぷ) 표, 티켓

みなさんにとって大切(たいせつ)なものは何(なん)ですか。 여러분에게 있어서 소중한 것은 무엇입니까?

まず、野菜(やさい)を細(こま)かく切(き)ってください。 우선 야채를 잘게 썰어주세요.

0239

汽 물 끓는 김 기

汽汽汽汽汽汽汽 | 총 7획 | N1

- 음 き
  - 汽車(きしゃ) 기차　汽船(きせん) 기선　汽笛(きてき) 기적, 뱃고동

汽車(きしゃ)は蒸気(じょうき)によって動(うご)いている。 기차는 증기에 의해서 움직이고 있다.

汽船(きせん)に乗(の)って、隣(となり)の島(しま)まで行(い)く。 기선을 타고 옆의 섬까지 간다.

0240

船 배 선

船船船船船船船船船船船 | 총 11획 | N3

- 음 せん
  - 漁船(ぎょせん) 어선　船長(せんちょう) 선장　海賊船(かいぞくせん) 해적선
  - クルーズ船(せん) 크루즈선　船舶(せんぱく) 선박　風船(ふうせん) 풍선
- 훈 ふね/ふな
  - ✽船(ふね) 배　小船(こぶね) 작은 배　船便(ふなびん) 배편

漁船(ぎょせん)は次々(つぎつぎ)に海(うみ)へ出発(しゅっぱつ)しました。 어선은 차례차례 바다로 출발했습니다.

船(ふね)に乗(の)って島(しま)まで行(い)きます。 배를 타고 섬까지 갑니다.

체크포인트 06

1 다음 단어의 발음을 히라가나로 적어 보세요.

> 예시 花 꽃 → (はな)

1) 教科書   교과서   → (   )
2) 矢印   화살표   → (   )
3) 刀   칼   → (   )
4) 絵の具   그림 도구 → (   )
5) 本当   정말   → (   )
6) 直す   고치다   → (   )
7) 毎朝   매일 아침 → (   )

2 다음 단어의 한자를 적어 보세요.

> 예시 별 ほし → (星)

1) 무리다   むりだ   → (   )
2) 읽다   よむ   → (   )
3) 태풍   たいふう   → (   )
4) 정문   せいもん   → (   )
5) 동시   どうじ   → (   )
6) 듣다   きく   → (   )
7) 통하다   とおる   → (   )

3 아래의 단어와 뜻이 올바르게 연결되도록 선을 그어 보세요.

1) 合格〔ごうかく〕・ ・작품
2) 作品〔さくひん〕・ ・합격
3) 組織〔そしき〕・ ・조직
4) 通勤〔つうきん〕・ ・친구
5) 活動〔かつどう〕・ ・활동
6) 番号〔ばんごう〕・ ・통근
7) 友達〔ともだち〕・ ・번호

정답

1 1) きょうかしょ 2) やじるし 3) かたな 4) えのぐ 5) ほんとう 6) なおす 7) まいあさ
2 1) 無理だ 2) 読む 3) 台風 4) 正門 5) 同時 6) 聞く 7) 通る
3 1) 合格-합격 2) 作品-작품 3) 組織-조직 4) 通勤-통근 5) 活動-활동 6) 番号-번호 7) 友達-친구

연습문제 02

채점 /10

한자읽기 다음 문장의 밑줄 친 한자를 바르게 읽은 것은 어느 것인가?

1 ケーキを買って帰ると家族みんなが<u>笑顔</u>になります。
① えかお ② わらがお ③ えがお ④ えがん

2 この^{せいひん}製品は古いので<u>割引</u>されています。
① わりひき ② わりびき ③ わるびき ④ わるひき

3 今年の冬はかなり寒い日が続いたので<u>風邪</u>を引く人が多い。
① なぜ ② みせ ③ あせ ④ かぜ

4 お母さんが<u>台所</u>で夕食の準備をしています。
① だいどころ ② だいしょ ③ だいじょ ④ だいところ

5 このスマートフォンは<u>新しい</u>機能がたくさんあるので使いやすい。
① したしい ② あたらしい ③ あらたしい ④ めずらしい

6 暑い日に飲むビールは<u>最高</u>だと思います。
① さいてい ② さいこ ③ さいご ④ さいこう

7 私が一番好きな季節は桜が見れる<u>春</u>です。
① なつ ② ふゆ ③ はる ④ あき

8 ^{おおさか}大阪の旅行はとても<u>楽しかった</u>です。
① らくしかった ② うれしかった ③ たのしかった ④ うつくしかった

9 <u>今日</u>は一日中雨が降りそうです。
① きょう ② ほんじつ ③ いちにち ④ きのう

10 寝る前に一日にあった出来事を<u>日記</u>に書きます。
① ひき ② にっき ③ じつき ④ にちき

한자표기 다음 문장의 밑줄 친 히라가나의 한자의 표기로 올바른 것은 어느 것인가?

1. 健康のために毎日公園を<u>はしって</u>います。
   ① 歩って　　② 乗って　　③ 走って　　④ 帰って

2. 私はバラエティー<u>ばんぐみ</u>が好きです。
   ① 版組　　② 番組　　③ 番号　　④ 晩組

3. キムさんは背が<u>たかくて</u>かっこいいです。
   ① 低くて　　② 多くて　　③ 高くて　　④ 安くて

4. これはどんな病気にも効く<u>ばんのう</u>の薬です。
   ① 番能　　② 万能　　③ 万脳　　④ 伴能

5. インフルエンザにかかってしまい、熱が出て<u>ずつう</u>もひどいです。
   ① 頭痛　　② 頭通　　③ 図痛　　④ 頭津

6. 冬は寒いのでアイスを食べる人は<u>すくない</u>と思う。
   ① 少ない　　② 小ない　　③ 空ない　　④ 減ない

7. 韓国<u>りょうり</u>は辛いというイメージを持っている人が多い。
   ① 科里　　② 料理　　③ 料里　　④ 科理

8. この<u>とけい</u>は5分ほど遅れているので注意してください。
   ① 都計　　② 時型　　③ 時計　　④ 時形

9. インターネットをしていると様々な<u>こうこく</u>が出てきて少し邪魔だ。
   ① 広刻　　② 公告　　③ 公刻　　④ 広告

10. 日本語は漢字があるので難しいと<u>おもい</u>ます。
    ① 重い　　② 思い　　③ 念い　　④ 申い

연습문제 02 정답 및 해석

한자읽기

정답 1 ③ 2 ② 3 ④ 4 ① 5 ② 6 ④ 7 ③ 8 ③ 9 ① 10 ②

해석
1 케이크를 사서 돌아가면 가족 모두가 <u>웃는 얼굴</u>이 됩니다.
2 이 제품은 오래되어서 <u>할인</u>되고 있습니다.
3 올해 겨울은 꽤 추운 날이 계속되고 있어서 <u>감기</u>에 걸리는 사람이 많다.
4 어머니가 <u>부엌</u>에서 저녁 준비를 하고 있습니다.
5 이 스마트폰은 <u>새로운</u> 기능이 많이 있기 때문에 사용하기 편하다.
6 더운 날에 마시는 맥주는 <u>최고</u>라고 생각합니다.
7 제가 가장 좋아하는 계절은 벚꽃을 볼 수 있는 <u>봄</u>입니다.
8 오사카 여행은 대단히 즐거웠습니다.
9 <u>오늘</u>은 하루 종일 비가 내릴 것 같습니다.
10 자기 전에 하루에 일어난 일을 <u>일기</u>에 적습니다.

한자표기

정답 1 ③ 2 ② 3 ③ 4 ② 5 ① 6 ① 7 ② 8 ③ 9 ④ 10 ②

해석
1 건강을 위해서 매일 공원을 달리고 있습니다.
2 저는 버라이어티 프로그램을 좋아합니다.
3 김 씨는 키가 <u>크고</u> 멋있습니다.
4 이것은 어떤 병에도 효과가 있는 만능의 약입니다.
5 인플루엔자에 걸려버려서 열이 나고 두통도 심합니다.
6 겨울은 춥기 때문에 아이스크림을 먹는 사람은 적다고 생각한다.
7 한국 <u>요리</u>는 맵다는 이미지를 가지고 있는 사람이 많다.
8 이 <u>시계</u>는 5분 정도 늦기 때문에 주의해 주세요.
9 인터넷을 하고 있으면 다양한 <u>광고</u>가 나와서 조금 방해가 된다.
10 일본어는 한자가 있기 때문에 어렵다고 <u>생각합니다</u>.

일본 문부과학성이 지정한 상용한자

3 초등학교 학년 한자

Unit 07	40자
Unit 08	40자
Unit 09	40자
Unit 10	40자
Unit 11	40자

Unit 07 초등학교 3학년 40자

MP3 다운로드

鼻 코 비	指 가리킬 지	血 피 혈	皮 가죽 피	歯 이 치
身 몸 신	息 쉴 식	命 목숨 명	温 따뜻할 온	暑 더울 서
寒 찰 한	悪 악할 악	安 편안 안	暗 어두울 암	軽 가벼울 경
重 무거울 중	深 깊을 심	短 짧을 단	悲 슬플 비	苦 쓸 고
美 아름다울 미	速 빠를 속	運 옮길 운	転 구를 전	動 움직일 동
植 심을 식	物 물건 물	羊 양 양	始 비로소 시	終 마칠 종
研 갈 연, 벼루 연	究 연구할 구	練 익힐 련(연)	習 익힐 습	期 기약할 기
待 기다릴 대	世 인간 세	界 지경 계	昭 밝을 소	和 화할 화

* 는 JLPT N4-N5 기출 단어입니다.

0241

鼻 鼻 鼻 鼻 鼻 鼻 鼻 鼻 鼻 鼻 鼻 鼻 鼻 鼻 | 총 14획 | N2 ☐☐☐

鼻 코 비

음	び	耳鼻科(じびか) 이비인후과　鼻炎(びえん) 비염
훈	はな	鼻(はな) 코　鼻歌(はなうた) 콧노래　鼻血(はなぢ) 코피　鼻水(はなみず) 콧물

風邪気味(かぜぎみ)なので耳鼻科(じびか)に行(い)く。 감기 기운이 있기 때문에 이비인후과에 간다.

鼻(はな)を高(たか)くするために整形(せいけい)をしました。 코를 높이기 위해서 성형을 했습니다.

0242

指 指 指 指 指 指 指 指 指 | 총 9획 | N3 ☐☐☐

指 가리킬 지

음	し	指示(しじ) 지시　指定(してい) 지정　指摘(してき) 지적　指名(しめい) 지명
		指紋(しもん) 지문
훈	ゆび/さ(す)	指(ゆび) 손가락　指輪(ゆびわ) 반지　*親指(おやゆび) 엄지　薬指(くすりゆび) 약지
		指差(ゆびさ)す 손가락질하다　指(ゆび)す 가리키다

上司(じょうし)にミスを指摘(してき)されて落(お)ち込(こ)んだ。 상사에게 실수를 지적당해서 풀 죽었다.

結婚指輪(けっこんゆびわ)は左手(ひだりて)の薬指(くすりゆび)につけます。 결혼반지는 왼손의 약지에 낍니다.

0243

血 血 血 血 血 血 | 총 6획 | N2 ☐☐☐

血 피 혈

음	けつ	血圧(けつあつ) 혈압　血液(けつえき) 혈액　血液型(けつえきがた) 혈액형　献血(けんけつ) 헌혈
		出血(しゅっけつ) 출혈
훈	ち	血(ち) 피　血眼(ちまなこ) 혈안　鼻血(はなぢ) 코피

血液型(けつえきがた)を教(おし)えて下(くだ)さい。 혈액형을 가르쳐 주세요.

友達(ともだち)とケンカをして頭(あたま)に血(ち)が上(のぼ)った。 친구와 싸움을 해서 머리에 피가 거꾸로 솟았다.

0244

皮 皮 皮 皮 皮 | 총 5획 | N2 ☐☐☐

皮 가죽 피

음	ひ	皮膚(ひふ) 피부　皮膚科(ひふか) 피부과　頭皮(とうひ) 두피
		皮肉(ひにく)だ 얄궂다, 짓궂다
훈	かわ	皮(かわ) 가죽, 껍질　毛皮(けがわ) 모피, 털가죽

肌(はだ)の調子(ちょうし)が良(よ)くないので皮膚科(ひふか)に行(い)く。 피부의 상태가 좋지 않기 때문에 피부과에 간다.

果物(くだもの)の皮(かわ)をむいて食(た)べてください。 과일 껍질을 벗기고 먹으세요.

0245 歯 이 치

歯歯歯歯歯歯歯歯歯歯歯歯 | 총 12획 | N3

음	し	歯科 치과	永久歯 영구치	犬歯 송곳니	歯石 치석
훈	は	歯 이(빨)	歯医者 치과 의사	歯車 톱니바퀴	
		歯磨き 양치질	虫歯 충치	八重歯 덧니	

八重歯が気になって矯正歯科を予約した。 덧니가 신경 쓰여서 교정 치과를 예약했다.

虫歯を防ぐために食後すぐに歯磨きをします。 충치를 방지하기 위해서 식후 바로 양치질을 합니다.

0246 身 몸 신

身身身身身身身 | 총 7획 | N3

음	しん	身長 신장	身体 신체	心身 심신	出身 출신
		全身 전신	独身 독신		
훈	み	身 몸, 신체	身内 온몸, 가족	身分 신분	白身 흰자, 흰 살
		中身 알맹이, 내용물	身につける 몸에 걸치다, 익히다		

中学生の時に身長がぐんと伸びた。 중학생 때 키가 쑥 자랐다.

私は卵の白身が苦手です。 저는 계란의 흰자를 싫어합니다.

0247 息 쉴 식

息息息息息息息息息息 | 총 10획 | N3

| 음 | そく | 休息 휴식 | 終息 종식 | 生息 서식, 번식 | 消息 소식 |
| 훈 | いき | 息 숨 | 息切れ 숨이 참 | ため息 한숨 | 예외 息子 아들 |

地球には昔、恐竜が生息していた。 지구에는 옛날에 공룡이 서식했었다.

ため息ばかりついているけど、今日何かあったの? 한숨만 쉬고 있는데, 오늘 무슨 일 있었어?

0248 命 목숨 명

命命命命命命命命 | 총 8획 | N3

음	めい/みょう	運命 운명	生命 생명	命じる 명하다	命令 명령
		寿命 수명			
훈	いのち	命 목숨	命がけ 목숨을 걺	命綱 구명줄, 생명줄	

医療の発展のおかげで人間の寿命が伸びている。 의료의 발전 덕분에 인간의 수명이 늘고 있다.

どんなことがあっても命は大切にしましょう。 어떤 일이 있어도 목숨은 소중히 합시다.

*는 JLPT N4-N5 기출 단어입니다.

0249

温温温温温温温温温温温温 | 총 12획 | N2

温 따뜻할 온

- 음 おん
  - 温室 온실 温泉 온천 温度 온도 気温 기온
  - 温暖化 온난화
- 훈 あたた(かい) / あたた(まる) / あたた(める) / あたた(か)
  - 温かい 따뜻하다 温まる 따뜻해지다
  - 温める 따뜻하게 하다, 데우다
  - 温かだ 따스하다, 훈훈하다

日本に行ったら温泉に入りたいです。 일본에 가면 온천에 들어가고 싶습니다.

温かい飲み物を飲むと心も体も温まる。
따뜻한 음료를 마시면 마음도 몸도 따뜻해진다.

0250

暑暑暑暑暑暑暑暑暑暑暑暑 | 총 12획 | N3

더울 서

- 음 しょ
  - 避暑 피서 猛暑日 폭염일(최고 기온 35도 이상)
  - 暑中見舞い 복중 문안(한 여름 안부 인사) 残暑 늦더위
- 훈 あつ(い)
  - 暑い 덥다 暑さ 더위 蒸し暑い 무덥다

昨日は全国で猛暑日でした。 어제는 전국에서 폭염일이었습니다.

今日は暑いので近所のプールに行きます。
오늘은 덥기 때문에 근처의 수영장에 갑니다.

0251

寒寒寒寒寒寒寒寒寒寒寒寒 | 총 12획 | N3

찰 한

- 음 かん
  - 悪寒 오한 寒気 한기 寒天 한천(음식) 極寒 극한
  - 防寒 방한
- 훈 さむ(い)
  - *寒い 춥다 寒さ 추위 寒気 한기, 오한

日本に寒気が近づいてきていますね。 일본에 한기가 다가오고 있네요.

寒いので冬の朝は、なかなか起きられません。
춥기 때문에 겨울의 아침은 좀처럼 일어날 수 없습니다.

0252

악할 악

음	あく/お	悪意 악의 / 悪影響 악영향 / 悪夢 악몽 / 悪化 악화
		悪寒 오한 / 嫌悪 혐오 / 憎悪 증오
훈	わる(い)	*悪い 나쁘다 / 悪口 욕 / 悪者 나쁜 놈, 악인

悪悪悪悪悪悪悪悪悪悪悪 | 총 11획 | N4

昨晩は悪夢を見たので、気分がよくない。 어젯밤은 악몽을 꿔서 기분이 좋지 않다.

今日は体調が悪いので早退してもいいですか。
오늘은 몸 상태가 안 좋기 때문에 조퇴해도 될까요?

0253

편안 안

安安安安安安 | 총 6획 | N4

음	あん	*安全 안전 / 不安 불안 / *安心 안심 / 治安 치안
		安価 싼 값
훈	やす(い)	*安い 싸다, 편하다 / 目安 기준, 표준 / 安らぎ 평온함

安全運転を心がけてください。 안전운전에 유의해 주세요.

A店よりもB店のほうが肉が安いです。 A 가게보다 B 가게가 고기가 쌉니다.

0254

어두울 암

暗暗暗暗暗暗暗暗暗暗暗暗 | 총 13획 | N3

음	あん	暗記 암기 / 暗殺 암살 / 暗証番号 비밀번호 / 暗示 암시
훈	くら(い)	*暗い 어둡다 / 暗闇 어둠 / 真っ暗 아주 캄캄함, 암흑

単語を暗記してもなかなか覚えられない。 단어를 암기해도 좀처럼 외워지지 않는다.

部屋が暗いです。電気をつけてください。 방이 어둡습니다. 불을 켜 주세요.

0255

가벼울 경

軽軽軽軽軽軽軽軽軽軽軽軽 | 총 12획 | N2

음	けい	軽快 경쾌 / 軽視 경시 / 軽自動車 경차 / 軽率 경솔
		軽蔑 경멸 / 軽量 경량
훈	かる(い)/かろ(やか)	*軽い 가볍다 / 気軽だ 마음 편하다 / 軽やかだ 가뿐하다

免許を取ったので軽自動車を買いました。 면허를 땄기 때문에 경차를 샀습니다.

携帯電話は昔に比べて軽くなりました。 휴대전화는 옛날에 비해서 가벼워졌습니다.

※는 JLPT N4-N5 기출 단어입니다.

0256

重 무거울 중 | 총 9획 | N4

- 음 じゅう/ちょう
  - 体重 たいじゅう 체중
  - 重要だ じゅうよう 중요하다
  - 重大 じゅうだい 중대
  - 貴重品 きちょうひん 귀중품
  - 慎重 しんちょう 신중
  - 尊重 そんちょう 존중
- 훈 おも(い)/かさ(なる)/かさ(ねる)/え
  - ※重い おも 무겁다
  - 重さ おも 무게
  - 重なる かさ 포개지다, 겹치다
  - 重ねる かさ 포개다
  - 二重まぶた ふたえ 쌍꺼풀

お風呂に入る前に体重を計ります。 욕조에 들어가기 전에 체중을 잽니다.

このカバン、重いですね。何が入っているんですか。
이 가방 무겁네요. 무엇이 들어있습니까?

0257

深 깊을 심 | 총 11획 | N3

- 음 しん
  - 深海 しんかい 심해
  - 深夜 しんや 심야
  - 深呼吸 しんこきゅう 심호흡
  - 深刻 しんこく 심각
- 훈 ふか(い)/ふか(まる)/ふか(める)
  - ※深い ふか 깊다
  - 深まる ふか 깊어지다
  - 深める ふか 깊게 하다

深夜までドラマを見ていました。 심야까지 드라마를 보고 있었습니다.

海は急に深くなるので気を付けましょう。 바다는 갑자기 깊어지기 때문에 주의합시다.

0258

短 짧을 단 | 총 12획 | N2

- 음 たん
  - 最短 さいたん 최단
  - 短期 たんき 단기
  - 短縮 たんしゅく 단축
  - 短所 たんしょ 단점
- 훈 みじか(い)
  - ※短い みじか 짧다

あなたの短所と長所を教えてください。 당신의 단점과 장점을 가르쳐 주세요.

この服は足が短く見えます。 이 옷은 다리가 짧아 보입니다.

0259

悲 슬플 비 | 총 12획 | N3

- 음 ひ
  - 悲劇 ひげき 비극
  - 悲惨 ひさん 비참
  - 悲鳴 ひめい 비명
- 훈 かな(しい)/かな(しむ)
  - 悲しい かな 슬프다
  - 悲しさ かな 슬픔
  - 悲しむ かな 슬퍼하다

どこからか女の子の悲鳴が聞こえた。 어딘가에서 여자 아이의 비명이 들렸다.

悲しい時は一人よりも友達と過ごしたほうがいいです。
슬플 때는 혼자보다 친구와 지내는 편이 좋습니다.

0260

쓸 고

음	く	苦労 노고, 고생	苦情 고충, 불평	苦戦 고전	苦痛 고통
훈	くる(しい)/くる(しむ) /くる(しめる) /にが(い)/にが(る)	苦しい 괴롭다	息苦しい 숨이 막히다, 답답하다		
		苦しむ 괴로워하다	苦しめる 괴롭히다	*苦い 쓰다	
		苦手だ 서투르다	苦る 찌푸린 얼굴을 하다		

今日は本当にご苦労様でした。 오늘은 정말 수고하셨습니다.

君が私のそばにいないと思うと、胸が苦しい。
네가 내 곁에 없다고 생각하면, 마음이 괴롭다.

0261

아름다울 미

음	び	美術 미술	美人 미인	美容 미용	美食 미식
훈	うつく(しい)	美しい 아름답다	예외 美味しい 맛있다		

大学では美術を専攻しています。 대학에서는 미술을 전공하고 있습니다.

「美しい花には棘がある」という言葉のように外見だけで判断してはいけない。
'아름다운 꽃에는 가시가 있다'는 말과 같이 겉모습 만으로 판단해서는 안된다.

0262

빠를 속

음	そく	速度 속도	高速道路 고속도로	早速 즉시	時速 시속
		速達 속달			
훈	はや(い)/すみ(やか) /はや(まる) /はや(める)	速い (속도가) 빠르다	速やかだ 신속하다		
		速まる 빨라지다	速める 빠르게 하다		

ランニングマシンで時速7キロで走ります。
러닝머신에서 시속 7킬로로 달립니다.

高速道路は車のスピードが速いです。 고속도로는 자동차 속도가 빠릅니다.

*는 JLPT N4-N5 기출 단어입니다.

0263

움길 운

運運運運運運運運運運運運 | 총 12획 | N4

음	うん	*うんどう 運動 운동	*うんてん 運転 운전	うんえい 運営 운영	うんが 運河 운하
		うんめい 運命 운명	こううん 幸運 행운		
훈	はこ(ぶ)	*はこ 運ぶ 옮기다, 나르다			

今日は近くの学校で運動会が行われている。 오늘은 근처의 학교에서 운동회가 행해지고 있다.

注文して届いた荷物を部屋に運ぶ。 주문해서 도착한 짐을 방에 옮긴다.

0264

구를 전

転転転転転転転転転転転 | 총 11획 | N4

음	てん	*じてんしゃ 自転車 자전거	*うんてん 運転 운전	かいてん 回転 회전	てんこう 転校 전학
		てんしょく 転職 이직			
훈	ころ(ぶ)/ころ(がる) /ころ(げる) /ころ(がす)	ころ 転ぶ 넘어지다	ころ 転がる 굴러가다	ころ 転げる 구르다	
		ころ 転がす 굴리다, 넘어뜨리다			

学校まで自転車通学をしています。 학교까지 자전거 통학을 하고 있습니다.

友達と遊んでいたら転んでしまった。 친구와 놀고 있었더니 넘어져 버렸다.

0265

움직일 동

動動動動動動動動動動動 | 총 11획 | N4

음	どう	*うんどう 運動 운동	じどう 自動 자동	かつどう 活動 활동	かんどう 感動 감동
		こうどう 行動 행동	どうぶつ 動物 동물		
훈	うご(く)/うごか(す)	*うご 動く 움직이다	うご 動かす 움직이게 하다		

病院のドアは自動で開きます。 병원의 문은 자동으로 열립니다.

赤ちゃんがお腹の中で動いています。 아기가 뱃속에서 움직이고 있습니다.

0266

심을 식

植植植植植植植植植植植植 | 총 12획 | N2

음	しょく	しょくぶつ 植物 식물	いしょく 移植 이식	しょくさい 植栽 식재, 식물을 재배함	
		しょくみんち 植民地 식민지			
훈	う(える)/う(わる)	*う 植える 심다	うえきばち 植木鉢 화분	う 植わる 심어지다	

わからない葉っぱは、植物図鑑で調べる。 모르는 나뭇잎은 식물도감으로 찾아본다.

春が来たので、庭に花を植える。 봄이 왔기 때문에 정원에 꽃을 심는다.

0267 物 물건 물 | 총 8획 | N4

- 음 ぶつ/もつ
  - 植物 식물　動物 동물　物理 물리　名物 명물　荷物 짐
  - 貨物 화물
- 훈 もの
  - 物 것, 물건　食べ物 음식, 먹을 것　飲み物 음료수
  - 買い物 쇼핑　果物 과일　*品物 물품, 물건　*建物 건물

動物が好きなので、何か飼いたいです。 동물을 좋아하기 때문에 뭔가 기르고 싶습니다.

買い物をたくさんしたので荷物が多いです。 쇼핑을 많이 했기 때문에 짐이 많습니다.

0268 羊 양 양 | 총 6획 | N4

- 음 よう
  - 羊毛 양모　羊肉 양고기　牧羊 목양　羊羹 양갱
- 훈 ひつじ
  - 羊 양　子羊 어린 양　羊年 양띠

新しく買ったこの毛布は羊毛です。 새롭게 산 이 담요는 양모입니다.

この牧場には羊が100匹以上います。 이 목장에는 양이 100마리 이상 있습니다.

0269 始 비로소 시 | 총 8획 | N4

- 음 し
  - 開始 개시　始業式 개학식　始動 시동　終始 시종, 내내
  - 年末年始 연말연시　原始人 원시인
- 훈 はじ(まる)/はじ(める)
  - 始まる 시작되다　*始める 시작하다　始め 시작

来月からドローンを使った配達サービスが開始されるらしい。
다음 달부터 드론을 사용한 배달 서비스가 개시된다고 한다.

ダイエットのためにヨガを始めました。 다이어트를 위해서 요가를 시작했습니다.

0270 終 마칠 종 | 총 11획 | N4

- 음 しゅう
  - 終了 종료　最終日 최종일, 마지막 날　終業式 종업식
  - 終日 (온)종일　終電 막차
- 훈 お(わる)/お(える)
  - *終わる 끝나다, 마치다　終える 마치다, 종결짓다

7月31日にイベントが終了するそうです。 7월 31일에 이벤트가 종료된다고 합니다.

仕事が終わったので家に帰ります。 일이 끝났기 때문에 집에 돌아갑니다.

> ✱는 JLPT N4-N5 기출 단어입니다.

0271

研 갈 연, 벼루 연

研研研研研研研研研 | 총 9획 | N4

- 음 けん
  - ✱研究 연구   研修 연수   研磨 연마, 갈고닦음
- 훈 と(ぐ)
  - 研ぐ 갈다, 닦아서 윤을 내다

大学院でロボットの研究をしています。 대학원에서 로봇 연구를 하고 있습니다.
切れ味が悪くなった包丁を研ぐ。 날이 잘 들지 않게 된 식칼을 갈다.

0272

究 연구할 구

究究究究究究究 | 총 7획 | N4

- 음 きゅう
  - ✱研究 연구   究極 궁극   究明 구명
- 훈 きわ(める)
  - 究める 연구하다, 끝까지 밝히다

自由研究は星の観察をします。 자유 연구는 별의 관찰을 하겠습니다.
今している仕事を究めてもっとレベルを上げたいです。
지금 하고 있는 일을 깊이 연구해서 레벨을 올리고 싶습니다.

0273

練 익힐 련(연)

練練練練練練練練練練練練練練 | 총 14획 | N2

- 음 れん
  - 練習 연습   朝練 아침 연습   訓練 훈련   試練 시련
  - 未練 미련   練乳 연유
- 훈 ね(る)
  - 練る 반죽하다, 짜다

日本語の発音の練習をしています。 일본어 발음 연습을 하고 있습니다.
明日の試合のために作戦を練ります。 내일 시합을 위해서 작전을 짭니다.

0274

習 익힐 습

習習習習習習習習習習習 | 총 11획 | N4

- 음 しゅう
  - 学習 학습   ✱習慣 습관   復習 복습   ✱予習 예습
  - 習字 글씨 쓰기 연습   自習 자습
- 훈 なら(う)
  - ✱習う 익히다, 배우다

家に帰ったら今日の復習をします。 집에 돌아가면 오늘의 복습을 합니다.
料理教室で料理を習っています。 요리 교실에서 요리를 배우고 있습니다.

0275

기약할 기

| 期期期期期期期期期期期期 | 총 12획 | N3 |

- 음 き/ご
- 期間 きかん 기간 / 期末 きまつ 기말 / 学期 がっき 학기 / 延期 えんき 연기
- 時期 じき 시기 / 最期 さいご 최후, 임종
- 一期一会 いちごいちえ 일생에 단 한 번 만나는 인연

期末テストで各科目60点以上取らなければいけません。
기말고사에서 각 과목을 60점 이상 따지 않으면 안 됩니다.

人との出会いは一期一会です。出会いは大切にしましょう。
사람과의 만남은 일생에 단 한 번 만나는 인연입니다. 만남은 소중히 합시다.

0276

기다릴 대

| 待待待待待待待待待 | 총 9획 | N4 |

- 음 たい
- *招待 しょうたい 초대 / 期待 きたい 기대 / 虐待 ぎゃくたい 학대 / 接待 せったい 접대
- 待機 たいき 대기 / 待遇 たいぐう 대우
- 훈 ま(つ)
- *待つ まつ 기다리다

このパーティーに招待された人は何人ぐらいですか。
이 파티에 초대된 사람은 몇 명 정도입니까?

寝坊した友達をもう3時間も待っています。
늦잠을 잔 친구를 벌써 3시간이나 기다리고 있습니다.

0277

인간 세

| 世世世世世 | 총 5획 | N4 |

- 음 せ/せい
- *世界 せかい 세계 / 世間 せけん 세간 / 世代 せだい 세대 / *世話 せわ 도와 줌, 보살핌
- 出世 しゅっせ 출세 / 一世 いっせい 일세, 어느 시대 / 世紀 せいき 세기
- 훈 よ
- 世の中 よのなか 세상, 세간 / 世論 よろん 여론

世界旅行することが私の夢です。 세계여행을 하는 것이 제 꿈입니다.

世の中はそんなに甘くない。 세상은 그렇게 호락호락하지 않다.

0278

지경 계

| 界界界界界界界界界 | 총 9획 | N4 |

- 음 かい
- 世界一 せかいいち 세계 제일 / 境界 きょうかい 경계 / 限界 げんかい 한계 / 業界 ぎょうかい 업계
- 芸能界 げいのうかい 연예계 / 他界 たかい 타계, 죽음

世界一面積が大きい国はロシアです。 세계 제일 면적이 큰 나라는 러시아입니다.

昨日から寝ていないので、眠くてもう限界です。
어제부터 자지 않았기 때문에 졸려서 이제 한계입니다.

0279

밝을 소

음 しょう

昭和 쇼와(일본 연호의 하나)

母は昭和生まれです。 어머니는 쇼와시대 출생입니다.

총 9획 | N1

0280

화할 화

음 わ/お

| 和食 일식 | 平和 평화 | 違和感 위화감 | 和解 화해 |

和尚 스님　예외 日和 ~하기 좋은 날씨

훈 やわ(らぐ)
/やわ(らげる)
/なご(む)/なご(やか)

和らぐ 누그러지다, 풀리다　和らげる 누그러뜨리다

和む 온화해지다　和やかだ 온화하다, 화목하다

예외 和え物 무침 요리

총 8획 | N3

私の願いは世の中が平和であることです。 나의 소원은 세상이 평화로운 것입니다.

だんだん、夏の暑さが和らいでいきますね。 점점 여름의 더위가 누그러지고 있네요.

체크포인트 07

1 다음 단어의 발음을 히라가나로 적어 보세요.

> 예시 花 꽃 → (はな)

1)	鼻	코	→	( )
2)	皮	가죽	→	( )
3)	苦労	고생	→	( )
4)	自転車	자전거	→	( )
5)	血液型	혈액형	→	( )
6)	指	손가락	→	( )
7)	羊	양(동물)	→	( )

2 다음 단어의 한자를 적어 보세요.

> 예시 별 ほし → (星)

1)	신장, 키	しんちょう	→	( )
2)	운동	うんどう	→	( )
3)	미인	びじん	→	( )
4)	속도	そくど	→	( )
5)	안전	あんぜん	→	( )
6)	숨	いき	→	( )
7)	생명, 목숨	いのち	→	( )

3 아래의 단어와 뜻이 올바르게 연결되도록 선을 그어 보세요.

1) 温泉(おんせん) ·　　　　　　· 무겁다
2) 暑い(あつ) ·　　　　　　· 온천
3) 暗い(くら) ·　　　　　　· 어둡다
4) 軽い(かる) ·　　　　　　· 덥다
5) 招待(しょうたい) ·　　　　　　· 초대
6) 重い(おも) ·　　　　　　· 가볍다
7) 開始(かいし) ·　　　　　　· 개시

정답
1 1) はな 2) かわ 3) くろう 4) じてんしゃ 5) けつえきがた 6) ゆび 7) ひつじ
2 1) 身長 2) 運動 3) 美人 4) 速度 5) 安全 6) 息 7) 命
3 1) 温泉-온천 2) 暑い-덥다 3) 暗い-어둡다 4) 軽い-가볍다 5) 招待-초대 6) 重い-무겁다 7) 開始-개시

Unit 08 초등학교 3학년 40자

問 물을 문	題 제목 제	写 베낄 사	真 참 진	勝 이길 승
負 질 부	病 병 병	院 집 원	医 의원 의	者 놈 자
薬 약 약	局 판 국	旅 나그네 려(여)	館 집 관	決 결단할 결
定 정할 정	急 급할 급	死 죽을 사	仕 섬길 사	事 일 사
実 열매 실	業 업 업	飲 마실 음	酒 술 주	反 돌이킬 반, 돌아올 반
対 대할 대	発 필 발	表 겉 표	商 장사 상	品 물건 품
受 받을 수	取 가질 취	委 맡길 위	員 인원 원	区 구분할 구
都 도읍 도	県 매달 현	州 고을 주	住 살 주	所 바 소

* 는 JLPT N4-N5 기출 단어입니다.

0281

물을 문

問問問問問問問問問問問 | 총 11획 | N4

음	もん	学問 학문　疑問 의문　*質問 질문　*問題 문제
		訪問 방문
훈	と(う)/と(い)/とん	問う 묻다　問い 물음　問い合わせ 문의　問屋 도매상

なぜ空は青いのか疑問に思いました。 왜 하늘은 푸른지 의문이 들었습니다.

次の問いを解いてください。 다음 문제를 풀어 주세요.

0282

제목 제

題題題題題題題題題題題題題題題題題題 | 총 18획 | N4

| 음 | だい | お題 제목, 표제　課題 과제　宿題 숙제　*問題 문제 |
| | | 主題歌 주제가　題名 제목 |

大学の課題が多くて終わりません。 대학교 과제가 많아서 끝나지 않습니다.

その問題はとても簡単で、すぐできますよ。 그 문제는 몹시 간단해서 금방 할 수 있어요.

0283

베낄 사

写写写写写 | 총 5획 | N4

음	しゃ	*写真 사진　試写会 시사회　写生 사생, 스케치
		描写 묘사
훈	うつ(す)/うつ(る)	*写す 베끼다, 묘사하다　写る 찍히다

インスタグラムに旅行の写真を載せました。 인스타그램에 여행 사진을 게시했습니다.

テストでは、友達の答えを写してはいけません。
테스트에서는 친구의 답안을 베껴서는 안됩니다.

0284

참 진

真真真真真真真真真真 | 총 10획 | N4

음	しん	真剣だ 진지하다　真実 진실　*写真 사진　真珠 진주
훈	ま/まこと	真心 진심　真面目だ 성실하다　真っ赤 새빨감
		真夏 한여름　真 진실, 진심

山田さんは真剣な顔で車を運転している。 야마다 씨는 진지한 얼굴로 차를 운전하고 있다.

彼女は、いつも真面目に授業を受けています。
그녀는 항상 성실하게 수업을 받고 있습니다.

0285

勝 이길 승 | 총 12획 | N3

- 음: しょう
  - 優勝 우승 勝利 승리 圧勝 압승 決勝 결승
  - 勝敗 승패 勝負 승부
- 훈: か(つ)/まさ(る)
  - 勝つ 이기다 勝る 낫다, 우수하다

2022年のワールドカップでアルゼンチンが優勝しました。
2022년 월드컵에서 아르헨티나가 우승했습니다.

試合に勝つために今まで厳しい練習に耐えてきた。
시합에 이기기 위해서 지금까지 혹독한 연습을 견뎌왔다.

0286

負 질 부 | 총 9획 | N3

- 음: ふ
  - 負担 부담 負債 부채, 빚 負傷 부상 抱負 포부
  - 負荷 부하
- 훈: ま(ける)/お(う)/ま(かす)
  - *負ける 지다 負う 짊어지다 背負う 지다, 떠맡다
  - 負かす 지게 하다, 이기다

家族のために、食費を負担する。 가족을 위해서 식비를 부담한다.

全ての責任を社長が背負う。 모든 책임을 사장이 진다.

0287

病 병 병 | 총 10획 | N4

- 음: びょう/へい
  - 病気 병 *病院 병원 病室 병실 看病 간병
  - 臆病 겁이 많음 仮病 꾀병 疾病 질병
- 훈: やまい/や(む)
  - 病 병 病む 병들다, 앓다, 괴로워하다

世界には治らない病気があるそうだ。 세계에는 낫지 않는 병이 있다고 한다.

彼は心の病に苦しんでいた。 그는 마음의 병으로 괴로워하고 있었다.

0288

院 집 원 | 총 10획 | N4

- 음: いん
  - 院長 원장 *病院 병원 退院 퇴원 大学院 대학원
  - *入院 입원 美容院 미용실

病院で予防注射を打ちました。 병원에서 예방주사를 놓았습니다.

入院してもう一週間経ちました。 입원하고 벌써 일주일 지났습니다.

✽는 JLPT N4-N5 기출 단어입니다.

0289 医 | 총 7획 | N4

의원 **의**

- 음 い
  - ✽医者 의사　医学部 의학부　医師 의사　医療 의료
  - 医院 의원　獣医 수의사

父が医者なので、僕も医者になりたいです。
아버지가 의사기 때문에 저도 의사가 되고 싶습니다.

医学部はとても頭が良くないと入ることができません。
의학부는 매우 머리가 좋지 않으면 들어갈 수 없습니다.

0290 者 | 총 8획 | N4

놈 **자**

- 음 しゃ
  - 記者 기자　✽医者 의사　患者 환자　学者 학자
  - 初心者 초심자, 초보　筆者 필자
- 훈 もの
  - 者 ~자, 사람　若者 젊은이　人気者 인기쟁이

記者会見で記者は政治家に鋭い質問をした。
기자회견에서 기자는 정치가에게 날카로운 질문을 했다.

あの子はクラスの人気者だ。 저 아이는 반에서 인기쟁이이다.

0291 薬 | 총 16획 | N3

약 **약**

- 음 やく
  - 農薬 농약　薬局 약국　薬品 약품　薬学 약학
  - 薬草 약초　火薬 화약
- 훈 くすり
  - ✽薬 약　胃薬 위장약　目薬 안약　薬指 약지

薬局に風邪薬を買いに行きます。 약국에 감기약을 사러 갑니다.

胃薬を飲んだらすぐに治りました。 위약을 마셨더니 금방 나았습니다.

0292 局 | 총 7획 | N3

판 **국**

- 음 きょく
  - 結局 결국　薬局 약국　郵便局 우체국　放送局 방송국
  - 예외 美人局 미인계, 꽃뱀

結局、自分が選んだ道が正しい。 결국 자신이 선택한 길이 옳다.

郵便局に送る荷物を持っていく。 우체국에 보낼 짐을 들고 간다.

0293 旅 나그네 려(여) | 총 10획 | N4

- **음** りょ
  - *旅行 여행 　旅館 여관
- **훈** たび
  - 旅 여행 　一人旅 혼자 여행함 　旅立ち 여행길에 오름
  - 旅人 여행자, 나그네

春休みに友達と韓国旅行に行く予定です。
봄 방학에 친구와 한국 여행에 갈 예정입니다.

ここは旅人が集まる町だと聞きました。
여기는 여행자가 모이는 마을이라고 들었습니다.

0294 館 집 관 | 총 16획 | N4

- **음** かん
  - *映画館 영화관 　*図書館 도서관 　会館 회관 　閉館 폐관
  - *大使館 대사관 　博物館 박물관
- **훈** やかた
  - 館 귀인의 거처, 숙소

図書館で本を5冊借りました。 도서관에서 책을 5권 빌렸습니다.

この古い館は何代も前からずっと受け継がれている。
이 오래된 숙소는 몇 대나 전부터 계속 계승되고 있다.

0295 決 결단할 결 | 총 7획 | N3

- **음** けつ
  - 解決策 해결책 　決断 결단 　決して 결코, 절대로
  - 決勝 결승 　決心 결심 　決定 결정
- **훈** き(まる)/き(める)
  - *決まる 결정되다 　決まり 결정, 규칙 　決める 결정하다

みんなでこの問題の解決策を探す。 모두 함께 이 문제의 해결책을 찾는다.

来年の目標を決める。 내년의 목표를 결정한다.

0296 定 정할 정 | 총 8획 | N3

- **음** てい/じょう
  - 安定 안정 　*予定 예정 　定員 정원 　否定 부정
  - 勘定 계산 　定規 자 　案の定 예상대로
- **훈** さだ(める)/さだ(まる)/さだ(か)
  - 定める 정하다 　品定め 품평, 작품평
  - 定まる 정해지다, 확정되다 　定かだ 확실하다, 분명하다

公務員は安定した職業です。 공무원은 안정된 직업입니다.

店舗に出す商品を品定めする。 점포에 낼 상품을 품평한다.

*는 JLPT N4-N5 기출 단어입니다.

0297

급할 **급**

急急急急急急急急急 | 총 9획 | N4

음	きゅう	*急に 갑자기　救急車 구급차　急速 급속　*急行 급행
		緊急 긴급　*特急 특급
훈	いそ(ぐ)	*急ぐ 서두르다

急にお腹が痛くなったので、トイレに行きます。
갑자기 배가 아파져서 화장실에 갑니다.

もうすぐ電車が来るので急ぎましょう。 이제 곧 전철이 오기 때문에 서두릅시다.

0298

죽을 **사**

死死死死死死 | 총 6획 | N4

음	し	死亡 사망　死体 시체　必死 필사　九死一生 구사일생
		飢え死に 굶어죽음, 아사　不死身 불사신
훈	し(ぬ)	*死ぬ 죽다

交通事故の死亡者数は年々増加している。 교통사고 사망자 수는 해마다 증가하고 있다.

なにがあっても死のうとしてはいけない。 무슨 일이 있어도 죽으려 해서는 안된다.

0299

섬길 **사**

仕仕仕仕仕 | 총 5획 | N4

음	し/じ	*仕事 일　仕上げ 마무리, 완성시킴　仕入れ 매입, 구입
		奉仕 봉사　給仕 잔심부름을 함, 사환
훈	つか(える)	仕える 시중들다, 봉사하다, 섬기다

月末なので、仕事が忙しいです。 월말이기 때문에 일이 바쁩니다.

私は人に仕える執事として10年間働いています。
저는 사람을 섬기는 집사로서 10년간 일하고 있습니다.

0300

일 **사**

事事事事事事事事 | 총 8획 | N4

음	じ/ず	家事 가사, 집안일　*火事 화재　行事 행사　事件 사건
		*大事だ 중요하다　*用事 볼일, 용무
훈	こと	事 일, 것, 사실　他人事 남의 일　出来事 일어난 일

家族全員で家事を分担しています。 가족 전원 다 같이 집안일을 분담해서 합니다.

あの出来事は他人事のようには思えない。 그 사건은 남의 일 같지는 생각되지 않는다.

0301

実 | 총 8획 | N3

열매 **실**

- 음 じつ
  - 果実 かじつ 과실, 열매
  - 現実 げんじつ 현실
  - 真実 しんじつ 진실
  - 実力 じつりょく 실력
  - 実験 じっけん 실험
  - 実習 じっしゅう 실습
- 훈 み/みの(る)
  - 実 み 열매, 과실
  - 実る みのる 열매, 결실을 맺다

真実を知るために追及する。 진실을 알기 위해서 추궁한다.

好きな人と恋が実るなんて、こんな幸せなことはない。
좋아하는 사람과 사랑이 결실을 맺다니 이런 행복한 일은 없다.

0302

業 | 총 13획 | N4

업 **업**

- 음 ぎょう/ごう
  - *営業 えいぎょう 영업
  - *授業 じゅぎょう 수업
  - 卒業 そつぎょう 졸업
  - 業務 ぎょうむ 업무
  - *産業 さんぎょう 산업
  - 残業 ざんぎょう 야근
  - 自業自得 じごうじとく 자업자득
- 훈 わざ
  - 業 わざ 행위, 짓
  - 至難の業 しなんのわざ 극히 어려운 일
  - 仕業 しわざ 소행, 짓

今年の3月で大学を卒業します。 올해 3월로 대학교를 졸업합니다.

3ヵ月で英語を完璧にするのは至難の業だ。
3개월 만에 영어를 완벽하게 하는 것은 극히 어려운 일이다.

0303

飲 | 총 12획 | N4

마실 **음**

- 음 いん
  - 飲酒 いんしゅ 음주
  - 飲食 いんしょく 마시고 먹음
  - 飲料水 いんりょうすい 음료수
  - 試飲 しいん 시음
- 훈 の(む)
  - *飲む のむ 마시다
  - 飲み会 のみかい 회식
  - 飲み物 のみもの 마실 것, 음료

飲酒したら車を運転してはいけません。 음주한다면 차를 운전해서는 안 됩니다.

私は未成年なので、お酒が飲めません。 저는 미성년자이기 때문에 술을 마실 수 없습니다.

0304

酒 | 총 10획 | N3

술 **주**

- 음 しゅ
  - 飲酒 いんしゅ 음주
  - 日本酒 にほんしゅ 일본주(일본 전통 술)
  - 料理酒 りょうりしゅ 맛술
- 훈 さけ/さか
  - お酒 おさけ 술
  - 居酒屋 いざかや 선술집
  - 酒蔵 さかぐら 술 창고, 술 곳간

飲酒運転をしたら罰金を払わなければなりません。
음주 운전을 하면 벌금을 내지 않으면 안 됩니다.

私はお酒に弱いのですぐ眠くなります。 저는 술이 약하기 때문에 금방 졸려워 집니다.

0305 反 (돌이킬 반, 돌아올 반) | 총 4획 | N3

- 음: はん/たん/ほん
  - *反対 (はんたい) 반대
  - 違反 (いはん) 위반
  - 反抗 (はんこう) 반항
  - 反省 (はんせい) 반성
  - 反応 (はんのう) 반응
  - 五反田 (ごたんだ) 고탄다(도쿄지명)
  - 謀反 (むほん) 모반, 반역
- 훈: そ(らす)/そ(る)
  - 反らす 휘게 하다, 뒤로 젖히다
  - 反る 휘다, 젖혀지다

会議(かいぎ)では相手(あいて)の意見(いけん)に反対(はんたい)しました。 회의에서는 상대의 의견에 반대했습니다.

体(からだ)を後(うし)ろへ反(そ)らしてストレッチしてください。 몸을 뒤로 젖혀서 스트레칭해주세요.

0306 対 (대할 대) | 총 7획 | N3

- 음: たい/つい
  - 絶対 (ぜったい) 절대
  - 対決 (たいけつ) 대결
  - 対抗 (たいこう) 대항
  - 対策 (たいさく) 대책
  - 対する (たいする) 대하다
  - 対立 (たいりつ) 대립
  - 対 (つい) 한쌍, 짝, 의미가 반대임

絶対(ぜったい)に成功(せいこう)させるために全力(ぜんりょく)を注(そそ)ぐ。 무조건 성공시키기 위해서 전력을 쏟는다

「軽(かる)い・重(おも)い」は意味(いみ)が対(つい)になる言葉(ことば)だ。 '가볍다・무겁다'는 의미가 반대가 되는 말이다.

0307 発 (필 발) | 총 9획 | N4

- 음: はつ/ほつ
  - 発音 (はつおん) 발음
  - 発明 (はつめい) 발명
  - 発達 (はったつ) 발달
  - 出発 (しゅっぱつ) 출발
  - 発見 (はっけん) 발견
  - 発意 (はつい) 발의
  - 発作 (ほっさ) 발작

英語(えいご)の発音(はつおん)はやっぱり難(むずか)しいですよね。 영어 발음은 역시 어렵네요.

プサン行(ゆ)き始発電車(しはつでんしゃ)がまもなく出発(しゅっぱつ)致(いた)します。 부산행 첫 열차가 곧 출발합니다.

0308 表 (겉 표) | 총 8획 | N3

- 음: ひょう
  - 表 (ひょう) 표
  - 代表 (だいひょう) 대표
  - 表現 (ひょうげん) 표현
  - 表情 (ひょうじょう) 표정
  - 表面 (ひょうめん) 표면
  - 発表 (はっぴょう) 발표
- 훈: あらわ(す)/あらわ(れる)/おもて
  - 表す (あらわす) 나타내다
  - 表れる (あらわれる) 나타나다
  - 表 (おもて) 표면, 겉

彼(かれ)はアメリカを代表(だいひょう)する野球選手(やきゅうせんしゅ)だ。 그는 미국을 대표하는 야구 선수이다.

表情(ひょうじょう)にすぐ表(あらわ)れる人(ひと)は分(わ)かりやすいです。 표정에 금방 나타나는 사람은 알기 쉽습니다.

0309

장사 **상**

商商商商商商商商商商 | 총 11획 | N3

음	しょう	商業 상업　商売 장사　商店街 상점가　商人 상인 商品券 상품권
훈	あきな(う)	商う 장사하다, 매매하다

商売を始めたからには利益を出さないと。
장사를 시작한 이상에는 이익을 내지 않으면 안 된다.

くじ引きの景品で商品券をもらった。 제비뽑기 경품으로 상품권을 받았다.

0310

品

물건 **품**

品品品品品品品品品 | 총 9획 | N4

음	ひん	作品 작품　食品 식품　商品 상품　製品 제품 下品だ 천박하다, 상스럽다　上品だ 고상하다, 품위가 있다
훈	しな	*品物 물품, 물건　品切れ 품절

毎日、食品工場で働いています。 매일 식품공장에서 일하고 있습니다.

申し訳ございませんが品切れ中です。 변명할 여지가 없습니다만 품절 중입니다.

0311

받을 **수**

受受受受受受受受 | 총 8획 | N3

음	じゅ	受験 수험　受講 수강　受診 진찰을 받음　受信 수신
훈	う(ける)/う(かる)	受ける 받다　受け入れる 받아들이다　*受付 접수 受け取る 수취하다　受かる 합격하다

大学受験に合格したので、ほっとしました。 대학 수험에 합격했기 때문에 안심했습니다.

受付で次のテストの申請をする。 접수처에서 다음 시험의 신청을 한다.

0312

가질 **취**

取取取取取取取取 | 총 8획 | N3

음	しゅ	採取 채취　取材 취재　取得 취득　摂取 섭취
훈	と(る)	取る 잡다, 취하다, 빼앗다　取り消し 취소 取り引き 거래　取っ手 손잡이

街でテレビの取材を受けた。 거리에서 텔레비전 취재를 받았다.

今回の中間テストでクラス1位を取った。 이번 중간고사에서 반에서 1위를 차지했다.

* 는 JLPT N4-N5 기출 단어입니다.

0313

委 맡길 위 | 총 8획 | N2

- **음** い
  - 委員 위원　委員長 위원장　委任 위임　委託 위탁
- **훈** ゆだ(ねる)
  - 委ねる 맡기다, 위임하다

私の息子が学級委員長に選ばれました。 제 아들이 학급 위원장(반장)에 뽑혔습니다.

事件を警察に委ねる。 사건을 경찰에게 맡기다.

0314

員 인원 원 | 총 10획 | N4

- **음** いん
  - 会員 회원　全員 전원　*店員 점원　*駅員 역무원
  - 会社員 회사원　公務員 공무원

会員価格では30％引きで購入できる。
회원 가격으로는 30퍼센트 할인으로 구매할 수 있다.

道に迷ったので、駅員さんに出口を尋ねる。
길을 헤맸기 때문에 역무원에게 출구를 묻는다.

0315

区 구분할 구 | 총 4획 | N2

- **음** く
  - 区域 구역　区役所 구청　区別 구별　区間 구간
  - 区長 구청장

区役所は日曜日に休みですか。 구청은 일요일에 휴일입니까?

あの双子は顔がそっくりで区別が難しい。 저 쌍둥이는 얼굴이 꼭 닮아서 구별이 어렵다.

0316

都 도읍 도 | 총 11획 | N3

- **음** と/つ
  - 首都 수도　京都 교토(일본 지명)　*都会 도시
  - *都市 도시　都合 형편, 사정
- **훈** みやこ
  - 都 수도, 도읍지

タイの首都はバンコクです。 태국의 수도는 방콕입니다.

住めば都。 살면 수도(정들면 고향).

0317 県 매달 현

県県県県県県県県県 | 총 9획 | N2

- 음 けん
  - *県 현(일본 행정 구분)　県庁 현청
  - 都道府県 도도부현(일본 행정 구역 체계)

私は長野県で生まれて埼玉県で育ちました。
저는 나가노현에서 태어나서 사이타마현에서 자랐습니다.

日本では47の都道府県で地方を区分しています。
일본은 47 도도부현으로 지방을 구분하고 있습니다.

0318 州 고을 주

州州州州州州 | 총 6획 | N2

- 음 しゅう
  - 欧州 유럽　カリフォルニア州 캘리포니아 주(미국 지명)
  - 九州 큐슈(일본지명)
- 훈 す
  - 三角州 삼각주　白州 백주, 흰 모래톱

欧州ではパンやジャガイモをよく食べます。 유럽에서는 빵과 감자를 자주 먹습니다.

河口付近では三角州が形成されやすい。 하구 부근에서는 삼각주가 형성되기 쉽다.

0319 住 살 주

住住住住住住住 | 총 7획 | N4

- 음 じゅう
  - 移住 이주　*住所 주소　住居 주거　住宅街 주택가
  - 住人 주민
- 훈 す(む)/す(まう)
  - *住む 살다, 거주하다　住まう 살고 있다

老後は海外に移住しようと考えています。 노후에는 해외에 이주하려고 생각하고 있습니다.

私は家族と一緒に住んでいます。 저는 가족과 함께 살고 있습니다.

0320 所 바 소

所所所所所所所所 | 총 8획 | N3

- 음 しょ
  - *近所 근처　所属 소속　*住所 주소　短所 단점
  - 長所 장점　場所 장소
- 훈 ところ
  - *台所 부엌　所 곳, 장소　所々 여기저기, 곳곳

近所のスポーツ大会に参加します。 근처의 스포츠 대회에 참가합니다.

料理が好きなので台所の広い家に住みたいです。
요리를 좋아하기 때문에 부엌이 넓은 집에서 살고 싶습니다.

체크포인트 08

1 다음 단어의 발음을 히라가나로 적어 보세요.

> 예시 花 꽃 → (はな   )

1) 勝つ   이기다   → (   )
2) 決定   결정   → (   )
3) 旅館   여관   → (   )
4) 病気   병   → (   )
5) 医者   의사   → (   )

2 다음 단어의 한자를 적어 보세요.

> 예시 별 ほし → (星   )

1) 질문   しつもん   → (   )
2) 사망   しぼう   → (   )
3) 술   さけ   → (   )
4) 발음   はつおん   → (   )
5) 상품   しょうひん   → (   )

3 아래의 단어와 뜻이 올바르게 연결되도록 선을 그어 보세요.

1) 旅行 (りょこう) ·   · 부담
2) 退院 (たいいん) ·   · 살다
3) 負担 (ふたん)   ·   · 받다
4) 受ける (う)   ·   · 여행
5) 住む (す)   ·   · 퇴원

정답
1 1) かつ 2) けってい 3) りょかん 4) びょうき 5) いしゃ
2 1) 質問 2) 死亡 3) 酒 4) 発音 5) 商品
3 1) 旅行-여행 2) 退院-퇴원 3) 負担-부담 4) 受ける-받다 5) 住む-살다

Unit 09 초등학교 3학년 40자

平 평평할 평	面 낯 면	主 임금 주	役 부릴 역	客 손 객
樣 모양 양	感 느낄 감	想 생각 상	屋 집 옥	根 뿌리 근
遊 놀 유	泳 헤엄칠 영	配 나눌 배	送 보낼 송	次 버금 차
第 차례 제	調 고를 조	味 맛 미	幸 다행 행	福 복 복
等 무리 등	級 등급 급	打 칠 타	開 열 개	注 부을 주
意 뜻 의	投 던질 투	宿 잘 숙	相 서로 상	談 말씀 담
列 벌릴 렬(열)	島 섬 도	礼 예도 례(예)	服 옷 복	農 농사 농
度 법도 도	登 오를 등	板 널빤지 판	洋 큰 바다 양	式 법 식

> ✱는 JLPT N4-N5 기출 단어입니다.

0321

평평할 **平** | 平平平平平 | 총 5획 | N3

음	びょう/へい	びょうどう 平等 평등	ふびょうどう 不平等 불평등	こうへい 公平 공평	へいきん 平均 평균
		へいじつ 平日 평일	へいわ 平和 평화		
훈	たい(ら)/ひら	たい 平らだ 평평하다	ひら 平たい 평평하다	て ひら 手の平 손바닥	
		ひらがな 平仮名 히라가나	ひらしゃいん 平社員 평사원		

みんしゅしゅぎこっか　　　　　　　　　こくみん　びょうどう　けんり　も
民主主義国家では、すべての国民が**平等**な権利を持つ。
민주주의 국가에서는 모든 국민이 평등한 권리를 가진다.

あした　　　　　　　　　ひらがな　おぼ
明日テストなので、**平仮名**を覚えます。　내일 시험이기 때문에 히라가나를 외웁니다.

0322

낯 **面** | 面面面面面面面面面 | 총 9획 | N3

음	めん	めんせつ 面接 면접	めんだん 面談 면담	かめん 仮面 가면	
		きちょうめん 几帳面だ 착실하고 꼼꼼하다	ちょくめん 直面 직면	めんどう 面倒だ 귀찮다	
훈	おもて/おも/つら	おもて 面 앞, 얼굴	おもしろ 面白い 재미있다	おもかげ 面影 모습	つら 面 얼굴, 낯짝

せんせい　わたし　　　　ははおや　さんしゃめんだん
先生と私、あと母親で三者**面談**をします。
선생님과, 저, 그리고 어머니와 삼자대면을 합니다.

いま　すこ　ちい　　　　　おもかげ
今も少し小さいころの**面影**があるね。　지금도 조금 어릴 때 모습이 있네.

0323

 | 총 5획 | N4

임금 **主**

음	しゅ/す	しゅえん 主演 주연	しゅじん 主人 주인, 남편	しゅふ 主婦 주부	しゅだい 主題 주제
		しゅちょう 主張 주장	しゅよう 主要 주요	ぼうず 坊主 중, 스님	
훈	おも/ぬし	おも 主な 주된	おも 主に 주로	ぬし 主 주인	も ぬし 持ち主 소유자

しゅじん　まいしゅうまつ　　　　　　　　　い
主人は毎週末、ゴルフをしに行きます。　남편은 매주 주말 골프를 하러 갑니다.

　　　　　おも　たけ　た　　　　せいかつ
パンダは**主**に竹を食べて生活します。　판다는 주로 대나무를 먹고 생활합니다.

0324

부릴 **역** | 役役役役役役役 | 총 7획 | N3

음	やく/えき	やくわり 役割 역할	やくしゃ 役者 배우	あくやく 悪役 악역	しゅやく 主役 주역
		やく た 役に立つ 도움이 되다	げんえき 現役 현역	へいえき 兵役 병역	

　　はいゆう　　　　　　あくやく　えん
あの俳優は、いつも**悪役**を演じていますね。　저 배우는 항상 악역을 연기하고 있네요.

かんこく　　へいえき　ぎむ
韓国には**兵役**の義務がある。　한국에는 병역의 의무가 있다.

0325 客 손 객

- 음: きゃく/かく
- お客さん 손님 / 観光客 관광객 / 客席 객석 / 顧客 고객
- 乗客 승객 / 旅客機 여객기

お客さん、その服よく似合っていますよ。 손님, 그 옷 잘 어울리세요.
旅客機が乗客を乗せてパリへ出発した。 여객기가 승객을 태우고 파리로 출발했다.

0326 様 모양 양

- 음: よう
- 多様 다양 / 様子 상태, 모습 / 同様 같음 / 模様 무늬, 상태
- 훈: さま
- 様 모양, 상태, ~님 / 様々 여러 가지 / 王様 임금님
- 神様 신

頭が痛いの？薬を飲んで様子を見ましょう。 머리가 아픈 거야? 약을 먹고 상태를 봅시다.
7時からご予約の鈴木様でしょうか。 7시부터 예약하신 스즈키 님 되실까요?

0327 感 느낄 감

- 음: かん
- 感覚 감각 / 感情 감정 / 感動 감동 / 感謝 감사
- 感心 감탄 / 感じる 느끼다 / 予感 예감

いらいらする時は、少し待って感情をコントロールしてください。
초조할 때는 조금 기다리고 감정을 컨트롤해 주세요.
この映画を見て、私は兄弟の絆の強さを感じた。
이 영화를 보고 나는 형제의 유대의 강함을 느꼈다.

0328 想 생각 상

- 음: そう/そ
- 感想 감상 / 想像 상상 / 予想 예상 / 空想 공상
- 理想 이상 / 発想 발상 / 愛想 =あいそう 붙임성, 정나미

今日までの宿題だった読書感想文を提出する。
오늘까지인 숙제였던 독서감상문을 제출한다.
あの店員は愛想がよく、いつも親切です。 저 점원은 붙임성이 좋고, 항상 친절합니다.

✽는 JLPT N4-N5 기출 단어입니다.

0329 屋 집 옥

총 9획 | N4

음	おく	屋外 집 밖	✽屋上 옥상	屋内 집 안	家屋 가옥
훈	や	屋根 지붕	部屋 방	✽本屋 책방	花屋 꽃집
		犬小屋 개집	八百屋 채소가게		

屋上で星を見ながら、ビールを飲みませんか。
옥상에서 별을 보면서 맥주를 마시지 않을래요?

私は姉と同じ部屋を使っています。 저는 언니와 같은 방을 사용하고 있습니다.

0330 根 뿌리 근

총 10획 | N2

음	こん	根菜 뿌리 채소	大根 무	根拠 근거	根性 근성
		根本 근본			
훈	ね	根 뿌리, 근본, 근원	根元 뿌리, 근원	垣根 울타리	
		屋根 지붕			

スーパーで安かった大根を2本買いました。 슈퍼에서 저렴했던 무를 2개 샀습니다.

根の役割は土から水分や栄養を吸収することです。
뿌리의 역할은 흙에서 수분이나 영양을 흡수하는 것입니다.

0331 遊 놀 유

총 12획 | N3

음	ゆう/ゆ	遊園地 유원지	遊泳 유영	遊戯 유희	遊具 놀이 도구
		遊牧 유목			
훈	あそ(ぶ)	遊ぶ 놀다	火遊び 불장난	水遊び 물놀이	

今週末は、遊園地に遊びにいく。 이번 주말은 유원지에 놀러 간다.

火遊びは、危ないのでしてはいけません。 불장난은 위험하기 때문에 해서는 안 됩니다.

0332 泳 헤엄칠 영

총 8획 | N3

음	えい	水泳 수영	競泳 수영 경기	
훈	およ(ぐ)	✽泳ぐ 헤엄치다	平泳ぎ 평영	

水泳をする時、いつもゴーグルを付けます。 수영을 할 때 항상 물안경을 착용합니다.

夏になったら海で泳ぎたいです。 여름이 되면 바다에서 헤엄치고 싶습니다.

0333 配 나눌 배 | 총 10획 | N3

- 음 はい
  - *心配 (しんぱい) 걱정   宅配 (たくはい) 택배   手配 (てはい) 수배   配送 (はいそう) 배송
  - 配達 (はいたつ) 배달   配慮 (はいりょ) 배려   気配 (けはい) 기색, 낌새
- 훈 くば(る)
  - 配る (くばる) 나누어 주다, 분배하다   気配り (きくばり) 배려

友達が元気がなくて心配です。
친구가 기운이 없어서 걱정입니다.

駅前で、ティッシュやチラシを配るバイトをしています。
역 앞에서 티슈나 전단지를 나누어 주는 알바를 하고 있습니다.

0334 送 보낼 송 | 총 9획 | N4

- 음 そう
  - 送金 (そうきん) 송금   送信 (そうしん) 송신   送別会 (そうべつかい) 송별회   転送 (てんそう) 전송
  - *放送 (ほうそう) 방송   郵送 (ゆうそう) 우송
- 훈 おく(る)
  - *送る (おくる) 보내다   見送る (みおくる) 배웅하다, 송별하다

6時からバイト先の先輩の送別会があります。
6시부터 알바처 선배의 송별회가 있습니다.

お世話になった先生にお菓子を送りました。
신세를 진 선생님께 과자를 보냈습니다.

0335 次 버금 차 | 총 6획 | N3

- 음 じ/し
  - 一次 (いちじ) 1차   次第に (しだいに) 차츰, 점점   次回 (じかい) 다음 번
  - 次男 (じなん) 차남, 둘째 아들   目次 (もくじ) 목차, 차례
- 훈 つぎ/つ(ぐ)
  - 次 (つぎ) 다음   次々と (つぎつぎと) 차례차례   次ぐ (つぐ) 뒤를 잇다
  - 相次ぐ (あいつぐ) 잇따르다

次回の授業までに課題を提出してください。
다음 번 수업까지 과제를 제출해 주세요.

それでは、次のページをめくってください。
그러면 다음 페이지를 넘겨주세요.

0336 第 차례 제

- 음: だい
- 第1回 제1차　第一印象 첫인상　次第 순서, ~나름
- 第三者 제삼자　落第 낙제

第1回の会議を始めます。 제 1차 회의를 시작합니다.
今の印象は、第一印象と少し違う。 지금의 인상은 첫인상과는 조금 다르다.

0337 調 고를 조

- 음: ちょう
- 調子 상태　調査 조사　強調 강조　口調 어조, 말투
- 順調 순조　調節 조절
- 훈: しら(べる) / ととの(える) / ととの(う)
- *調べる 조사하다, 알아보다　取り調べ 조사, 취조
- 調える 갖추다, 마련하다　調う 성립되다, 마련되다

最近、忙しすぎて体の調子が悪い。 최근 너무 바빠서 몸 상태가 안 좋다.
わからない単語は辞書で調べましょう。 모르는 단어는 사전에서 찾읍시다.

0338 味 맛 미

- 음: み
- *意味 의미　*興味 흥미　趣味 취미　味覚 미각
- 味方 아군　味噌汁 된장국
- 훈: あじ / あじ(わう)
- *味 맛　味見 맛을 봄　味わう 맛보다, 체험하다

私の趣味は映画を見ることです。 제 취미는 영화를 보는 것입니다.
このラーメンのスープは味が薄いですね。 이 라멘 수프는 맛이 연하네요.

0339 幸 다행 행

- 음: こう
- 幸運 행운　幸福 행복　不幸 불행
- 훈: しあわ(せ) / さいわ(い) / さち
- 幸せだ 행복하다　幸いだ 다행이다
- 幸 행복, 행운, 자연의 산물

このブレスレットは、幸運をもたらすらしいよ。
이 팔찌는 행운을 가져온다는 것 같아.
命が助かったのは不幸中の幸いだ。 목숨을 건진 건 불행 중의 다행이다.

0340 福 복 복

- 음: ふく
- 福 복　幸福 행복　祝福 축복　福祉 복지
- 大福 다이후쿠(일본 전통 화과자)
- 福袋 복주머니(여러 가지 물건을 넣고 봉하여 싸게 파는 주머니)

ここは福を呼ぶことで有名な場所だ。 이곳은 복을 부르는 것으로 유명한 장소다.

大学では、社会福祉を勉強しました。 대학교에서는 사회 복지를 공부했습니다.

0341 等 무리 등

- 음: とう
- 一等 일등　均等 균등　上等 훌륭함, 좋음　同等 동등
- 平等 평등
- 훈: ひと(しい)/など
- 等しい 같다, 동등하다　等 ~등, ~따위

宝くじの一等に当たったよ！信じられない。 복권 1등에 당첨됐어! 믿을 수 없어.

筆記用具、ノート、ファイル等を持って来てください。
필기도구, 노트, 파일 등을 가지고 와주세요.

0342 級 등급 급

- 음: きゅう
- 一級 1급, 일등급　階級 계급　高級 고급　中級 중급
- 初級 초급　学級 학급

日本語能力試験の一級に合格した。 일본어 능력 시험 1급에 합격했다.

このお肉は高級だ、どうやって食べようかな？ 이 고기는 고급이다. 어떻게 먹을까?

0343  칠 타

- 음: だ
- 安打 안타　打球 타구　打撃 타격　打者 타자
- 打破 타파　打撲 타박상
- 훈: う(つ)
- 打つ 치다, 때리다　相槌を打つ 맞장구치다
- 打合せ 협의, 미리 상의함

自転車で転んでひざを打撲した。 자전거에서 굴러떨어져서 무릎에 타박상을 입었다.

シュートを打つためにゴールに向かう。 슛을 쏘기 위해서 골대로 향한다.

＊는 JLPT N4-N5 기출 단어입니다.

0344 開 | 총 12획 | N4

開 열 개

- 음 かい
  - 開始 개시
  - 開発 개발
  - 公開 공개
  - 開会式 개회식
  - 開催 개최
  - 開幕 개막
  - 展開 전개
- 훈 あ(く)/あ(ける)/ひら(く)/ひら(ける)
  - ＊開く 열리다
  - ＊開ける 열다
  - 開く 열다, 개최하다
  - 開ける 열리다

これから、野球の試合を開始します。 지금부터 야구 시합을 개시하겠습니다.

ビンの蓋が固くて開きません。 병뚜껑이 뻑뻑해서 열리지 않습니다.

0345 注 | 총 8획 | N4

注 부을 주

- 음 ちゅう
  - ＊注意 주의
  - 注目 주목
  - 注文 주문
  - 注射 주사
  - 注入 주입
- 훈 そそ(ぐ)
  - 注ぐ 붓다, 쏟아지다

みなさん！舞台に注目してください。 여러분! 무대에 주목해 주세요.

ジョッキに冷たい生ビールを注ぎます。 맥주잔에 차가운 생맥주를 따릅니다.

0346 意 | 총 13획 | N4

意 뜻 의

- 음 い
  - 意味 의미
  - ＊意見 의견
  - 意外 의외
  - 意図 의도
  - 決意 결의
  - 意地悪 심술궂음

単語の意味を調べるときに辞書を使います。 단어의 의미를 조사할 때 사전을 사용합니다.

会議で自分の意見を述べる。 회의에서 자신의 의견을 말한다.

0347 投 | 총 7획 | N3

投 던질 투

- 음 とう
  - 投下 투하
  - 投票 투표
  - 投稿 투고
  - 投手 투수
  - 投入 투입
- 훈 な(げる)
  - 投げる 던지다

今回の選挙では、あの人に投票するつもりだ。 이번 선거에서는 저 사람에게 투표할 예정이다.

あの有名なピッチャーは、ものすごい早さで、ボールを投げる。 저 유명한 투수는 굉장한 속도로 공을 던진다.

0348 宿 잘 숙

- **음** しゅく
  - 宿題 숙제　宿泊 숙박　合宿 합숙　宿舎 숙소
  - 宿命 숙명
- **훈** やど/やど(る)/やど(す)
  - 宿 숙소, 여관　宿る 머물다, 살다
  - 雨宿り 비가 그치기를 잠시 기다림　宿す 잉태하다, 품다

宿題を持ってくるのを忘れてしまいました。
숙제를 가지고 오는 것을 깜빡해버렸습니다.

インターネットで安い宿を探そうと思います。
인터넷에서 저렴한 숙소를 찾으려고 생각합니다.

0349 相 서로 상

- **음** そう/しょう
  - *相談 상담　真相 진상　相当 상당함　相場 시세
  - 手相 손금　首相 수상　(예외) 相撲 스모(일본 씨름)
- **훈** あい
  - 相手 상대　相変わらず 여전히, 변함없이　相性 궁합

卒業後の進路の相談を先生にした。 졸업 후의 진로 상담을 선생님에게 했다.

ビールとチキンは相性が良いから美味しいね。 맥주와 치킨은 궁합이 좋아서 맛있네.

0350 談 말씀 담

- **음** だん
  - 冗談 농담　*相談 상담　雑談 잡담　縁談 혼담
  - 怪談 괴담　会談 회담

冗談がきつい人は知らぬ間に人を傷つける。
농담이 심한 사람은 모르는 사이에 남에게 상처를 준다.

授業中に友達と雑談をして先生に怒られた。
수업 중에 친구와 잡담을 해서 선생님에게 혼났다.

0351 列 벌일 렬(열)

- **음** れつ
  - 列 열, 행렬　行列 행렬　序列 서열　陳列 진열
  - 年功序列 연공서열　列車 열차

最新の携帯を買うために朝から列に並ぶ。
최신 휴대폰을 사기 위해서 아침부터 줄을 선다.

昨日テレビで紹介されたお寿司屋さんが行列になっている。
어제 텔레비전에서 소개된 스시집에 행렬이 생기고 있다.

＊는 JLPT N4-N5 기출 단어입니다.

0352

島島島島島島島島島島 | 총 10획 | N3

섬 도

- 음 とう
  - 無人島 (むじんとう) 무인도
  - 半島 (はんとう) 반도
  - 離島 (りとう) 외딴섬
  - 列島 (れっとう) 열도
  - バリ島 (とう) 발리섬
- 훈 しま
  - 島 (しま) 섬
  - 島国 (しまぐに) 섬나라

無人島(むじんとう)に行(い)くとしたら、何(なに)を持(も)って行(い)きますか。
무인도에 간다면 무엇을 가지고 갈 겁니까?

この島(しま)には昔(むかし)から、猫(ねこ)がたくさんいる。 이 섬에는 예전부터 고양이가 많이 있다.

0353

礼礼礼礼礼 | 총 5획 | N3

예도 례(예)

- 음 れい/らい
  - ＊お礼 (れい) 예의, 감사의 말, 사례
  - ＊失礼 (しつれい) 실례
  - 謝礼 (しゃれい) 사례
  - 礼儀 (れいぎ) 예의
  - 敬礼 (けいれい) 경례
  - 礼賛 (らいさん) 예찬

卒業式(そつぎょうしき)で、お礼(れい)の言葉(ことば)を述(の)べる。 졸업식에서 감사의 말을 고한다.

失礼(しつれい)ですが、おいくつですか。 실례지만, 몇 살이십니까?

0354

服服服服服服服服 | 총 8획 | N4

옷 복

- 음 ふく
  - ＊服 (ふく) 옷
  - 服屋 (ふくや) 옷 가게
  - 服装 (ふくそう) 복장
  - ＊洋服 (ようふく) 양복
  - 私服 (しふく) 사복
  - 制服 (せいふく) 제복, 교복
  - 克服 (こくふく) 극복

服屋(ふくや)でこども服(ふく)を3着(ちゃく)買(か)いました。 옷 가게에서 아동복을 3벌 샀습니다.

私(わたし)の高校(こうこう)は制服(せいふく)を着(き)なければいけません。
저희 고등학교는 교복을 입지 않으면 안 됩니다.

0355

農農農農農農農農農農農農農 | 총 13획 | N2

농사 농

- 음 のう
  - 農家 (のうか) 농가
  - 農業 (のうぎょう) 농업
  - 農作物 (のうさくぶつ) 농작물
  - 農場 (のうじょう) 농장
  - 営農 (えいのう) 영농

兄(あに)は実家(じっか)の農家(のうか)を継(つ)ぐらしい。 형은 본가의 농가를 잇는다고 한다.

農場(のうじょう)には牛(うし)や鶏(とり)がたくさんいる。 농장에는 소와 닭이 많이 있다.

0356

법도 도

- 음 ど/たく/と
  - 一度 한 번　温度 온도　角度 각도　＊今度 이번, 다음번
  - 態度 태도　度胸 담력, 배짱　支度 채비, 준비
- 훈 たび
  - 度 때, 적　度々 번번이, 자주

聞こえませんでした。もう一度お願いします。 못 들었습니다. 한 번 더 부탁드립니다.

度々すみません、メールでお返事いただけますか。
번번이 죄송합니다. 메일로 답변 받을 수 있을까요?

0357

오를 등

- 음 とう/と
  - 登校 등교　登場 등장　登録 등록　登山 등산
- 훈 のぼ(る)
  - 登る 높은 곳으로 올라가다　山登り 등산

風邪が治ったので、学校に元気よく登校しました。
감기가 나았기 때문에 학교에 건강하게 등교했습니다.

小さい頃はよく木に登っていた。 어릴 때는 자주 나무에 올랐었다.

0358

널빤지 판

- 음 ばん/はん
  - 看板 간판　黒板 칠판　掲示板 게시판
  - 降板 강판(야구 용어)　版画 판화　鉄板 철판
- 훈 いた
  - 板 판자, 널빤지　板前 요리사　まな板 도마

やっと、お店の看板が見えた。 드디어 가게의 간판이 보였다.

文化祭の準備で板に絵を描いて教室の前に飾った。
문화제의 준비로 판자에 그림을 그려서 교실 앞에 장식했다.

0359

큰 바다 양

- 음 よう
  - ＊西洋 서양　東洋 동양　洋楽 서양 음악
  - 洋画 서양화, 서양 영화　太平洋 태평양　＊洋服 옷, 양복

西洋の音楽に興味があるので、色々洋楽を聞きたいです。
서양 음악에 흥미가 있기 때문에 여러 가지 서양 음악을 듣고 싶습니다.

洋画のDVDを字幕なしで見ます。 서양 영화의 DVD를 자막 없이 봅니다.

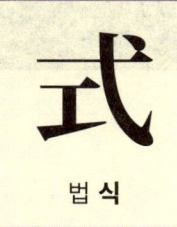

법 **식**

음 しき

| こうしき 公式 공식 | せいしき 正式 정식 | けっこんしき 結婚式 결혼식 | けいしき 形式 형식 |

しぎょうしき 始業式 개학식　そうしき 葬式 장례식

この問題は**公式**を覚えていないと解くことができません。
이 문제는 공식을 외우고 있지 않으면 풀 수 없습니다.

7月に姉の**結婚式**があります。 7월에 언니의 결혼식이 있습니다.

체크포인트 09

1 다음 단어의 발음을 히라가나로 적어 보세요.

> 예시 花 꽃 → (　　はな　　)

1) 面接　　면접　　→　(　　　　　　)
2) 部屋　　방　　　→　(　　　　　　)
3) 冗談　　농담　　→　(　　　　　　)
4) 注意　　주의　　→　(　　　　　　)
5) 様子　　모습, 상태　→　(　　　　　　)
6) 次　　　다음　　→　(　　　　　　)
7) 根拠　　근거　　→　(　　　　　　)

2 다음 단어의 한자를 적어 보세요.

> 예시 별 ほし → (　　星　　)

1) 손님　　おきゃくさん　→　(　　　　　　)
2) 감상　　かんそう　　　→　(　　　　　　)
3) 공개　　こうかい　　　→　(　　　　　　)
4) 행복하다　しあわせだ　→　(　　　　　　)
5) 섬　　　しま　　　　　→　(　　　　　　)
6) 옥상　　おくじょう　　→　(　　　　　　)
7) 놀다　　あそぶ　　　　→　(　　　　　　)

3 아래의 단어와 뜻이 올바르게 연결되도록 선을 그어 보세요.

1) 主婦(しゅふ) ・　　　　　　　・ 역할
2) 役割(やくわり) ・　　　　　　　・ 나누어 주다
3) 泳ぐ(およぐ) ・　　　　　　　・ 주부
4) 配る(くばる) ・　　　　　　　・ 행복
5) 調査(ちょうさ) ・　　　　　　　・ 의견
6) 幸福(こうふく) ・　　　　　　　・ 조사
7) 意見(いけん) ・　　　　　　　・ 헤엄치다

정답

1 1) めんせつ 2) へや 3) じょうだん 4) ちゅうい 5) ようす 6) つぎ 7) こんきょ

2 1) お客さん 2) 感想 3) 公開 4) 幸せだ 5) 島 6) 屋上 7) 遊ぶ

3 1) 主婦-주부 2) 役割-역할 3) 泳ぐ-헤엄치다 4) 配る-나누어 주다 5) 調査-조사 6) 幸福-행복 7) 意見-의견

Unit 10 초등학교 3학년 40자

MP3 다운로드

氷 얼음 빙	柱 기둥 주	坂 고개 판	畑 화전 전	葉 잎 엽
緑 푸를 록(녹)	岸 언덕 안	湖 호수 호	港 항구 항	波 물결 파
詩 시 시	筆 붓 필	漢 한나라 한	章 글 장	鉄 쇠 철
銀 은 은	炭 숯 탄	部 떼 부	族 겨레 족	駅 역 역
橋 다리 교	宮 집 궁	庭 뜰 정	起 일어날 기	去 갈 거
進 나아갈 진	乗 탈 승	追 쫓을 추, 따를 추	向 향할 향	油 기름 유
横 가로 횡	央 가운데 앙	君 임금 군	他 다를 타	昔 예 석
秒 분초 초	着 붙을 착	豆 콩 두	守 지킬 수	集 모을 집

0361

얼음 **빙**

| 氷氷氷氷氷 | 총 5획 | N2 |

- 음 ひょう
  - ひょうざん 氷山 빙산
  - ひょうが 氷河 빙하
  - ひょうけつ 氷結 빙결
  - ひょうてん 氷点 빙점
- 훈 こおり/ひ
  - *こおり 氷 얼음
  - かきごおり かき氷 빙수
  - こおりみず 氷水 얼음물
  - こお 氷る 얼다
  - ひさめ 氷雨 우박, 진눈깨비

ひょうざん しんぴてき
氷山はとても神秘的だ。 빙산은 매우 신비롭다.

なつ ごおり た きせつ
夏はかき氷が食べたくなる季節だ。 여름은 빙수가 먹고 싶어지는 계절이다.

0362

기둥 **주**

| 柱柱柱柱柱柱柱柱柱 | 총 9획 | N2 |

- 음 ちゅう
  - でんちゅう 電柱 전봇대
  - えんちゅう 円柱 원주, 둥근 기둥
  - てっちゅう 鉄柱 쇠기둥
- 훈 はしら
  - はしら 柱 기둥
  - だいこくばしら 大黒柱 한 집안, 단체의 기둥인 사람
  - しもばしら 霜柱 서릿발

けいたい ある でんちゅう
携帯をしながら歩いていたら電柱にぶつかった。
휴대전화를 하면서 걷고 있었더니 전봇대에 부딪혔다.

いえ たお じょうぶ はしら た
家が倒れないように丈夫な柱を建てる。 집이 쓰러지지 않도록 튼튼한 기둥을 세운다.

0363

고개 **판**

| 坂坂坂坂坂坂坂 | 총 7획 | N2 |

- 음 はん
  - きゅうはん 急坂 가파른 언덕
  - とうはんしゃせん 登坂車線 오르막 차선
- 훈 さか
  - さか 坂 언덕, 고개
  - さかみち 坂道 비탈길, 언덕길
  - のぼ ざか 上り坂 오르막
  - くだ ざか 下り坂 내리막

とうはんしゃせん お
ここからは登坂車線なのでスピードを落としてください。
여기부터는 오르막 차선이므로 속도를 줄여 주세요.

さかみち くだ えき つ
この坂道を下ればすぐ駅に着きます。 이 비탈길을 내려가면 곧 역에 도착합니다.

0364

화전 **전**

| 畑畑畑畑畑畑畑畑畑 | 총 9획 | N1 |

- 훈 はたけ/はた
  - はたけ 畑 밭
  - はたけ ひまわり畑 해바라기 밭
  - たはた 田畑 논밭, 경작지

うら はたけ そだ
うちの裏の畑できゅうりを育てます。 집 뒤뜰에서 오이를 기릅니다.

なつ ばたけ しゃしん と
夏にひまわり畑で写真を撮りたいな。 여름에 해바라기 밭에서 사진을 찍고 싶네.

0365 葉 잎 엽		葉葉葉葉葉葉葉葉葉葉葉葉 | 총 12획 | N3
	음 よう	こうよう 紅葉 단풍　예외 もみじ 紅葉 단풍　もみじがり 紅葉狩り 단풍놀이
	훈 は	は 葉 잎, 잎사귀　おば 落ち葉 낙엽　はがき 葉書き 엽서
		はっぱ 葉っぱ 잎, 잎사귀　ことば 言葉 말, 단어

しゅうまつ　くるま　あき　こうよう　み　い
週末、車で秋の紅葉を見に行く。 주말에 자동차로 가을 단풍을 구경하러 간다.

こうえん　お　ば　あつ　い
公園の落ち葉を集めに行く。 공원의 낙엽을 모으러 간다.

0366 緑 푸를 록(녹)		緑緑緑緑緑緑緑緑緑緑緑緑緑緑 | 총 14획 | N2
	음 りょく/ろく	りょくちゃ 緑茶 녹차　しんりょく 新緑 신록
	훈 みどり	みどり 緑 초록　みどりいろ 緑色 초록색　きみどり 黄緑 연두색

りょくちゃ　の　けんこう
緑茶を飲むと健康になるそうです。 녹차를 마시면 건강해진다고 합니다.

みどりいろ　　　　　　　は　　　え　か
緑色のクレヨンで葉っぱの絵を描きます。 초록색 크레용으로 잎사귀 그림을 그립니다.

0367 岸 언덕 안		岸岸岸岸岸岸岸岸 | 총 8획 | N2
	음 がん	かいがん 海岸 해안　えんがん 沿岸 연안　がんぺき 岸壁 안벽
	훈 きし	きし 岸 물가, 벼랑　きしべ 岸辺 물가, 강가

なみ　たか　ひ　かいがん　ちか
波が高い日は海岸に近づかないでください。
파도가 높은 날은 해안에 접근하지 말아 주세요.

りょう　かえ　　　　ふね　きし
漁から帰ってきた船を岸にあげる。 고기잡이에서 돌아온 배를 물가로 올린다.

0368 湖 호수 호		湖湖湖湖湖湖湖湖湖湖湖湖 | 총 12획 | N2
	음 こ	こすい 湖水 호수　びわこ 琵琶湖 비와호(일본 최대 호수)
	훈 みずうみ	みずうみ 湖 호수

こすい　ちほう　い
イギリスの湖水地方に行ってみたいです。 영국의 호수 지방에 가 보고 싶습니다.

びわこ　しがけん　にほんさいだい　みずうみ
琵琶湖は滋賀県にある日本最大の湖である。
비와호는 시가현에 있는 일본 최대의 호수이다.

*는 JLPT N4-N5 기출 단어입니다.

0369

港港港港港港港港港港港港 | 총 12획 | N3

항구 항

| 음 こう | *<ruby>空港<rt>くうこう</rt></ruby> 공항   <ruby>開港<rt>かいこう</rt></ruby> 개항   <ruby>港運業<rt>こううんぎょう</rt></ruby> 항운업   <ruby>出港<rt>しゅっこう</rt></ruby> 출항
 <ruby>入港<rt>にゅうこう</rt></ruby> 입항 |
| 훈 みなと | *<ruby>港<rt>みなと</rt></ruby> 항구   <ruby>港町<rt>みなとまち</rt></ruby> 항구도시 |

<ruby>海外<rt>かいがい</rt></ruby>に<ruby>行<rt>い</rt></ruby>くときは2<ruby>時間前<rt>じかんまえ</rt></ruby>までに<ruby>空港<rt>くうこう</rt></ruby>に<ruby>行<rt>い</rt></ruby>きましょう。
해외에 갈 때는 2시간 전까지 공항에 갑시다.

<ruby>世界一周<rt>せかいいっしゅう</rt></ruby>を<ruby>終<rt>お</rt></ruby>えたクルーズ<ruby>船<rt>せん</rt></ruby>が<ruby>港<rt>みなと</rt></ruby>に<ruby>着<rt>つ</rt></ruby>きました。
세계 일주를 끝낸 크루즈선이 항구에 도착했습니다.

0370

波波波波波波波波 | 총 8획 | N2

물결 파

| 음 は | <ruby>音波<rt>おんぱ</rt></ruby> 음파   <ruby>電波<rt>でんぱ</rt></ruby> 전파   <ruby>波及<rt>はきゅう</rt></ruby> 파급   <ruby>波動<rt>はどう</rt></ruby> 파동
 <ruby>波乱万丈<rt>はらんばんじょう</rt></ruby> 파란만장   <ruby>余波<rt>よは</rt></ruby> 여파 |
| 훈 なみ | <ruby>波<rt>なみ</rt></ruby> 파도, 물결   <ruby>津波<rt>つなみ</rt></ruby> 해일, 쓰나미   <ruby>人波<rt>ひとなみ</rt></ruby> 인파 |

エレベーターの<ruby>中<rt>なか</rt></ruby>は<ruby>電波<rt>でんぱ</rt></ruby>が<ruby>悪<rt>わる</rt></ruby>いので、<ruby>携帯電話<rt>けいたいでんわ</rt></ruby>が<ruby>使<rt>つか</rt></ruby>えません。
엘리베이터 안은 전파가 안 좋기 때문에 휴대전화를 사용할 수 없습니다.

<ruby>地震<rt>じしん</rt></ruby>がきたら<ruby>津波<rt>つなみ</rt></ruby>に<ruby>気<rt>き</rt></ruby>を<ruby>付<rt>つ</rt></ruby>けなければなりません。
지진이 오면 해일에 주의하지 않으면 안 됩니다.

0371

詩詩詩詩詩詩詩詩詩詩詩詩詩 | 총 13획 | N1

시 시

| 음 し | <ruby>詩<rt>し</rt></ruby> 시   <ruby>詩人<rt>しじん</rt></ruby> 시인   <ruby>詩集<rt>ししゅう</rt></ruby> 시집   <ruby>古詩<rt>こし</rt></ruby> 고시, 옛 시 |

きれいな<ruby>景色<rt>けしき</rt></ruby>を<ruby>見<rt>み</rt></ruby>ながら<ruby>詩<rt>し</rt></ruby>をうたう。 예쁜 경치를 보면서 시를 읊는다.

<ruby>詩人<rt>しじん</rt></ruby>は<ruby>豊<rt>ゆた</rt></ruby>かな<ruby>感性<rt>かんせい</rt></ruby>を<ruby>持<rt>も</rt></ruby>っている。 시인은 풍부한 감성을 가지고 있다.

0372

筆筆筆筆筆筆筆筆筆筆 | 총 12획 | N2

붓 필

| 음 ひつ | <ruby>万年筆<rt>まんねんひつ</rt></ruby> 만년필   <ruby>筆記用具<rt>ひっきようぐ</rt></ruby> 필기도구   <ruby>筆者<rt>ひっしゃ</rt></ruby> 필자
 <ruby>鉛筆<rt>えんぴつ</rt></ruby> 연필   <ruby>筆跡<rt>ひっせき</rt></ruby> 필적   <ruby>執筆<rt>しっぴつ</rt></ruby> 집필 |
| 훈 ふで | <ruby>筆<rt>ふで</rt></ruby> 붓   <ruby>筆箱<rt>ふでばこ</rt></ruby> 필통 |

<ruby>明日<rt>あした</rt></ruby>は<ruby>筆記用具<rt>ひっきようぐ</rt></ruby>を<ruby>必<rt>かなら</rt></ruby>ず<ruby>持<rt>も</rt></ruby>ってきてください。 내일은 필기도구를 반드시 가지고 와 주세요.

<ruby>習字<rt>しゅうじ</rt></ruby>で<ruby>使<rt>つか</rt></ruby>う<ruby>筆<rt>ふで</rt></ruby>はよく<ruby>手入<rt>てい</rt></ruby>れをすると<ruby>固<rt>かた</rt></ruby>くならない。
글자 쓰기 연습에서 쓰는 붓은 잘 손질해두면 딱딱해지지 않는다.

0373

漢 한나라 한 | 총 13획 | N4

음 かん

- *漢字 한자
- 漢方 한방
- 痴漢 치한

中国語と日本語の漢字は同じですか。 중국어와 일본어의 한자는 같습니까?

漢方を飲むと体が元気になります。 한방약을 마시면 몸이 건강해집니다.

0374

章 글 장 | 총 11획 | N2

음 しょう

- 文章 문장
- 校章 학교의 휘장, 마크
- 勲章 훈장
- 最終章 최종장

この文章、文法的に少しおかしくないですか。
이 문장, 문법적으로 좀 이상하지 않나요?

高校の制服には校章がついている。 고등학교 교복에는 학교 휘장이 달려있다.

0375

鉄 쇠 철 | 총 13획 | N2

음 てつ

- 鉄 철, 쇠
- 鋼鉄 강철
- 地下鉄 지하철
- 鉄道 철도
- 鉄分 철분
- 鉄棒 철봉

鉄で作ったビルが完成しました。 철로 만든 빌딩이 완성되었습니다.

地下鉄で乗る電車を間違えました。 지하철에서 타는 전철을 착각했습니다.

0376

銀 은 은 | 총 14획 | N4

음 ぎん

- 銀 은
- *銀色 은색
- *銀行 은행
- 銀メダル 은메달
- 銀貨 은화
- 銀河 은하

昔に比べて銀があまり取れなくなりました。
예전에 비해 은이 그다지 채굴되지 않게 되었습니다.

現金がなかったので、銀行のATMでお金を下ろしました。
현금이 없었기 때문에 은행 ATM에서 돈을 인출했습니다.

0377

숯 **탄**

- 음 たん
  - 石炭 석탄　炭鉱 탄광　二酸化炭素 이산화탄소
- 훈 すみ
  - 炭 숯　炭火 숯불

昔は石炭ストーブを使っていた。 옛날은 석탄 스토브를 사용했었다.

炭に火を付けてバーベキューをします。 숯에 불을 붙이고 바비큐를 합니다.

0378

떼 **부**

- 음 ぶ
  - 部 ~부(한 구분)　一部 일부　学部 학부　全部 전부
  - 部下 부하　部長 부장

私はテニス部のキャプテンをしています。 저는 테니스부의 주장을 하고 있습니다.

部長、お客様が来られました。 부장님, 손님이 오셨습니다.

0379

겨레 **족**

- 음 ぞく
  - *家族 가족　民族 민족　遺族 유족　貴族 귀족
  - 水族館 수족관

夏休みはよく家族でプールへ行きました。 여름 방학에는 자주 가족과 수영장에 갔습니다.

世界には色々な民族がいます。 세계에는 여러 가지 민족이 있습니다.

0380

역 **역**

- 훈 えき
  - *駅 역　駅前 역 앞　駅裏 역 뒤　*駅員 역무원

駅で迷っている外国人に声をかけました。 역에서 헤매고 있는 외국인에게 말을 걸었습니다.

友達と3時に駅前で会う約束をしました。 친구와 3시에 역 앞에서 만날 약속을 했습니다.

0381

다리 교

음	きょう	架橋 가교(다리를 놓음)　鉄橋 철교　歩道橋 육교
훈	はし	橋 다리　架け橋 가교, 중간 다리　石橋 돌다리

向かい側に行くにはこの歩道橋を渡らないといけない。
건너편에 가기 위해서는 이 육교를 건너지 않으면 안 된다.

私は日本と世界の架け橋になりたい。 나는 일본과 세계의 중간 다리가 되고 싶다.

0382

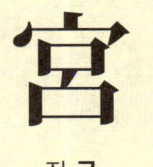

집 궁

음	きゅう/ぐう/く	王宮 왕궁　宮殿 궁전　子宮 자궁　迷宮 미궁 宮司 신사의 신관　宮内庁 궁내청
훈	みや	宮 신사, 궁성　宮崎県 미야자키현(일본 지명)

昔、王様は宮殿に住んでいた。 옛날에 국왕은 궁전에 살고 있었다.

この事件は解決することができず迷宮入りになった。
이 사건은 해결하는 것이 불가능해 미궁에 빠졌다.

0383

뜰 정

음	てい	家庭 가정　校庭 교정　庭園 정원
훈	にわ	庭 정원　裏庭 뒤뜰　庭師 정원사

結婚して新しい家庭を築く。 결혼해서 새로운 가정을 꾸리다.

庭師を呼んで庭をきれいにしてもらう。 정원사를 불러서 정원을 깨끗하게 해달라고 한다.

0384

일어날 기

음	き	起床 기상　縁起 길흉, 운수, 재수　起源 기원　起立 기립 起用 기용
훈	お(きる)/お(こる)/お(こす)	*起きる 일어나다　起こる 일어나다, 발생하다 起こす 일으키다

私は毎朝6時に起床する。 나는 매일 아침 6시에 기상한다.

介護中の父の体をゆっくりベッドから起こす。
간병 중인 아버지의 몸을 천천히 침대로부터 일으킨다.

*는 JLPT N4-N5 기출 단어입니다.

0385

去 갈 거

去去去去去 | 총 5획 | N4

음	きょ/こ	*去年 작년　消去 소거　過去 과거
훈	さ(る)	去る 떠나다, 사라지다

去年の今頃は何をしていたのか思い出せません。
작년의 지금쯤은 무엇을 하고 있었는지 생각해 낼 수 없습니다.

犬は可愛いお尻を振りながら去って行きました。
개는 귀여운 엉덩이를 흔들면서 떠나갔습니다.

0386

進 나아갈 진

進進進進進進進進進進進 | 총 11획 | N3

음	しん	進化 진화　進行 진행　前進 전진　進出 진출
		進歩 진보　進路 진로　促進 촉진
훈	すす(む)/すす(める)	*進む 나아가다　進める 앞으로 나아가게 하다, 진행시키다

よし、一つ問題をクリアした。一歩前進したぞ。
좋았어, 문제 1개를 클리어했다. 일보 전진했어!

古代エジプトに関する研究を進める。 고대 이집트에 관한 연구를 진행한다.

0387

乗 탈 승

乗乗乗乗乗乗乗乗乗 | 총 9획 | N3

음	じょう	乗員 승무원　乗客 승객　乗車 승차　乗馬 승마
훈	の(る)/の(せる)	*乗る 타다　*乗り換える 갈아타다
		乗り場 승차장, 승강장　乗せる 태우다, 싣다

バスに乗車する時、チケットを見せてください。
버스에 승차할 때 티켓을 보여 주세요.

船に乗って、初めてあの島に行きます。 배를 타고 처음으로 저 섬에 갑니다.

0388

追 쫓을 추, 따를 추

追追追追追追追追追 | 총 9획 | N3

음	つい	追加 추가　追求 추구　追及 뒤쫓음, 추궁함　追跡 추적
		追放 추방
훈	お(う)	追う 쫓다, 뒤따르다　追いかける 뒤쫓아가다
		追い風 순풍　追い出す 내쫓다, 몰아내다

残された事件の謎を追及する。 남겨진 사건의 수수께끼를 뒤쫓다.

追い風のおかげで飛行機が早く到着した。 순풍 덕분에 비행기가 빨리 도착했다.

0389

향할 향

- 음 こう
  - 方向 방향　意向 의향　傾向 경향　向上 향상
- 훈 む(かう)/む(く)/む(ける)/む(こう)
  - 向かう 향하다, 맞서다　向かい側 맞은편, 건너편
  - 向く 향하다, 적합하다　向き 방향, ~에 적합함
  - 向ける 향하게 하다　向こう 맞은편　[예외] 日向 양지

彼は大げさに言う傾向がある。 그는 과장되게 이야기하는 경향이 있다.

この道の向かい側にコンビニがあります。 이 길의 건너편에 편의점이 있습니다.

0390

기름 유

- 음 ゆ
  - 醤油 간장　石油 석유　灯油 등유　ラー油 고추기름
  - 油断 방심, 부주의
- 훈 あぶら
  - 油 기름　油絵 유화　ごま油 참기름

醤油をつけて刺身を食べます。 간장을 찍어서 회를 먹습니다.

フライパンにごま油を敷いて、チヂミを焼きます。
프라이팬에 참기름을 두르고 부침개를 굽습니다.

0391

가로 횡

- 음 おう
  - 横断 횡단　横断歩道 횡단보도　横領 횡령
- 훈 よこ
  - 横 옆, 가로　横顔 옆 얼굴　横切る 가로지르다, 횡단하다
  - 横になる 눕다　横道 샛길

横断歩道で信号が変わるのを待っている。
횡단보도에서 신호가 바뀌는 것을 기다리고 있다.

今から写真を撮るので横に並んでください。
지금부터 사진을 찍기 때문에 가로로 한 줄로 서주세요.

0392

가운데 앙

- 음 おう
  - 中央 중앙　震央 진앙

これから抽選会を行いますので、会場の中央に集まってください。
지금부터 추첨회를 하기 때문에 회장 중앙에 모여 주세요.

地震の時、震央の近くは大きく揺れる。 지진 때, 진앙의 근처는 크게 흔들린다.

0393 君 (임금 군) | 총 7획 | N3

- 음 くん: 君 ~군(호칭) | 君主 군주 | 君臨 군림 | 主君 주군 | 諸君 제군
- 훈 きみ: 君 그대, 자네, 너

佐藤君は今日お休みだそうです。 사토우 군은 오늘 휴일이라고 합니다.

そうだね、君の言う通りにするよ。 그렇네, 자네가 말하는 대로 하겠네.

0394 他 (다를 타) | 총 5획 | N3

- 음 た: 他人 타인 | 他社 타사 | 他国 타국 | 自他 자타(나와 남) | その他 그 외, 그 밖에 | 他界 타계
- 훈 ほか: 他 다른 것, 외 | その他 그 외, 기타

私はあまり他人のことは気にしないタイプだ。 나는 그다지 타인에 관한 것은 신경 쓰지 않는 타입이다.

その他に何か質問はありますか。 그 외에 뭔가 질문은 있습니까?

0395 昔 (예 석) | 총 8획 | N3

- 음 せき/しゃく: 昔日 석일, 옛날 | 今昔 지금과 옛날
- 훈 むかし: 昔 옛날 | 一昔 아주 옛날 | 昔話 옛날 이야기

久々に会った彼に、昔日の面影は残っていなかった。 오랜만에 만난 그에게 옛날 모습은 남아있지 않았다.

私が住んでいるこの場所は昔、海だったようです。 제가 살고 있는 이 장소는 옛날에 바다였던 것 같습니다.

0396 秒 (분초 초) | 총 9획 | N2

- 음 びょう: 秒 ~초(시간) | 数秒 수초, 몇 초 | 秒針 초침 | 秒速 초속

おにぎりを電子レンジで30秒温めて食べる。 주먹밥을 전자레인지로 30초 데워 먹는다.

あと数秒遅かったら電車に乗り遅れていました。 앞으로 몇 초 늦었으면 전철 시간에 늦어서 못 탔었습니다.

0397

着 붙을 착

음	ちゃく/じゃく	到着 도착	試着 시착	着実に 착실하게	着用 착용
훈	き(る)/つ(く)/き(せる)/つ(ける)	着る 입다	上着 겉옷	*着物 기모노(일본 전통 옷)	
		下着 속옷	*着く 도착하다	着せる 입히다	
		着ける 대다, 갖다 붙이다			

총 12획 | N4

私は服を買うときは必ず試着をしてから購入します。
제가 옷을 살 때는 반드시 시착을 해보고 나서 구입합니다.

結婚式に何を着ていけばいいのか困っている。
결혼식에 무엇을 입고 가면 좋을지 곤란해 하고 있다.

0398

豆 콩 두

음	とう/ず	豆乳 두유	豆腐 두부	納豆 낫토(일본의 콩 발효식품)
		大豆 대두, 콩		
훈	まめ	豆 콩	枝豆 풋콩	豆知識 깨알 지식 / (예외) 小豆 팥

총 7획 | N3

味噌汁に豆腐とワカメを入れます。 된장국에 두부랑 미역을 넣습니다.

ビールのおつまみにはやっぱり枝豆が一番合うね。
맥주 안주로는 역시 삶은 콩이 가장 어울리네.

0399

守 지킬 수

음	しゅ/す	厳守 엄수	守衛 수위	守備 수비	保守的 보수적
		*留守 부재중, 집 보기			
훈	まも(る)/も(り)	守る 지키다	お守り 부적	子守歌 자장가	

총 6획 | N3

試合に勝つため、守備と攻撃でそれぞれ作戦をたてる。
시합에 이기기 위해서 수비와 공격에서 각각 작전을 세운다.

秘密を話してくれた友達との約束を絶対に守る。
비밀을 말해준 친구와의 약속을 반드시 지킨다.

0400

集 모을 집

- 음 しゅう
  - 集合 집합　集団 집단　集中 집중　編集 편집
  - 募集 모집
- 훈 あつ(まる)/あつ(める)/つど(う)
  - *集まる 모이다, 집중되다　集める 모으다, 집중시키다
  - 集う 모이다, 회합하다

총 12획 | N4

明日は10時に公園に**集合**してください。 내일은 10시에 공원에 집합해 주세요.

路上ライブをしていたら人が**集まって**きました。
노상 라이브를 하고 있었더니 사람이 모여들었습니다.

체크포인트 10

1 다음 단어의 발음을 히라가나로 적어 보세요.

> 예시 花 꽃 → (はな   )

1) 電柱   전봇대   → (   )
2) 葉書き   엽서   → (   )
3) 海岸   해안   → (   )
4) 二酸化炭素 이산화탄소 → (   )
5) 起床   기상   → (   )
6) 坂   언덕   → (   )
7) 畑   밭   → (   )

2 다음 단어의 한자를 적어 보세요.

> 예시 별 ほし → (星   )

1) 얼음   こおり   → (   )
2) 작년   きょねん   → (   )
3) 문장   ぶんしょう → (   )
4) 역   えき   → (   )
5) 부하   ぶか   → (   )
6) 한자   かんじ   → (   )
7) 가족   かぞく   → (   )

3 아래의 단어와 뜻이 올바르게 연결되도록 선을 그어 보세요.

1) 鉛筆(えんぴつ) •   • 초록색
2) 緑(みどり) •   • 쓰나미, 해일
3) 湖(みずうみ) •   • 연필
4) 津波(つなみ) •   • 방향
5) 庭(にわ) •   • 정원
6) 進行(しんこう) •   • 호수
7) 方向(ほうこう) •   • 진행

정답 1 1) でんちゅう   2) はがき   3) かいがん   4) にさんかたんそ   5) きしょう   6) さか   7) はたけ
        2 1) 氷   2) 去年   3) 文章   4) 駅   5) 部下   6) 漢字   7) 家族
        3 1) 鉛筆-연필   2) 緑-초록색   3) 湖-호수   4) 津波-쓰나미, 해일   5) 庭-정원   6) 進行-진행   7) 方向-방향

Unit 11: 초등학교 3학년 (40자)

助	도울 조
消	사라질 소
整	가지런할 정
拾	주울 습
使	부릴 사
持	가질 지
流	흐를 류(유)
返	돌이킬 반
落	떨어질 락(낙)
神	귀신 신
曲	굽을 곡
育	기를 육
申	거듭 신
倍	곱 배
有	있을 유
箱	상자 상
皿	그릇 명
球	공 구
笛	피리 적
具	갖출 구
陽	볕 양
湯	끓일 탕
祭	제사 제
勉	힘쓸 면
放	놓을 방
代	대신할 대
係	맬 계
童	아이 동
由	말미암을 유
予	미리 예
化	될 화
荷	멜 하, 꾸짖을 하
号	이름 호
全	온전할 전
両	두 량(양)
階	섬돌 계
庫	곳집 고
路	길 로(노)
丁	고무래 정
帳	장막 장

*는 JLPT N4-N5 기출 단어입니다.

0401

도울 조

助助助助助助助 | 총 7획 | N3

- 음 じょ
  - 援助 원조
  - 救助 구조
  - 助言 조언
  - 助手 조수
  - 補助 보조
- 훈 たす(ける)/たす(かる)/すけ
  - 助ける 구조하다, 돕다
  - 助かる 살아나다, 도움이 되다
  - 助っ人 조력하는 사람

親に、お金を援助してもらう。 부모님에게 돈을 원조해 받는다.
将来は人を助ける仕事がしたいです。 장래에는 사람을 돕는 일을 하고 싶습니다.

0402

사라질 소

消消消消消消消消消消 | 총 10획 | N3

- 음 しょう
  - 解消 해소
  - 消費 소비
  - 消防車 소방차
  - 消極的 소극적
  - 消化 소화
  - 消灯 소등
- 훈 け(す)/き(える)
  - 消す 끄다, 지우다
  - 消しゴム 지우개
  - 消える 사라지다, 꺼지다

近くで火事が起きて、消防車が出動する。 근처에서 화재가 일어나서 소방차가 출동한다.
勉強に集中するためにテレビを消す。 공부에 집중하기 위해서 텔레비전을 끈다.

0403

가지런할 정

整整整整整整整整整整整整整整整整 | 총 16획 | N2

- 음 せい
  - 整理 정리
  - 整頓 정돈
  - 整形 성형
  - 調整 조정
  - 整備 정비
- 훈 ととの(う)/ととの(える)
  - 整う 가지런해지다, 정돈되다
  - 整える 조정하다, 정돈하다

整理整頓をすると気持ちも清々しくなる。 정리 정돈을 하면 기분도 산뜻해진다.
身の周りを整えてから試験勉強を始める。 주변을 정리하고 나서 시험공부를 시작한다.

0404

주울 습

拾拾拾拾拾拾拾拾拾 | 총 9획 | N2

- 음 しゅう/じゅう
  - 収拾 수습
  - 拾得 습득(주워서 얻음)
- 훈 ひろ(う)
  - *拾う 줍다

事が大きくなり、収拾が付かなくなってしまった。
일이 커져서 수습이 안 되게 되어버렸다.

ボランティア活動で海のゴミ拾いをした。 봉사활동으로 바다의 쓰레기를 주웠다.

0405

使 부릴 사 | 총 8획 | N4

음	し	使用 사용　使命 사명　*大使館 대사관　天使 천사
훈	つか(う)	*使う 쓰다, 사용하다　使い方 사용법　使い道 용도, 사용법

私は日本大使館で働いています。 저는 일본 대사관에서 일하고 있습니다.

切りやすいナイフを使って肉を切ります。 잘 드는 칼을 사용해서 고기를 씁니다.

0406

持 가질 지 | 총 9획 | N4

음	じ	維持 유지　所持金 소지금　持参 지참　持病 지병
훈	も(つ)	持つ 들다, 가지다　金持ち 부자　気持ち 마음, 기분

私は毎日タンブラーを持参しています。 저는 매일 텀블러를 지참하고 있습니다.

私は携帯電話を2台持っています。 저는 휴대전화를 2대 가지고 있습니다.

0407

流 흐를 류(유) | 총 10획 | N3

음	りゅう/る	一流 일류　交流 교류　合流 합류　流星 유성, 별똥별 流行 유행　流布 유포　流浪 유랑
훈	なが(れる)/なが(す)	流れる 흐르다　流れ 흐름　流れ星 별똥별 流す 흘리다　예외 流行る 유행하다

今年のファッションの流行はロングブーツです。 올해의 패션 유행은 롱부츠입니다.

カフェで好きなジャズ音楽が流れてきた。 카페에서 좋아하는 재즈 음악이 흘러나왔다.

0408

返 돌이킬 반 | 총 7획 | N3

음	へん	*返事 대답, 답장　返却 반환　返済 변제　返品 반품
훈	かえ(す)/かえ(る)	返す 되돌리다, 돌려주다　恩返し 은혜를 갚음 返る 되돌아가다

これから名前を呼びますので、呼ばれたら返事をしてください。
지금부터 이름을 부를 테니 불리면 대답을 해주세요.

友達に借りた教科書とノートを返す。 친구에게 빌린 교과서와 노트를 돌려준다.

* 는 JLPT N4-N5 기출 단어입니다.

0409 落 (떨어질 락(낙))

|총 12획| N3

- **음** らく
  - 落選 낙선 落下 낙하 落書き 낙서 落胆 낙담
  - 一段落つく 일단락 지어지다
- **훈** お(ちる)/お(とす)
  - 落ちる 떨어지다 落ち着く 안정되다, 진정되다
  - 落ち葉 낙엽 *落とす 떨어뜨리다
  - 落とし物 분실물, 유실물

今回のコンサートのチケットは落選だった。 이번 콘서트 티켓은 낙첨이었다.

冬になると木の葉っぱが落ちるので、少しさみしい気持ちになりますね。
겨울이 되면 나뭇잎이 떨어지기 때문에 조금 쓸쓸한 기분이 되네요.

0410 神 (귀신 신)

|총 9획| N3

- **음** しん/じん
  - 神経 신경 精神 정신 神聖 신성 神霊 신령
  - 神話 신화 神社 신사
- **훈** かみ/かん/こう
  - 神 신 神様 신의 높임말 神主 신사의 신관
  - 神々しい 성스럽다, 거룩하다 神戸 고베(일본 지명)
  - **예외** 神奈川県 카나가와현(일본 지명)

ストレスのせいで精神科に通うことになった。
스트레스 때문에 정신과에 다니게 되었다.

人生に困ったときは神様に頼む。 인생에 어려움을 겪을 때는 하느님께 부탁한다.

0411 曲 (굽을 곡)

|총 6획| N3

- **음** きょく
  - 曲 곡, 악곡 作曲 작곡 名曲 명곡 曲線 곡선
- **훈** ま(がる)/ま(げる)
  - 曲がる 구부러지다, 돌다 曲げる 굽히다

この曲は私が作曲しました。 이 곡은 제가 작곡했습니다.

そこの角を曲がるとすぐ駅に着きます。 그쪽의 모퉁이를 돌면 금방 역에 도착합니다.

0412 育 기를 육

- 음 いく
  - 育児 육아 　教育 교육 　体育 체육 　飼育 사육
  - 保育園 보육원
- 훈 そだ(てる)/そだ(つ)/はぐく(む)
  - *育てる 기르다, 키우다 　子育て 육아
  - 育つ 자라다, 성장하다 　育む 기르다, 키우다

総 8획 | N3

育児をやってみると、思ったより大変です。
육아를 해보면 생각한 것보다 힘듭니다.

私の家の庭でトマトを育てています。 우리 집 정원에서 토마토를 키우고 있습니다.

0413 申 거듭 신

- 음 しん
  - 申請 신청 　申告 신고
- 훈 もう(す)
  - 申す 말하다(겸양어) 　申し上げる 말씀드리다, 여쭙다
  - 申し込む 신청하다

総 5획 | N3

大学の奨学金制度を申請した。 대학의 장학금 제도를 신청했다.

ここまで成長できたことを感謝申し上げます。
지금까지 성장할 수 있었던 것을 감사드립니다.

0414 倍 곱 배

- 음 ばい
  - 倍 ~배, 2배 　倍速 배속 　倍率 배율 　倍増 배증

総 10획 | N2

このチゲに入っている唐辛子は、一般の唐辛子の10倍辛いです。
이 찌개에 들어있는 고추는 일반 고추의 10배 맵습니다.

録画していたドラマを2倍速再生で全て見た。
녹화하고 있던 드라마를 2배속 재생으로 전부 봤다.

**는 JLPT N4-N5 기출 단어입니다.

0415

有 | 총 6획 | N4

있을 유

- 음 ゆう/う
  - *有名だ 유명하다　共有 공유　所有 소유　特有 특유
  - 有給 유급 휴가　有料 유료　有無 유무
  - 有頂天 기뻐서 어찌할 바를 모름
- 훈 あ(る)
  - 有る 있다

ここは芸能人がよく来るお店として**有名**だ。
이곳은 연예인이 자주 오는 가게로 유명하다.

息子はダンスの才能が**有る**ので芸能事務所にスカウトされた。
아들은 댄스의 재능이 있기 때문에 예능 사무소에 스카우트되었다.

0416

箱 | 총 15획 | N3

상자 상

- 훈 はこ
  - 箱 상자　ごみ箱 쓰레기통　筆箱 필통　重箱 찬합
  - 下駄箱 신발장

小物を**箱**に入れて整理する。　자질구레한 것을 상자에 넣어서 정리한다.

下駄箱に運動靴をいれる。　신발장에 운동화를 넣는다.

0417

皿 | 총 5획 | N2

그릇 명

- 훈 さら
  - *皿 접시　皿洗い 설거지　取り皿 앞접시
  - 小皿 작은 접시　灰皿 재떨이

人数が多いので大きな**皿**に盛り付けます。
인원이 많기 때문에 큰 접시에 보기 좋게 담습니다.

3時間の**皿洗い**のアルバイトが終わりました。
3시간의 설거지 아르바이트가 끝났습니다.

0418

球 | 총 11획 | N3

공 구

- 음 きゅう
  - 野球 야구　地球 지구　球場 구장　卓球 탁구
  - 電球 전구　投球 투구
- 훈 たま
  - 球 공

高校生のころは**野球**部に所属していた。　고등학생 때는 야구부에 소속했었다.

球をよく見てからバットを振りましょう。　공을 잘 보고서 배트를 휘두릅시다.

0419

피리 적

笛笛笛笛笛笛笛笛笛笛笛 |총 11획| N1

음	てき	きてき 汽笛 기적	けいてき 警笛 경적	こてき 鼓笛 북과 피리
훈	ふえ	ふえ 笛 피리	くさぶえ 草笛 풀피리	くちぶえ 口笛 휘파람

港から船の汽笛が聞こえた。 항구로부터 배의 기적이 들렸다.

葉っぱを使った笛を草笛という。 잎을 사용한 피리를 풀피리라고 한다.

0420

갖출 구

具具具具具具具具 |총 8획| N3

음	ぐ	どうぐ 道具 도구　かぐ 家具 가구　*ぐあい 具合 형편, 상태　ぐざい 具材 재료
		えのぐ 絵の具 그림 물감　あまぐ 雨具 우비　ぐたいてき 具体的 구체적

赤ちゃんに遊び道具を買ってあげた。 아기에게 놀이 도구를 사주었다.

お味噌汁の具材はたくさん入れたほうが美味しい。
된장국의 재료는 많이 넣는 편이 맛있다.

0421

볕 양

陽陽陽陽陽陽陽陽陽陽 |총 12획| N3

음	よう	たいよう 太陽 태양	ようせい 陽性 양성	ようきだ 陽気だ 쾌활하다

月によって太陽の一部が隠されることを日食という。
달에 의해서 태양의 일부가 가려지는 것을 일식이라고 한다.

病院でウイルス検査を受けたら陽性だった。
병원에서 바이러스 검사를 받았더니 양성이었다.

0422

끓일 탕

湯湯湯湯湯湯湯湯湯湯湯湯 |총 12획| N2

음	とう	せんとう 銭湯 대중목욕탕	ねっとう 熱湯 열탕, 뜨거운 물	
훈	ゆ	おゆ お湯 뜨거운 물, 목욕물	あしゆ 足湯 족욕	ゆげ 湯気 김, 수증기
		ゆのみ 湯飲み 찻잔	ゆぶね 湯船 욕조	

今夜は銭湯に行きましょう。 오늘 밤은 목욕탕에 갑시다.

カップラーメンにお湯を入れて3分待てば完成です。
컵라면에 뜨거운 물을 넣고 3분 기다리면 완성입니다.

0423

祭 제사 제 | 총 11획 | N2

- 음: さい
  - 文化祭 ぶんかさい 문화제, 학교 축제
  - 祭日 さいじつ 제삿날
  - 前夜祭 ぜんやさい 전야제
- 훈: まつ(り)/まつ(る)
  - お祭り おまつり 축제
  - 夏祭り なつまつり 여름 축제
  - 祭る まつる 제사 지내다, 혼령을 모시다

来月は高校最後の**文化祭**が待っている。 다음 달은 고등학교 마지막 문화제가 기다리고 있다.

ここの神社には学問の神様が**祭**られている。 이곳의 신사에는 학문의 신이 모셔지고 있다.

0424

勉 힘쓸 면 | 총 10획 | N4

- 음: べん
  - *勉強 べんきょう 공부
  - 勤勉 きんべん 근면

3時間日本語の**勉強**をしました。 3시간 일본어 공부를 했습니다.

彼は**勤勉**で、私達の良い見本です。 그는 근면해서 저희들의 좋은 본보기입니다.

0425

放 놓을 방 | 총 8획 | N3

- 음: ほう
  - 解放 かいほう 해방
  - 追放 ついほう 추방
  - 放課後 ほうかご 방과 후
  - 放射線 ほうしゃせん 방사선
  - *放送 ほうそう 방송
  - 放置 ほうち 방치
- 훈: はな(す)/はな(つ)/はな(れる)/ほう(る)
  - 放す はなす 놓다, 놓아주다
  - 見放す みはなす 단념하다, 포기하다
  - 放つ はなつ 떼어놓다
  - 放れる はなれる 풀리다, 발사되다
  - 放る ほうる 내버려 두다

放課後に残って課題をする。 방과 후에 남아서 과제를 한다.

風船を持っていた手をつい**放**してしまった。 풍선을 잡고 있던 손을 무심결에 놓쳐버렸다.

0426

代 대신할 대 | 총 5획 | N4

- 음: だい/たい
  - 時代 じだい 시대
  - 代表 だいひょう 대표
  - 代金 だいきん 대금
  - 代謝 たいしゃ (신진)대사
- 훈: か(わる)/か(える)/しろ/よ
  - 代わる かわる 대신하다
  - *代わり かわり 대리, 대신
  - 代える かえる 대신하다
  - 身代金 みのしろきん 몸값
  - 代々木公園 よよぎこうえん 요요기 공원(도쿄 지역 공원)

今月の水道の**代金**は2,500円です。 이번 달의 수도 요금은 2,500엔입니다.

先輩の**代わり**にアルバイトに行きます。 선배 대신에 아르바이트에 갑니다.

0427

맬 **계**

| 음 | けい | *関**係** 관계　**係**数 계수　連**係** 연계 |
| 훈 | かかり/かか(る) | **係** 담당　**係**員 담당자　**係**る 관계되다, 관련되다 |

係係係係係係係係係 | 총 9획 | N3

人間関**係**が一番の悩みです。 인간관계가 가장 고민입니다.

新学期になったので、学校で新しい**係**を決めた。
신학기가 되었기 때문에 학교에서 새로운 담당을 정했다.

0428

아이 **동**

| 음 | どう | 児**童** 아동　**童**顔 동안　**童**謡 동요　**童**話 동화
悪**童** 악동 |
| 훈 | わらべ | **童** 어린애　**童**歌 전래동요 |

童童童童童童童童童童童童 | 총 12획 | N2

子供が寝る前に**童**話を読んであげた。 아이에게 자기 전에 동화를 읽어줬다.

童歌は昔から歌い継がれてきた歌のことだ。
전래 동요는 예전부터 전승되어 불려져 온 노래이다.

0429

말미암을 **유**

| 음 | ゆ/ゆう/ゆい | 経**由** 경유　**由**来 유래　*自**由** 자유　*理**由** 이유
由緒 유서 |
| 훈 | よし | **由** 유래, 연유, 사정　**由**ない 방법이 없다, 이유가 없다 |

由由由由由 | 총 5획 | N3

あなたの名前の**由**来を教えてください。 당신의 이름의 유래를 알려주세요.

彼が何を考えていたのか、今となっては知る**由**もない。
그가 무엇을 생각하고 있었는지 지금이 되어서는 알 길도 없다.

0430

미리 **예**

| 음 | よ | *予定 예정　*予約 예약　天気予報 일기예보
*予習 예습　予想 예상　予防 예방 |
| 훈 | あらかじ(め) | 予め 미리, 사전에 |

予予予予 | 총 4획 | N3

明日の**予**定として午後に会議があります。 내일의 예정으로 오후에 회의가 있습니다.

来週の出張で泊まるホテルを**予**約しました。 다음 주 출장으로 묵을 호텔을 예약했습니다.

0431

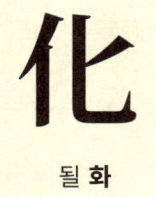

될 화

- 음 か/け
  - 化学 화학　化石 화석　文化 문화　変化 변화
  - 悪化 악화　化粧品 화장품
- 훈 ば(ける)/ば(かす)
  - 化ける 둔갑하다　お化け 도깨비　化け物 요괴, 괴물
  - お化け屋敷 귀신의 집　化かす 속이다, 홀리다

化化化化 | 총 4획 | N3

得意な科目は化学です。 자신 있는 과목은 화학입니다.

お化け屋敷に友達と一緒に入って号泣した。
귀신의 집에 친구와 함께 들어가서 큰 소리로 울었다.

0432

멜 하, 꾸짖을 하

- 음 か
  - 集荷 집하　出荷 출하　入荷 입하　負荷 부하
- 훈 に
  - 荷物 짐　手荷物 수하물

荷荷荷荷荷荷荷荷荷荷 | 총 10획 | N2

午後3時に家まで集荷をお願いした。 오후 3시에 집까지 집하를 부탁했다.

旅行先の駅でコインロッカーに荷物を入れます。
여행하는 곳의 역에서 코인 로커에 짐을 넣습니다.

0433

이름 호

- 음 ごう
  - 記号 기호　番号 번호　号泣 큰 소리로 욺　号室 ~호실
  - 信号 신호

号号号号号 | 총 5획 | N3

知らない番号から何回も電話がかかってきた。
모르는 번호로부터 몇 번이나 전화가 걸려 왔다.

私が今住んでいる部屋は301号室です。 제가 지금 살고 있는 방은 301호실입니다.

0434

온전할 전

- 음 ぜん
  - *安全 안전　完全 완전　全体 전체　全部 전부
  - 全国 전국　全然 전혀
- 훈 すべ(て)/まった(く)
  - 全て 모두, 전부　全く 완전히, 전혀

全全全全全全 | 총 6획 | N3

チームの全体を把握しながら行動する。 팀 전체를 파악하면서 행동한다.

どんな悪口を言われても全く気にしない。 어떤 욕을 들어도 전혀 신경 안 쓴다.

0435

両
두 량(양)

| 음 りょう | りょうて 両手 양손 | りょうほう 両方 양쪽, 쌍방 | りょうがえ 両替 환전 | りょうしん 両親 부모님 |

さんぴりょうろん
賛否両論 찬반양론

両両両両両両 | 총 6획 | N3

100ドルをウォンに両替(りょうがえ)してください。 100달러를 원화로 환전해 주세요.

初(はじ)めての給料(きゅうりょう)で、両親(りょうしん)に花束(はなたば)をプレゼントした。
첫 급여로 부모님께 꽃다발을 선물했다.

0436

階
섬돌 계

階階階階階階階階階階階 | 총 12획 | N2

| 음 かい | かい 階 ~층 | かいだん 階段 계단 | かいきゅう 階級 계급 |

この家(いえ)は二階建(にかいだ)てで、二階(にかい)に子供部屋(こどもべや)があります。
이 집은 2층 건물로 2층에 아이 방이 있습니다.

上(うえ)の階(かい)に行(い)くには階段(かいだん)を登(のぼ)らなくてはいけません。
위 층에 가기 위해서는 계단을 오르지 않으면 안 됩니다.

0437

곳집 고

庫庫庫庫庫庫庫庫庫庫 | 총 10획 | N2

| 음 こ/く | そうこ 倉庫 창고 | きんこ 金庫 금고 | しゃこ 車庫 차고 | れいぞうこ 冷蔵庫 냉장고 |

普段(ふだん)使(つか)わないものは倉庫(そうこ)にしまっておく。
평상시 사용하지 않는 것은 창고에 넣어둔다.

貴重品(きちょうひん)は部屋(へや)にある金庫(きんこ)に保管(ほかん)してください。
귀중품은 방에 있는 금고에 보관해 주세요.

0438

路
길 로(노)

路路路路路路路路路路路 | 총 13획 | N3

음 ろ	どうろ 道路 도로	しんろ 進路 진로	せんろ 線路 선로	つうろ 通路 통로
	ろじょう 路上 노상, 길 위	めいろ 迷路 미로	ろじ 路地 골목	ろじうら 路地裏 뒷골목
훈 じ	たびじ 旅路 여행길

家(いえ)の前(まえ)の道路工事(どうろこうじ)が始(はじ)まった。 집 앞의 도로공사가 시작됐다.

この路地(ろじ)には、居酒屋(いざかや)、バー、飲食店(いんしょくてん)などが立(た)ち並(なら)んでいる。
이 골목에는 선술집, 바, 음식점 등이 즐비하다.

0439

丁 고무래 정

음 ちょう/てい

- 丁度 (ちょうど) 정확히, 꼭
- 包丁 (ほうちょう) 식칼
- 丁寧だ (ていねいだ) 정중하다
- ～丁目 (ちょうめ) ~(번)가

包丁(ほうちょう)は危(あぶ)ないので子供(こども)に持(も)たせてはいけません。
식칼은 위험하기 때문에 아이에게 쥐게 해서는 안 됩니다.

彼(かれ)の作品(さくひん)は一(ひと)つ一(ひと)つが丁寧(ていねい)に作(つく)られている。
그의 작품은 하나하나가 정성스럽게 만들어져 있다.

0440

帳 장막 장

음 ちょう

- 日記帳 (にっきちょう) 일기장
- 手帳 (てちょう) 수첩
- メモ帳 (ちょう) 메모장
- 通帳 (つうちょう) 통장
- 帳簿 (ちょうぼ) 장부
- 几帳面だ (きちょうめんだ) 착실하고 꼼꼼하다

大切(たいせつ)なことはメモ帳(ちょう)に書(か)くようにしている。 중요한 것은 메모장에 적도록 하고 있다.

彼女(かのじょ)はとても几帳面(きちょうめん)な性格(せいかく)です。 그녀는 착실하고 꼼꼼한 성격입니다.

체크포인트 11

1 다음 단어의 발음을 히라가나로 적어 보세요.

> 예시 花 꽃 → (はな   )

1) 育児   육아   → (   )
2) 神   신   → (   )
3) 道具   도구   → (   )
4) 祭り   축제   → (   )
5) 有名だ 유명하다 → (   )
6) 箱   상자   → (   )
7) 返事   답장   → (   )

2 다음 단어의 한자를 적어 보세요.

> 예시 별 ほし → (星   )

1) 정리   せいり   → (   )
2) 사용   しよう   → (   )
3) 접시   さら   → (   )
4) 공부   べんきょう → (   )
5) 2배   にばい   → (   )
6) 시대   じだい   → (   )
7) 관계   かんけい → (   )

3 아래의 단어와 뜻이 올바르게 연결되도록 선을 그어 보세요.

1) 助(たす)ける ・　　　　　　　・ 곡선
2) 消(け)す ・　　　　　　　・ 교류
3) 曲線(きょくせん) ・　　　　　　　・ 돕다
4) 交流(こうりゅう) ・　　　　　　　・ 줍다
5) 放送(ほうそう) ・　　　　　　　・ 들다, 가지다
6) 持(も)つ ・　　　　　　　・ 끄다, 지우다
7) 拾(ひろ)う ・　　　　　　　・ 방송

정답　1 1) いくじ　2) かみ　3) どうぐ　4) まつり　5) ゆうめいだ　6) はこ　7) へんじ
　　　　2 1) 整理　2) 使用　3) 皿　4) 勉強　5) 二倍　6) 時代　7) 関係
　　　　3 1) 助ける-돕다　2) 消す-끄다, 지우다　3) 曲線-곡선　4) 交流-교류　5) 放送-방송　6) 持つ-들다, 가지다
　　　　　7) 拾う-줍다

유하다요 일본어 상용한자 1026　**169**

연습문제 03

한자읽기 다음 문장의 밑줄 친 한자를 바르게 읽은 것은 어느 것인가?

1 先週からずっと体調が<u>悪</u>い。
   ① あくい   ② ひどい   ③ わるい   ④ さむい

2 コンクールのために、ピアノを<u>練習</u>する。
   ① れんしゅう ② じっしゅう ③ れんしょう ④ かんしょう

3 近所のかかりつけの<u>歯科</u>医院にいく。
   ① はか   ② しか   ③ はりょう   ④ しりょう

4 小学校時代の思い出の<u>写真</u>を見つける。
   ① さじん   ② さしん   ③ しゃしん   ④ しゃじん

5 心より世界<u>平和</u>をねがいます。
   ① たいわ   ② へいわ   ③ たいら   ④ せいわ

6 サッカーの試合でゴールを<u>決</u>める。
   ① けつめる   ② きつめる   ③ きめる   ④ とめる

7 1月なのに今日はとても外が<u>温</u>かい。
   ① あかたかい ② あたかい   ③ あつかい   ④ あたたかい

8 北海道の冬は、非常に<u>寒</u>いです。
   ① さむい   ② つめたい   ③ あつい   ④ わるい

9 我が社は注目の新商品を来月<u>発表</u>する予定だ。
   ① はっそう   ② はっぴゅう ③ はっしょう ④ はっぴょう

10 <u>太陽</u>は東から登って西にしずむ。
   ① たいよ   ② たいやん   ③ たいよう   ④ てよう

| 채점 /10

한자표기 다음 문장의 밑줄 친 히라가나의 한자의 표기로 올바른 것은 어느 것인가?

1 他人の<u>かなしい</u>話は聞きたくないです。
   ① 悲しい   ② 恋しい   ③ 愛しい   ④ 難しい

2 死後を<u>そうぞう</u>するだけでこわい。
   ① 相像   ② 相象   ③ 想象   ④ 想像

3 午後10時に日本に<u>とうちゃく</u>しました。
   ① 倒着   ② 到着   ③ 到者   ④ 倒差

4 父の車で<u>うんてん</u>を練習しています。
   ① 車転   ② 軍転   ③ 運転   ④ 運天

5 高い場所から<u>おちて</u>けがをしました。
   ① 満ちて   ② 茗ちて   ③ 折ちて   ④ 落ちて

6 母は<u>むかし</u>有名な歌手だったらしい
   ① 朝   ② 昔   ③ 古   ④ 今

7 大きなケーキを3人で<u>びょうどう</u>に分けて食べる。
   ① 平等   ② 平同   ③ 均等   ④ 平動

8 オーディションで新規メンバーを<u>ついか</u>する。
   ① 追可   ② 槌加   ③ 追加   ④ 追加

9 会社の<u>じゅうしょ</u>と電話番号を教えてください。
   ① 十処   ② 住所   ③ 住処   ④ 主所

10 お金をおろすために、<u>ぎんこう</u>のATMを探す。
   ① 鉄校   ② 金行   ③ 銀校   ④ 銀行

연습문제 03 정답 및 해석

한자읽기

정답 1 ③ 2 ① 3 ② 4 ③ 5 ② 6 ③ 7 ④ 8 ① 9 ④ 10 ③

해석
1. 지난주부터 계속 몸의 상태가 나쁘다.
2. 콩쿠르를 위해서 피아노를 연습한다.
3. 근처의 단골인 치과 의원에 간다.
4. 초등학교 때의 추억의 사진을 찾아 내다.
5. 진심으로 세계의 평화를 바랍니다.
6. 축구 시합에서 골을 결정하다(터트리다).
7. 1월인데도 오늘은 대단히 밖이 따뜻하다.
8. 홋카이도의 겨울은 매우 춥습니다.
9. 우리 회사는 주목받는 신상품을 다음 달 발표할 예정이다.
10. 태양은 동쪽에서 떠올라서 서쪽으로 진다.

한자표기

정답 1 ① 2 ④ 3 ② 4 ③ 5 ④ 6 ② 7 ① 8 ③ 9 ② 10 ④

해석
1. 타인의 슬픈 이야기는 듣고 싶지 않습니다.
2. 사후를 상상하는 것만으로도 무섭다.
3. 오후 10시에 일본에 도착했습니다.
4. 아버지의 자동차로 운전을 연습하고 있습니다.
5. 높은 장소에서 떨어져서 다쳤습니다.
6. 어머니는 옛날에 유명한 가수였던 것 같다.
7. 큰 케이크를 세 명이서 평등하게 나눠서 먹는다.
8. 오디션에서 신규 멤버를 추가한다.
9. 회사의 주소와 전화번호를 가르쳐 주세요.
10. 돈을 인출하기 위해서 은행의 ATM을 찾는다.

일본 문부과학성이 지정한 상용한자

4 초등학교 학년 한자

- **Unit 12** 40자
- **Unit 13** 40자
- **Unit 14** 40자
- **Unit 15** 40자
- **Unit 16** 42자

Unit 12 초등학교 4학년 (40자)

MP3 다운로드

街 거리 가	加 더할 가	各 각각 각	覚 깨달을 각	康 편안 강
岡 산등성이 강	改 고칠 개	挙 들 거	建 세울 건	健 굳셀 건
結 맺을 결	欠 이지러질 결	径 지름길 경	景 볕 경	鏡 거울 경
競 다툴 경	季 계절 계	械 기계 계	固 굳을 고	功 공 공
共 한가지 공	課 과정 과	果 실과 과	関 관계할 관	管 대롱 관
官 벼슬 관	観 볼 관	求 구할 구	郡 고을 군	軍 군사 군
群 무리 군	極 극진할 극	給 줄 급	岐 갈림길 기	埼 갑 기
器 그릇 기	旗 기 기	機 틀 기	崎 험할 기	奈 어찌 내

*는 JLPT N4-N5 기출 단어입니다.

0441

街 거리 가

街街街街街街街街街街街街 | 총 12획 | N3

음	がい/かい	街灯 (がいとう) 가로등	街頭 (がいとう) 길거리	商店街 (しょうてんがい) 상점가
		繁華街 (はんかがい) 번화가	街道 (かいどう) 가도	
훈	まち	街 (まち) 거리	街角 (まちかど) 길모퉁이	街並み (まちなみ) 거리 풍경

ここは**街灯**がないので夜はとても暗いです。
이곳은 가로등이 없기 때문에 밤은 매우 어둡습니다.

この辺りはまるで海外のような**街並み**だ。 이 근처는 마치 해외와 같은 거리 풍경이다.

0442

加 더할 가

加加加加加 | 총 5획 | N3

음	か	加工 (かこう) 가공	加入 (かにゅう) 가입	いい加減 (かげん) 적당함, 알맞음
		参加 (さんか) 참가	増加 (ぞうか) 증가	追加 (ついか) 추가
훈	くわ(える)/くわ(わる)	加える (くわえる) 가하다, 더하다	加わる (くわわる) 가해지다, 더해지다	

幼稚園の親子運動会に**参加**する。 유치원의 부모 자식 동반 운동회에 참가한다.

新メンバーが**加わって**からの初めてのステージだ。
새 멤버가 더해진 이후로 첫 스테이지다.

0443

各 각각 각

各各各各各各 | 총 6획 | N2

음	かく	各自 (かくじ) 각자	各位 (かくい) 각위, 여러분	各界 (かっかい) 각계	各種 (かくしゅ) 각종
		各地 (かくち) 각지			
훈	おのおの	各々 (おのおの) 각각, 각자			

授業で使うパソコンは**各自**持参してください。
수업에서 사용할 컴퓨터는 각자 지참해 주세요.

各々考えが違うのは当たり前だ。 각자 생각이 다른 것은 당연하다.

0444

覚 깨달을 각 | 총 12획 | N3

- 음 かく
  - 覚悟 각오　自覚 자각　感覚 감각　嗅覚 후각
  - 錯覚 착각　視覚 시각　聴覚 청각
- 훈 おぼ(える)/さ(ます)/さ(める)
  - 覚える 느끼다, 외우다　覚ます 깨우치다
  - 目覚まし時計 알람 시계　覚める 깨다, 눈이 뜨이다
  - 目覚める 눈뜨다

犬の嗅覚は人間より何万倍以上も鋭い。 개의 후각은 인간보다 몇 만 배 이상이나 예민하다.

最近は朝の6時になると、目が覚めてしまう。
최근에는 아침 6시가 되면 눈이 떠져버린다.

0445

康 편안 강 | 총 11획 | N1

- 음 こう
  - 健康 건강

これから寒くなるので、健康にはお気を付けください。
지금부터 추워지기 때문에 건강에는 주의해 주세요.

0446

岡 산등성이 강 | 총 8획 | N1

- 훈 おか
  - 岡山県 오카야마현(일본 지명)　静岡県 시즈오카현(일본 지명)
  - 福岡県 후쿠오카현(일본 지명)　岡村 오카무라(일본 성씨)

静岡県の緑茶はとても有名だ。 시즈오카현의 녹차는 매우 유명하다.

岡村さんは今、席を外しています。 오카무라 씨는 지금 자리를 비우고 있습니다.

0447

改 고칠 개 | 총 7획 | N2

- 음 かい
  - 改札口 개찰구　改革 개혁　改行 개행　改正 개정
  - 改善 개선
- 훈 あらた(まる)/あらた(める)
  - 改まる 고쳐지다, 변경되다　改める 고치다, 변경하다

友達と改札口で待ち合わせをしている。 친구와 개찰구에서 만나기로 했다.

日常での悪い態度は改めたほうがいい。 일상에서의 좋지 않은 태도는 고치는 편이 좋다.

＊는 JLPT N4-N5 기출 단어입니다.

0448

挙挙挙挙挙挙挙挙挙挙 | 총 10획 | N1 ☐☐☐

挙
들 거

음	きょ	選挙 선거　快挙 쾌거　挙手 거수　挙動 거동
훈	あ(がる)/あ(げる)	挙がる 오르다, 올라가다
		挙げる 팔을 쳐들다, 거행하다, (예를) 들다

選挙権年齢を20歳から18歳以上に引き下げた。
선거권 연령을 20세에서 18세 이상으로 내렸다.

このホテルで姉は結婚式を挙げた。 이 호텔에서 누나는 결혼식을 올렸다.

0449

建建建建建建建建建 | 총 9획 | N4 ☐☐☐

建
세울 건

음	けん/こん	建築 건축　建国 건국　建設 건설　再建 재건
		建立 절 등을 건립
훈	た(てる)/た(つ)	＊建てる 세우다, 짓다　＊建物 건물　建つ 세워지다

建築学科で建設に関する幅広い知識を学んでいます。
건축학과에서 건설에 관한 폭넓은 지식을 배우고 있습니다.

私の夢は一軒家を建てて広々とゆっくり家族と過ごすことです。
제 꿈은 집 한 채를 지어서 널찍하게 느긋이 가족과 지내는 것입니다.

0450

健健健健健健健健健健健 | 총 11획 | N2 ☐☐☐

健
굳셀 건

음	けん	健康 건강　健全だ 건전하다　健闘 건투
		保健室 보건실　예외 健気だ 부지런하다, 기특하다
훈	すこ(やか)	健やかだ 튼튼하다, 건강하다

毎日、三食食べることが僕の健康の秘訣だ。
매일 세 끼를 먹는 것이 나의 건강 비결이다.

子供が元気で健やかに育ちますようにと祈る。
아이가 건강하고 튼튼하게 자라도록 기도한다.

0451 結 맺을 결

結結結結結結結結結結結結 | 총 12획 | N3

- **음** けつ
  - けつまつ 結末 결말
  - けつろん 結論 결론
  - *けっか 結果 결과
  - けっきょく 結局 결국
  - けっこん 結婚 결혼
  - かんけつ 完結 완결
- **훈** むす(ぶ)/ゆ(う)/ゆ(わえる)
  - むす 結ぶ 잇다, 묶다
  - ゆ 結う 매다, 머리를 땋다
  - ゆ 結わえる 매다, 묶다
  - 예외) ゆいのう 結納 약혼 예물

今日はテストの**結果**発表日です。 오늘은 테스트의 결과 발표일입니다.

靴ひもがほどけないようにしっかり**結ん**でください。
신발 끈이 풀리지 않도록 꽉 묶어주세요.

0452 欠 이지러질 결

欠欠欠欠 | 총 4획 | N3

- **음** けつ
  - ふかけつ 不可欠 불가결
  - けつぼう 欠乏 결핍
  - けっせき 欠席 결석
  - けってん 欠点 결점
  - しゅっけつ 出欠 출결
  - けっこう 欠航 결항
- **훈** か(ける)/か(く)
  - か 欠ける 부족하다, 모자라다, 빠지다
  - か 欠く 빠뜨리다, 소홀히 하다

今から**出欠**を取るので返事をしてください。
지금부터 출결을 확인하므로 대답을 해 주세요.

メンバーが**欠けた**状態でステージに立つ。 멤버가 빠진 상태로 스테이지에 선다.

0453 径 지름길 경

径径径径径径径径 | 총 8획 | N1

- **음** けい
  - ちょっけい 直径 직경, 지름
  - はんけい 半径 반경, 반지름
  - がいけい 外径 외경, 바깥지름

テニスボールは**直径**6cmくらいです。 테니스 공은 직경 6cm 정도입니다.

コンパスで**半径**3cmの円を描く。 컴퍼스로 반경 3cm의 원을 그린다.

0454 景 볕 경

景景景景景景景景景景景景 | 총 12획 | N3

- **음** けい
  - やけい 夜景 야경
  - けいかん 景観 경관
  - けいき 景気 경기, 기운
  - はいけい 背景 배경
  - ふうけい 風景 풍경
  - 예외) けしき 景色 경치

高級レストランで**夜景**を見ながらワインを飲みます。
고급 레스토랑에서 야경을 보면서 와인을 마십니다.

今年は**景気**が良くなるそうです。 올해는 경기가 좋아진다고 합니다.

* 는 JLPT N4-N5 기출 단어입니다.

0455

鏡 거울 경

鏡鏡鏡鏡鏡鏡鏡鏡鏡鏡鏡鏡鏡鏡鏡鏡鏡鏡鏡 | 총 19획 | N1

음 きょう	きょうだい 鏡台 화장대	けんびきょう 顕微鏡 현미경	ないしきょう 内視鏡 내시경
	ぼうえんきょう 望遠鏡 망원경	ろうがんきょう 老眼鏡 돋보기 안경	
훈 かがみ	かがみ 鏡 거울	てかがみ 手鏡 손거울	예외 めがね 眼鏡 안경

あたら いえ きょうだい お
新しい家に鏡台を置きたい。 새로운 집에 화장대를 두고 싶다.

けしょう かがみ かくにん なお
化粧を鏡で確認しながら直した。 화장을 거울로 확인하면서 고쳤다.

0456

競 다툴 경

競競競競競競競競競競競競競競競競競競競競 | 총 20획 | N2

음 きょう/けい	きょうそう *競争 경쟁	きょうぎ 競技 경기	けいば 競馬 경마
훈 きそ(う)/せ(る)	きそ 競う 다투다, 경쟁하다	せ 競る 경쟁하다	せ 競り 경쟁, 경매

きょうそうしん も たが せいちょう
競争心を持ち、お互いに成長する。 경쟁심을 가지고 서로 성장한다.

ぎじゅつ きそ
このコンテストはプログラミング技術を競うものです。
이 콘테스트는 프로그래밍 기술을 겨루는 것입니다.

0457

季 계절 계

季季季季季季季季 | 총 8획 | N2

음 き	きせつ 季節 계절	しき 四季 사계절	かき 夏季 하계	とうき 冬季 동계

きせつ いちばん す
あなたは、どの季節が一番好きですか？ 당신은 어느 계절을 가장 좋아합니까?

にほん かんこく しき くに
日本と韓国は四季がある国です。 일본과 한국은 사계절이 있는 나라입니다.

0458

械 기계 계

械械械械械械械械械械械 | 총 11획 | N2

음 かい	きかい 機械 기계	きかいか 機械化 기계화	きかい 器械 기계

かがくぎじゅつ はってん ぶんや きかいか すす
科学技術の発展により、いろんな分野で機械化が進んでいる。
과학기술의 발전에 의해 여러 분야에서 기계화가 진행되고 있다.

たいいく じかん きかいたいそう おこな
体育の時間に器械体操を行った。 체육 시간에 기계 체조를 했다.

Unit 12 초등학교 4학년

0459 固 굳을 고

총 8획 | N2

- 음: こ
  - 固体 고체 頑固 완고 固定 고정 固有 고유
  - 凝固 응고 断固 단호히, 단연코
- 훈: かた(い)/かた(まる)/かた(める)
  - 固い 단단하다, 딱딱하다 固さ 경도, 굳기 固まる 굳다
  - 固まり 덩어리 固める 굳히다

部品が動かないようにテープで固定する。 부품이 움직이지 않도록 테이프로 고정한다.

ボンドが固まるまでには時間がかかります。 본드가 굳을 때까지는 시간이 걸립니다.

0460 功 공 공

총 5획 | N1

- 음: こう/く
  - 成功 성공 功績 공적 功労 공로

世界ではじめて宇宙探査船の実験に成功した。 세계에서 처음으로 우주 탐사선 실험에 성공했다.

彼女は音楽界に偉大な功績を残した。 그녀는 음악계에 위대한 공적을 남겼다.

0461 共 한가지 공

총 6획 | N3

- 음: きょう
  - 共同 공동 公共 공공 共感 공감 共学 공학
  - 共通 공통 共用 공용
- 훈: とも
  - 共に 함께, 동시에 共働き 맞벌이

私もあなたの考えに共感します。 저도 당신의 생각에 공감합니다.

両親は共働きで家に帰ってくるのが遅いです。 부모님은 갖벌이로 집에 돌아오는 것이 늦습니다.

0462 課 과정 과

총 15획 | N2

- 음: か
  - 課金 과금, 요금을 부과함 課税 과세 課題 과제
  - 課長 과장 日課 일과 放課後 방과후

ゲームに課金してレアアイテムを手に入れた。 게임에 과금해서 레어 아이템을 손에 넣었다.

課題の提出は来週までです。 과제 제출은 다음 주까지입니다.

＊는 JLPT N4-N5 기출 단어입니다.

0463

실과 **과**

果果果果果果果果 | 총 8획 | N3

음	か	＊結果 결과 効果 효과 果実 과실, 열매 果汁 과즙
		成果 성과
훈	は(たす)/は(て)/は(てる)	果たす 완수하다, 다하다 果たして 과연, 역시 果て 끝
		果てる 끝나다 예외 果物 과일

今日の試合の結果が気になります。 오늘 시합 결과가 신경 쓰입니다.

組織の中で自分の役割を果たした。 조직 안에서 자신의 역할을 다했다.

0464

관계할 **관**

関関関関関関関関関関関関関関 | 총 14획 | N3

음	かん	＊関係 관계 関心 관심 関連 관련 関節 관절
		関する 관계하다 玄関 현관
훈	かか(わる)/せき	関わる 관계가 있다, 상관하다 大関 스모 선수 등급의 하나

これは私の問題だから、あなたには関係ないよ。 이건 내 문제니까 당신하고는 관계없어.

これからは、あの人と関わるのはやめたほうがいい。 앞으로는 저 사람과 엮이는 것은 그만두는 편이 좋다.

0465

대롱 **관**

管管管管管管管管管管管管管管 | 총 14획 | N2

음	かん	管理 관리 保管 보관 血管 혈관 管轄 관할
		水道管 수도관 排水管 배수관
훈	くだ	管 관, 대롱

健康管理は若いときからするべきだ。 건강 관리는 젊을 때부터 해야 한다.

たまった雨水を管を通して下水に流す。 고인 빗물을 관을 통해서 하수도에 흘려보낸다.

0466 官 벼슬 관

官官官官官官官官 | 총 8획 | N3

음 かん

- 警察官 경찰관
- 官公庁 관공서
- 官庁 관청
- 官僚 관료
- 外交官 외교관
- 試験官 시험관
- 面接官 면접관

将来はお父さんのような**警察官**になりたい。 장래에는 아빠 같은 경찰관이 되고 싶다.

市役所や区役所は**官公庁**の一つである。 시청과 구청은 관공서의 하나다.

0467 観 볼 관

観観観観観観観観観観観観観観観観観観 | 총 18획 | N3

음 かん

- 観光客 관광객
- 観察 관찰
- 客観的 객관적
- 主観的 주관적
- 世界観 세계관

ここはいつも**観光客**でにぎわっている。 이곳은 항상 관광객으로 붐비고 있다.

上司から**客観的**なアドバイスをもらった。 상사로부터 객관적인 조언을 받았다.

0468 求 구할 구

求求求求求求求 | 총 7획 | N3

음 きゅう

- 求人 구인
- 要求 요구
- 求婚 구혼
- 求職 구직
- 請求 청구
- 欲求 욕구

훈 もと(める)

- 求める 바라다, 요구하다

求人サイトを見て仕事を探す。 구인 사이트를 보고 일을 찾는다.

海で溺れている子供を見かけたので周りに助けを**求めた**。
바다에 빠진 아이를 발견했기 때문에 근처에 도움을 구했다.

0469 郡 고을 군

郡郡郡郡郡郡郡郡郡郡 | 총 10획 | N1

음 ぐん

- 郡 군(일본 행정 구역)
- 郡部 군에 속하는 부분, 지역

郡とは町や村にある行政区画のことだ。 군이란 읍내와 마을에 있는 구획을 말한다.

私のおばあさんは同じ県でも**郡部**の方に住んでいる。
나의 할머니는 같은 현에서도 군에 속하는 지역 쪽에 살고 있다.

※는 JLPT N4-N5 기출 단어입니다.

0470

군사 **군**

軍軍軍軍軍軍軍軍軍 | 총 9획 | N2

- 음 ぐん
  - 軍隊 군대
  - 軍人 군인
  - 軍手 목장갑
  - 軍服 군복
  - 将軍 장군
  - 陸軍 육군
  - 海軍 해군

高校を卒業してから軍隊へ入隊する。 고등학교를 졸업하고 나서 군대에 입대한다.

電車の中で見かけた軍人はとてもかっこよかった。 전철 안에서 본 군인은 매우 멋있었다.

0471

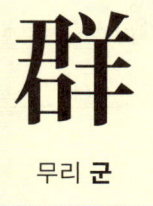

무리 **군**

群群群群群群群群群群群 | 총 13획 | N2

- 음 ぐん
  - 抜群 발군
  - 群衆 군중
  - 群馬県 군마현(일본 지명)
- 훈 む(れ)/む(れる)/むら
  - 群れ 떼, 무리
  - 群れる 떼를 짓다, 군집하다
  - 群がる 떼 지어 모이다

あの人は抜群の運動神経を持っている。 저 사람은 발군의 운동신경을 가지고 있다.

野生のゾウは群れで生活をする。 야생 코끼리는 무리로 생활을 한다.

0472

극진할 **극**

極極極極極極極極極極極 | 총 12획 | N2

- 음 きょく/ごく
  - 北極 북극
  - 極限 극한
  - 極力 극력, 가능한 한
  - 積極的 적극적
  - 極秘 극비
- 훈 きわ(める)/きわ(まる)/きわ(み)
  - 極める 끝까지 가다, 한도에 이르다
  - 極めて 극히, 더없이
  - 極まる 극히 ~하다
  - 極み 극도, 끝

運動は苦手なので、授業は極力避けたいです。 운동은 서투르기 때문에 수업은 가능한 한 피하고 싶습니다.

最後まで自分の実力を発揮できず、痛恨の極みだ。 마지막까지 자신의 실력을 발휘하지 못해서 통한의 극치다.

0473

給 줄 급

- 음 きゅう
  - 給料 급료, 급여
  - 給食 급식
  - 供給 공급
  - 支給 지급
  - 時給 시급
  - 自給自足 자급자족

給給給給給給給給給給給給 | 총 12획 | N3

今日は**給料**日だったので外食をする。 오늘은 급여일이기 때문에 외식을 한다.

小学校ではお弁当ではなく**給食**があります。
초등학교에서는 도시락이 아니라 급식이 있습니다.

0474

岐 갈림길 기

- 음 き
  - 多岐 다기, 여러 갈래
  - 分岐点 분기점
  - 岐路 기로, 갈림길
  - 岐阜県 기후현(일본 지명)

岐岐岐岐岐岐岐 | 총 7획 | N0

私は**多岐**にわたる経験をしました。 저는 여러 갈래에 걸친 경험을 했습니다.

今、私は人生の**分岐点**に立っている。 지금 나는 인생의 분기점에 서있다.

0475

埼 갑 기

- 훈 さい
  - 埼玉県 사이타마현(일본 지명)

埼埼埼埼埼埼埼埼埼埼埼 | 총 11획 | N1

埼玉県は東京の上に位置する。 사이타마현은 도쿄의 위에 위치한다.

0476

器 그릇 기

- 음 き
  - 器用だ 재주가 있다
  - 容器 용기
  - 楽器 악기
  - 食器 식기
  - 陶器 도자기
  - 武器 무기
- 훈 うつわ
  - 器 그릇, 용기

器器器器器器器器器器器器器器器 | 총 15획 | N1

彼女は手先が**器用**なので編み物が得意だ。 그녀는 손재주가 좋기 때문에 뜨개질을 잘한다.

あの人は**器**が大きいから怒った姿を見たことがない。
저 사람은 그릇이 크기 때문에 화난 모습을 본 적이 없다.

0477

기 **기**

| 총 14획 | N1 |

음	き	国旗 국기　旗艦 기함　旗手 기수
훈	はた	旗 깃발　白旗 백기

世界の**国旗**を図鑑でみる。 세계의 국기를 도감에서 본다.

各国の大使館では、その国の**旗**を掲げている。
각국의 대사관에서는 그 나라의 국기를 게양하고 있다.

0478

機
틀 **기**

| 총 16획 | N3 |

음	き	機会 기회　機械 기계　機関 기관　危機 위기 機嫌 기분, 심기　機能 기능
훈	はた	機 베　機織り機 베짜는 기계

機会があれば、また食事に行きましょう。 기회가 있으면, 또 식사하러 갑시다.

彼女は**機織り機**で、布を作っている。 그녀는 베 짜는 기계로 천을 만들고 있다.

0479

험할 **기**

| 총 11획 | N0 |

훈	さき	長崎県 나가사키현(일본 지명)　宮崎県 미야자키현(일본 지명)

宮崎県は自然がいっぱいで、食べものもおいしい。
미야자키현은 자연이 풍부해서 음식도 맛있다.

0480

奈
어찌 **내**

| 총 8획 | N1 |

음	な	奈良県 나라현(일본 지명)　神奈川県 카나가와현(일본 지명) 奈落 나락, 지옥

奈良公園にいる鹿にえさをあげる。 나라 공원에 있는 사슴에게 먹이를 준다.

ショックなことがあり、**奈落**の底に落ちたような気分だ。
충격인 일이 있어 지옥의 밑바닥에 떨어진 것 같은 기분이다.

체크포인트 12

1 다음 단어의 발음을 히라가나로 적어 보세요.

> 예시 花 꽃 → (はな   )

1) 軍隊   군대   → (   )
2) 給料   급여   → (   )
3) 四季   사계절   → (   )
4) 鏡   거울   → (   )
5) 直径   직경   → (   )
6) 改札口   개찰구   → (   )
7) 選挙   선거   → (   )

2 다음 단어의 한자를 적어 보세요.

> 예시 별 ほし → (星   )

1) 고정   こてい   → (   )
2) 각자   かくじ   → (   )
3) 관심   かんしん   → (   )
4) 구인   きゅうじん   → (   )
5) 경찰관   けいさつかん   → (   )
6) 결과   けっか   → (   )
7) 성공   せいこう   → (   )

3 아래의 단어와 뜻이 올바르게 연결되도록 선을 그어 보세요.

1) 加(くわ)える ・　　　　　・ 일과
2) 機械(きかい) ・　　　　　・ 기계
3) 日課(にっか) ・　　　　　・ 악기
4) 楽器(がっき) ・　　　　　・ 경쟁
5) 建(た)てる ・　　　　　・ 세우다
6) 覚(おぼ)える ・　　　　　・ 더하다
7) 競争(きょうそう) ・　　　　　・ 외우다

정답　1 1) ぐんたい　2) きゅうりょう　3) しき　4) かがみ　5) ちょっけい　6) かいさつぐち　7) せんきょ
　　　2 1) 固定　2) 各自　3) 関心　4) 求人　5) 警察官　6) 結果　7) 成功
　　　3 1) 加える-더하다　2) 機械-기계　3) 日課-일과　4) 楽器-악기　5) 建てる-세우다　6) 覚える-외우다　7) 競争-경쟁

Unit 13 초등학교 4학년 (40자)

念 생각 념(염)	努 힘쓸 노	単 홑 단	達 통달할 달	帶 띠 대
隊 무리 대	德 덕 덕	徒 무리 도	働 굼닐 동	灯 등잔 등
冷 찰 랭(냉)	量 헤아릴 량(양)	良 어질 량(양)	連 이을 련(연)	令 하여금 령(영)
例 법식 례(예)	老 늙을 로(노)	労 일할 로	錄 기록할 록	鹿 사슴 록(녹)
料 헤아릴 료(요)	類 무리 류(유)	陸 뭍 륙(육)	輪 바퀴 륜(윤)	梨 배나무 리(이)
利 이로울 리(이)	滿 찰 만	末 끝 말	望 바랄 망	梅 매화 매
牧 칠 목	無 없을 무	未 아닐 미	民 백성 민	博 넓을 박
飯 밥 반	法 법 법	辺 가 변	変 변할 변	別 다를 별

*는 JLPT N4-N5 기출 단어입니다.

0481

念 | 총 8획 | N3

생각 념(염)

음 ねん

| きねん 記念 기념 | *ざんねん 残念だ 유감이다, 아쉽다 | しんねん 信念 신념 |
| ねんがん 念願 염원 | ねんとう 念頭 염두 | ねん 念のため 만일을 위해 |

ねんがん かいいん
念願のプレミアム会員になった。 염원의 프리미엄 회원이 되었다.

ね ぼう　　　　　　　　 ねん
寝坊をしないように念のためアラームをつける。
늦잠 자지 않도록 만일을 위해서 알람을 맞춘다.

0482

努 | 총 7획 | N3

힘쓸 노

음 ど

どりょく 努力 노력

훈 つと(める)

つと 努める 힘쓰다, 노력하다

ゆめ かな　　　　　　どりょく
夢を叶えるために努力をした。 꿈을 이루기 위해서 노력을 했다.

のこ　　がくせいせいかつ　　　　　　べんがく　つと
残りの学生生活はしっかりと勉学に努めます。
남은 학생 생활은 정신 차려서 면학에 힘쓸 겁니다.

0483

単 | 총 9획 | N3

홑 단

음 たん

| かんたん 簡単だ 간단하다 | たんい 単位 단위, 학점 | たんご 単語 단어 |
| たんじゅん 単純だ 단순하다 | たんぴん 単品 단품 | たんどく 単独 단독 |

ふ　　　　　　　　　　　かんたん
この振り付けはとても簡単です。 이 안무는 매우 간단합니다.

いざかや　　　　　　　　たんぴん　たの
居酒屋ではおつまみを単品で頼む。 선술집에서는 안주를 단품으로 주문한다.

0484

達 | 총 12획 | N3

통달할 달

음 たつ/たち

| たつじん 達人 달인 | たっせい 達成 달성 | はいたつ 配達 배달 |
| たっ 達する 달하다, 도달하다 | わたしたち 私達 우리들 | ともだち 友達 친구 |

こんげつ う あ　 もくひょう　たっせい
今月の売り上げの目標を達成する。 이번 달 매출 목표를 달성하다.

かのじょ　やさ　　　　　　まわ　　ともだち　おお
彼女は優しいので周りに友達が多い。 그녀는 상냥하기 때문에 주변에 친구가 많다.

Unit 13 초등학교 4학년

0485 帯 띠 대

- 음 たい: 一帯 일대 | 携帯 휴대전화 | 地帯 지대 | 熱帯 열대
- 훈 おび/お(びる): 帯 띠 | 帯びる 띠다, 차다

この地域一帯は温泉が出ます。 이 지역 일대는 온천수가 나옵니다.

お母さんに着物の帯を選んでもらう。 어머니가 기모노의 띠를 골라 준다.

0486 隊 무리 대

- 음 たい: 楽隊 악대 | 兵隊 병대, 군대 | 軍隊 군대 | 隊長 대장

趣味で社会人の楽隊に入団する。 취미로 사회인의 음악대에 입단한다.

今日はパレードがあるので、兵隊の行進を見に行った。
오늘은 퍼레이드가 있기 때문에 군대의 행진을 보러 갔다.

0487 徳 덕 덕

- 음 とく: 道徳 도덕 | 悪徳 악덕, 부도덕 | 美徳 미덕

彼の行いは道徳的ではなかった。 그의 행실은 도덕적이지 않았다.

最近、悪徳商法の被害が多くなっている。 최근 악덕 상법의 피해가 많아지고 있다.

0488 徒 무리 도

- 음 と: 生徒 학생, 중고생 | 徒歩 도보 | 信徒 신도

全校生徒は校庭に集まってください。 전교 학생은 교정에 집합해 주세요.

ここから自宅まで徒歩10分で行けます。
여기서부터 자택까지 도보 10분으로 갈 수 있습니다.

*는 JLPT N4-N5 기출 단어입니다.

0489 働 | 총 13획 | N3

굼닐 동

| 음 | どう | 労働 노동　労働者 노동자　稼働 가동 |
| 훈 | はたら(く) | *働く 일하다, 움직이다　共働き 맞벌이 |

毎日の労働時間は8時間です。 매일 노동시간은 8시간입니다.

私は空港でグランドスタッフとして働いています。
저는 공항에서 지상 스태프로 근무하고 있습니다.

0490 灯 | 총 6획 | N2

등잔 등

| 음 | とう | 街灯 가로등　懐中電灯 손전등　点灯 점등, 불을 켬
灯台 등대　灯油 등유 |
| 훈 | ひ | 灯 불빛, 등불 |

この街は街灯が多いので夜も明るい。 이 거리는 가로등이 많기 때문에 밤에도 밝다.

誕生日ケーキのろうそくに灯をともす。 생일 케이크의 촛불에 불을 붙인다.

0491 冷 | 총 7획 | N3

찰 랭(냉)

| 음 | れい | *冷房 냉방　冷静 냉정　冷蔵庫 냉장고
冷凍庫 냉동고　保冷剤 보냉제 |
| 훈 | つめ(たい)/ひ(える)
/ひ(や)/ひ(やす)
/ひ(やかす)
/さ(ます)/さ(める) | 冷たい 차갑다　冷える 차가워지다　お冷 냉수, 찬물
冷やす 차게 하다　冷やかす 놀리다　冷ます 식히다
冷める 식다 |

引っ越し祝いに冷蔵庫を買ってもらいました。 집들이로 냉장고를 사 받았습니다.

できたてのスープは熱いので冷ましてから食べてください。
갓 만들어진 수프는 뜨거우니까 식히고 나서 먹어 주세요.

0492

量 헤아릴 량(양) | 총 12획 | N2

- 음 りょう
  - 量 양　雨量 강수량　音量 음량　数量 수량
  - 重量 중량　大量 대량
- 훈 はか(る)
  - 量る (무게, 용적 등을) 재다

数量限定の人気商品を買った。 수량 한정의 인기 상품을 샀다.

荷物を送るため、重量を量る。 짐을 보내기 위해서 중량을 단다.

0493

良 어질 량(양) | 총 7획 | N3

- 음 りょう
  - 良心 양심　改良 개량　善良 선량　不良品 불량품
  - 良好 양호
- 훈 よ(い)
  - 良い 좋다

友達にうそをついたので、良心が痛む。
친구에게 거짓말을 했기 때문에 양심에 찔린다.

おみくじで大吉を引いたから今日は運が良い日だ。
운세 뽑기에서 대길을 뽑았기 때문에 오늘은 운이 좋은 날이다.

0494

連 이을 련(연) | 총 10획 | N3

- 음 れん
  - *連絡 연락　関連 관련　国連 국제연합(UN)　連携 제휴
  - 連休 연휴　連合 연합
- 훈 つら(なる)/つら(ねる)/つ(れる)
  - 連なる 줄지어 있다　連ねる 늘어놓다　連れる 동반하다
  - 連れ 동행, 한패

家に着いたら連絡してください。 집에 도착하면 연락해 주세요.

遠くを見ると山が連なっているのが見える。
멀리서 보면 산이 나란히 줄지어 있는 것이 보인다.

는 JLPT N4-N5 기출 단어입니다.

0495

令令令令令 | 총 5획 | N2

하여금 령(영)

- 음 れい
  - 命令 명령 法令 법령 禁止令 금지령 指令 지령
  - 社交辞令 겉치레 말, 예의상의 인사

私のペットは私の命令をよく聞きます。 제 애완동물은 제 명령을 잘 듣습니다.
お母さんが私に外出禁止令を出した。 어머니가 나에게 외출 금지령을 내렸다.

0496

例例例例例例例例 | 총 8획 | N3

법식 례(예)

- 음 れい
  - 例 예, 선례 例文 예문 例外 예외 異例だ 이례적이다
  - 例年 예년 比例 비례
- 훈 たと(える)
  - 例える 예를 들다, 비유하다 例え 예, 설령, 비록
  - 例えば 예를 들면

例文通りに書いてください。 예문대로 적어주세요.
例え何があってもあなたを信じます。 설령 무슨 일이 있어도 당신을 믿습니다.

0497

老老老老老老 | 총 6획 | N3

늙을 로(노)

- 음 ろう
  - 老人 노인 老化 노화 老若男女 남녀노소 老婆 노파
  - 長老 장로
- 훈 お(いる)/ふ(ける)
  - 老いる 늙다, 노쇠하다 老ける 나이를 먹다, 늙다
  - 예외 海老 새우 老舗 노포, 오래된 가게

老化予防のためにアンチエイジングのサプリを飲む。
노화 예방을 위해 안티에이징의 보충제를 먹는다.
最近、急に老けてきたような気がする。 최근 급격히 늙어진 것 같은 기분이 든다.

0498

労労労労労労労 | 총 7획 | N3

일할 로

- 음 ろう
  - 苦労 노고, 고생 勤労 근로 労力 노력, 수고
  - 過労 과로 労働 노동

就職するのにとても苦労した。 취직하는 데에 몹시 고생했다.
毎日遅くまで働いていたら過労で倒れた。 매일 늦게까지 일했더니 과로로 쓰러졌다.

0499 録 기록할 록

음 ろく

録画 녹화 | 録音 녹음 | 記録 기록 | 収録 수록, 녹화
付録 부록 | 登録 등록

ドラマの時間に間に合わないので録画した。
드라마 시간에 맞출 수 없기 때문에 녹화했다.

人気俳優が出るテレビの収録を見学した。
인기 배우가 나오는 텔레비전의 녹화를 견학했다.

0500 鹿 사슴 록(녹)

훈 しか/か

鹿 사슴 | 馬鹿 바보 | 鹿児島県 가고시마현(일본 지명)

鹿の角はとても固いので、なかなか折れない。
사슴뿔은 매우 단단하기 때문에 좀처럼 부러지지 않는다.

こんな簡単なこともできないなんて、私って本当に馬鹿なのかな。
이런 간단한 것도 못하다니 나는 정말 바보인 걸까?

0501 料 헤아릴 료(요)

음 りょう

*料理 요리 | 料金 요금 | 給料 급여, 월급 | 送料 배송료
資料 자료 | 無料 무료

彼が誕生日なので料理をたくさん作りました。
그가 생일이기 때문에 요리를 많이 만들었습니다.

明日は給料日なのでうれしいですね。 내일은 급여일이라서 기쁘네요.

0502 類 무리 류(유)

음 るい

種類 종류 | 書類 서류 | 分類 분류 | 衣類 의류

훈 たぐ(い)

類い 같은 부류, 종류

調査データを、分類ごとに分けて整理する。 조사 데이터를 분류별로 나눠서 정리한다.

この類いの本はよく主婦に売れる。 이 종류의 책은 주부에게 잘 팔린다.

※는 JLPT N4-N5 기출 단어입니다.

0503 陸 뭍 륙(육)

음	りく
	たいりく 大陸 대륙 / りりく 離陸 이륙 / ちゃくりく 着陸 착륙 / りくじょう 陸上 육상

地球には六つの**大陸**がある。 지구에는 6개의 대륙이 있다.

飛行機が、**離陸**や**着陸**をするときは携帯の電源を切ってください。
비행기가 이륙과 착륙을 할 때는 휴대전화의 전원을 꺼 주세요.

0504 輪 바퀴 륜(윤)

음	りん
	いちりん 一輪 일륜, 한 송이 / けいりん 競輪 경륜 / しゃりん 車輪 차륜, 수레바퀴
	りんかく 輪郭 윤곽
훈	わ
	輪 고리, 원형, 바퀴 / ゆびわ 指輪 반지 / くびわ 首輪 목걸이
	うきわ 浮き輪 튜브 / うちわ 内輪 집안

庭に**一輪**だけ花が咲いた。 정원에 한 송이만 꽃이 피었다.

深いプールでは**浮き輪**を付けて遊ぶ。 깊은 수영장에서는 튜브를 끼고 논다.

0505 梨 배나무 리(이)

훈	なし
	なし 梨 배 / やまなしけん 山梨県 야마나시현(일본 지명)

お母さんが旬の**梨**を送ってくれた。 어머님이 제철의 배를 보내주셨다.

山梨県といえばぶどうが有名です。 야마나시현이라고 하면 포도가 유명합니다.

0506 利 이로울 리(이)

음	り
	＊りよう 利用 이용 / ＊べんりだ 便利だ 편리하다 / けんり 権利 권리
	しょうり 勝利 승리 / りえき 利益 이익 / りし 利子 이자
훈	き(く)
	きく 利く 잘 움직이다, 통하다 / ききめ 利き目 효과, 효능
	ひだりきき 左利き 왼손잡이 / みぎきき 右利き 오른손잡이

毎日運動のため、近くのジムを**利用**しています。
매일 운동을 위해서 근처의 헬스장을 이용하고 있습니다.

左利きは生活に不便なことがあります。 왼손잡이는 생활에 불편한 점이 있습니다.

0507

満 | 총 12획 | N3

찰 만

- 음 まん
  - まんいん 満員 만원
  - まんせき 満席 만석
  - まんげつ 満月 만월, 보름달
  - まんぞく 満足 만족
  - ふまん 不満 불만
  - みまん 未満 미만
- 훈 み(たす)/み(ちる)
  - 満たす 채우다, 충족시키다
  - 満ちる 차다, 충족되다

僕に不満があったら直接言ってください。 저에게 불만이 있다면 직접 말해주세요.

希望に満ちた大学生活が始まる。 희망으로 가득 찬 대학 생활이 시작되다.

0508

末 | 총 5획 | N3

끝 말

- 음 まつ/ばつ
  - しゅうまつ 週末 주말
  - きまつ 期末 기말
  - ねんまつ 年末 연말
  - しまつ 始末 끝, 일의 전말
  - けつまつ 結末 결말
  - まっき 末期 말기
- 훈 すえ
  - 末 끝, 마지막
  - 末っ子 막내

週末は、東京に遊びに行きます。 주말은 도쿄에 놀러 갑니다.

私は三人姉妹の末っ子です。 저는 세 자매의 막내입니다.

0509

望 | 총 11획 | N3

바랄 망

- 음 ぼう/もう
  - きぼう 希望 희망
  - よくぼう 欲望 욕망
  - ぼうえんきょう 望遠鏡 망원경
  - てんぼうだい 展望台 전망대
  - しつぼう 失望 실망
  - がんぼう 願望 소망, 소원
  - ほんもう 本望 숙원
- 훈 のぞ(む)
  - 望む 바라다, 소망하다
  - 望み 소망, 바람
  - 望ましい 바람직하다

まだ勝てる希望があるので諦めてはいけない。 아직 이길 수 있는 희망이 있기 때문에 포기해서는 안 된다.

この頃、結婚を望まない人が増えてきた。 요즘 결혼을 희망하지 않는 사람이 늘어났다.

0510

梅 | 총 10획 | N1

매화 매

- 음 ばい
  - ばいうぜんせん 梅雨前線 장마전선
  - 예외 つゆ 梅雨 장마
- 훈 うめ
  - うめ 梅 매화나무, 매실
  - うめしゅ 梅酒 매실주
  - うめぼし 梅干し 매실 장아찌

六月は梅雨の時期なので、湿度が高い。 6월은 장마철이기 때문에 습도가 높다.

飲み会で梅酒のソーダ割りを飲む。 회식에서 소다에 탄 매실주를 마신다.

* 는 JLPT N4-N5 기출 단어입니다.

0511

칠 목

牧牧牧牧牧牧牧牧 | 총 8획 | N1 □□□

| 음 | ぼく | ぼくじょう 牧場 목장　ぼくちく 牧畜 목축　ゆうぼく 遊牧 유목　ぼくし 牧師 목사 |
| 훈 | まき | まき 牧 목장　まきば 牧場 목장 |

きょうそうば　み　　　 ぼくじょうけんがく　い
競走馬を見に、**牧場**見学へ行く。 경주마를 보러 목장 견학에 간다.

　　　まきば　　　　　　　　　　うし
ここの**牧場**にはたくさんの牛がいる。 이곳의 목장에는 많은 소가 있다.

0512

없을 무

無無無無無無無無無無無無 | 총 12획 | N3 □□□

| 음 | む/ぶ | むり 無理 무리　むし 無視 무시　むげん 無限 무한　むだ 無駄だ 쓸데없다
ぶじ 無事だ 무사하다　ぶれい 無礼 무례, 실례 |
| 훈 | な(い) | な 無い 없다　な 無くす 없애다 |

　かあ　　　　い　　　　　　　むし　　　　　　べんきょう
お母さんの言うことを**無視**しないで勉強しなさい。
어머니가 하시는 말씀을 무시하지 말고 공부하세요.

こんげつ　　かね　　　　　　 つか　　　　　かね　な
今月はお金をたくさん使ったのでお金が**無い**です。
이번 달은 돈을 많이 썼기 때문에 돈이 없습니다.

0513

아닐 미

未未未未未 | 총 5획 | N3 □□□

| 음 | み | みらい 未来 미래　みかんせい 未完成 미완성　みせいねん 未成年 미성년(자)
みこうかい 未公開 미공개　みてい 未定 미정　みじゅく 未熟 미숙 |
| 훈 | いま(だ) | いま 未だに 아직까지 |

みせいねん　　　　さけ　の
未成年はお酒を飲んではいけません。 미성년자는 술을 마셔서는 안됩니다.

かれ　れんらく　　　　　　　いま　　　へんしん
彼に連絡をしたが、**未だに**返信がない。 그에게 연락을 했지만, 아직까지 답장이 없다.

0514

백성 민

民民民民民 | 총 5획 | N3 □□□

| 음 | みん | *しみん 市民 시민　みんぞく 民族 민족　こくみん 国民 국민　いみん 移民 이민
じゅうみん 住民 주민　みんしゅしゅぎ 民主主義 민주주의 |
| 훈 | たみ | たみ 民 백성, 국민 |

しみん　ひと　たいしょう　　　 あたら　　　　　　　　　　　 はじ
市民の人を対象とした新しいサービスが始まる。
시민을 대상으로 한 새로운 서비스가 시작된다.

　たみ　　　　こくみん
「**民**」とは**国民**のことである。 '백성'이란 국민을 말한다.

0515

넓을 **박**

- 음 はく / ばく
  - 博物館 박물관
  - 博覧会 박람회
  - 賭博 도박
- 예외 博士 박사

歴史的に価値のあるものが**博物館**に展示されている。
역사적으로 가치가 있는 것이 박물관에 전시되어 있다.

子供の頃の夢は**博士**になることだった。 어릴 때 꿈은 박사가 되는 것이었다.

0516

밥 **반**

- 음 はん
  - ご飯 밥
  - 朝ご飯 아침밥
  - *昼ご飯 점심밥
  - *夕飯 저녁밥
  - 炊飯器 밥솥
- 훈 めし
  - 飯 밥, 식사
  - 昼飯 점심밥
  - 朝飯前 누워서 떡 먹기

夕飯は彼の好きなハンバーグを作りました。
저녁밥은 그가 좋아하는 함박스테이크를 만들었습니다.

ダイエット中なので**昼飯**は食べません。 다이어트 중이므로 점심밥은 먹지 않습니다.

0517

법 **법**

- 음 ほう / ほっ / はっ
  - 方法 방법
  - 法学部 법학부
  - 法律 법률
  - 法則 법칙
  - 憲法 헌법
  - 法界 법계(불교 용어)
  - 法度 법도, 금령

この問題を解く**方法**は一つではありません。 이 문제를 푸는 방법은 하나가 아닙니다.

今年度入学する学部は**法学部**です。 이번 연도에 입학할 학부는 법학부입니다.

0518

가 **변**

- 음 へん
  - 辺 근처, 부근
  - 周辺 주변
  - 近辺 근변, 부근
  - 身辺 신변
- 훈 あた(り) / べ
  - 辺り 근방, 언저리
  - 海辺 바닷가, 해안
  - 浜辺 해변
  - 岸辺 물가, 강가

うちの**周辺**には飲食店がたくさんあります。 집 주변에는 음식점이 많이 있습니다.

この**辺り**は人通りが少ないので、夜は真っ暗ですね。
이 근방은 사람의 왕래가 적기 때문에 밤에는 아주 깜깜하네요.

※는 JLPT N4-N5 기출 단어입니다.

0519

変変変変変変変変変 | 총 9획 | N3

변할 **변**

음	へん	へん **変だ** 이상하다 　へんか **変化** 변화　へんしん **変身** 변신　へんこう **変更** 변경
		たいへん **大変だ** 힘들다, 큰일이다
훈	か(える)/か(わる)	か **変える** 바꾸다　か **変わる** 바뀌다, 변하다
		あい か **相変わらず** 변함없이

かのじょ　かみがた　　へんか　　き　　　　　　　　　　かのじょ
彼女の髪型の**変化**に気づかなかったので、彼女がすねていた。
여자친구의 머리 모양 변화를 깨닫지 못했기 때문에 여자친구가 토라졌다.

とし　と　　　　　　　た　もの　　この　　　　か
年を取るにつれて食べ物の好みが**変わる**。 나이가 들어감에 따라 음식 취향이 바뀐다.

0520

別別別別別別別 | 총 7획 | N4

다를 **별**

음	べつ	べつ **別に** 별로, 특별히, 따로　べつ **別の** 다른　べつべつ **別々** 따로따로, 각각
		※とくべつ **特別だ** 특별하다　せいべつ **性別** 성별　さべつ **差別** 차별
훈	わか(れる)/わ(ける)	わか **別れる** 헤어지다　わ **別ける** 나누다

　　　みせ　きゃく　おお　　　　　　べつ　みせ　い
この店は客が多いので**別**の店に行きませんか。
이 가게는 손님이 많기 때문에 다른 가게에 가지 않을래요?

ともだち　えき　わか　　　いえ　かえ
友達と駅で**別れて**家に帰った。 친구와 역에서 헤어지고 집에 돌아왔다.

체크포인트 13

1 다음 단어의 발음을 히라가나로 적어 보세요.

> 예시 花 꽃 → (はな   )

1)	大量	대량	→	( )
2)	努力	노력	→	( )
3)	携帯	휴대	→	( )
4)	命令	명령	→	( )
5)	道徳	도덕	→	( )
6)	残念だ	유감이다	→	( )
7)	冷たい	차갑다	→	( )

2 다음 단어의 한자를 적어 보세요.

> 예시 별 ほし → (星   )

1)	노화	ろうか	→	( )
2)	단어	たんご	→	( )
3)	미래	みらい	→	( )
4)	밥	ごはん	→	( )
5)	이용	りよう	→	( )
6)	배달	はいたつ	→	( )
7)	연락	れんらく	→	( )

3 아래의 단어와 뜻이 올바르게 연결되도록 선을 그어 보세요.

1) 鹿(しか) ・   ・사슴
2) 梅(うめ) ・   ・매실
3) 街灯(がいとう)・   ・노동
4) 労働(ろうどう)・   ・종류
5) 大陸(たいりく)・   ・대륙
6) 種類(しゅるい)・   ・가로등
7) 記録(きろく)・   ・기록

정답
1 1) たいりょう 2) どりょく 3) けいたい 4) めいれい 5) どうとく 6) ざんねんだ 7) つめたい
2 1) 老化 2) 単語 3) 未来 4) ご飯 5) 利用 6) 配達 7) 連絡
3 1) 鹿-사슴 2) 梅-매실 3) 街灯-가로등 4) 労働-노동 5) 大陸-대륙 6) 種類-종류 7) 記録-기록

Unit 14 초등학교 4학년 40자

MP3 다운로드

兵 병사 병	府 마을 부	副 버금 부	富 부자 부	付 부칠 부
不 아닐 부(불)	阜 언덕 부	夫 지아비 부	飛 날 비	辞 말씀 사
司 맡을 사	産 낳을 산	散 흩을 산	潟 개펄 석	席 자리 석
選 가릴 선	説 말씀 설	省 살필 성	成 이룰 성	城 재 성
焼 불사를 소	巣 새집 소	笑 웃음 소	続 계속 속	束 묶을 속
孫 손자 손	順 순할 순	松 소나무 송	刷 인쇄할 쇄	縄 줄 승
試 시험 시	氏 성씨 씨	信 믿을 신	臣 신하 신	失 잃을 실
芽 싹 아	児 아이 아	案 책상 안	愛 사랑 애	約 맺을 약

*는 JLPT N4-N5 기출 단어입니다.

0521

병사 **병**

兵兵兵兵兵兵兵 | 총 7획 | N2

음 へい/ひょう

| へいたい 兵隊 병대, 군대 | へいし 兵士 병사 | かいへい 海兵 해병 | へいき 兵器 병기 |
| へいえき 兵役 병역 | ひょうごけん 兵庫県 효고현(일본 지명) | | |

へいし　　 くに　　　　　たたか
兵士は国のために戦います。 병사는 나라를 위해서 싸웁니다.

かいぐん　しょぞく　　　　　　ひと　かいへい
海軍に所属している人を海兵という。 해군에 소속된 사람을 해병이라고 한다.

0522

마을 **부**

府府府府府府府府 | 총 8획 | N2

음 ふ

| せいふ 政府 정부 | とどうふけん 都道府県 도도부현(일본 행정 구역 체계) |
| おおさかふ 大阪府 오사카부(일본 지명) | きょうとふ 京都府 교토부(일본 지명) |

せいふ　 かんが　 わたし
政府の考えは私にはまったくわかりません。
정부의 생각은 저에게는 전혀 이해가 안 됩니다.

おおさかふ　　　 がいこくじん　にんき　ばしょ
大阪府は、外国人に人気の場所です。 오사카부는 외국인에게 인기가 있는 장소입니다.

0523

버금 **부**

副副副副副副副副副副副 | 총 11획 | N2

음 ふく

| ふくぎょう 副業 부업 | ふく 副キャプテン 부주장 | ふくし 副詞 부사 |
| ふくしん 副審 부심 | ふくしゃちょう 副社長 부사장 | ふくさよう 副作用 부작용 |

ほんぎょう　かせ　　よ　　　　　　ふくぎょう　はじ
本業の稼ぎが良くなくて、副業を始めた。
본업의 벌이가 좋지 않아서 부업을 시작했다.

　　　　　　　　　　　　　　　　　　 ふくし
「ずっと」「いつも」「ゆっくり」これらは副詞です。
'쭉' '항상' '천천히' 이것들은 부사입니다.

0524

부자 **부**

富富富富富富富富富富富富 | 총 12획 | N3

음 ふ/ふう

| ほうふ 豊富だ 풍부하다 | ふごう 富豪 부호 | ひんぷ 貧富 빈부 |
| ふじさん 富士山 후지산(일본에서 가장 높은 산) | ふうき 富貴 부귀 | |

훈 とみ/と(む)

| とみ 富 부, 재산 | と 富む 재산이 많다, 풍부하다 |

ひんぷ　さ　しゃかいてき　もんだい
貧富の差は社会的な問題である。 빈부격차는 사회적인 문제이다.

かのじょ　へんか　と　　　い　かた　す
彼女は変化に富んだ生き方が好きだ。 그녀는 변화가 많은 삶의 방식을 좋아한다.

0525

付 부칠 부 | 付付付付付 | 총 5획 | N3

- 음 ふ
  - 付録 부록　寄付 기부　付属品 부속품　付近 부근
  - 添付 첨부
- 훈 つ(ける)/つ(く)
  - 付ける 붙이다, 켜다　味付け 맛을 냄　*受付 접수처
  - *片付ける 치우다, 정리하다　付く 붙다
  - 気が付く 깨닫다, 알아차리다

雑誌の付録に手帳がついてきた。 잡지의 부록으로 수첩이 따라왔다.
料理の味付けの基本は塩とこしょうだ。 요리의 맛을 내는 것의 기본은 소금과 후추다.

0526

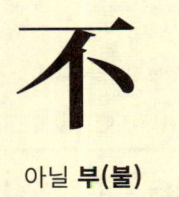

不 아닐 부(불) | 不不不不 | 총 4획 | N4

- 음 ふ/ぶ
  - 不足 부족　不便だ 불편하다　不満 불만　不安 불안
  - 不器用だ 손재주가 없다　不気味だ 어쩐지 기분이 나쁘다

日本は今、保育園が不足しています。 일본은 지금 보육원이 부족합니다.
韓国の交通は便利ですか。不便ですか。 한국의 교통은 편리합니까? 불편합니까?

0527

阜 언덕 부 | 阜阜阜阜阜阜阜阜 | 총 8획 | N1

- 음 ふ
  - 岐阜県 기후현(일본 지명)

岐阜県は本州の中央に位置する。 기후현은 혼슈의 중앙에 위치한다.

0528

夫 지아비 부 | 夫夫夫夫 | 총 4획 | N3

- 음 ふう/ふ
  - 夫婦 부부　夫人 부인　大丈夫だ 괜찮다
  - 丈夫だ 건강하다, 튼튼하다
- 훈 おっと
  - 夫 남편

山田さん夫婦はとても仲がいいですね。 야마다 씨 부부는 매우 금슬이 좋네요.
夫は子供と公園へ遊びに行きました。 남편은 아이와 공원에 놀러 갔습니다.

✽는 JLPT N4-N5 기출 단어입니다.

0529

飛 | 총 9획 | N3

飛 날 비

- 음 ひ
  - ひこうき 飛行機 비행기
  - ひまつ 飛沫 비말(날아 흩어지는 물방울)
  - ひやく 飛躍 비약
- 훈 と(ぶ)/と(ばす)
  - と 飛ぶ 날다, 튀다
  - と こ 飛び込む 뛰어들다, 날아들다
  - と 飛ばす 날리다

こども ころ かみ ひこうき つく あそ
子供の頃に紙**飛行機**を作って遊んだ。 어릴 때 종이비행기를 만들어서 놀았다.

さくや そら と ゆめ み
昨夜、空を**飛ぶ**夢を見ました。 어젯밤, 하늘을 나는 꿈을 꿨습니다.

0530

辞 | 총 13획 | N3

辞 말씀 사

- 음 じ
  - じしょ 辞書 사전
  - じたい 辞退 사퇴
  - じにん 辞任 사임
  - せじ お世辞 아첨, 입발림 말
  - しゃこうじれい 社交辞令 겉치레 말, 예의상의 인사
- 훈 や(める)
  - や 辞める 그만두다, 사직하다

だいいちきぼう かいしゃ ないてい き たしゃ めんせつ じたい
第一希望の会社の内定が決まったので他社の面接を**辞退**する。
제1지망의 회사의 내정이 정해졌기 때문에 타사의 면접을 사퇴한다.

いま かいしゃ や
ついに、今の会社を**辞める**ことにした。 결국 지금의 회사를 그만두기로 했다.

0531

司 | 총 5획 | N2

司 맡을 사

- 음 し
  - しかい 司会 사회(회의나 예식 등의 진행)
  - しれい 司令 사령(관)
  - じょうし 上司 상사
  - しほう 司法 사법

ばんぐみ しかい つと
テレビ番組の**司会**を務めることになりました。
텔레비전 프로그램의 사회 역할을 맡게 되었습니다.

じょうし しごとないよう ほうこく
上司に仕事内容をメールで報告する。 상사에게 일 내용을 메일로 보고한다.

0532

産 낳을 산

- 음 さん
  - しゅっさん 出産 출산
  - *さんぎょう 産業 산업
  - さんしゅつ 産出 산출
  - いさん 遺産 유산
  - *せいさん 生産 생산
  - とうさん 倒産 도산
- 훈 う(まれる)/う(む)/うぶ
  - う 産まれる 태어나다, 출생하다
  - う 産む 낳다
  - うぶごえ 産声 갓난아이의 첫 울음소리
  - *예외 みやげ お土産 특산품, 여행지에서 사 온 선물

총 11획 | N3

出産祝いに赤ちゃんの洋服を贈った。 출산 축하 선물로 아기 옷을 보냈다.

孫が産まれたので、息子夫婦のところへ会いに行きます。
손자가 태어나서 아들 부부가 있는 곳에 만나러 갑니다.

0533

散 흩을 산

- 음 さん
  - さんぽ 散歩 산책
  - ぶんさん 分散 분산
  - さんざん 散々だ 몹시 심하다
  - はっさん 発散 발산
  - かいさん 解散 해산
  - かくさん 拡散 확산
- 훈 ち(る)/ち(らかす)/ち(らかる)/ち(らす)
  - ち 散る 꽃잎이 지다, 흩어지다
  - ち 散らかす 어지르다
  - ち 散らかる 어질러지다
  - ち 散らす 흩뜨리다

총 12획 | N3

毎日、夕方に犬の散歩に行く。 매일 저녁에 강아지 산책에 간다.

せっかく掃除をしたのに兄が部屋を散らかした。
모처럼 청소를 했는데 형이 방을 어지럽혔다.

0534

潟 개펄 석

- 훈 かた
  - ひがた 干潟 간석지, 조수가 밀려 나간 개펄
  - にいがたけん 新潟県 니이가타현(일본 지명)

총 15획 | N0

長い時間をかけて河口に土が積もり干潟ができる。
긴 시간에 걸쳐서 하구에 흙이 쌓여 간석지가 생긴다.

新潟県は、コシヒカリというお米が有名だ。
니이가타현은 코시히카리라고 하는 쌀이 유명하다.

0535 席 자리 석

席席席席席席席席席席 | 총 10획 | N3

음 せき

| せき 席 자리, 좌석 | ざせき 座席 좌석 | しゅっせき 出席 출석 | けっせき 欠席 결석 |
| くうせき 空席 공석 | あいせき 相席 합석 | | |

座席表で自分の席を確認したら、すみやかに座ってください。
좌석표에서 자신의 자리를 확인했으면 신속하게 앉아 주세요.

リモート会議に初めて出席したので少し緊張する。
원격 회의에 처음으로 출석했기 때문에 약간 긴장된다.

0536 選 가릴 선

選選選選選選選選選選選選選選選 | 총 15획 | N3

음 せん

| せんきょ 選挙 선거 | せんたく 選択 선택 | せんしゅ 選手 선수 | とうせん 当選 당선 |
| よせん 予選 예선 | | | |

훈 えら(ぶ)

選ぶ 뽑다, 선택하다

今回の大統領選挙で、大きな差をつけて、当選した。
이번 대통령 선거에서 큰 차이를 두고 당선됐다.

選べる色とデザインが多すぎてどれを選べばいいのか分からない。
고를 수 있는 색과 디자인이 너무 많아서 어느 것을 고르면 좋을지 모르겠다.

0537 説 말씀 설

説説説説説説説説説説説説説説 | 총 14획 | N3

음 せつ/ぜい

| *せつめい 説明 설명 | *しょうせつ 小説 소설 | かいせつ 解説 해설 | えんぜつ 演説 연설 |
| せっとく 説得 설득 | ゆうぜい 遊説 유세 | | |

훈 と(く)

| と 説く 설득하다, 설명하다 | くど 口説く 구애하다, 꼬시다 |

会社の説明会に参加してパンフレットをもらう。
회사의 설명회에 참가해서 팸플릿을 받는다.

これは効率的な時間の使い方について説いた本です。
이것은 효율적인 시간 사용법에 대해서 설명한 책입니다.

0538 省 살필 성

省省省省省省省省省 | 총 9획 | N2

음 しょう/せい

| しょう 省エネ 에너지 절약 | しょうりゃく 省略 생략 | はんせい 反省 반성 | きせい 帰省 귀성 |

훈 はぶ(く)/かえり(みる)

| はぶ 省く 덜다, 없애다 | かえり 省みる 돌이켜보다, 회고하다 |

使っていない部屋の電気は消して省エネする。
사용하지 않는 방의 전기는 꺼서 에너지 절약을 한다.

息子が牛乳を買ってきてくれたので買いに行く手間が省けた。
아들이 우유를 사다 주었기 때문에 사러 갈 수고를 덜 수 있었다.

0539

이룰 성

음	せい / じょう
	せいこう 成功 성공 　 かんせい 完成 완성 　 せいりつ 成立 성립 　 せいちょう 成長 성장
	せいせき 成績 성적 　 *さんせい 賛成 찬성 　 さくせい 作成 작성 　 じょうじゅ 成就 성취

훈	な(す) / な(る)
	な 成す 이루다 　 な と 成し遂げる 성취하다, 완수하다
	な 成る 이루어지다 　 な た 成り立つ 성립하다

きょう し き し りょう かんせい
今日で締め切りの資料がやっと完成した。 오늘로 마감인 자료가 겨우 완성됐다.

みせ じょうれんきゃく な た
このお店は常連客がいるから成り立っている。
이 가게는 단골손님이 있어서 성립되고 있다.

0540

재 성

음	じょう
	じょうもん 城門 성문 　 じょうへき 城壁 성벽 　 じょうない 城内 성내, 성안
	じょう シンデレラ城 신데렐라 성

훈	しろ
	しろ 城 성

くず じょうへき ふくげん さぎょう おこな
崩れた城壁を、レンガで復元する作業を行う。
무너진 성벽을 벽돌로 복원하는 작업을 한다.

しろ むかし おうさま す いま だれ す
あの城は昔、王様が住んでいたが、今は誰も住んでいない。
저 성은 옛날 임금님이 살고 있었지만, 지금은 아무도 살고 있지 않다.

0541

焼

불사를 소

음	しょう
	ぜんしょう 全焼 전소, 다 타버림 　 ねんしょう 燃焼 연소 　 しょうちゅう 焼酎 소주
	しょうしつ 焼失 소실 　 しょうきゃく 焼却 소각

훈	や(く) / や(ける)
	や 焼く 굽다, 태우다 　 やきにく 焼肉 구운 고기
	や たこ焼き 타코야끼(일본 음식) 　 や 焼ける 타다, 구워지다
	ひや 日焼け 피부가 햇볕에 그을림

かじ いえ ぜんしょう み
火事で家が全焼したニュースを見た。 화재로 집이 전소한 뉴스를 봤다.

ひさ じかん きゅうじつ や
久しぶりに時間ができたので、休日にクッキーを焼いた。
오랜만에 시간이 생겼기 때문에 휴일에 쿠키를 구웠다.

* 는 JLPT N4-N5 기출 단어입니다.

0542

巣 | 총 11획 | N1

새집 소

- 음 そう
  - 卵巣 난소　巣窟 소굴
- 훈 す
  - 巣 새, 짐승, 곤충의 집, 둥지　蜂の巣 벌집
  - 空き巣 빈 둥지, 빈 집

卵巣に異常が見つかったので手術を受けた。
난소에 이상이 발견되었기 때문에 수술을 받았다.

公園の木にカラスの巣があるので、市の職員が取り除いた。
공원의 나무에 까마귀 둥지가 있기 때문에 시의 직원이 제거했다.

0543

笑 | 총 10획 | N3

웃음 소

- 음 しょう
  - 失笑 실소　談笑 담소　爆笑 폭소　微笑 미소
- 훈 わら(う)/え(む)
  - 笑う 웃다　苦笑い 쓴웃음　笑む 미소 짓다
  - ほほ笑み 미소　笑顔 웃는 얼굴

おおげさな友達の話に爆笑してしまった。 허풍을 떠는 친구의 이야기에 폭소해버렸다.

人の顔を見て笑うなんて失礼だと思わない？
사람의 얼굴을 보고 웃다니 실례라고 생각하지 않아?

0544

続 | 총 13획 | N3

계속 속

- 음 ぞく
  - 継続 계속　続編 속편　連続 연속　持続 지속
  - 続出 속출　接続 접속
- 훈 つづ(く)/つづ(ける)
  - 続く 계속되다　続ける 계속하다　手続き 수속

今している仕事を海外に行っても継続して行う。
지금 하고 있는 일을 해외에 가서도 계속해서 한다.

5日間連続で雨の日が続いています。 5일간 연속으로 비 오는 날이 계속되고 있습니다.

0545

束 | 총 7획 | N3

묶을 속

- 음 そく
  - *約束 약속　結束 결속　束縛 속박　拘束 구속
- 훈 たば
  - 束 다발, 묶음　花束 꽃다발　札束 지폐 다발

友達との約束を守って内緒にしている。 친구와의 약속을 지켜서 비밀로 하고 있다.

卒業式に後輩から花束をもらった。 졸업식에 후배로부터 꽃다발을 받았다.

0546

손자 孫

음 そん	子孫 자손	
훈 まご	孫 손자, 손녀	初孫 첫 손자, 첫 손녀

孫孫孫孫孫孫孫孫孫孫 | 총 10획 | N2

山田さんは、昔の有名な政治家の子孫だ。
야마다 씨는 옛날의 유명한 정치가의 자손이다.

来月、初孫が産まれるから楽しみだ。 다음 달 첫 손자가 태어나기 때문에 기대된다.

0547

순할 순

順順順順順順順順順順順 | 총 12획 | N2

음 じゅん	順番 순번	語順 어순	順序 순서	順位 순위		
	順調だ 순조롭다					

順番に受付をするのでこちらに並んでください。
차례로 접수를 하므로 이쪽에 줄 서 주세요.

英語と日本語は語順が違う。 영어와 일본어는 어순이 다르다.

0548

소나무 송

松松松松松松松松 | 총 8획 | N1

음 しょう	松竹梅 송죽매(소나무, 대나무, 매화)	
훈 まつ	松 소나무	松ぼっくり 솔방울
	門松 새해에 문 앞에 세우는 장식 소나무	

松竹梅をモチーフとしたデザインの着物を着た。
송죽매를 모티브로 한 디자인의 기모노를 입었다.

公園に松ぼっくりがたくさん落ちている。 공원에 솔방울이 많이 떨어져 있다.

0549

인쇄할 쇄

刷刷刷刷刷刷刷刷 | 총 8획 | N2

음 さつ	印刷 인쇄
훈 す(る)	刷る 인쇄하다, 찍어 내다

明日使う資料を必要な枚数だけ印刷する。
내일 사용할 자료를 필요한 매수만큼 인쇄한다.

この雑誌は十万部も刷るそうだ。 이 잡지는 10만 부나 인쇄한다고 한다.

* 는 JLPT N4-N5 기출 단어입니다.

0550 繩 | 총 15획 | N1

繩 줄 승

- 음 じょう
  - 縄文 새끼줄 무늬　　縄文時代 조몬 시대(일본 선사시대 시대)
- 훈 なわ
  - 縄 줄　　縄跳び 줄넘기　　縄張り 세력권
  - 沖縄県 오키나와현(일본 지명)

日本は、縄文時代から文明が始まった。 일본은 조몬시대부터 문명이 시작되었다.
縄を張って建物の位置を決める。 줄을 쳐서 건물의 위치를 정한다.

0551 試 | 총 13획 | N4

試 시험 시

- 음 し
  - *試合 시합　　試験 시험　　入試 입시　　試着 시착
  - 試食 시식　　試聴 시청
- 훈 ため(す)/こころ(みる)
  - 試す 시도하다　　試みる 시도해 보다

サッカーの試合の日程を確認する。 축구 시합 일정을 확인하다.
苦手な食べ物を克服しようと試みた。 질색인 음식을 극복하려고 시도해 봤다.

0552 氏 | 총 4획 | N2

氏 성씨 씨

- 음 し
  - 氏 ~씨(존칭)　　氏名 성명　　彼氏 남자친구
- 훈 うじ
  - 氏 성, 가문　　氏神 그 고장의 수호신

ここに氏名、住所、電話番号を記入してください。
여기에 성명, 주소, 전화번호를 기입해 주세요.
地域を守る神の事を「氏神」と言います。 지역을 지키는 수호신을 '우지가미'라고 합니다.

0553 信 | 총 9획 | N3

信 믿을 신

- 음 しん
  - 信じる 믿다　　確信 확신　　信号 신호　　信用 신용
  - 信頼 신뢰　　自信 자신(감)

私は占いは当たると信じています。 저는 점은 맞는다고 믿고 있습니다.
彼がうそをついているかもしれないという疑いから確信に変わった。
그가 거짓말을 하고 있을지도 모른다는 의심에서 확신으로 바뀌었다.

0554

신하 **신**

- 음 しん/じん
- 臣下 신하　忠臣 충신　大臣 대신, 장관
- 内閣総理大臣 내각총리대신

臣下は王に永遠の忠誠を誓った。 신하는 왕에게 영원한 충성을 맹세했다.

日本の国のトップを「内閣総理大臣」という。
일본의 국가 수장을 '내각총리대신'이라고 한다.

0555

잃을 **실**

- 음 しつ
- *失敗 실패　*失礼だ 실례(되)다　失望 실망
- 失恋 실연　損失 손실　失業 실업
- 훈 うしな(う)
- 失う 잃어버리다　見失う 보던 것을 놓치다

いろんなことに失敗しても、そこから学ぶことが大切だ。
여러 일에 실패해도 거기서부터 배우는 것이 중요하다.

一度失った信頼を取り戻すには時間がかかる。
한 번 잃어버린 신뢰를 되돌리는 데에는 시간이 걸린다.

0556

싹 **아**

- 음 が
- 発芽 발아　麦芽 맥아, 엿기름
- 훈 め
- 芽 싹　新芽 새싹　芽生える 싹트다, 움트다

先週植えた種が発芽した。 지난주 심은 씨가 발아했다.

冬に植えた花の芽が伸びた。 겨울에 심은 꽃의 싹이 자랐다.

0557

아이 **아**

- 음 じ/に
- 育児 육아　児童 아동　幼児 유아　小児科 소아과

育児をするために休暇を取る。 육아를 하기 위해서 육아 휴가를 취한다.

子供が熱を出したので小児科に連れていく。
아이가 열이 나기 때문에 소아과에 데리고 간다.

* 는 JLPT N4-N5 기출 단어입니다.

0558

案 책상 안

음 あん	案 あん 안, 생각	*案内 あんない 안내	案件 あんけん 안건	提案 ていあん 제안
	案外 あんがい 의외로	案の定 あんのじょう 생각한 대로, 예측대로		

총 10획 | N2

全員(ぜんいん)がマーケティングについていろんな案(あん)を出(だ)した。
전원이 마케팅에 관해서 여러 가지 안을 냈다.

レビュー数(すうすく)が少(すく)ないレストランに行(い)ったが案外(あんがいお)美味(お)しかった。
리뷰 수가 적은 레스토랑에 갔지만 의외로 맛있었다.

0559

愛 사랑 애

음 あい	愛 あい 사랑	恋愛 れんあい 연애	愛情 あいじょう 애정	愛犬 あいけん 애견	愛嬌 あいきょう 애교
	예외 可愛い かわいい 귀엽다				
훈 いと(しい)	愛しい いとしい 사랑스럽다				

총 13획 | N3

今(いま)までにたくさんの恋愛(れんあい)をしたが、本当(ほんとう)に好(す)きになった人(ひと)はいない。
지금까지 많은 연애를 했지만 정말로 좋아한 사람은 없다.

彼女(かのじょ)の笑顔(えがお)を思(おも)い出(だ)すだけで、愛(いと)しくてたまらない。
그녀의 미소를 떠올리는 것만으로, 사랑스러워서 어쩔 줄 모르겠다.

0560

約 맺을 약

음 やく	約 やく 약, 대략	*約束 やくそく 약속	*予約 よやく 예약	契約 けいやく 계약
	解約 かいやく 해약	婚約 こんやく 약혼	節約 せつやく 절약	

총 9획 | N3

このテーブルの幅(はば)は約(やく)100cmで高(たか)さは90cmだ。
이 테이블의 폭은 약 100cm이고 높이는 90cm이다.

旅行先(りょこうさき)で利用(りよう)するレンタカーを予約(よやく)しておこう。
여행지에서 이용할 렌터카를 예약해 두자.

체크포인트 14

1 다음 단어의 발음을 히라가나로 적어 보세요.

> 예시 花 꽃 → (はな   )

1) 夫　　　　　남편　　　　　→　(　　　　　　　)
2) 副社長　　　부사장　　　　→　(　　　　　　　)
3) 辞書　　　　사전　　　　　→　(　　　　　　　)
4) 豊富だ　　　풍부하다　　　→　(　　　　　　　)
5) 試合　　　　시합　　　　　→　(　　　　　　　)
6) 焼く　　　　굽다　　　　　→　(　　　　　　　)
7) 兵士　　　　병사　　　　　→　(　　　　　　　)

2 다음 단어의 한자를 적어 보세요.

> 예시 별 ほし → (星   )

1) 반성　　　　はんせい　　　→　(　　　　　　　)
2) 부족　　　　ふそく　　　　→　(　　　　　　　)
3) 출산　　　　しゅっさん　　→　(　　　　　　　)
4) 자리　　　　せき　　　　　→　(　　　　　　　)
5) 웃다　　　　わらう　　　　→　(　　　　　　　)
6) 실례(되)다　しつれいだ　　→　(　　　　　　　)
7) 설명　　　　せつめい　　　→　(　　　　　　　)

3 아래의 단어와 뜻이 올바르게 연결되도록 선을 그어 보세요.

1) 政府(せいふ) •　　　　　　　• 날다, 뛰다
2) 飛ぶ(と) •　　　　　　　• 사회
3) 選ぶ(えら) •　　　　　　　• 정부
4) 司会(しかい) •　　　　　　　• 인쇄
5) 孫(まご) •　　　　　　　• 손자
6) 城(しろ) •　　　　　　　• 성
7) 印刷(いんさつ) •　　　　　　　• 고르다

정답
1 1) おっと 2) ふくしゃちょう 3) じしょ 4) ほうふだ 5) しあい 6) やく 7) へいし
2 1) 反省 2) 不足 3) 出産 4) 席 5) 笑う 6) 失礼だ 7) 説明
3 1) 政府-정부 2) 飛ぶ-날다, 뛰다 3) 選ぶ-고르다 4) 司会-사회 5) 孫-손자 6) 城-성 7) 印刷-인쇄

Unit 15 초등학교 4학년 (40자)

MP3 다운로드

養 기를 양	漁 고기 잡을 어	億 억 억	然 그럴 연	熱 더울 열
塩 소금 염	英 뛰어날 영	栄 영화 영	芸 재주 예	完 완전할 완
要 요긴할 요	浴 목욕할 욕	勇 날랠 용	熊 곰 웅	媛 여자 원
願 원할 원	位 자리 위	以 써 이	泣 울 읍	衣 옷 의
議 의논할 의	印 도장 인	滋 불을 자	茨 지붕 일 자	昨 어제 작
残 해칠 잔	材 재목 재	争 다툴 쟁	低 낮을 저	底 밑 저
的 과녁 적	積 쌓을 적	典 법 전	戦 싸울 전	伝 전할 전
節 마디 절	折 꺾을 절	静 고요할 정	井 우물 정	照 비칠 조

*는 JLPT N4-N5 기출 단어입니다.

0561 養 기를 양

養養養養養養養養養養養養養養養 | 총 15획 | N1

음 よう
- 栄養 えいよう 영양
- 休養 きゅうよう 휴양
- 養育費 よういくひ 양육비
- 養殖 ようしょく 양식
- 教養 きょうよう 교양
- 養成 ようせい 양성

훈 やしな(う)
- 養う やしなう 기르다, 양육하다

健康のためにバランスよく栄養を取る。 건강을 위해서 밸런스 좋게 영양을 섭취한다.

お父さんは家族を養うために仕事を一生懸命する。
아버지는 가족을 부양하기 위해서 일을 열심히 한다.

0562 漁 고기 잡을 어

漁漁漁漁漁漁漁漁漁漁漁漁漁漁 | 총 14획 | N2

음 ぎょ/りょう
- 漁業 ぎょぎょう 어업
- 漁船 ぎょせん 어선
- 漁 りょう 고기잡이
- 漁師 りょうし 어부
- 密漁 みつりょう 밀어

この町は漁業で盛んな町だ。 이 마을은 어업으로 번창한 마을이다.

漁師の父は漁船に乗って漁へ出る。 어부인 아버지는 어선을 타고 고기잡이를 나간다.

0563 億 억 억

億億億億億億億億億億億億億億億 | 총 15획 | N2

음 おく
- 億 おく 억(숫자 단위)
- 億万長者 おくまんちょうじゃ 억만장자
- 何億 なんおく 몇 억

宝くじが当たったので、一億円の家を買った。
복권이 당첨되었기 때문에 일억 엔의 집을 샀다.

私はいつか億万長者になるのが夢だ。 나는 언젠가 억만장자가 되는 것이 꿈이다.

0564 然 그럴 연

然然然然然然然然然然然然 | 총 12획 | N3

음 ぜん/ねん
- 自然 しぜん 자연
- 全然 ぜんぜん 전혀
- 突然 とつぜん 돌연, 갑자기
- 偶然 ぐうぜん 우연(히)
- 天然 てんねん 천연

私のふるさとは自然が多いところです。 제 고향은 자연이 많은 곳입니다.

シャンプーが全然ないので、近くのドラッグストアに買いに行きます。
샴푸가 전혀 없기 때문에 근처의 드러그 스토어에 사러 갑니다.

0565

熱 더울 열 | 총 15획 | N3

- 음 ねつ
  - *熱 열　発熱 발열　高熱 고열　加熱 가열
  - *熱心だ 열심이다　情熱 정열
- 훈 あつ(い)
  - 熱い 뜨겁다

昨日から38度の熱が出ていてクラクラする。
어제부터 38도의 열이 나서 어질어질하다.

お皿が熱くなっているので気を付けてください。
접시가 뜨거워져 있기 때문에 주의해 주세요.

0566

塩 소금 염 | 총 13획 | N2

- 음 えん
  - 塩分 염분　塩田 염전　塩酸 염산
- 훈 しお
  - 塩 소금　塩辛い 짜다　塩気 소금기, 염분
  - 塩味 소금맛, 짠맛

塩酸を触ったらすぐに手を洗いましょう。 염산을 만지면 바로 손을 씻읍시다.

おにぎりはやっぱり塩おにぎりが一番です。 주먹밥은 역시 소금 주먹밥이 제일입니다.

0567

英 뛰어날 영 | 총 8획 | N4

- 음 えい
  - *英語 영어　英会話 영어 회화　英文 영문　英国 영국
  - 英雄 영웅

英語が上手になる方法を知っていますか。 영어를 잘하는 방법을 알고 있습니까?

英文の新聞を読解するのは難しいです。 영자 신문을 독해하는 것은 어렵습니다.

0568

栄 영화 영 | 총 9획 | N2

- 음 えい
  - 栄養 영양　栄養剤 영양제　繁栄 번영　栄位 영위
  - 栄光 영광　光栄 영광
- 훈 さか(える)/は(える)/は(え)
  - 栄える 번영하다　栄える 돋보이다　見栄え 보기에 좋음
  - 出来栄え 솜씨, 만듦새, 성과

毎朝、栄養ドリンクを必ず飲む。 매일 아침 영양 드링크를 꼭 마신다.

駅前は栄えているが、家の周辺は何もない。
역 앞은 번영해 있지만 집 주변은 아무것도 없다.

* 는 JLPT N4-N5 기출 단어입니다.

0569

芸芸芸芸芸芸芸 | 총 7획 | N2

재주 예

음 げい

| げい
芸 재주 | げいのう
芸能 예능, 연예 | げいのうじん
芸能人 연예인 | げいじゅつ
芸術 예술 |
| えんげい
園芸 원예 | こうげい
工芸 공예 | | |

あいけん   げい おぼ
愛犬にいろんな芸を覚えさせる。 애완견에게 여러 가지 재주를 익히게 한다.

げいのうじん あ
芸能人に会ってサインをもらった。 연예인을 만나서 사인을 받았다.

0570

完完完完完完完 | 총 7획 | N3

완전할 완

음 かん

| かんせい
完成 완성 | かんりょう
完了 완료 | かんばい
完売 모두 다 팖 |
| かんぺき
完璧だ 완벽하다 | かんしょく
完食 모두 다 먹음 | かんぜん
完全 완전 |

きょう   はんばいぶん   かんばい
今日、販売分のショートケーキは完売しました。
오늘 판매분의 조각 케이크는 다 판매했습니다.

なか す   おおもり   かんしょく
お腹が空いていたので大盛のごはんも完食した。
배가 고팠기 때문에 곱빼기 밥도 다 먹었다.

0571

要要要要要要要要要 | 총 9획 | N3

요긴할 요

음 よう

| ようきゅう
要求 요구 | ひつよう
*必要だ 필요하다 | ふよう
不要 불필요 |
| じゅうよう
重要だ 중요하다 | しゅよう
主要 주요 | じゅよう
需要 수요 |

훈 い(る)/かなめ

| い
要る 필요하다 | かなめ
要 가장 중요한 점 |

ひ こ   ひつよう もの   のこ   ぜんぶ す
引っ越しをするときに必要な物だけ残して全部捨てた。
이사를 할 때에 필요한 물건만 남기고 전부 버렸다.

   けいかく かなめ   じっこう
この計画の要は、バレないように実行することだ。
이 계획의 가장 중요한 점은 들키지 않도록 실행하는 것이다.

0572

浴浴浴浴浴浴浴浴浴浴 | 총 10획 | N2

목욕할 욕

음 よく

| にゅうよくざい
入浴剤 입욕제 | にっこうよく
日光浴 일광욕 | かいすいよく
海水浴 해수욕 |
| よくしつ
浴室 욕실 | よくそう
浴槽 욕조 | |

훈 あ(びる)/あ(びせる)

| あ
浴びる 뒤집어쓰다, 쬐다 | あ
浴びせる 끼얹다, 퍼붓다 |

にゅうよくざい い   おんせん はい   きぶん
入浴剤を入れると温泉に入っている気分になる。
입욕제를 넣으면 온천에 들어가 있는 기분이 된다.

あさお   まど あ   たいよう ひかり あ
朝起きて窓を開けて太陽の光を浴びる。 아침에 일어나서 창문을 열고 태양빛을 쬔다.

0573

날랠 용

| 음 | ゆう | 勇気 용기　勇者 용자　勇敢 용감 |
| 훈 | いさ(ましい)/いさ(む) | 勇ましい 용감하다, 용맹스럽다
勇む 기운이 솟다, 용기가 솟다 |

勇気を出して好きな人に告白した。 용기를 내서 좋아하는 사람에게 고백했다.

敵に立ち向かう彼の姿はとても勇ましい。 적에 맞서는 그의 모습은 몹시 용맹스럽다.

총 9획 | N2

0574

곰 웅

| 훈 | くま | 熊 곰　小熊 새끼 곰　白熊 백곰, 북극곰
熊本県 쿠마모토현(일본 지명) |

小熊が母熊についていく。 새끼 곰이 엄마 곰을 따라간다.

「くまモン」は熊本県を代表するキャラクターである。
'쿠마몬'은 쿠마모토현을 대표하는 캐릭터다.

총 14획 | N1

0575

여자 원

| 음 | えん | 才媛 재원(재능이 뛰어난 여자) |
| 훈 | ひめ | 愛媛県 에히메현(일본 지명) |

彼女は勉強も運動もできる才媛だ。 그녀는 공부도 운동도 잘하는 재원이다.

愛媛県といえば、みかんが有名です。 에히메현이라 하면 귤이 유명합니다.

총 12획 | N1

0576

원할 원

| 음 | がん | 願望 소원　念願 염원　願書 원서　志願 지원 |
| 훈 | ねが(う) | 願う 원하다, 바라다　お願い 소원, 부탁 |

ついに念願だったマイホームを手に入れた。 드디어 염원했던 내 집을 손에 넣었다.

願いを込めて誕生日ケーキの火を消した。 소원을 담아서 생일 케이크의 불을 껐다.

총 19획 | N3

*는 JLPT N4-N5 기출 단어입니다.

0577

자리 **위**

位位位位位位位 | 총 7획 | N3 □□□

음	い	一位 1위　順位 순위　位置 위치　地位 지위 単位 단위, 학점　各位 각위, 여러분
훈	くらい	位 정도, 만큼, 숫자 자릿수

気分を変えるために、家具の位置を変える。 기분을 전환하기 위해서 가구 위치를 바꾼다.

「109」の一の位は「9」です。 '109'의 일의 자리는 '9'입니다.

0578

써 **이**

以以以以以 | 총 5획 | N4 □□□

음	い	*以上 이상　*以下 이하　*以外 이외　以降 이후 以後 이후　以来 이래

これ以上、私は我慢できません。 이 이상 저는 참을 수 없습니다.

このメニューの中で、コーヒー以外なら飲めます。
이 메뉴 중에서 커피 이외라면 마실 수 있습니다.

0579

울 **읍**

泣泣泣泣泣泣泣泣 | 총 8획 | N3 □□□

음	きゅう	号泣 큰 소리로 욺
훈	な(く)	泣く 울다　泣かす 울리다　泣き虫 울보 泣き顔 우는 얼굴　泣き声 울음소리

映画を見て感動して、号泣した。 영화를 보고 감동해서 큰 소리로 울었다.

好きな人を泣かしてはいけません。 좋아하는 사람을 울려서는 안됩니다.

0580

옷 **의**

衣衣衣衣衣衣 | 총 6획 | N2 □□□

음	い	衣装 의상　衣服 의복　衣食住 의식주　예외 浴衣 유카타
훈	ころも	衣替え 철에 따라 옷장 정리

私の部屋が脱ぎっぱなしの衣服で散らかっています。
제 방이 벗어둔 채인 옷으로 어질러져 있습니다.

寒くなってきたのでそろそろ、衣替えします。
추워졌기 때문에 슬슬 옷장 정리(를) 합니다.

0581

議 의논할 의

議議議議議議議議議議議議議議議議議議議議 | 총 20획 | N3

음 ぎ	かいぎ 会議 회의　ぎろん 議論 의론　ぎいん 議員 의원
	ふしぎ 不思議だ 불가사의하다, 이상하다　ぎだい 議題 의제　しんぎ 審議 심의

今日の会議は3時からです。 오늘 회의는 3시부터입니다.

このお菓子は不思議な味がする。 이 과자는 이상한 맛이 난다.

0582

印 도장 인

印印印印印印 | 총 6획 | N2

음 いん	いんかん 印鑑 인감　いんさつ 印刷 인쇄　おういん 押印 날인　いんしょう 印象 인상
훈 しるし	しるし 印 표시, 증표, 상징　めじるし 目印 안표, 표시　やじるし 矢印 화살표
	こめじるし 米印 기호 '※'의 이름

会議で使う資料を印刷する。 회의에서 쓸 자료를 인쇄한다.

自分の物だと分かるように傘に印をつける。 자신의 것이라고 알 수 있도록 우산에 표시를 한다.

0583

滋 불을 자

滋滋滋滋滋滋滋滋滋滋滋滋 | 총 12획 | N0

음 じ/し	じようきょうそう 滋養強壮 자양강장　じみぶかい 滋味深い 영양가가 풍부하고 맛이 깊다
	しがけん 滋賀県 시가현(일본 지명)

滋養強壮に効果的な食べ物を食べて元気になりましょう。 자양강장에 효과적인 음식을 먹고 건강해집시다.

この料理は滋味深い料理だ。 이 요리는 영양가가 풍부하고 맛이 깊은 요리다.

0584

茨 지붕 일 자

茨茨茨茨茨茨茨茨茨 | 총 9획 | N0

훈 いばら	いばら 茨 가시나무　いばらのみち 茨の道 가시밭길
	いばらきけん 茨城県 이바라기현(일본 지명)

受験までの期間は茨の道だった。 수험까지의 기간은 가시밭길이었다.

茨城県と聞いて思い浮かぶのは納豆です。 이바라기현이라고 듣고 떠오르는 것은 낫토입니다.

* 는 JLPT N4-N5 기출 단어입니다.

0585 昨

어제 **작**

| 총 9획 | N3 |

- 음 さく
  - さくじつ 昨日 어제
  - いっさくじつ 一昨日 그저께
  - さくねん 昨年 작년
  - いっさくねん 一昨年 재작년
  - さくや 昨夜 어젯밤
  - さくばん 昨晩 어젯밤
  - (예외) きのう 昨日 어제
- (예외) おととい 一昨日 그저께 / おととし 一昨年 재작년

昨夜、大雨が降って地面が濡れている。 어젯밤 큰 비가 내려서 지면이 젖어있다.

昨日、彼女と今話題の映画を見ました。 어제 여자친구와 지금 화제인 영화를 봤습니다.

0586 残

해칠 **잔**

| 총 10획 | N3 |

- 음 ざん
  - ざんぎょう 残業 잔업, 야근
  - *ざんねん 残念だ 유감이다, 아쉽다
  - ざんだか 残高 잔고
  - ざんがく 残額 잔액
  - ざんこく 残酷 잔혹
- 훈 のこ(す)/のこ(る)
  - のこ 残す 남기다
  - のこ 残る 남다
  - (예외) なごり 名残 자취, 흔적, 추억

最近、残業が多く忙しくなってきた。 최근 야근이 많아서 바빠졌다.

作ってもらったご飯は残さず食べましょう。 만들어 주신 밥은 남기지 말고 먹읍시다.

0587 材

재목 **재**

| 총 7획 | N2 |

- 음 ざい
  - ざいりょう 材料 재료
  - もくざい 木材 목재
  - じんざい 人材 인재
  - きょうざい 教材 교재
  - そざい 素材 소재
  - しゅざい 取材 취재

母と一緒にパスタの材料を買いに行く。 어머니랑 함께 파스타 재료를 사러 간다.

授業で使う教材を準備する。 수업에서 사용할 교재를 준비한다.

0588 争

다툴 **쟁**

| 총 6획 | N3 |

- 음 そう
  - *きょうそう 競争 경쟁
  - せんそう 戦争 전쟁
  - ろんそう 論争 논쟁
  - そうだつせん 争奪戦 쟁탈전
- 훈 あらそ(う)
  - あらそ 争う 다투다, 싸우다
  - あらそ 争い 다툼, 분쟁

友達とどちらが早く走れるか競争した。 친구랑 어느 쪽이 빨리 달릴 수 있는지 경쟁했다.

遺産相続をめぐって兄弟が争っている。 유산 상속을 둘러싸고 형제가 다투고 있다.

0589

低 낮을 저

음	てい	さいてい **最低** 최저, 인성이 형편없음 / てい か **低下** 저하 / てい き あつ **低気圧** 저기압
		てい おん **低温** 저온 / てい おん **低音** 저음
훈	ひく(い)/ひく(まる)/ひく(める)	ひく ***低い** 낮다, (키가) 작다 / ひく **低まる** 낮아지다
		ひく **低める** 낮추다

きょう さいてい き おん ど
今日の**最低**気温はマイナス5度です。 오늘의 최저기온은 마이너스 5도입니다.

　　　 いす　　　　　　　 ひく　　 すわ
この椅子はとても**低い**ので座りにくいです。 이 의자는 매우 낮기 때문에 앉기 힘듭니다.

0590

底 밑 저

음	てい	かいてい **海底** 해저 / てってい **徹底** 철저 / とうてい **到底** 도저히
훈	そこ	そこ **底** 바닥 / そこぢから **底力** 저력, 잠재력 / そこ **どん底** 밑바닥
		くつぞこ **靴底** 구두 밑창

あたら　　　　　　　　　　　　　　 てってい　　 まも
新しくなったルールを**徹底**して守ってください。
새로워진 규칙을 철저하게 지켜 주세요.

は　　　　　　　 くつぞこ　 は
履きすぎて**靴底**が剥がれてしまった。 너무 많이 신어서 구두 밑창이 벗겨져버렸다.

0591

的 과녁 적

음	てき	もくてき **目的** 목적 / もくてきち **目的地** 목적지 / てきちゅう **的中** 적중 / いちじてき **一時的** 일시적
		いとてき **意図的** 의도적 / あっとうてき **圧倒的** 압도적
훈	まと	まと **的** 과녁, 목표

ぶ じ　　 もくてきち　　 じかんどお　　 とうちゃく
無事に**目的地**に時間通り到着した。 무사히 목적지에 시간대로 도착했다.

まと　ねら　　ゆみ　い
的を狙って弓を射る。 과녁을 노리고 활을 쏜다.

0592

積 쌓을 적

음	せき	めんせき **面積** 면적 / せきせつりょう **積雪量** 적설량 / ちくせき **蓄積** 축적 / せっきょくてき **積極的** 적극적
훈	つ(もる)/つ(む)	つ **積もる** 쌓이다 / みつ **見積もり** 견적 / つ **積む** 쌓다
		したづ **下積み** 밑바닥, 출세 못함

きょう　 せきせつりょう　 ことしいちばん
今日の**積雪量**は今年一番だそうだ。 오늘의 적설량은 올해 최고라고 한다.

　　　　　　 たな　 うえ　 つ　　　　　　　　　　 そう じ
ホコリが棚の上に**積もって**いたので、掃除しました。
먼지가 선반 위에 쌓여있기 때문에 청소했습니다.

*는 JLPT N4-N5 기출 단어입니다.

0593

典 법 전 | 총 8획 | N2

- 음: てん
  - 辞典(じてん) 사전
  - 典型的(てんけいてき)だ 전형적이다
  - 特典(とくてん) 특전
  - 古典(こてん) 고전

国語辞典(こくごじてん)で分(わ)からない単語(たんご)を調(しら)べる。 국어사전으로 모르는 단어를 찾아본다.

お寿司(すし)が一番(いちばん)好(す)きだなんて、典型的(てんけいてき)な日本人(にほんじん)だね。
초밥을 제일 좋아한다니 전형적인 일본인이네.

0594

戦 싸울 전 | 총 13획 | N3

- 음: せん
  - 戦争(せんそう) 전쟁
  - 戦闘(せんとう) 전투
  - 作戦(さくせん) 작전
  - 挑戦(ちょうせん) 도전
  - 対戦(たいせん) 대전
  - 初戦(しょせん) 첫 경기
- 훈: たたか(う)/いくさ
  - 戦(たたか)う 싸우다, 겨루다
  - 戦(たたか)い 싸움, 전투, 경기
  - 戦(いくさ) 전쟁, 싸움

しっかり作戦(さくせん)を立(た)てて、試合(しあい)に挑(いど)もう。 단단히 작전을 세워서 시합에 도전하자.

他(ほか)の国(くに)の人(ひと)とオンラインゲームで戦(たたか)う。 다른 나라의 사람과 온라인 게임에서 싸운다.

0595

伝 전할 전 | 총 6획 | N3

- 음: でん
  - 伝達(でんたつ) 전달
  - 伝統(でんとう) 전통
  - 伝説(でんせつ) 전설
  - 伝言(でんごん) 전언
  - 遺伝(いでん) 유전
  - 宣伝(せんでん) 선전
- 훈: つた(える)/つた(わる)/つた(う)
  - *伝(つた)える 전하다
  - 伝(つた)わる 전해지다
  - 伝(つた)う 이동하다, 타다
  - 手伝(てつだ)う 도와주다

明日(あした)は授業(じゅぎょう)がお休(やす)みだそうです。以上(いじょう)、先生(せんせい)からの伝言(でんごん)です。
내일은 수업이 휴강이라고 합니다. 이상, 선생님으로부터의 전언입니다.

愛(あい)している妻(つま)へ感謝(かんしゃ)の言葉(ことば)を伝(つた)える。 사랑하는 아내에게 감사의 말을 전한다.

0596

節 마디 절 | 총 13획 | N1

- 음: せつ/せち
  - 節約(せつやく) 절약
  - 季節(きせつ) 계절
  - お節介(せっかい) 쓸데없는 참견
  - 節電(せつでん) 절전
  - 調節(ちょうせつ) 조절
  - 関節(かんせつ) 관절
  - お節料理(せちりょうり) 오세치 요리(일본 설 음식)
- 훈: ふし
  - 節(ふし) 마디, 관절
  - 節目(ふしめ) 단락 짓는 시점, 전환기

最近(さいきん)ガス代(だい)がすごく高(たか)いので節約(せつやく)をする。
최근 가스 요금이 매우 비싸기 때문에 절약을 한다.

結婚(けっこん)を節目(ふしめ)に第二(だいに)の人生(じんせい)が始(はじ)まった。 결혼을 전환기로 제2의 인생이 시작되었다.

0597 折 꺾을 절 | 총 7획 | N3

음 せつ

こっせつ	うせつ	させつ	くっせつ
骨折 골절	右折 우회전	左折 좌회전	屈折 굴절

ざせつ	せっちゅう
挫折 좌절	折衷 절충

훈 お(る)/お(れる)/おり

お	お がみ
折る 접다, 꺾다	折り紙 종이 접기 놀이

お たた がさ	お
折り畳み傘 접이식 우산	折れる 접히다, 꺾이다, 부러지다

おり
折 때, 시기

まっすぐ行って、2つ目の信号を右折してください。
곧바로 가서 2번째 신호에서 우회전해 주세요.

子供と一緒に折り紙を折る。 아이와 함께 종이접기를 접는다.

0598 静 고요할 정 | 총 14획 | N3

음 せい/じょう

せいし	あんせい	せいしゅく	せいでんき
静止 정지	安静 안정	静粛 정숙	静電気 정전기

れいせい	じょうみゃく
冷静だ 냉정하다	静脈 정맥

훈 しず(か)/しず(まる)/しず(める)/しず

しず	しず
静かだ 조용하다	静まる 가라앉다, 안정되다

しず	しずしず
静める 가라앉히다, 진정시키다	静々と 조용조용

空気が乾燥した冬は、静電気がよく起こる。
공기가 건조한 겨울은 정전기가 자주 일어난다.

図書館では静かにしてください。 도서관에서는 조용히 해 주세요.

0599 井 우물 정 | 총 4획 | N1

음 しょう/せい

てんじょう	ゆせい
天井 천장	油井 유정(석유의 원유를 퍼내는 샘)

훈 い

いど
井戸 우물

この家は天井が高いので部屋が広く感じる。
이 집은 천장이 높기 때문에 방이 넓게 느껴진다.

井戸は深いので気を付けてください。 우물은 깊기 때문에 주의해 주세요.

0600

照 비칠 조

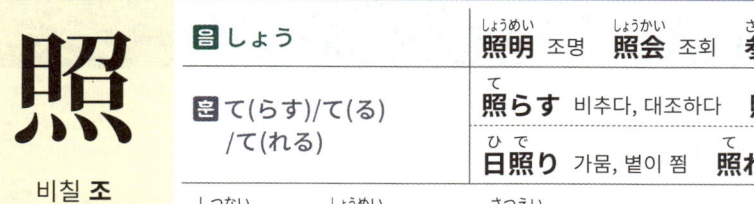

총 13획 | N2

- 음 しょう
  - 照明 조명　照会 조회　参照 참조　対照的 대조적
- 훈 て(らす)/て(る)/て(れる)
  - 照らす 비추다, 대조하다　照る 비치다
  - 日照り 가뭄, 볕이 쬠　照れる 쑥스러워하다

室内では、照明をつけて撮影をする。 실내에서는 조명을 켜고 촬영을 한다.

実は褒められると照れるタイプです。 사실은 칭찬받으면 쑥스러워하는 타입입니다.

체크포인트 15

1 다음 단어의 발음을 히라가나로 적어 보세요.

| 예시 | 花 꽃 | → | (はな) |

1) 教材　　교재　　→　（　　　　　）
2) 熱い　　뜨겁다　→　（　　　　　）
3) 塩　　　소금　　→　（　　　　　）
4) 完璧　　완벽　　→　（　　　　　）
5) 勇気　　용기　　→　（　　　　　）
6) 熊　　　곰　　　→　（　　　　　）
7) 昨日　　어제　　→　（　　　　　）

2 다음 단어의 한자를 적어 보세요.

| 예시 | 별 ほし | → | (星) |

1) 회의　　かいぎ　　　→　（　　　　　）
2) 최저　　さいてい　　→　（　　　　　）
3) 자연　　しぜん　　　→　（　　　　　）
4) 영어　　えいご　　　→　（　　　　　）
5) 연예인　げいのうじん→　（　　　　　）
6) 원하다　ねがう　　　→　（　　　　　）
7) 이상　　いじょう　　→　（　　　　　）

3 아래의 단어와 뜻이 올바르게 연결되도록 선을 그어 보세요.

1) 積極的(せっきょくてき) ・　　　　・ 남다
2) 残る(のこ) ・　　　　・ 위치
3) 典型的(てんけいてき) ・　　　　・ 적극적
4) 栄養(えいよう) ・　　　　・ 울다
5) 泣く(な) ・　　　　・ 영양
6) 位置(いち) ・　　　　・ 전형적
7) 衣装(いしょう) ・　　　　・ 의상

정답 1 1) きょうざい 2) あつい 3) しお 4) かんぺき 5) ゆうき 6) くま 7) きのう
2 1) 会議 2) 最低 3) 自然 4) 英語 5) 芸能人 6) 願う 7) 以上
3 1) 積極的-적극적 2) 残る-남다 3) 典型的-전형적 4) 栄養-영양 5) 泣く-울다 6) 位置-위치 7) 衣装-의상

Unit 16 초등학교 4학년 (42자)

兆	억조 조
卒	마칠 졸
種	씨 종
佐	도울 좌
周	두루 주
仲	버금 중
差	다를 차
借	빌 차
参	참여할 참
察	살필 찰
札	편지 찰
唱	부를 창
倉	곳집 창
菜	나물 채
浅	얕을 천
清	맑을 청
初	처음 초
最	가장 최
祝	빌 축
沖	화할 충
側	곁 측
置	둘 치
治	다스릴 치
特	특별할 특
阪	언덕 판
敗	패할 패
便	편할 편
包	쌀 포
票	표 표
標	표할 표
必	반드시 필
賀	하례할 하
害	해할 해
香	향기 향
験	시험 험
協	화합할 협
好	좋을 호
貨	재물 화
栃	상수리나무 회
候	기후 후
訓	가르칠 훈
希	바랄 희

0601

兆 억조 조 | 총 6획 | N2

| 음 | ちょう | ちょう 兆 조(숫자 단위) | ぜんちょう 前兆 전조 | ちょうこう 兆候 징후 | よちょう 予兆 전조, 징조 |
| 훈 | きざ(し)/きざ(す) | きざ 兆し 조짐, 징조 | きざ 兆す 싹트다, 징조가 보이다 | | |

これは何かいい事が起きる**前兆**ではないか。
이것은 뭔가 좋은 일이 일어날 전조가 아닌가.

やっとここまで来たぞ。成功の**兆し**が見えてきた。
겨우 여기까지 왔다. 성공의 조짐이 보이기 시작했다.

0602

卒 마칠 졸 | 총 8획 | N2

| 음 | そつ | そつぎょう 卒業 졸업 | そつぎょうしき 卒業式 졸업식 | だいそつ 大卒 대졸 | こうそつ 高卒 고졸 |
| | | しんそつ 新卒 신졸(그 해의 대학 졸업 예정자) | のうそっちゅう 脳卒中 뇌졸중 | | |

卒業式の前にいい思い出を残そう。 졸업식 전에 좋은 추억을 남기자.

来年の春から、**新卒**の方を募集します。 내년 봄부터 대학 졸업 예정자 분을 모집합니다.

0603

種 씨 종 | 총 14획 | N3

음	しゅ	しゅるい 種類 종류	ひんしゅ 品種 품종	しゅし 種子 종자	たしゅたよう 多種多様 다종다양
		じんしゅ 人種 인종			
훈	たね	たね 種 씨앗			

このお店はコーヒーの**種類**がたくさんある。 이 가게는 커피 종류가 많이 있다.

自分の庭にひまわりの**種**を植える。 자신의 정원에 해바라기씨를 심는다.

0604

佐 도울 좌 | 총 7획 | N1

| 음 | さ | ほさ 補佐 보좌 | おうさ 王佐 왕을 보좌함 | たいさ 大佐 대령 |
| | | さがけん 佐賀県 사가현(일본 지명) | さとう 佐藤 사토(일본 성씨) | |

会長を**補佐**するのが秘書である私の役目です。
회장을 보좌하는 것이 비서인 제 역할입니다.

日本で一番多い名字は、**佐藤**です。 일본에서 가장 많은 성씨는 사토입니다.

0605

周 두루 주 | 총 8획 | N2

- 음 しゅう
  - 周辺 주변
  - 周囲 주위
  - 一周年 1주년
  - 円周 원주, 원둘레
- 훈 まわ(り)
  - 周り 주변, 주위

この周辺はコンビニもないほど、田舎だ。 이 주변은 편의점도 없을 정도로 시골이다.

周りの目を気にせずにやりたいことはやったほうがいい。
주위의 눈을 신경 쓰지 않고 하고 싶은 것은 하는 편이 좋다.

0606

仲 버금 중 | 총 6획 | N2

- 음 ちゅう
  - 仲介 중개
  - 仲裁 중재
- 훈 なか
  - 仲 사이
  - 仲間 한패, 동료
  - 仲直り 화해
  - 仲良し 사이가 좋음, 사이가 좋은 친구
  - 예외 仲人 중매인

仲介会社を通してアメリカの部屋を契約した。
중개 회사를 통해서 미국의 방을 계약했다.

あの二人は昔から仲がいい。 저 두 사람은 옛날부터 사이가 좋다.

0607

差 다를 차 | 총 10획 | N3

- 음 さ
  - 差 차, 차이
  - 差別 차별
  - 格差 격차
  - 差異 차이
  - 差額 차액
  - 時差 시차
- 훈 さ(す)
  - 差す (우산을) 쓰다, 내밀다, 꽂다

私達は、20cmの身長差があります。 저희들은 20cm의 신장 차이가 있습니다.

雨が降ってきたので傘を差した。 비가 내려서 우산을 썼다.

0608

借 빌 차 | 총 10획 | N4

- 음 しゃく
  - 借金 빚
  - 借家 셋집
- 훈 か(りる)
  - *借りる 빌리다
  - 貸し借り 대차, 빌려주거나 빌림

彼には返さなければならない巨額の借金がある。
그에게는 갚지 않으면 안 되는 거액의 빚이 있다.

書くものが無いのでちょっとペンを借りますね。
쓸 것이 없어서 잠깐 펜을 빌릴게요.

*는 JLPT N4-N5 기출 단어입니다.

0609

参 | 총 8획 | N3

참여할 **참**

- 음 さん
  - さんか 参加 참가
  - さんこう 参考 참고
  - さんかん 参観 참관
  - じさん 持参 지참
  - こうさん 降参 항복
- 훈 まい(る)
  - まい 参る 가다, 오다의 겸양어
  - はかまい 墓参り 성묘

親戚が集まる新年会に参加する。 친척이 모이는 신년회에 참가한다.

中国から参りました。ワンと申します。 중국으로부터 왔습니다. 왕이라고 합니다.

0610

察 | 총 14획 | N3

살필 **찰**

- 음 さつ
  - けいさつ 警察 경찰
  - かんさつ 観察 관찰
  - こうさつ 考察 고찰
  - しんさつ 診察 진찰
  - さっち 察知 헤아려 앎
  - さっ 察する 헤아리다, 살피다

後ろから誰かがついてくる音がしたので、警察に助けを求めた。
뒤에서 누군가가 따라오는 소리가 났기 때문에 경찰에 도움을 요청했다.

夏休みの宿題で植物を観察する。 여름방학 숙제로 식물을 관찰한다.

0611

札 | 총 5획 | N2

편지 **찰**

- 음 さつ
  - さつ 札 지폐
  - かいさつ 改札 개찰
  - にゅうさつ 入札 입찰
  - らくさつ 落札 낙찰
- 훈 ふだ
  - ふだ お札 부적, 팻말
  - なふだ 名札 명찰
  - ねふだ 値札 가격표, 정가표

この一万円を千円札に両替して下さい。 이 만 엔 권을 천 엔 권 지폐로 환전해 주세요.

この店の店員は全員、名札をつけている。 이 가게의 점원은 전원 명찰을 달고 있다.

0612

唱 | 총 11획 | N1

부를 **창**

- 음 しょう
  - がっしょう 合唱 합창
  - かしょうりょく 歌唱力 가창력
  - ていしょう 提唱 제창
- 훈 とな(える)
  - とな 唱える 주장하다, 외치다, 부르다

週末に発表会があるので、クラスで合唱の練習をした。
주말에 발표회가 있기 때문에 반에서 합창 연습을 했다.

魔女が呪いの呪文を唱えた。 마녀가 저주의 주문을 외웠다.

0613

곳집 **창**

음	そう	倉庫 창고　船倉 배 화물창　穀倉 곡창
훈	くら	倉 곳간, 창고　小倉あん 단팥, 팥소

もうすぐクリスマスなので、倉庫からクリスマスツリーを出す。
이제 곧 크리스마스이기 때문에 창고에서 크리스마스트리를 꺼낸다.

小倉あんが入ったたい焼きが一番好きです。 단팥이 들어간 붕어빵을 제일 좋아합니다.

0614

나물 **채**

음	さい	*野菜 채소　白菜 배추　山菜 산채, 산나물　惣菜 반찬
훈	な	菜の花 유채꽃　小松菜 소송채(일본 채소)

野菜たっぷりのスープを作る。 야채가 가득한 수프를 만든다.

菜の花畑で写真を撮りました。 유채꽃밭에서 사진을 찍었습니다.

0615

얕을 **천**

음	せん	浅薄だ 천박하다
훈	あさ(い)	*浅い 얕다　浅草 아사쿠사(도쿄 지명)
		浅漬け 아사즈케(채소 절임 요리)

新聞を読まないからといって浅薄な人だとは言えない。
신문을 안 읽는다고 해서 천박한 사람이라고는 말할 수 없다.

海は浅く見える部分も実際入ってみたら深い場合がある。
바다는 얕아 보이는 부분도 실제로 들어가 보면 깊은 경우가 있다.

0616

맑을 **청**

음	せい/しょう	清潔だ 청결하다　清算 청산　清楚 청초　清掃 청소
		清浄 청정
훈	きよ(い)/きよ(まる)/きよ(める)	清い 맑다, 깨끗하다　清まる 맑아지다　清める 맑게 하다
		清らか 맑음, 깨끗함

台所は清潔に保ちましょう。 부엌은 청결하게 유지합시다.

彼女はとても清い心を持っています。 그녀는 매우 맑은 마음을 가지고 있습니다.

* 는 JLPT N4-N5 기출 단어입니다.

0617 初 (처음 초) | 총 7획 | N3

음 しょ
- さいしょ 最初 최초
- しょき 初期 초기
- しょしん 初心 초심
- しょにち 初日 첫날
- しょきゅう 初級 초급

훈 はじ(め)/はじ(めて)/はつ/うい/そ(める)
- はじめ 初め 처음, 최초
- はじめて 初めて 처음으로
- はつこい 初恋 첫사랑
- はつゆき 初雪 첫눈
- はつみみ 初耳 처음 듣는 일
- ういういしい 初々しい 풋풋하다, 앳되다
- みそめる 見初める 첫눈에 반하다

初心に戻ることは大切だ。 초심으로 돌아가는 것은 중요하다.

今日、人生で初めてサッカーをしました。 오늘 인생에서 처음으로 축구를 했습니다.

0618 最 (가장 최) | 총 12획 | N3

음 さい
- *最後 さいご 최후
- *最近 さいきん 최근
- 最新 さいしん 최신
- 最大 さいだい 최대
- 最高 さいこう 최고
- 最強 さいきょう 최강

훈 もっと(も)
- 最も もっとも 가장, 제일

最近の女子高生は最新流行ファッションに敏感だ。 최근 여고생은 최신 유행 패션에 민감하다.

このメンバーの中で最も若い人は誰でしょう。 이 멤버 중에서 가장 젊은 사람은 누굴까요.

0619 祝 (빌 축) | 총 9획 | N2

음 しゅく/しゅう
- しゅくふく 祝福 축복
- しゅくじつ 祝日 축일, 공휴일
- しゅくはい 祝杯 축배
- しゅくが 祝賀 축하
- しゅうぎ 祝儀 축의(금)

훈 いわ(う)
- いわう 祝う 축하하다
- *お祝い おいわい 축하, 축하 선물

明日は祝日なので学校は休みです。 내일은 공휴일이므로 학교는 휴일입니다.

サプライズで、友達の誕生日を祝ってあげた。 서프라이즈로 친구 생일을 축하해 줬다.

0620

화할 충

| 음 | ちゅう | 沖積 충적 |
| 훈 | おき | 沖 먼바다 / 沖縄県 오키나와현(일본 지명) |

沖積とは流水が運んだ土砂などが沈んで積み重なることだ。
충적이란 흐르는 물이 운반한 토사물 등이 가라앉아 겹쳐 쌓이는 것이다.

朝早く、船が沖に出て行った。 아침 일찍 배가 먼바다로 나갔다.

0621

곁 측

음	そく	側面 측면 / 側近 측근
훈	がわ	右側 오른쪽 / 左側 왼쪽 / 両側 양측, 양쪽 / 内側 안쪽
		裏側 뒤쪽 / 縁側 툇마루

お腹の側面を床につけてストレッチをします。
복부의 측면을 바닥에 붙여서 스트레칭을 합니다.

お手洗いはまっすぐ行って右側にございます。 화장실은 쭉 가서 오른쪽에 있습니다.

0622

둘 치

음	ち	位置 위치 / 設置 설치 / 装置 장치 / 処置 조치
		配置 배치
훈	お(く)	置く 두다, 놓다

使った物は定位置に戻してください。 사용한 물건은 정위치에 돌려놔 주세요.

こちらに座ったら、テーブルにカバンを置くといいです。
이쪽에 앉으면 테이블에 가방을 두면 됩니다.

0623

다스릴 치

음	じ/ち	政治 정치 / 退治 퇴치 / 治安 치안 / 治療 치료
		統治 통치 / 治癒 치유 / 自治 자치
훈	なお(る)/なお(す) /おさ(める) /おさ(まる)	治る 낫다, 치료되다 / 治す 고치다, 치료하다
		治める 다스리다, 지배하다 / 治まる 다스려지다, 고요해지다

新聞で政治の記事を読みます。 신문에서 정치 기사를 읽습니다.

足の怪我がやっと治り、歩けるようになりました。
다리 부상이 드디어 나아서 걸을 수 있게 되었습니다.

0624

특별할 **特**

| 음 | とく | 特に 특히, 특별히 　 ＊特別だ 특별하다
＊特急 특급, 급행열차　 特徴 특징　 特技 특기 |

총 10획 | N4

今年の冬は**特**に寒いですね。 올해 겨울은 특히 춥네요.

今日は彼女の誕生日なので、**特別**な日です。
오늘은 여자친구의 생일이라서 특별한 날입니다.

0625

언덕 **阪**

| 음 | はん | 阪神 한신(오사카와 고베) |
| 훈 | さか | 大阪 오사카(일본 지명) |

총 7획 | N1

僕が応援する野球チームは**阪神**タイガースです。
제가 응원하는 야구 팀은 한신 타이거즈입니다.

大阪と言えばたこ焼きが有名だ。 오사카라고 하면 타코야끼가 유명하다.

0626

패할 **敗**

| 음 | はい | 敗者 패자　 敗北 패배　 勝敗 승패　 ＊失敗 실패
腐敗 부패 |
| 훈 | やぶ(れる) | 敗れる 지다, 패배하다 |

총 11획 | N3

次のレースで**勝敗**が左右される。 다음 레이스에서 승패가 좌우된다.

接戦の末、試合に**敗**れてしまった。 접전 끝에 시합에 져버렸다.

0627

편할 **便**

| 음 | べん/びん | ＊便利だ 편리하다　 ＊不便だ 불편하다　 便器 변기
便秘 변비　 郵便局 우체국　 便名 (비행기)편명
便箋 편지지 |
| 훈 | たよ(り) | 便り 소식, 편지 |

총 9획 | N3

スマートフォンはいろんな機能があって本当に**便利**ですね。
스마트폰은 여러 가지 기능이 있어서 정말 편리하네요.

田舎にいるおじいちゃんから**便**りが届きました。
시골에 있는 할아버지로부터 편지가 도착했습니다.

0628

쌀 **포**

음	ほう	ほうそう 包装 포장 · ほうたい 包帯 붕대 · ほうちょう 包丁 식칼 · ほうい 包囲 포위
		ほうようりょく 包容力 포용력
훈	つつ(む)	*つつ 包む 싸다, 포장하다 · こづつみ 小包 소포

かれ 彼はけがをしたので、医者に包帯を巻いてもらった。
그는 다쳤기 때문에 의사가 붕대를 감아 주었다.

てんいん ともだち
店員が友達のプレゼントをきれいに包んでくれた。
점원이 친구의 선물을 예쁘게 포장해 주었다.

0629

표 **표**

음	ひょう	ひょう 票 표 · かいひょう 開票 개표 · とうひょう 投票 투표 · ひょうけつ 票決 표결 · とくひょう 得票 득표
		でんぴょう 伝票 전표

こんかい せんきょ いっぴょう さ か
今回の選挙は、一票の差で勝った。 이번 선거는 한 표 차이로 이겼다.

せいとかいちょう ぜんこうせい とうひょう き
生徒会長を全校生の投票で決める。 학생회장을 전교생 투표로 정한다.

0630

標
표할 **표**

음	ひょう	もくひょう 目標 목표 · しょうひょう 商標 상표 · ひょうじゅん 標準 표준 · ひょうほん 標本 표본
		ひょうてき 標的 표적

しんねん ことし もくひょう た
新年になったら、今年の目標を立てる。 새해가 되면 올해의 목표를 세운다.

にほんご ひょうじゅんご べんきょう ほう
日本語はまず標準語から勉強した方がいい。
일본어는 우선 표준어부터 공부하는 편이 좋다.

0631

반드시 **필**

음	ひつ	*ひつよう 必要だ 필요하다 · ひつぜん 必然 필연 · ひっし 必死に 필사적으로
		ひつじゅひん 必需品 필수품 · ひっす 必須 필수 · ひっさつわざ 必殺技 필살기
훈	かなら(ず)	かなら 必ず 반드시, 꼭 · かなら 必ずしも 반드시

ひつよう い
必要なものがあれば言ってください。 필요한 것이 있으면 말해 주세요.

かなら じ おく き
必ず11時までに遅れないように来てください。 반드시 11시까지 늦지 않게 와 주세요.

* 는 JLPT N4-N5 기출 단어입니다.

0632

賀賀賀賀賀賀賀賀賀賀賀賀 | 총 12획 | N1

하례할 하

음 が

| 年賀状 연하장 | 祝賀 축하 | 滋賀県 시가현(일본 지명) |
| 佐賀県 사가현(일본 지명) | | |

日本では、お正月にお世話になった人に年賀状を出す。
일본에서는 설에 신세를 진 사람에게 연하장을 보낸다.

勝利の祝賀メッセージを送る。 승리의 축하 메시지를 보낸다.

0633

害害害害害害害害害害 | 총 10획 | N3

해할 해

음 がい

| 害 해, 방해 | 被害 피해 | 加害 가해 | 公害 공해 |
| 侵害 침해 | 害虫 해충 | | |

地震で被害を受けた人のために募金活動をする。
지진으로 피해를 입은 사람을 위해서 모금 활동을 한다.

昔は工場から出る煙の公害が多かった。 옛날은 공장에서 나오는 연기의 공해가 많았다.

0634

香香香香香香香香香 | 총 9획 | N2

향기 향

음 こう/きょう

お香 향	香水 향수	芳香剤 방향제
蚊取り線香 모기향	香辛料 향신료	
香車 장기의 말의 하나		

훈 かお(り)/かお(る)/か

| 香り 향기 | 香る 향기가 나다 | 移り香 잔향 |

自分のオリジナル香水を作った。 자신의 오리지널 향수를 만들었다.

パン屋さんからいい香りがする。 빵집에서 좋은 냄새가 난다.

0635

験験験験験験験験験験験験験験験験験験 | 총 18획 | N4

시험 험

음 けん/げん

| 試験 시험 | 受験 수험 | 実験 실험 | 体験 체험 |
| *経験 경험 | 験を担ぐ 길흉을 따지다 | | |

日本語能力試験まで残り1週間になりました。
일본어능력시험까지 앞으로 1주일 남았습니다.

成功するまで実験を繰り返す。 성공할 때까지 실험을 반복한다.

0636 協 화합할 협

총 8획 | N2

음 きょう

きょうりょく 協力 협력　りょうこうせい 協調性 협조성　きょうぎ 協議 협의　きょうさん 協賛 협찬
だきょう 妥協 타협　きょうかい 協会 협회

みんなで**協力**して文化祭の準備をする。 다 같이 협력해서 학교 축제 준비를 한다.

社会では**協調性**が重要だ。 사회에서는 협조성이 중요하다.

0637 好 좋을 호

총 6획 | N3

음 こう

こうかん 好感 호감　りょうこう 良好 양호　こうい 好意 호의　こうちょう 好調 호조, 순조
あいこう 愛好 애호

훈 この(む)/す(く)

この 好む 선호하다, 바라다　この 好み 기호, 취향
この 好ましい 마음에 들다, 바람직하다　す 好く 좋아하다
*す 好きだ 좋아하다

男性からの**好感**度の高い服を着て合コンに参加する。 남성으로부터 호감도가 높은 옷을 입고 소개팅에 참가한다.

私は食べ物の**好み**が合う人と付き合いたいです。 저는 음식 취향이 맞는 사람과 사귀고 싶습니다.

0638 貨 재물 화

총 11획 | N2

음 か

かもつ 貨物 화물　つうか 通貨 통화　かへい 貨幣 화폐　がいか 外貨 외화
こうか 硬貨 금속 화폐, 동전

貨物列車には多くの農産品が積まれている。 화물열차에는 많은 농산품이 실려 있다.

ヨーロッパの主要**通貨**はユーロだ。 유럽의 주요 통화는 유로다.

0639 栃 상수리나무 회

총 9획 | N1

훈 とち

とち き 栃の木 칠엽수　とちぎけん 栃木県 토치기현(일본 지명)

栃の木は都市でも街路樹としてよく見られる木だ。 칠엽수는 도시에서도 가로수로 자주 보이는 나무다.

栃木県は餃子といちごが有名だ。 토치기현은 만두와 딸기가 유명하다.

0640

候 기후 후

- 음 こう
  - 気候 기후
  - 天候 기후, 날씨
  - 悪天候 악천후
  - 候補 후보
  - 兆候 징후
- 훈 そうろう
  - 居候 얹혀 지냄

日本の気候は四季があるのが特徴です。 일본의 기후는 사계절이 있는 것이 특징입니다.

就職先が決まるまでおばさんの家で居候していた。
취직할 곳이 정해지기까지 고모 댁에서 얹혀 지내고 있었다.

0641

訓 가르칠 훈

- 음 くん
  - 訓練 훈련
  - 教訓 교훈
  - 家訓 가훈
  - 訓読み 훈독

しつけのために、犬の訓練をたくさんする。
예의범절을 가르치기 위해 강아지의 훈련을 많이 한다.

うちの家訓は「人に優しく」です。 우리 집의 가훈은 '사람에게 친절하게'입니다.

0642

希 바랄 희

- 음 き
  - 希望 희망
  - 希釈 희석
  - 希少だ 희소하다
  - 希薄 희박

私の希望は本社で働くことです。 제 희망은 본사에서 일하는 것입니다.

この食器用洗剤は、水で5倍に希釈してから使うものだ。
이 식기용 세제는 물로 5배 희석하고 나서 사용하는 것이다.

체크포인트 16

1 다음 단어의 발음을 히라가나로 적어 보세요.

> 예시 花 꽃 → (はな   )

1) 初雪   첫눈   → (   )
2) 名札   명찰   → (   )
3) 浅い   얕다   → (   )
4) 必ず   반드시 → (   )
5) 貨物   화물   → (   )
6) 借金   빚   → (   )
7) 合唱   합창   → (   )

2 다음 단어의 한자를 적어 보세요.

> 예시 별 ほし → (星   )

1) 축하하다 いわう   → (   )
2) 경험   けいけん   → (   )
3) 협력   きょうりょく → (   )
4) 목표   もくひょう   → (   )
5) 특별   とくべつ   → (   )
6) 주변   しゅうへん   → (   )
7) 씨앗   たね   → (   )

3 아래의 단어와 뜻이 올바르게 연결되도록 선을 그어 보세요.

1) 政治(せいじ) ・　　　　　・ 투표
2) 参考(さんこう) ・　　　　　・ 참고
3) 投票(とうひょう) ・　　　　　・ 피해
4) 倉庫(そうこ) ・　　　　　・ 기후
5) 被害(ひがい) ・　　　　　・ 정치
6) 訓練(くんれん) ・　　　　　・ 창고
7) 天候(てんこう) ・　　　　　・ 훈련

정답
1 1) はつゆき   2) なふだ   3) あさい   4) かならず   5) かもつ   6) しゃっきん   7) がっしょう
2 1) 祝う   2) 経験   3) 協力   4) 目標   5) 特別   6) 周辺   7) 種
3 1) 政治-정치   2) 参考-참고   3) 投票-투표   4) 倉庫-창고   5) 被害-피해   6) 訓練-훈련   7) 天候-기후

연습문제 04

한자읽기 다음 문장의 밑줄 친 한자를 바르게 읽은 것은 어느 것인가?

1 来年の春に<u>結婚</u>することになりました。
   ① けつこん   ② けっこん   ③ けつごん   ④ けこん

2 <u>景色</u>がいい場所で写真を撮りましょう。
   ① けいしき   ② けしょく   ③ けいしょく   ④ けしき

3 この結果に<u>満足</u>しています。
   ① まんそく   ② まんじょく   ③ まんぞく   ④ まんそう

4 家族にあげるお<u>土産</u>を買いました。
   ① おまもり   ② おみやり   ③ おまやげ   ④ おみやげ

5 時間になりましたが、このまま<u>続ける</u>ことにします。
   ① つづける   ② つずける   ③ すづける   ④ すずける

6 あと１年で大学を<u>卒業</u>します。
   ① そっぎょう   ② そつぎょう   ③ そつごう   ④ そちゅぎょう

7 <u>北極</u>がどこにあるか知っていますか。
   ① なんきょく   ② なんごく   ③ ほっきょく   ④ ほくきょく

8 新しい<u>食器</u>を買いました。
   ① しょっき   ② そっき   ③ しっき   ④ しょくき

9 図書館では<u>静</u>かにしましょう。
   ① みじかに   ② しずかに   ③ たしかに   ④ はるかに

10 「君の力が<u>必要</u>だ」と言われました。
   ① ひつよだ   ② ひちゅようだ   ③ ひちゅよだ   ④ ひつようだ

한자표기 다음 문장의 밑줄 친 히라가나의 한자의 표기로 올바른 것은 어느 것인가?

1. 体調が悪いので今日は<u>けっせき</u>します。
   ① 欠度　　② 欠庫　　③ 欠店　　④ 欠席

2. その言葉を<u>しんじる</u>ことにしました。
   ① 新じる　　② 信じる　　③ 伸じる　　④ 真じる

3. この学校には古い<u>でんとう</u>があります。
   ① 電統　　② 伝棟　　③ 伝統　　④ 展党

4. 鈴木さんはとても口が<u>かたい</u>人です。
   ① 囲い　　② 回い　　③ 固い　　④ 因い

5. <u>しっぱい</u>を恐れずに挑戦しましょう。
   ① 失敗　　② 失財　　③ 矢敗　　④ 矢財

6. この問題を解決することは<u>かんたん</u>です。
   ① 間単　　② 簡巣　　③ 間巣　　④ 簡単

7. 秋は私が一番好きな<u>きせつ</u>です。
   ① 委節　　② 季節　　③ 季筋　　④ 委箱

8. 何よりも<u>けんこう</u>を第一に考えています。
   ① 建康　　② 建厚　　③ 健厚　　④ 健康

9. 消しゴムを忘れたので<u>かりる</u>ことはできますか。
   ① 倍りる　　② 供りる　　③ 借りる　　④ 俗りる

10. 山田さんも、私たちの大切な<u>なかま</u>です。
    ① 仲間　　② 中間　　③ 仲聞　　④ 中聞

연습문제 04 정답 및 해석

한자읽기

정답 1 ② 2 ④ 3 ③ 4 ④ 5 ① 6 ② 7 ③ 8 ① 9 ② 10 ④

해석
1. 내년 봄에 결혼하게 되었습니다.
2. 경치가 좋은 장소에서 사진을 찍읍시다.
3. 이 결과에 만족하고 있습니다.
4. 가족에게 줄 선물을 샀습니다.
5. 시간이 되었습니다만, 이대로 계속하는 것으로 하겠습니다.
6. 앞으로 1년이면 대학교를 졸업합니다.
7. 북극이 어디에 있는지 알고 있습니까?
8. 새로운 식기를 샀습니다.
9. 도서관에서는 조용히 합시다.
10. '자네의 힘이 필요하다'는 말을 들었습니다.

한자표기

정답 1 ④ 2 ② 3 ③ 4 ③ 5 ① 6 ④ 7 ② 8 ④ 9 ③ 10 ①

해석
1. 몸 상태가 안 좋기 때문에 오늘은 결석합니다.
2. 그 말을 믿기로 했습니다.
3. 이 학교에는 오래된 전통이 있습니다.
4. 스즈키 씨는 대단히 입이 무거운(딱딱한) 사람입니다.
5. 실패를 두려워하지 말고 도전합시다.
6. 이 문제를 해결하는 것은 간단합니다.
7. 가을은 제가 가장 좋아하는 계절입니다.
8. 무엇보다도 건강을 우선으로 생각하고 있습니다.
9. 지우개를 잃어버렸기 때문에 빌릴 수 있습니까?
10. 야마다 씨도 우리들의 소중한 동료입니다.

일본 문부과학성이 지정한 상용한자

5 초등학교 학년 한자

Unit 17　40자
Unit 18　40자
Unit 19　40자
Unit 20　40자
Unit 21　33자

Unit 17 초등학교 5학년 (40자)

MP3 다운로드

価 값 가	仮 거짓 가	可 옳을 가	刊 새길 간	幹 줄기 간
減 덜 감	講 외울 강	個 낱 개	居 살 거	件 물건 건
検 검사할 검	格 격식 격	潔 깨끗할 결	経 지날 경	耕 밭 갈 경
境 지경 경	故 연고 고	告 고할 고	過 지날 과	慣 익숙할 관
鉱 쇳돌 광	句 글귀 구	救 구원할 구	構 얽을 구	旧 옛 구
久 오랠 구	規 법 규	均 고를 균	禁 금할 금	紀 벼리 기
寄 부칠 기	技 재주 기	基 터 기	能 능할 능	断 끊을 단
団 둥글 단	堂 집 당	貸 빌릴 대	導 인도할 도	毒 독 독

*는 JLPT N4-N5 기출 단어입니다.

0643

값 가

음	か	価値 가치 / 物価 물가 / 価格 가격 / 評価 평가
		原価 원가 / 株価 주가
훈	あたい	価 값, 값어치 / 価する 가치가 있다, ~할 만하다

| 総 8획 | N3 |

あの人とは**価値**観が合いません。 저 사람과는 가치관이 맞지 않습니다.

彼の勇敢な行為は賞賛に**価する**。 그의 용감한 행위는 칭찬받을 만하다.

0644

거짓 가

음	か/け	仮面 가면 / 仮説 가설 / 仮定 가정 / 仮想 가상
		仮病 꾀병
훈	かり	仮 임시, 가짜 / 仮住まい 임시 거처 / 仮契約 가계약
		仮免許 가면허

| 総 6획 | N1 |

実験を始める前にまず**仮説**を立てる。 실험을 시작하기 전에 우선 가설을 세운다.

これはまだ**仮**なので完成までは時間がかかります。
이것은 아직 임시기 때문에 완성까지는 시간이 걸립니다.

0645

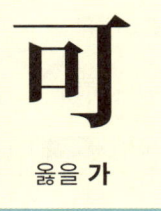
옳을 가

| 음 | か | 可能 가능 / 不可能 불가능 / 許可 허가 / 可愛い 귀엽다 |
| | | 不可 불가 / 可決 가결 |

| 総 5획 | N3 |

お弁当の持ち帰りは**可能**ですか。 도시락을 가지고 가는 것은 가능합니까?

どんな子であっても、親にとって自分の子供は**可愛い**ものだ。
어떤 아이라도 부모에게 있어서 자신의 아이는 귀여운 법이다.

0646

새길 간

| 음 | かん | 週刊誌 주간지 / 休刊 휴간 / 朝刊 조간 / 増刊号 증간호 |
| | | 刊行 간행 / 創刊 창간 |

| 総 5획 | N2 |

本屋で**週刊誌**を買う。 서점에서 주간지를 산다.

ずっと読んでいた漫画が、**休刊**になって寂しい。
계속 읽고 있던 만화가 휴간이 되어서 허전하다.

0647

줄기 간

幹 幹 幹 幹 幹 幹 幹 幹 幹 幹 幹 | 총 13획 | N1

음	かん	幹事 간사　幹部 간부　語幹 어간　新幹線 신칸센
훈	みき	幹 나무의 줄기

卒業パーティーの幹事を任された。 졸업 파티의 간사를 맡게 되었다.

栄養をたくさん含んでいる木は幹が太い。
영양을 많이 함유하고 있는 나무는 줄기가 두껍다.

0648

덜 감

減 減 減 減 減 減 減 減 減 減 減 | 총 12획 | N2

음	げん	減少 감소　減量 감량　いい加減 적당함, 알맞음 増減 증감　削減 삭감
훈	へ(る)/へ(らす)	減る 줄다　減らす 줄이다

子供の数は年々減少している。 아동의 수는 해마다 감소하고 있다.

初対面の人には口数が減ります。 첫 대면인 사람에게는 말수가 줄어듭니다.

0649

외울 강

講 講 講 講 講 講 講 講 講 講 講 講 講 | 총 17획 | N2

음	こう	講義 강의　開講 개강　休講 휴강　講師 강사 講演 강연　補講 보강

今日はオンラインで大学の講義を聞く。 오늘은 온라인으로 대학 강의를 듣는다.

夏休みに補講の授業を受ける。 여름방학에 보강 수업을 받는다.

0650

낱 개

個 個 個 個 個 個 個 個 個 | 총 10획 | N2

음	こ	個 ~개(물건을 세는 단위)　個数 개수　個人 개인 個別 개별　個性 개성　個体 개체

りんご3個とみかん10個をください。いくらですか。
사과 3개랑 귤 10개를 주세요. 얼마예요?

団体行動より個人行動が好きです。 단체행동보다 개인행동을 좋아합니다.

0651 居 살 거

- 음 きょ
  - 居住地 거주지　転居 전거, 이사　入居 입거, 입주
  - 別居 별거　同居 동거
- 훈 い(る)
  - 居る 있다　居酒屋 선술집　居間 거실　芝居 연극, 연기
  - 居眠り 앉아서 조는 것

こちらの申込書に、居住地を書いてください。
이쪽의 신청서에 거주지를 적어 주세요.

居酒屋に行ったらまず、生ビールを頼む。 선술집에 가면 먼저 생맥주를 주문한다.

0652 件 물건 건

- 음 けん
  - 件数 건수　事件 사건　物件 물건(부동산)　案件 안건
  - 条件 조건　用件 용건

毎朝メールの件数を確認しています。 매일 아침 메일 건수를 확인하고 있습니다.

この近くで何か事件が起こったようです。 이 근처에서 뭔가 사건이 발생한 것 같습니다.

0653 検 검사할 검

- 음 けん
  - 検査 검사　検索 검색　検証 검증　検定 검정
  - 検討 검토　点検 점검

空港で荷物検査を受ける。 공항에서 짐 검사를 받는다.

自分の英語の能力を検証するために英語検定試験を受ける。
자신의 영어 능력을 검증하기 위해 영어 검정 시험을 친다.

0654 格 격식 격

- 음 かく/こう
  - 資格 자격　合格 합격　昇格 승격　性格 성격
  - 規格 규격　格好 모습　格子 격자

美容師資格の勉強を始めた。 미용사 자격 공부를 시작했다.

今回のプロジェクトが成功して部長に昇格した。
이번 프로젝트가 성공해서 부장으로 승격했다.

0655

潔 깨끗할 결 | 총 15획 | N1

음 けつ
- 清潔だ 청결하다
- 簡潔 간결
- 潔白 결백
- 純潔 순결
- 潔癖症 결벽증

훈 いさぎよ(い)
- 潔い 미련 없이 깨끗하다

部屋を清潔に保ちましょう。 방을 청결하게 유지합시다.

彼は今回の試験でカンニングしたことを潔く認めた。
그는 이번 시험에서 커닝한 것을 깨끗하게 인정했다.

0656

経 지날 경 | 총 11획 | N3

음 けい/きょう
- *経験 경험
- 経由 경유
- 経営 경영
- 経過 경과
- 経度 경도
- 経済 경제
- 経典 경전

훈 へ(る)
- 経る (시간, 경험, 장소) 지나다, 거치다

예외 経つ (시간, 때) 지나다, 경과하다

フィリピンに留学してから色々な経験をしました。
필리핀에 유학하고 나서 여러 가지 경험을 했습니다.

長い年月を経て花を咲かせます。 긴 세월을 거쳐 꽃을 피웁니다.

0657

耕 밭 갈 경 | 총 10획 | N2

음 こう
- 耕作 경작
- 耕地 경작지

훈 たがや(す)
- 耕す 논밭을 갈다

農地に農作物を耕作する。 농지에 농작물을 경작하다.

野菜を栽培するために土を耕して肥料を撒いた。
채소를 재배하기 위해서 토양을 갈고 비료를 뿌렸다.

0658

境 지경 경 | 총 14획 | N2

음 きょう/けい
- 環境 환경
- 国境 국경
- 境遇 경우, 처지
- 心境 심경
- 境界 경계
- 境内 사찰의 경내

훈 さかい
- 境 경계, 기로
- 境目 경계선

環境汚染問題について真剣に話し合う。 환경오염 문제에 관해서 진지하게 상의한다.

空との境目がわからないほど海が青くてきれいだ。
하늘과의 경계선을 알 수 없을 정도로 바다가 파랗고 예쁘다.

❋는 JLPT N4-N5 기출 단어입니다.

0659

故 | 총 9획 | N1

故
연고 고

| 음 | こ | 故郷こきょう 고향 | ❋故障こしょう 고장 | 故意的こいてき 고의적 | 事故じこ 사고 |
| 훈 | ゆえ | 故ゆえ 까닭, 이유 | 故ゆえに 따라서, ~때문에 |

10年ねんぶりに故郷こきょうへ戻もどったら街並まちなみが変かわっていた。
10년 만에 고향에 돌아왔더니 거리의 풍경이 변해있었다.

身長しんちょうが低ひくかった故ゆえに、CAになる夢ゆめをあきらめるしかなかった。
키가 작았기 때문에, 스튜디어스가 되는 꿈을 포기할 수밖에 없었다.

0660

告 | 총 7획 | N3

告
고할 고

음	こく	告白こくはく 고백	告知こくち 고지	広告こうこく 광고	報告ほうこく 보고
		忠告ちゅうこく 충고	予告よこく 예고		
훈	つ(げる)	告つげる 고하다, 알리다			

好すきな人ひとに告白こくはくをするために花束はなたばを買かいました。
좋아하는 사람에게 고백을 하기 위해 꽃다발을 샀습니다.

先生せんせいががん患者かんじゃに余命よめいを告つげた。 (의사)선생님이 암 환자에게 남은 수명을 알렸다.

0661

過 | 총 12획 | N3

過
지날 과

음	か	過去かこ 과거	通過つうか 통과	過激かげき 과격	過酷かこくだ 가혹하다
		過程かてい 과정	過剰かじょう 과잉		
훈	す(ぎる)/す(ごす) /あやま(ち)/あやま(つ)	過すぎる 지나다, 통과하다	過すごす 지내다, 시간을 보내다
		過あやまち 잘못, 실수	過あやまつ 실수하다, 잘못하다

電車でんしゃがホームを通過つうかすると強つよい風かぜが吹ふく。 전철이 승강장을 통과하면 강한 바람이 분다.

あっという間まに1年ねんが過すぎた。 어느새가 1년이 지났다.

0662

慣 익숙할 관 | 총 14획 | N3

음	かん	*習慣 습관 / 慣習 관습 / 慣行 관행 / 慣性 관성
		慣用句 관용구 / 慣例 관례
훈	な(れる)/な(らす)	*慣れる 익숙해지다 / 慣らす 길들이다

朝早く起きる**習慣**をつければ、充実した毎日を過ごせる。
아침 일찍 일어나는 습관을 들이면 충실한 매일을 보낼 수 있다.

やっと海外生活にも**慣れて**きました。 겨우 해외 생활에도 익숙해졌습니다.

0663

鉱 쇳돌 광 | 총 13획 | N2

음	こう	鉱山 광산 / 鉱業 광업 / 鉱物 광물 / 炭鉱 탄광
		鉄鉱 철광 / 鉱石 광석

この**鉱山**は銅の生産量が多いらしい。 이 광산은 구리의 생산량이 많다고 한다.

オーストラリアは**鉄鉱石**の生産量が一番多い国です。
호주는 철광석의 생산량이 가장 많은 나라입니다.

0664

句 글귀 구 | 총 5획 | N1

음	く	文句 불평 / 句点 마침표 / 句読点 구두점 / 語句 어구
		禁句 금기어 / 俳句 하이쿠(17자로 된 일본 전통시)

隣の住人に騒音の**文句**を言いに行った。 옆집의 거주자에게 소음의 불평을 말하러 갔다.

文章を書くときは**句読点**を使いましょう。 문장을 쓸 때는 구두점을 사용합시다.

0665

救 구원할 구 | 총 11획 | N2

음	きゅう	救急車 구급차 / 救助 구조 / 救済 구제 / 救世主 구세주
		救援 구원 / 救出 구출
훈	すく(う)	救う 구하다, 구제하다

いきなり体調が悪くなり**救急車**を呼んだ。 갑자기 몸 상태가 나빠져서 구급차를 불렀다.

将来は人を**救う**仕事がしたいです。 장래에는 사람을 구하는 일을 하고 싶습니다.

✱는 JLPT N4-N5 기출 단어입니다.

0666 構 (얽을 구) | 총 14획 | N3

음 こう
- 構成 구성
- 結構 훌륭함, 제법
- 構造 구조
- 構想 구상
- 構築 구축

훈 かま(う)/かま(える)
- 構う 관계하다, 상관하다
- 構える 자세를 취하다, 준비하다
- 心構え 마음의 준비, 각오

あのアイドルグループは韓国人4人と日本人1人で構成されている。
저 아이돌 그룹은 한국인 4명과 일본인 1명으로 구성되어 있다.

流れ星をいつでも撮れるようにカメラを構える。
유성을 언제라도 찍을 수 있도록 카메라를 준비한다.

0667 旧 (옛 구) | 총 5획 | N2

음 きゅう
- 新旧 신구, 신형과 구형
- 旧式 구식
- 旧姓 본래 성씨
- 旧正月 구정, 음력 설
- 旧暦 음력
- 復旧 복구

結婚前の私の旧姓は小林です。 결혼 전의 제 본래의 성은 코바야시입니다.

水道の復旧工事をしていますのでここは通れません。
수도의 복구공사를 하고 있기 때문에 여기는 지나갈 수 없습니다.

0668 久 (오랠 구) | 총 3획 | N2

음 きゅう/く
- 永久 영구
- 耐久性 내구성
- 持久力 지구력
- 예외 久遠 구원, 오래됨

훈 ひさ(しい)
- 久しい 오래되다
- 久しぶり 오래간만
- 久々 오래간만, 오랫동안

この建物は耐久性が高いので地震がきても安心です。
이 건물은 내구성이 높기 때문에 지진이 와도 안심입니다.

久しぶりにおばあちゃんに会いに行く。 오랜만에 할머니를 만나러 간다.

0669

規 법 규

음 き

きてい 規定 규정	きそく 規則 규칙	きせい 規制 규제	きりつ 規律 규율
きぼ 規模 규모	しんき 新規 신규		

총 11획 | N3

学校の**規則**をやぶると退学になる。 학교의 교칙을 어기면 퇴학이 된다.

混雑状況によっては入場を**規制**する場合がございます。
혼잡 상황에 따라서는 입장을 규제하는 경우가 있습니다.

0670

均 고를 균

음 きん

きんとう 均等 균등	へいきん 平均 평균	きんいつ 均一 균일	きんこう 均衡 균형

총 7획 | N2

ケーキを**均等**に切って分ける。 케이크를 균등하게 잘라서 나눈다.

今日の**平均**気温は15度です。 오늘의 평균 기온은 15도입니다.

0671

禁 금할 금

음 きん

きんし 禁止 금지	きんえん 禁煙 금연	きんしゅ 禁酒 금주	かいきん 解禁 해금, 금지 해제
げんきん 厳禁 엄금(엄하게 금지함)	きんだん 禁断 금단	きん 禁じる 금하다	

총 13획 | N2

今日からテストが終わるまでゲームは**禁止**です。
오늘부터 시험이 끝날 때까지 게임은 금지입니다.

お医者さんに**禁煙**をするように言われました。
의사 선생님에게 금연하도록 하라는 말을 들었습니다.

0672

紀 벼리 기

음 き

きげん 紀元 기원	せいき 世紀 세기	ぐんき 軍紀 군기	ふうき 風紀 풍기
きこう 紀行 기행			

총 9획 | N1

キリストが生まれた年を**紀元**元年とする。 예수가 태어난 해를 기원 원년으로 한다.

世紀とは100年を単位とする年代の数え方です。
세기란 100년을 단위로 하는 연대를 세는 방법입니다.

＊는 JLPT N4-N5 기출 단어입니다.

0673

寄 부칠 기

| 총 11획 | N3 |

음	き	寄付 기부　寄宿 기숙　寄生 기생　寄贈 기증
훈	よ(る)/よ(せる)	寄る 접근하다, 들르다, 기대다　立ち寄る 들르다
		最寄り 가장 가까움　寄せる 밀려오다, 바싹 붙이다

使っていないランドセルをアフガニスタンに寄付した。
사용하고 있지 않은 란도셀(초등학생 책가방)을 아프가니스탄에 기부했다.

帰り道にコンビニに立ち寄っておにぎりを買った。
귀갓길에 편의점에 들러서 주먹밥을 샀다.

0674

技 재주 기

| 총 7획 | N2 |

음	ぎ	＊技術 기술　演技 연기　技能 기능　実技 실기
		特技 특기　競技 경기
훈	わざ	技 기술, 솜씨　裏技 숨겨진 기술, 비법

彼には誰も真似できない技術と表現力がある。
그에게는 누구도 흉내 낼 수 없는 기술과 표현력이 있다.

早く仕事が終われる裏技を教えましょう。 일찍 일이 끝날 수 있는 비법을 알려드리죠.

0675

基 터 기

| 총 11획 | N1 |

음	き	基本 기본　基準 기준　基礎 기초　基地 기지
		基金 기금
훈	もと/もとい	基 근본, 토대, 기초　基づく 기초를 두다, 의거하다
		基 토대, 근본

基本的に私がお店にいますのでいつでも来てください。
기본적으로 제가 가게에 있으니까 언제라도 와 주세요.

実験の結果を基にしてレポートを作成する。
실험 결과를 토대로 해서 보고서를 작성한다.

0676

能 능할 능

|능| のう |

| 能力 능력 | 可能性 가능성 | 芸能 예능, 연예 | 機能 기능 |
| 性能 성능 | 才能 재능 | | |

総 10획 | N3

今日は近くでイベントがあるので電車が混む**可能性**があります。
오늘은 근처에서 이벤트가 있기 때문에 전철이 붐빌 가능성이 있습니다.

毎朝、**芸能**ニュースを見てから出勤する。 매일 아침 연예 뉴스를 보고 나서 출근한다.

0677

断 끊을 단

|음| だん |

| 判断 판단 | 決断 결단 | 中断 중단 | 断念 단념 |
| 油断 방심 | 断定 단정 | | |

|훈| ことわ(る)/た(つ) |

| 断る 거절하다 | 断つ 끊다, 자르다 |

총 11획 | N3

人を見た目だけで**判断**してはいけない。 사람을 겉모습만으로 판단해서는 안 된다.

彼女をデートに誘ったが**断られた**。 그녀에게 데이트 신청을 했지만 거절당했다.

0678

団 둥글 단

|음| だん/とん |

| 団体 단체 | 団地 단지 | 団結 단결 | 劇団 극단 |
| 集団 집단 | 財団 재단 | 布団 이불 | |

총 6획 | N2

団体行動をするときは、自分勝手に行動してはいけない。
단체행동을 할 때는 제멋대로 행동해서는 안 된다.

この小学校の近くにはアパート**団地**があります。
이 초등학교 근처에는 아파트 단지가 있습니다.

0679

堂 집 당

|음| どう |

| 講堂 강당 | 食堂 식당 | 聖堂 성당 | 正々堂々 정정당당 |

총 11획 | N4

修学旅行の説明がありますので1階の**講堂**に集まってください。
수학여행의 설명이 있으므로 1층의 강당에 모여 주세요.

私の会社の社員**食堂**は美味しくて、栄養バランスもいいです。
저희 회사의 사원식당은 맛있고 영양의 균형도 좋습니다.

*는 JLPT N4-N5 기출 단어입니다.

0680

빌릴 대

| 총 12획 | N4 |

음 たい
- 賃貸 임대　貸与 대여

훈 か(す)
- 貸す 빌려주다　貸し借り 빌려주거나 빌림
- 貸し出し 대출, 빌려줌

このマンションは**賃貸**なので壁に穴をあけてはいけません。
이 맨션은 임대이기 때문에 벽에 구멍을 내서는 안 됩니다.

友達にお金を**貸して**から一週間が経った。
친구에게 돈을 빌려주고 나서 일주일이 지났다.

0681

인도할 도

| 총 15획 | N2 |

음 どう
- 指導 지도　主導 주도　導入 도입　先導 선도
- 半導体 반도체　誘導 유도

훈 みちび(く)
- 導く 인도하다, 이끌다

上司から新入社員の**指導**係を任されました。
상사의 명령으로 신입사원의 지도 담당을 맡았습니다.

生徒が正しい道へ進めるように**導く**。 학생이 올바른 길로 나아갈 수 있도록 인도하다.

0682

독 독

| 총 8획 | N2 |

음 どく
- 毒 독　中毒性 중독성　消毒 소독　解毒 해독
- 毒殺 독살　毒薬 독약　気の毒 가엾음, 불쌍함

山で採取したきのこは、**毒**きのこである可能性があるので食べないほうがいい。
산에서 채취한 버섯은 독버섯일 가능성이 있기 때문에 먹지 않는 편이 낫다.

たばこは**中毒性**があるのでやめることが難しい。
담배는 중독성이 있기 때문에 끊는 것이 어렵다.

체크포인트 17

1 다음 단어의 발음을 히라가나로 적어 보세요.

> 예시 花 꽃 → (はな)

1) 減少 　감소 　→ 　(　　　　　)
2) 平均 　평균 　→ 　(　　　　　)
3) 境 　경계 　→ 　(　　　　　)
4) 技術 　기술 　→ 　(　　　　　)
5) 救う 　구하다 　→ 　(　　　　　)
6) 価値 　가치 　→ 　(　　　　　)
7) 慣れる 　익숙해지다 　→ 　(　　　　　)

2 다음 단어의 한자를 적어 보세요.

> 예시 별 ほし → (星)

1) 개인 　こじん 　→ 　(　　　　　)
2) 검사 　けんさ 　→ 　(　　　　　)
3) 규제 　きせい 　→ 　(　　　　　)
4) 지나다 　すぎる 　→ 　(　　　　　)
5) 금지 　きんし 　→ 　(　　　　　)
6) 기본 　きほん 　→ 　(　　　　　)
7) 고백 　こくはく 　→ 　(　　　　　)

3. 아래의 단어와 뜻이 올바르게 연결되도록 선을 그어 보세요.

1) 仮説(かせつ) •   • 강의
2) 居住(きょじゅう) •   • 거주
3) 資格(しかく) •   • 가설
4) 故郷(こきょう) •   • 고향
5) 講義(こうぎ) •   • 구성
6) 構成(こうせい) •   • 기부
7) 寄付(きふ) •   • 자격

정답
1 1) げんしょう 2) へいきん 3) さかい 4) ぎじゅつ 5) すくう 6) かち 7) なれる
2 1) 個人 2) 検査 3) 規制 4) 過ぎる 5) 禁止 6) 基本 7) 告白
3 1) 仮説-가설 2) 居住-거주 3) 資格-자격 4) 故郷-고향 5) 講義-강의 6) 構成-구성 7) 寄付-기부

Unit 18 초등학교 5학년 40자

MP3 다운로드

独 홀로 독	銅 구리 동	得 얻을 득	略 간략할 략(약)	歷 지날 력(역)
領 거느릴 령(영)	留 머무를 류(유)	脈 줄기 맥	綿 솜 면	夢 꿈 몽
墓 무덤 묘	武 호반 무	務 힘쓸 무	貿 무역할 무	迷 미혹할 미
防 막을 방	犯 범할 범	弁 말씀 변	報 갚을 보	保 지킬 보
複 겹칠 복	復 회복할 복	婦 며느리 부	粉 가루 분	仏 부처 불
備 갖출 비	比 견줄 비	肥 살찔 비	費 쓸 비	非 아닐 비
貧 가난할 빈	飼 기를 사	似 닮을 사	史 사기 사	謝 사례할 사
士 선비 사	師 스승 사	査 조사할 사	舍 집 사	酸 실 산

✽는 JLPT N4-N5 기출 단어입니다.

0683 独 홀로 독

| 총 9획 | N2 |

음 どく
- 独立 독립
- 独学 독학
- 独身 독신
- 独特 독특
- 独占 독점
- 孤独 고독

훈 ひと(り)
- 独り 혼자, 독신
- 独り身 독신, 홀몸
- 独りぼっち 외톨이

フランス語は大学生の時から**独学**で勉強しています。
프랑스어는 대학생 때부터 독학으로 공부하고 있습니다.

ペットがいなければ私は**独りぼっち**で寂しかったと思う。
애완동물이 없으면 나는 외톨이라서 외로웠을 거라고 생각한다.

0684 銅 구리 동

| 총 14획 | N2 |

음 どう
- 銅 동, 구리
- 銅メダル 동메달
- 銅像 동상
- 銅貨 동화, 동전

10円玉は**銅**で作られています。 10엔짜리 동전은 구리로 만들어졌습니다.
初めてのオリンピックで**銅メダル**を取りました。 첫 올림픽에서 동메달을 땄습니다.

0685 得 얻을 득

| 총 11획 | N3 |

음 とく
- 得だ 이득이다
- 得意だ 자신 있다
- 習得 습득
- 取得 취득
- 説得 설득
- 得点 득점

훈 え(る)/う(る)
- 得る 얻다
- あり得ない 있을 수 없다
- 得る ~할 수 있다

学生時代**得意**な科目は歴史だけだった。 학창 시절 자신 있는 과목은 역사뿐이었다.
多数決で過半数以上の票を**得た**。 다수결로 과반수 이상의 표를 얻었다.

0686 略 간략할 략(약)

| 총 11획 | N2 |

음 りゃく
- 略す 생략하다
- 省略 생략
- 簡略 간략
- 略語 약어, 줄임말
- 侵略 침략
- 戦略 전략

最近の若者はなんでも言葉を**略して**話す。
최근의 젊은이는 무엇이든지 말을 줄여서 이야기한다.

資料に載っているので、説明は**省略**します。
자료에 실려 있기 때문에 설명은 생략합니다.

0687 歴 | 총 14획 | N2

지날 력(역)

- 음: れき
- れきし 歴史 역사 / がくれき 学歴 학력 / れきだい 歴代 역대 / りれきしょ 履歴書 이력서
- しょくれき 職歴 직업 경력, 커리어

最近、歴史が好きな女性が増えてきています。
최근 역사를 좋아하는 여성이 늘고 있습니다.

学歴に関係なくアルバイトを募集しています。
학력에 관계없이 아르바이트를 모집하고 있습니다.

0688 領 | 총 14획 | N2

거느릴 령(영)

- 음: りょう
- りょういき 領域 영역 / りょうしゅうしょ 領収書 영수증 / りょうじかん 領事館 영사관 / りょうど 領土 영토
- ようりょう 要領 요령 / だいとうりょう 大統領 대통령

ここからは私の領域なので入ってこないでください。
여기부터는 제 영역이므로 들어오지 말아 주세요.

領収書を頂いてもいいですか。 영수증을 받아도 될까요?

0689 留 | 총 10획 | N3

머무를 류(유)

- 음: りゅう/る
- りゅうがく 留学 유학 / りゅうねん 留年 유급, 낙제 / ほりゅう 保留 보류 / るす 留守 부재중
- るすばん 留守番 집 보기
- 훈: と(まる)/と(める)
- と 留まる 머물다, 고정되다 / と 留める 만류하다, 고정시키다

単位が足りなくて1学期留年した。 학점이 모자라서 1학기 유급했다.

部屋に貼ってあるポスターが目に留まった。 방에 붙어 있는 포스터가 눈에 띄었다.

0690 脈 | 총 10획 | N1

줄기 맥

- 음: みゃく
- みゃく 脈 맥, 가망성 / みゃくはく 脈拍 맥박 / じんみゃく 人脈 인맥 / さんみゃく 山脈 산맥
- どうみゃく 動脈 동맥 / ぶんみゃく 文脈 문맥

手首に指をあてて脈を測る。 손목에 손가락을 대고 맥박을 잰다.

人脈を広げるためには信頼を得ることが大切だ。
인맥을 넓히기 위해서는 신뢰를 얻는 것이 중요하다.

*는 JLPT N4-N5 기출 단어입니다.

0691

綿 | 총 14획 | N2

솜 면

- 음 めん: 綿 면, 木綿 무명(실), 솜, 綿棒 면봉, 綿密 면밀
- 훈 わた: 綿 목화, 솜, 綿あめ 솜사탕

この洋服は綿100％なので敏感肌の人にお勧めです。
이 옷은 면 100％이므로 피부가 민감한 사람에게 추천입니다.

父にお祭りで綿あめを買ってもらいました。 아빠가 축제에서 솜사탕을 사 주었습니다.

0692

夢 | 총 13획 | N3

꿈 몽

- 음 む: 悪夢 악몽, 夢中 열중함, 몰두함
- 훈 ゆめ: 夢 꿈, 正夢 현실과 일치하는 꿈, 夢占い 해몽

テストで0点を取る悪夢を見た。 테스트에서 0점을 받는 악몽을 꿨다.

前に見た夢が正夢になった。 전에 본 꿈이 현실에서 실제로 일어났다.

0693

墓 | 총 13획 | N1

무덤 묘

- 음 ぼ: 墓地 묘지, 墓穴 묘혈, 무덤
- 훈 はか: 墓 무덤, 墓場 묘지, 산소, 墓参り 성묘, 墓石 묘석

この辺は墓地なのでとても静かです。 이 주변은 묘지기 때문에 매우 조용합니다.

両親と一緒におじいちゃんのお墓参りにきた。 부모님과 함께 할아버지의 성묘에 왔다.

0694

武 | 총 8획 | N2

호반 무

- 음 ぶ/む: 武士 무사, 武道 무도, 武装 무장, 武器 무기, 武力 무력, 武者 무사

昔は武士が刀を身につけて外を歩いていました。
옛날에는 무사가 칼을 몸에 지니고 밖을 걸어 다녔습니다.

戦に負けて戦場から逃げる武士のことを落ち武者といいます。
전쟁에 지고 전장에서 도망치는 무사를 패잔 무사라고 합니다.

Unit 18 초등학교 5학년

0695 務 힘쓸 무

총 11획 | N3

음 む
- 業務 업무
- 事務 사무
- 義務 의무
- 勤務 근무
- 債務 채무
- 総務 총무

훈 つと(める)/つと(まる)
- 務める 임무를 맡다, 역할을 다하다
- 務まる 잘 수행해 내다, 감당해 내다

今日はこの**業務**が終わるまで帰れません。
오늘은 이 업무가 끝날 때까지 돌아갈 수 없습니다.

次回の公演で主役を**務める**ことになった。
다음 번 공연에서 주역을 맡게 되었다.

0696 貿 무역할 무

총 12획 | N2

음 ぼう
- *貿易 무역
- 貿易会社 무역 회사
- 貿易業 무역업

日本は食料自給率が低いので**貿易**に頼っている。
일본은 식재료 자급률이 낮기 때문에 무역에 의존하고 있다.

アメリカや中国は**貿易業**が盛んな国だ。
미국과 중국은 무역업이 번성한 국가다.

0697 迷 미혹할 미

총 9획 | N3

음 めい
- 迷路 미로
- 迷惑 민폐
- 迷宮 미궁
- 迷信 미신

훈 まよ(う)
- 迷う 헤매다, 망설이다
- 예외 迷子 미아

人に**迷惑**をかけないように行動する。
타인에게 민폐를 끼치지 않도록 행동한다.

すみません、道に**迷って**しまい遅れました。
죄송합니다, 길을 잃어버려서 늦었습니다.

0698 防 막을 방

총 7획 | N2

음 ぼう
- 予防 예방
- 防災 방재, 재해를 방지함
- 防寒 방한
- 防止 방지
- 防疫 방역
- 防犯 방범

훈 ふせ(ぐ)
- 防ぐ 막다, 방지하다

インフルエンザの**予防**接種をするとインフルエンザにかかりにくくなる。
인플루엔자의 예방접종을 하면 인플루엔자에 걸리기 어려워진다.

失敗を未然に**防ぐ**ために慎重に行動する。
실패를 미연에 방지하기 위해서 신중하게 행동한다.

* 는 JLPT N4-N5 기출 단어입니다.

0699 犯 (범할 범) — 총 5획 | N3

- 음: はん
  - 犯人 범인 / 犯罪 범죄 / 犯行 범행 / 共犯 공범
  - 現行犯 현행범
- 훈: おか(す)
  - 犯す 범하다, 저지르다

お金を盗んだ**犯人**を探す。 돈을 훔친 범인을 찾는다.

何があっても罪を**犯して**はいけません。 무슨 일이 있어도 죄를 저질러서는 안 됩니다.

0700 弁 (말씀 변) — 총 5획 | N2

- 음: べん
  - 弁護士 변호사 / お弁当 도시락 / 弁解 변명 / 弁償 변상
  - 勘弁 용서함 / 関西弁 칸사이지방의 사투리

朝早くに起きて夫と子供の**お弁当**を作る。
아침 일찍 일어나서 남편과 자식의 도시락을 만든다.

借りたものを壊してしまったので、お金を払って**弁償**した。
빌린 것을 고장내 버려서 돈을 내서 변상했다.

0701 報 (갚을 보) — 총 12획 | N3

- 음: ほう
  - 報告 보고 / 報道 보도 / 広報 홍보 / 情報 정보
  - 予報 예보 / 報酬 보수
- 훈: むく(いる)
  - 報いる 보답하다, 보복하다 / [예외] 報う 보답하다

朝の**情報**番組で政治家の賄賂事件が**報道**された。
아침 정보 방송에서 정치가의 뇌물 사건이 보도되었다.

努力は必ず**報われます**。 노력은 반드시 보답받습니다.

0702 保 (지킬 보) — 총 9획 | N2

- 음: ほ
  - 保護 보호 / 保険 보험 / 確保 확보 / 保存 보존
  - 保証 보증 / 保健室 보건실
- 훈: たも(つ)
  - 保つ 유지하다, 견디다

未成年者は**保護者**がいなければお店には入れません。
미성년자는 보호자가 없으면 가게에는 들어갈 수 없습니다.

腹が立っても冷静さを**保つ**ようにしている。 화가 나도 냉정함을 유지하도록 하고 있다.

Unit 18 초등학교 5학년

0703 複 겹칠 복 | 총 14획 | N2

- 음 ふく
- 複数 복수 | 複雑だ 복잡하다 | 重複 중복 | 複合 복합

会議で複数の意見を聞いてまとめた。 회의에서 복수의 의견을 듣고 정리했다.

ケガのせいで試合に出られなくなってしまい、とても複雑な気持ちだ。
부상 때문에 시합에 나갈 수 없게 되어 버려서 몹시 복잡한 기분이다.

0704 復 회복할 복 | 총 12획 | N2

- 음 ふく
- 復習 복습 | 回復 회복 | 往復 왕복 | 復活 부활
- 復帰 복귀 | 復興 부흥

勉強は予習と復習が大切だ。 공부는 예습과 복습이 중요하다.

数日間体調を崩していたのですが、回復しました。
수일간 컨디션이 나빴지만, 회복했습니다.

0705 婦 며느리 부 | 총 11획 | N3

- 음 ふ
- 夫婦 부부 | 主婦 주부 | 婦人服 부인복, 여성의류
- 産婦人科 산부인과 | 妊婦 임신부 | 新婦 신부

夫婦で一緒に毎朝ランニングをする。 부부 동반으로 함께 매일 아침 러닝을 한다.

婦人服売り場でお母さんの洋服を選んであげた。
여성 의류 매장에서 어머니의 옷을 골라 드렸다.

0706 粉 가루 분 | 총 10획 | N2

- 음 ふん
- 花粉 화분, 꽃가루 | 花粉症 꽃가루 알레르기 | 粉末 분말
- 粉砕 분쇄
- 훈 こな/こ
- 粉 가루 | 粉薬 가루약 | 粉雪 가랑눈 | きな粉 콩가루
- 小麦粉 밀가루

花粉症のせいで鼻水が止まりません。 꽃가루 알레르기 때문에 콧물이 멈추지 않습니다.

パンとうどんを作るときは小麦粉が必要です。
빵과 우동을 만들 때는 밀가루가 필요합니다.

0707 仏 부처 불 (N2, 총 4획)

- **음**: ぶつ
  - 仏像 불상 / 仏教 불교 / 大仏 대불, 큰 불상 / 仏壇 불단
  - 念仏 염불
- **훈**: ほとけ
  - 仏 부처 / 仏様 부처님

仏教は信じるものではなく、実践して体験するものだという。
불교는 믿는 것이 아니라 실천하고 체험하는 것이라고 한다.

仏像は仏様の姿をした像のことだ。 불상은 부처님 모습을 한 조각상을 말한다.

0708 備 갖출 비 (N3, 총 12획)

- **음**: び
  - *準備 준비 / 整備 정비 / 警備 경비 / 完備 완비
  - 設備 설비 / 不備 불비, 충분히 갖추지 않음
- **훈**: そな(える)/そな(わる)
  - 備える 대비하다, 갖추다 / 備わる 갖춰지다, 구비되다

最近、論文発表の準備で忙しい。 최근 논문 발표의 준비로 바쁘다.

自然災害に備えて、非常食と避難用品を買っておく。
자연재해에 대비해서, 비상식량과 피난 용품을 사 둔다.

0709 比 견줄 비 (N2, 총 4획)

- **음**: ひ
  - 比較 비교 / 比率 비율 / 比例 비례 / 比喩 비유
  - 対比 대비
- **훈**: くら(べる)
  - 比べる 비교하다

小さいころはよくお姉ちゃんと比較された。 어릴 때는 자주 언니와 비교 당했다.

自分と他人を比べるのはもうやめよう。 자신과 타인을 비교하는 것은 이제 그만두자.

0710 肥 살찔 비 (N1, 총 8획)

- **음**: ひ
  - 肥満 비만 / 肥料 비료 / 肥大 비대
- **훈**: こ(える)/こえ/こ(やし)/こ(やす)
  - 肥える 살찌다, 비옥해지다, 높아지다 / 肥え 분뇨, 거름
  - 肥やし 거름, 비료 / 肥やす 살찌우다, 비옥하게 하다

肥満対策として毎日駅まで歩く。 비만 대책으로서 매일 역까지 걷는다.

最近高級料理ばかり食べていたからすっかり舌が肥えてしまった。
최근에 고급 요리만 먹었어서 완전히 입맛이 고급져 버렸다.

0711

쓸 **비**

| 費 費 費 費 費 費 費 費 費 費 | 총 12획 | N3 |

- 음: ひ
  - ひよう 費用 비용 / けいひ 経費 경비 / がくひ 学費 학비 / かいひ 会費 회비
  - しょうひ 消費 소비
- 훈: つい(やす)/つい(える)
  - つい 費やす 쓰다, 소비하다 / つい 費える 줄다, 허비되다

りょこう ひよう た
旅行の**費**用はアルバイトをして貯めました。 여행 비용은 아르바이트를 해서 모았습니다.

さいきん かね じかん つい
最近はゴルフにお金と時間を**費**やしている。 최근에는 골프에 돈과 시간을 쓰고 있다.

0712

아닐 **비**

| 非 非 非 非 非 非 非 非 | 총 8획 | N3 |

- 음: ひ
  - ひじょう 非常 비상 / ひじょうしき 非常識 비상식 / ひじょうぐち 非常口 비상구 / ひなん 非難 비난
  - ひげんじつてき 非現実的 비현실적 / ぜひ 是非 옳고 그름, 제발

かじ ひじょうじ ひじょうぐち で
火事などの**非**常時のときは**非**常口から出てください。
화재 등의 비상시에는 비상구로 나가 주세요.

あした せかい ひげんじつてき ゆめ
明日世界がなくなるという**非**現実的な夢をみた。
내일 세계가 없어진다고 하는 비현실적인 꿈을 꿨다.

0713

가난할 **빈**

| 貧 貧 貧 貧 貧 貧 貧 貧 貧 貧 | 총 11획 | N3 |

- 음: ひん/びん
  - ひんこん 貧困 빈곤 / ひんぷ 貧富 빈부 / ひんけつ 貧血 빈혈 / ひんじゃく 貧弱 빈약
  - びんぼう 貧乏だ 가난하다
- 훈: まず(しい)
  - まず 貧しい 가난하다, 빈약하다

ちち かいしゃ とうさん きゅう びんぼう
父の会社が倒産して、急に**貧**乏になった。 아빠 회사가 도산해서 갑자기 가난해졌다.

まず かな ふこう
貧しいからといって必ずしも不幸なわけではない。
가난하다고 해서 반드시 불행한 것은 아니다.

0714

飼
기를 **사**

| 飼 飼 飼 飼 飼 飼 飼 飼 飼 飼 飼 飼 飼 | 총 13획 | N2 |

- 음: し
  - しいく 飼育 사육 / しりょう 飼料 사료
- 훈: か(う)
  - か 飼う 기르다, 키우다 / か ねこ 飼い猫 기르는 고양이
  - か ぬし 飼い主 사육주, 주인

どうぶつ しいく どうぶつ ちしき ひつよう
動物を**飼**育するためには動物についての知識が必要だ。
동물을 사육하기 위해서는 동물에 관한 지식이 필요하다.

さび あたら か はじ
寂しいから新しいペットを**飼**い始めました。
외롭기 때문에 새로운 애완동물을 기르기 시작했습니다.

* 는 JLPT N4-N5 기출 단어입니다.

0715 似 | 닮을 사 | 총 7획 | N3

- **음** じ
  - 類似品 유사품　疑似 유사
- **훈** に(る)
  - *似る 닮다, 비슷하다　*似合う 잘 맞다, 어울리다
  - 似顔絵 초상화　(예외) 真似する 흉내 내다

好きなタイプと付き合える疑似恋愛のゲームが流行っている。
좋아하는 타입과 사귈 수 있는 유사 연애 게임이 유행하고 있다.

娘さんは目が大きくてお母さんに似ていますね。
따님은 눈이 커서 어머님을 닮았네요.

0716 史 | 사기 사 | 총 5획 | N2

- **음** し
  - 歴史 역사　世界史 세계사　史上 사상

歴史博物館で昔の暮らしを勉強します。 역사 박물관에서 옛날의 생활을 공부합니다.

将来は世界史の先生になりたいです。 장래에는 세계사 선생님이 되고 싶습니다.

0717 謝 | 사례할 사 | 총 17획 | N2

- **음** しゃ
  - 感謝 감사　謝罪 사죄　謝礼 사례　謝恩会 사은회
- **훈** あやま(る)
  - 謝る 사죄하다, 사과하다　謝り 사과, 사죄

お母さんに感謝の気持ちを伝えるために手紙を書きました。
어머니에게 감사의 마음을 전하기 위해 편지를 썼습니다.

私は友達とケンカしてもすぐに謝って仲直りします。
저는 친구와 싸워도 금방 사과하고 화해합니다.

0718 士 | 선비 사 | 총 3획 | N2

- **음** し
  - 弁護士 변호사　武士 무사　紳士 신사　操縦士 조종사
  - 富士山 후지산　(예외) 博士 박사

弁護士になるためには司法試験に合格しなければならない。
변호사가 되기 위해서는 사법 시험에 합격하지 않으면 안 된다.

イギリスは紳士の国だと呼ばれている。 영국은 신사의 나라라고 불리고 있다.

0719 師 | 스승 사 | 총 10획 | N3

음 し

| 教師 교사 | 医師 의사 | 看護師 간호사 | 恩師 은사 |
| 講師 강사 | 師匠 스승 | | |

私の夢は小学校の教師になることです。 제 꿈은 초등학교 교사가 되는 것입니다.

医師という職業は、人の生死にかかわるので責任重大です。
의사라는 직업은 사람의 생사와 관련되기 때문에 책임이 중대합니다.

0720 査 | 조사할 사 | 총 9획 | N2

음 さ

| 調査 조사 | 捜査 수사 | 審査 심사 | 検査 검사 |

この街には、どんなお店が必要か調査する。 이 거리에는 어떤 가게가 필요한지 조사한다.

熱が出てウィルスの検査を受ける。 열이 나서 바이러스 검사를 받는다.

0721 舎 | 집 사 | 총 8획 | N1

음 しゃ

| 宿舎 숙소 | 校舎 교사, 학교 건물 | 牛舎 외양간 |
| 駅舎 역사, 역 건물 | | |

훈
예외 田舎 시골, 고향

この宿舎には温泉がついている。 이 숙소에는 온천이 붙어 있다.

学校の校舎は午後7時からは生徒立ち入り禁止です。
학교 건물은 오후 7시부터 학생 출입 금지입니다.

0722 酸 | 실 산 | 총 14획 | N1

음 さん

| 酸素 산소 | 酸性 산성 | 二酸化炭素 이산화탄소 |
| 炭酸 탄산 | 胃酸 위산 | 酸味 산미, 신맛 |

훈 す(い)

酸い 산미가 있다　酸っぱい 시다
甘酸っぱい 새콤달콤하다

私は酸味が強いコーヒーが好きだ。 나는 산미가 강한 커피를 좋아한다.

このいちごは甘酸っぱくて、おいしいです。 이 딸기는 새콤달콤하고 맛있습니다.

체크포인트 18

1 다음 단어의 발음을 히라가나로 적어 보세요.

> 예시 花 꽃 → (はな   )

1)	夢	꿈	→	( )
2)	独学	독학	→	( )
3)	務める	(임무를) 맡다, 다하다	→	( )
4)	保つ	유지하다, 지니다	→	( )
5)	感謝	감사	→	( )

2 다음 단어의 한자를 적어 보세요.

> 예시 별 ほし → (星   )

1)	가루	こな	→	( )
2)	비용	ひよう	→	( )
3)	복습	ふくしゅう	→	( )
4)	얻다	える	→	( )
5)	보고	ほうこく	→	( )

3 아래의 단어와 뜻이 올바르게 연결되도록 선을 그어 보세요.

1) 領収書(りょうしゅうしょ) •　　　　• 변호사
2) 予防(よぼう) •　　　　• 망설이다, 헤매다
3) 迷う(まよう) •　　　　• 예방
4) 弁護士(べんごし) •　　　　• 영수증
5) 飼う(かう) •　　　　• 기르다

정답　**1**　1) ゆめ　2) どくがく　3) つとめる　4) たもつ　5) かんしゃ
　　2　1) 粉　2) 費用　3) 復習　4) 得る　5) 報告
　　3　1) 領収書-영수증　2) 予防-예방　3) 迷う-망설이다, 헤매다　4) 弁護士-변호사　5) 飼う-기르다

Unit 19 초등학교 5학년 40자

MP3 다운로드

殺 죽일 살	像 모양 상	賞 상줄 상	象 코끼리 상	常 항상 상
狀 형상 상	序 차례 서	設 베풀 설	性 성품 성	稅 세금 세
勢 형세 세	素 본디 소	属 무리 속	損 덜 손	率 거느릴 솔, 비율 률
修 닦을 수	輸 보낼 수	術 재주 술	授 줄 수	述 펼 술
示 보일 시	識 알 식	眼 눈 안	圧 누를 압	額 이마 액
液 진 액	桜 앵두나무 앵	余 남을 여	逆 거스릴 역	燃 탈 연
演 펼 연	営 경영할 영	永 길 영	往 갈 왕	容 얼굴 용
囲 에워쌀 위	衛 지킬 위	応 응할 응	義 옳을 의	易 쉬울 이, 바꿀 역

0723 殺 죽일 살

총 10획 | N3

- 음 さつ/さい/せつ
  - さつじん 殺人 살인
  - あんさつ 暗殺 암살
  - じさつ 自殺 자살
  - ひっさつわざ 必殺技 필살기
  - さつがい 殺害 살해
  - そうさい 相殺 상쇄
  - せっしょう 殺生 살생
- 훈 ころ(す)
  - ころ 殺す 죽이다
  - ひとごろ 人殺し 살인자

周辺で**殺人**事件が起きたので警察がパトロールしている。
주변에서 살인사건이 일어났기 때문에 경찰이 순찰하고 있다.

女性3人を**殺した**犯人がやっと捕まったそうだ。
여성 3명을 죽인 범인이 드디어 잡혔다고 한다.

0724 像 모양 상

총 14획 | N2

- 음 ぞう
  - えいぞう 映像 영상
  - がぞう 画像 화상, 이미지
  - そうぞう 想像 상상
  - どうぞう 銅像 동상
  - しょうぞう 肖像 초상
  - げんぞう 現像 현상

結婚式で新郎新婦のためにサプライズ**映像**を用意した。
결혼식에서 신랑신부를 위해서 서프라이즈 영상을 준비했다.

新しい携帯は**画像**の質がとてもいいです。 새로운 휴대전화는 화질이 매우 좋습니다.

0725 賞 상줄 상

총 15획 | N2

- 음 しょう
  - しょう 賞 상
  - しょうきん 賞金 상금
  - じゅしょう 受賞 수상
  - かんしょう 鑑賞 감상
  - しょうひん 賞品 상품
  - しょうじょう 賞状 상장

彼女は素晴らしい演技力で新人女優賞を**受賞**した。
그녀는 훌륭한 연기력으로 신인 여배우상을 수상했다.

私の趣味は映画**鑑賞**をすることです。 제 취미는 영화 감상을 하는 것입니다.

0726 象 코끼리 상

총 12획 | N2

- 음 ぞう/しょう
  - ぞう 象 코끼리
  - いんしょう 印象 인상
  - きしょう 気象 기상
  - たいしょう 対象 대상
  - しょうちょう 象徴 상징
  - ちゅうしょうてき 抽象的 추상적

子供と一緒に動物園に**象**を見に来た。 아이와 함께 동물원에 코끼리를 보러 왔다.

髪の毛を切ってから**印象**がすごく変わった。
머리카락을 자르고 나서 인상이 굉장히 변했다.

0727

항상 **상**

음 じょう

- 日常（にちじょう） 일상
- 正常（せいじょう） 정상
- 常識（じょうしき） 상식
- 常温（じょうおん） 상온
- 異常（いじょう）だ 이상하다, 비정상적이다
- 通常（つうじょう） 통상

훈 つね/とこ

- 常（つね）に 늘, 항상
- 常夏（とこなつ） 상하, 늘 여름임

총 11획 | N3

健康（けんこう）な体（からだ）のために常温（じょうおん）の水（みず）を飲（の）む。 건강한 몸을 위해서 상온의 물을 마신다.

常（つね）に姿勢（しせい）を正（ただ）しく保（たも）つように意識（いしき）しています。
항상 자세를 바르게 유지하도록 의식하고 있습니다.

0728

형상 **상**

음 じょう

- 状況（じょうきょう） 상황
- 招待状（しょうたいじょう） 초대장
- 状態（じょうたい） 상태
- 現状（げんじょう） 현상
- 症状（しょうじょう） 증상
- 白状（はくじょう） 자백

총 7획 | N3

状況（じょうきょう）を把握（はあく）するために友達（ともだち）から話（はなし）を聞（き）く。
상황을 파악하기 위해서 친구에게 이야기를 듣는다.

家（いえ）に帰（かえ）ったらお母（かあ）さんとお姉（ねえ）ちゃんがケンカをしていて最悪（さいあく）の状態（じょうたい）だった。
집에 돌아갔더니 어머니와 누나가 싸우고 있어서 최악의 상태였다.

0729

차례 **서**

음 じょ

- 順序（じゅんじょ） 순서
- 序論（じょろん） 서론
- 序列（じょれつ） 서열
- 秩序（ちつじょ） 질서

총 7획 | N1

計画（けいかく）を立（た）てて順序（じゅんじょ）よく作業（さぎょう）を進（すす）める。 계획을 세워서 순서에 맞게 작업을 진행한다.

レポートを序論（じょろん）、本論（ほんろん）、結論（けつろん）の構成（こうせい）で書（か）く。 리포트를 서론, 본론, 결론 구성으로 적는다.

0730

베풀 **설**

음 せつ

- 設立（せつりつ） 설립
- 設定（せってい） 설정
- 開設（かいせつ） 개설
- 設備（せつび） 설비
- 施設（しせつ） 시설
- 設置（せっち） 설치

훈 もう(ける)

- 設（もう）ける 마련하다, 설치하다

총 11획 | N2

Wi-Fiの設定（せってい）をお父（とう）さんに頼（たの）んだ。 와이파이의 설정을 아버지에게 부탁했다.

このビルの地下一階（ちかいっかい）に事務所（じむしょ）を設（もう）けた。 이 빌딩의 지하 1층에 사무소를 마련했다.

✱는 JLPT N4-N5 기출 단어입니다.

0731

性 | 총 8획 | N3

성품 성

- 음 せい/しょう
  - せいかく 性格 성격
  - せいべつ 性別 성별
  - ✱じょせい 女性 여성
  - だんせい 男性 남성
  - せいしつ 性質 성질
  - しゃこうせい 社交性 사교성
  - ほんしょう 本性 본성
  - あいしょう 相性 궁합

お腹の中にいる赤ちゃんの**性別**がわかりました。
배 안에 있는 아기의 성별을 알게 되었습니다.

木村さんはとても活発で**社交性**がある**性格**です。
키무라 씨는 몹시 활발하고 사교성이 있는 성격입니다.

0732

税 | 총 12획 | N2

税
세금 세

- 음 ぜい
  - ぜいきん 税金 세금
  - めんぜい 免税 면세
  - ぜいかん 税関 세관
  - かんぜい 関税 관세
  - しょうひぜい 消費税 소비세
  - ぜいこみ 税込 세금 포함

月々の給料から**税金**と保険料が引かれる。 매달 월급에서 세금과 보험료가 빠진다.

入国するときには事前に**税関**申告書に記入する必要があります。
입국할 때에는 사전에 세관신고서에 기입할 필요가 있습니다.

0733

勢 | 총 13획 | N2

형세 세

- 음 せい
  - せいりょく 勢力 세력
  - しせい 姿勢 자세
  - いせい 威勢 위세
  - うんせい 運勢 운세
  - おおぜい 大勢 많은 사람
  - じょうせい 情勢 정세
- 훈 いきお(い)
  - いきお 勢い 기세, 세력, 기운

姿勢をよくすると気持ちも前向きになります。
자세를 좋게 하면 기분도 긍정적으로 됩니다.

プロ野球選手の投げるボールは**勢い**が物凄い。
프로 야구선수가 던지는 공은 기세가 굉장하다.

0734

素 | 총 10획 | N1

본디 소

- 음 そ/す
  - そざい 素材 소재
  - ようそ 要素 요소
  - げんそ 元素 원소
  - しっそ 質素だ 검소하다
  - そぼく 素朴だ 소박하다
  - すなお 素直だ 솔직하다, 고분고분하다
  - [예외] しろうと 素人 아마추어

アパレル業界で働いている彼は服の**素材**に詳しい。
어패럴 업계에서 일하고 있는 그는 옷 소재를 잘 안다.

彼女の**素直**なところに惹かれました。 그녀의 순수한 점에 이끌렸습니다.

Unit 19 초등학교 5학년

0735 属
무리 속

음 ぞく

| しょぞく 所属 소속 | ぞく 属する 속하다 | きんぞく 金属 금속 | ぞくせい 属性 속성 |
| ふぞく 付属 부속 | はいぞく 配属 배속 | | |

彼は芸能プロダクションに**所属**している俳優である。
그는 연예 프로덕션에 소속하고 있는 배우이다.

カメラを買ったら**付属**でカメラケースもついてきた。
카메라를 샀더니 부속으로 카메라 케이스도 따라왔다.

0736 損
덜 손

음 そん

| そん 損 손해 | そんがい 損害 손해 | そんとく 損得 손실과 이득 | はそん 破損 파손 |
| そんしつ 損失 손실 | | | |

훈 そこ(なう)/そこ(ねる)

損なう 손상하다, 파손하다
損ねる 해치다, 기분을 상하게 하다

今回のミスで会社への**損害**は大きい。 이번 실수로 회사에 대한 손해가 크다.

お腹が空いているのに、どこもお店が混んでいて機嫌を**損ねた**。
배가 고픈데 어디든 가게가 붐비고 있어 빈정 상했다.

0737 率
거느릴 솔, 비율 률

음 りつ/そつ

| かくりつ 確率 확률 | こうりつ 効率 효율 | しょうりつ 勝率 승률 | ひりつ 比率 비율 |
| いんそつ 引率 인솔 | けいそつ 軽率 경솔 | そっちょく 率直 솔직 | そっせん 率先 솔선 |

훈 ひき(いる)

率いる 이끌다, 인솔하다

私達の開発した商品が選ばれる**確率**は高いです。
우리들이 개발한 상품이 선택받을 확률은 높습니다.

学生たちを**率いて**校外実習の説明会へ行く。
학생들을 인솔해서 교외 실습의 설명회에 간다.

0738 修
닦을 수

음 しゅう/しゅ

| しゅうり 修理 수리 | ほしゅう 補修 보수 | ひっしゅう 必修 필수 | しゅうがくりょこう 修学旅行 수학여행 |
| しゅうせい 修正 수정 | しゅぎょう 修行 수행 | | |

훈 おさ(める)/おさ(まる)

修める 학문을 닦다, 수양하다
修まる 닦아지다, 좋아지다

お父さんが壊れた自転車を**修理**してくれた。 아빠가 고장난 자전거를 수리해 주었다.

大学を卒業し、学業を**修めた**。 대학을 졸업하고 학업을 닦았다.

※는 JLPT N4-N5 기출 단어입니다.

0739 輸 보낼 수

총 16획 | N2

음 ゆ

- 輸入(ゆにゅう) 수입
- ※輸出(ゆしゅつ) 수출
- 密輸(みつゆ) 밀수
- 輸血(ゆけつ) 수혈
- 輸送(ゆそう) 수송

これはフランスから輸入(ゆにゅう)された、質(しつ)のいいワインです。
이것은 프랑스로부터 수입된 질 좋은 와인입니다.

フィリピンはマンゴーなどの多(おお)くの果物(くだもの)を輸出(ゆしゅつ)している。
필리핀은 망고 등 많은 과일을 수출하고 있다.

0740 術 재주 술

총 11획 | N3

음 じゅつ

- ※技術(ぎじゅつ) 기술
- 剣術(けんじゅつ) 검술
- 手術(しゅじゅつ) 수술
- 芸術(げいじゅつ) 예술
- 美術(びじゅつ) 미술
- 学術(がくじゅつ) 학술

最新(さいしん)の医療技術(いりょうぎじゅつ)を使(つか)った治療(ちりょう)を受(う)ける。 최신 의료 기술을 사용한 치료를 받는다.

手術(しゅじゅつ)の5時間前(じかんまえ)からは飲食禁止(いんしょくきんし)です。 수술 다섯 시간 전부터 먹거나 마시는 것은 금지입니다.

0741 授 줄 수

총 11획 | N2

음 じゅ

- ※授業(じゅぎょう) 수업
- 教授(きょうじゅ) 교수
- 伝授(でんじゅ) 전수
- 授乳(じゅにゅう) 수유
- 授与(じゅよ) 수여

훈 さず(かる)/さず(ける)

- 授(さず)かる 내려 주시다, 점지해 주시다
- 授(さず)ける 하사하다, 전수하다

日本語(にほんご)の授業(じゅぎょう)をオンラインで受(う)ける。 일본어 수업을 온라인으로 받는다.

赤(あか)ちゃんを授(さず)かり、来年(らいねん)には産(う)まれる予定(よてい)です。
아기를 점지해 주셔서 내년에는 출산할 예정입니다.

0742 述 펼 술

총 8획 | N2

음 じゅつ

- 述語(じゅつご) 술어
- 記述(きじゅつ) 기술
- 口述(こうじゅつ) 구술
- 叙述(じょじゅつ) 서술
- 陳述(ちんじゅつ) 진술
- 著述(ちょじゅつ) 저술

훈 の(べる)

- 述(の)べる 말하다, 진술하다, 기술하다

日本語(にほんご)の語順(ごじゅん)は主語(しゅご)、目的語(もくてきご)、述語(じゅつご)の順(じゅん)である。
일본어의 어순은 주어, 목적어, 술어의 순서이다.

討論(とうろん)で自分(じぶん)の意見(いけん)をはっきり述(の)べる。 토론에서 자신의 의견을 확실히 말한다.

0743
보일 시

- 음: じ/し
  - ていじ 提示 제시 ・ しじ 指示 지시 ・ あんじ 暗示 암시 ・ けいじばん 掲示板 게시판
  - てんじ 展示 전시 ・ しさ 示唆 시사
- 훈: しめ(す)
  - しめす 示す 나타내다, 가리키다

後輩に会場を片づけるように指示を出した。
후배에게 회장을 정리하도록 지시를 내렸다.

悪いと思うなら相手に謝罪をするなど態度で示してください。
잘못했다고 생각하면 상대에게 사죄를 하는 등 태도로 보여주세요.

0744
알 식

- 음: しき
  - ちしき 知識 지식 ・ いしき 意識 의식 ・ じょうしき 常識 상식 ・ めんしき 面識 면식
  - にんしき 認識 인식 ・ ひょうしき 標識 표식

手術を終えて2時間後に意識が戻った。 수술을 끝내고 2시간 후에 의식이 돌아왔다.

私は彼とは一切面識がありません。 저는 그와는 일체 면식이 없습니다.

0745
눈 안

- 음: がん/げん
  - がんきゅう 眼球 안구 ・ がんか 眼科 안과 ・ がんたい 眼帯 안대 ・ ろうがん 老眼 노안
  - かいげん 開眼 개안, 진리를 깨달음
- 훈: まなこ
  - まなこ 眼 눈알, 안목 ・ ちまなこ 血眼 혈안, 충혈된 눈 ・ 예외 めがね 眼鏡 안경

目が腫れてしまったので眼帯を買った。 눈이 부어버렸기 때문에 안대를 샀다.

眼鏡の代わりにコンタクトレンズをつける。 안경 대신에 콘택트렌즈를 착용했다.

0746
누를 압

- 음: あつ
  - あつりょく 圧力 압력 ・ きあつ 気圧 기압 ・ けつあつ 血圧 혈압 ・ よくあつ 抑圧 억압
  - あっぱく 圧迫 압박 ・ あっとう 圧倒 압도

上司からの圧力にストレスを感じる。 상사로부터의 압력에 스트레스를 느낀다.

低気圧のせいで頭が痛いです。 저기압 때문에 머리가 아픕니다.

*는 JLPT N4-N5 기출 단어입니다.

0747

이마 **액**

| 총 18획 | N2 |

- **음** がく
  - きんがく 金額 금액
  - さがく 差額 차액
  - こうがく 高額 고액
  - そうがく 総額 총액
  - はんがく 半額 반액
  - がくぶち 額縁 액자, 사진틀
- **훈** ひたい
  - ひたい 額 이마

この**金額**でこれだけの量の食事ができるのはお得です。
이 금액으로 이만큼의 양의 식사가 가능한 것은 이득입니다.

熱が出たときは**額**に冷たいタオルをのせて熱を下げます。
열이 났을 때는 이마에 차가운 타월을 얹고 열을 내립니다.

0748

진 **액**

| 총 11획 | N2 |

- **음** えき
  - えきたい 液体 액체
  - げんえき 原液 원액
  - だえき 唾液 타액
  - けつえき 血液 혈액
  - ねんえき 粘液 점액
  - ようえき 溶液 용액

これは危険な**液体**なので触らないで下さい。
이것은 위험한 액체기 때문에 만지지 말아 주세요.

洗剤の**原液**を水で5倍に薄めてからご使用ください。
세제의 원액을 물로 5배 희석하고 나서 사용해 주세요.

0749

앵두나무 **앵**

| 총 10획 | N1 |

- **음** おう
  - おうとう 桜桃 버찌, 앵두
- **훈** さくら
  - さくら 桜 벚꽃
  - さくらのき 桜の木 벚꽃 나무
  - よざくら 夜桜 밤 벚꽃
  - さくらもち 桜餅 사쿠라모치(일본 화과자)

春になるとこの辺り一面に**桜**が咲きます。 봄이 되면 이 부근 전체에 벚꽃이 핍니다.

0750

남을 **여**

| 총 7획 | N3 |

- **음** よ
  - よゆう 余裕 여유
  - よはく 余白 여백
  - よりょく 余力 여력
  - よち 余地 여지
  - よぶん 余分 여분
  - よか 余暇 여가
- **훈** あま(る)/あま(す)
  - あまる 余る 남다
  - あまり 余り 나머지
  - あます 余す 남기다

彼は50mを8秒で**余裕**で走り切った。 그는 50m를 8초로 여유롭게 완주했다.

友達へのお土産にチョコレートをたくさん買ったら**余って**しまった。
친구에게 줄 선물로 초콜릿을 많이 샀더니 남아버렸다.

0751 逆 거스릴 역

총 9획 | N2

음	ぎゃく	逆 반대, 거꾸로	真逆 정반대	逆走 역주행	逆転 역전
		逆効果 역효과	逆切れ 역으로 화냄		
훈	さか(らう)/さか	逆らう 거스르다, 거역하다	逆立ち 물구나무 서기		
		逆さま 거꾸로 됨			

姉と私は真逆の性格だけど、仲がいい。 언니와 나는 정반대의 성격이지만 사이가 좋다.

先生の忠告に逆らった結果、成績が落ちた。
선생님의 충고를 거스른 결과, 성적이 떨어졌다.

0752 燃 탈 연

총 16획 | N2

음	ねん	燃料 연료	燃焼 연소	可燃 가연	不燃 불연, 타지 않음
훈	も(える)/も(やす)/も(す)	燃える 불타다	燃やす 불태우다	燃す 태우다	

飛行機のチケット代の中には、燃料代も含まれている。
비행기 티켓값 중에는 연료비도 포함되어 있다.

木を燃やすと二酸化炭素が発生し、その後、炭になる。
나무를 태우면 이산화탄소가 발생하고 그 후 숯이 된다.

0753 演 펼 연

총 14획 | N3

음	えん	演劇 연극	演技 연기	演奏 연주	演出 연출
		公演 공연	演じる 연기하다		

演劇の主人公を任されて毎日練習に励んでいる。
연극의 주인공을 맡게 되어 매일 연습에 힘쓰고 있다.

彼の演技に感動して鳥肌が立ちました。 그의 연기에 감동해서 소름이 돋았습니다.

0754 営 경영할 영

총 12획 | N2

음	えい	*営業 영업	運営 운영	経営 경영	国営 국영
훈	いとな(む)	営む 경영하다, 영위하다			

朝の7時から夜の9時まで営業しています。 아침 7시부터 밤 9시까지 영업하고 있습니다.

彼女は来年からカフェを営むつもりです。 그녀는 내년부터 카페를 경영할 예정입니다.

* 는 JLPT N4-N5 기출 단어입니다.

0755 永 길 영

총 5획 | N2

| 음 えい | 永久 영구 | 永遠 영원 | 永住 영주 | 永眠 영면, 죽음 |
| 훈 なが(い) | 永い 아주 오래다, 영원하다 | 末永く 오래도록, 언제까지나 |

この橋は永遠に続いているように見える。 이 다리는 영원히 이어져 있는 것처럼 보인다.

ご結婚おめでとうございます。末永くお幸せになってください。
결혼 축하드립니다. 언제까지나 행복하세요.

0756 往 갈 왕

총 8획 | N2

| 음 おう | 往復 왕복 | 往来 왕래 | 往診 왕진 | 右往左往 우왕좌왕 |

家から会社まで往復2時間かかります。 집에서 회사까지 왕복으로 2시간 걸립니다.

あまりにも体調が悪いので、医者に往診してもらった。
너무나도 몸 상태가 나쁘기 때문에 의사에게 왕진을 받았다.

0757 容 얼굴 용

총 10획 | N3

| 음 よう | 内容 내용 | 容器 용기 | 容疑者 용의자 | 美容 미용 |
| | 容姿 용모 | 形容詞 형용사 | | |

会議で使う資料の内容を確認する。 회의에서 사용할 자료의 내용을 확인한다.

今日作ったおかずを容器に分けて保存する。 오늘 만든 반찬을 용기에 나눠서 보존한다.

0758 囲 에워쌀 위

총 7획 | N2

음 い	周囲 주위	雰囲気 분위기	範囲 범위	囲碁 바둑
	包囲 포위			
훈 かこ(む)/かこ(う)	囲む 둘러싸다	囲う 두르다, 숨겨 두다		
	囲い 둘러쌈, 울타리			

彼の一言で会場の雰囲気が静かになった。 그의 한마디로 회장 분위기가 조용해졌다.

羊が逃げないように牧場全体を囲む柵を設置する。
양이 도망치지 않도록 목장 전체를 둘러싸는 울타리를 설치한다.

0759 衛 지킬 위 | 총 16획 | N1

음 えい

えいせい	ごえい	ぼうえい	えいせい
衛生 위생	護衛 호위	防衛 방위	衛星 위성

いっかげつ に いっかい みせ に とうきょく の 衛生 けんさ が 入る。
한 달에 한 번 가게에 당국의 위생 검사가 들어온다.

だいとうりょう が 移動 する たび に たくさん の 護衛 が つく。
대통령이 이동할 때마다 많은 호위가 붙는다.

0760 応 응할 응 | 총 7획 | N2

음 おう

おうとう	おうよう	たいおう	おうえん
応答 응답	応用 응용	対応 대응	応援 응원
いちおう		おう	おうぼ
一応 우선, 일단		応じる 응하다	応募 응모

예외 はんのう 反応 반응

훈 こた(える)

応える 응하다, 부응하다

きゃくさま からの クレーム に 対応 する のは 大変 だ。
손님으로부터의 클레임에 대응하는 것은 힘들다.

わたし は あなた の 期待 に 応えられる ように 頑張ります。
저는 당신의 기대에 부응할 수 있도록 열심히 하겠습니다.

0761 義 옳을 의 | 총 13획 | N2

음 ぎ

ぎむ	ぎり	いぎ	みんしゅしゅぎ
義務 의무	義理 의리	意義 의의	民主主義 민주주의
せいぎ	こうぎ		
正義 정의	講義 강의		

この 国 では 中学校 まで 通わせる のは 義務教育 となっている。
이 나라에서는 중학교까지 다니게 하는 것은 의무교육으로 되어있다.

彼の 魅力 は 多すぎて 一つ の 単語 で 定義 できない。
그의 매력은 너무 많아서 한 단어로 정의할 수 없다.

0762 易 쉬울 이, 바꿀 역 | 총 8획 | N3

음 い/えき

あんい	かんい	ようい
安易 안이	簡易 간이	容易 용이함, 손쉬움
なんいど	こうえき	*ぼうえき
難易度 난이도	交易 교역	*貿易 무역

훈 やさ(しい)

易しい 쉽다

その 計画 を 実行 するのは 容易 ではない。 그 계획을 실행하는 것은 쉽지 않다.

これは 日本語 初心者 でも 使える 易しい 参考書 だ。
이것은 일본어 초심자라도 사용할 수 있는 쉬운 참고서다.

체크포인트 19

1 다음 단어의 발음을 히라가나로 적어 보세요.

> 예시 花 꽃 → (はな)

1) 状況　　상황　　→　(　　　　　　)
2) 素直だ　솔직하다　→　(　　　　　　)
3) 勢い　　기세　　→　(　　　　　　)
4) 輸入　　수입　　→　(　　　　　　)
5) 確率　　확률　　→　(　　　　　　)

2 다음 단어의 한자를 적어 보세요.

> 예시 별 ほし → (星)

1) 성격　せいかく　→　(　　　　　　)
2) 죽이다　ころす　→　(　　　　　　)
3) 수리　しゅうり　→　(　　　　　　)
4) 압력　あつりょく　→　(　　　　　　)
5) 수업　じゅぎょう　→　(　　　　　　)

3 아래의 단어와 뜻이 올바르게 연결되도록 선을 그어 보세요.

1) 設定(せってい)　·　　　　·　순서
2) 順序(じゅんじょ)　·　　　　·　서술하다
3) 述べる(の)　·　　　　·　가리키다
4) 損害(そんがい)　·　　　　·　설정
5) 示す(しめ)　·　　　　·　손해

정답　**1**　1) じょうきょう　2) すなおだ　3) いきおい　4) ゆにゅう　5) かくりつ
　　　　2　1) 性格　2) 殺す　3) 修理　4) 圧力　5) 授業
　　　　3　1) 設定-설정　2) 順序-순서　3) 述べる-서술하다　4) 損害-손해　5) 示す-가리키다

Unit 20 초등학교 5학년 (40자)

MP3 다운로드

移 옮길 이	益 더할 익	因 인할 인	任 맡길 임	資 재물 자
雜 섞일 잡	張 베풀 장	再 두 재	在 있을 재	財 재물 재
災 재앙 재	貯 쌓을 저	績 길쌈할 적	適 맞을 적	絶 끊을 절
接 이을 접	情 뜻 정	停 머무를 정	政 정사 정	精 정할 정
程 한도 정	提 끌 제	制 절제할 제	際 즈음 제	製 지을 제
條 가지 조	造 지을 조	祖 할아비 조	罪 허물 죄	準 준할 준
增 더할 증	証 증거 증	枝 가지 지	志 뜻 지	支 지탱할 지
職 직분 직	織 짤 직	質 바탕 질	贊 도울 찬	採 캘 채

0763

옮길 이

- 음 い
  - 移動 이동　移住 이주　移民 이민　移転 이전
  - 移籍 이적　推移 추이
- 훈 うつ(す)/うつ(る)
  - 移す 옮기다, 이동시키다　移る 옮다, 이동하다

将来は海外に移住をしたいという話を姉とした。
장래에는 해외에 이주하고 싶다는 이야기를 언니와 했다.

私たちは計画を実行に移した。 우리들은 계획을 실행에 옮겼다.

0764

더할 익

- 음 えき/やく
  - 利益 이익　収益 수익　公益 공익　有益だ 유익하다
  - ご利益 공덕, 부처님의 은혜

商売は売上から利益が出ないと続けることは難しい。
장사는 매출에서 이익이 나지 않으면 계속하는 것은 어렵다.

なにか有益な情報を得たらすぐに電話してください。
뭔가 유익한 정보를 얻으면 바로 전화해 주세요.

0765

인할 인

- 음 いん
  - *原因 원인　因果 인과　死因 사인　起因 기인
  - 因縁 인연
- 훈 よ(る)
  - 因る 기인하다, 원인이 되다

毎晩お菓子を食べたことが原因で5キロも太った。
매일 밤 과자를 먹은 것이 원인으로 5킬로나 살이 쪘다.

今回の交通事故は運転手の過失に因る事故だった。
이번 교통사고는 운전자의 과실에 기인한 사고였다.

0766

맡길 임

- 음 にん
  - 任務 임무　担任 담임　責任 책임　委任 위임
  - 辞任 사임　就任 취임
- 훈 まか(せる)/まか(す)
  - 任せる 맡기다　任す 맡기다, 위임하다

今年の担任の先生が誰になるかとても楽しみだ。
올해의 담임 선생님이 누가 될지 몹시 기대된다.

今日は早く帰らなければならないので、後のことは後輩に任せた。
오늘은 일찍 돌아가지 않으면 안 되기 때문에 뒷일은 후배에게 맡겼다.

0767 資 재물 자

資資資資資資資資資資資資資 | 총 13획 | N3

음 し
- 資格 자격
- 資本 자본
- 資産 자산
- 資金 자금
- 資料 자료
- 投資 투자

会社に勤めながら**資格**の勉強をしている。
회사에 근무하면서 자격증 공부를 하고 있다.

彼は多額の財産を株に**投資**した。 그는 고액의 재산을 주식에 투자했다.

0768 雜 섞일 잡

雜雜雜雜雜雜雜雜雜雜雜雜雜雜 | 총 14획 | N3

음 ざつ/ぞう
- 雜だ 조잡하다, 엉성하다
- 雜談 잡담
- 複雜 복잡
- *雜誌 잡지
- 雜貨 잡화
- 雜巾 걸레
- 雜炊 죽

彼は仕事が**雜**でいつもミスをする。 그는 일이 엉성하고 항상 실수를 한다.

うちの娘が**雜誌**に載った。 우리 딸이 잡지에 실렸다.

0769 張 베풀 장

張張張張張張張張張張張 | 총 11획 | N2

음 ちょう
- 主張 주장
- 出張 출장
- 拡張 확장
- 緊張 긴장
- 誇張 과장
- 張本人 장본인

훈 は(る)
- 張る 뻗다, 펴다
- 引っ張る 잡아당기다
- 頑張る 힘내다, 노력하다
- 欲張り 욕심꾸러기
- 意地っ張り 고집쟁이

自己**主張**が強い人ばかりで仕事がなかなか進まない。
자기주장이 강한 사람뿐이어서 일이 좀처럼 진행되지 않는다.

キャンプ場に来たら、まずテントを**張り**ましょう。
캠프장에 오면 우선 텐트를 칩시다.

*는 JLPT N4-N5 기출 단어입니다.

0770

두 재

再再再再再再 | 총 6획 | N2

- 음 さい/さ
  - さいかい 再開 재개
  - さいかい 再会 재회
  - さいせい 再生 재생
  - さいこん 再婚 재혼
  - さいど 再度 재차, 두 번
  - さいげん 再現 재현
  - さらいしゅう 再来週 다다음 주
- 훈 ふたた(び)
  - ふたた 再び 다시, 재차

きゅうし していた 工事が 昨日から 再開した。
중지되어 있던 공사가 어제부터 재개되었다.

治ったと思った足が、再び痛みはじめた。
다 나았다고 생각했던 다리가 다시 아프기 시작했다.

0771

在

있을 재

在在在在在在 | 총 6획 | N3

- 음 ざい
  - ざいがく 在学 재학
  - げんざい 現在 현재
  - ざいせき 在籍 재적
  - ざいたく 在宅 재택
  - そんざい 存在 존재
  - たいざい 滞在 체류
- 훈 あ(る)
  - あ 在る 있다, 존재하다
  - あ き 在り来たり 흔함

大学在学中はたくさんの活動へ参加した。 대학 재학중에는 많은 활동에 참가했다.

二日間で京都に在る観光名所を巡る。 2일 만에 교토에 있는 관광명소를 순회한다.

0772

재물 재

財財財財財財財財財財 | 총 10획 | N3

- 음 ざい/さい
  - ざいさん 財産 재산
  - ざいせい 財政 재정
  - ざいりょく 財力 재력
  - ざいばつ 財閥 재벌
  - さいふ 財布 지갑

私の全財産を出してもこの車は買えない。
내 전 재산을 내어도 이 자동차는 살 수 없다.

給料日前なので、財布には1,000円しか入っていない。
급여일 전이기 때문에 지갑에는 1,000엔 밖에 안 들어있다.

0773

재앙 재

災災災災災災災 | 총 7획 | N1

- 음 さい
  - かさい 火災 화재
  - さいがい 災害 재해
  - さいなん 災難 재난
  - ひさいち 被災地 재해지
- 훈 わざわ(い)
  - わざわ 災い 재앙, 재난, 화

冬は乾燥するので火災が多く発生する。
겨울은 건조하기 때문에 화재가 많이 발생한다.

うっかり言ってしまったことが災いを招くことがある。
무심코 말해 버린 것이 화를 초래하는 경우가 있다.

0774 貯 쌓을 저

- 음: ちょ — *貯金 저금 / 貯蓄 저축 / 貯蔵 저장 / 貯水池 저수지
- 훈: た(める) — 貯める 모으다

将来に備えて**貯蓄**することは大切です。 장래에 대비해서 저축하는 것은 중요합니다.

子供の頃から**貯金**箱を利用してお金を**貯**めていた。
어릴 때부터 저금통을 이용해서 돈을 모았었다.

0775 績 길쌈할 적

- 음: せき — 成績 성적 / 実績 실적 / 業績 업적 / 功績 공적

最近、長男の**成績**が落ちてきて心配です。 최근 장남의 성적이 떨어져서 걱정입니다.

実績を残すことも重要ですが、過程も大切です。
실적을 남기는 것도 중요하지만 과정도 중요합니다.

0776 適 맞을 적

- 음: てき — 適切だ 적절하다 / *適当 적당, 적절함 / 快適 쾌적 / 適応 적응 / 最適 최적

問題が発生したときに**適切**な判断ができるかが重要です。
문제가 발생했을 때 적절한 판단이 가능한 지가 중요합니다.

室内は涼しく湿度も低くてとても**快適**だ。
실내는 시원하고 습도도 낮아서 매우 쾌적하다.

0777 絶 끊을 절

- 음: ぜつ — 絶対 절대 / 絶交 절교 / 絶叫 절규 / 拒絶 거절 / 断絶 단절 / 絶滅 멸종
- 훈: た(える)/た(つ)/た(やす) — 絶える 끊어지다, 끊기다 / 絶つ 끊다 / 絶やす 없애다, 전멸시키다

今回の試験は落ちたけど、次回は**絶対**に合格してやる!
이번 시험은 떨어졌지만 다음번은 반드시 합격해 주겠어!

絶えることのない悩みで彼は苦しんでいる。
끊이지 않는 고민으로 그는 괴로워하고 있다.

*는 JLPT N4-N5 기출 단어입니다.

0778

接 이을 접

接接接接接接接接接接接 | 총 11획 | N2

- **음** せつ
  - せっきゃく 接客 접객
  - せつぞく 接続 접속
  - めんせつ 面接 면접
  - みっせつ 密接だ 밀접하다
  - せっきん 接近 접근
  - せっしょく 接触 접촉
- **훈** つ(ぐ)
  - つ 接ぐ 접목하다, 이어 붙이다

学生の時は飲食店で接客をしていました。
학생 때는 음식점에서 접객을 하고 있었습니다.

ケーブルの接続不良のせいでテレビが映りません。
케이블의 접속 불량 때문에 텔레비전이 나오지 않습니다.

0779

情 뜻 정

情情情情情情情情情情情 | 총 11획 | N3

- **음** じょう/せい
  - じょう 情 정
  - あいじょう 愛情 애정
  - かんじょう 感情 감정
  - じじょう 事情 사정
  - じょうねつ 情熱 정열
  - じょうほう 情報 정보
  - ふぜい 風情 풍치, 운치
- **훈** なさ(け)
  - なさ 情け 정, 인정, 자비
  - なさ 情けない 한심하다

毎朝、通勤中に会う猫にエサをあげていたらいつの間にか情がわいた。
매일 아침 통근 중에 만나는 고양이에게 먹이를 줬더니 어느샌가 정이 들었다.

こんな簡単なこともできないなんて自分が情けない。
이런 간단한 것도 못 하다니 자신이 한심하다.

0780

停 머무를 정

停停停停停停停停停停停 | 총 11획 | N2

- **음** てい
  - ていしゃ 停車 정차
  - てい バス停 버스 정류장
  - ていし 停止 정지
  - ていがく 停学 정학
  - ていでん 停電 정전
- **훈** と(まる)
  - と 停まる 멈추다, 세우다

特急電車は全ての駅には停車しません。
특급 전철은 모든 역에는 정차하지 않습니다.

事故現場にパトカーがたくさん停まっている。
사고 현장에 경찰차가 많이 세워져 있다.

0781

정사 정

- 음 せい/しょう
  - 政府 정부 / 政治 정치 / 政治家 정치가 / 行政 행정
  - 家政婦 가정부 / 摂政 섭정(군주를 대신하여 나라를 다스림)
- 훈 まつりごと
  - 政 정사, 정치

政府だけでなく国民の意見も聞いてください。
정부뿐만 아니라 국민의 의견도 들어 주세요.

政とは国の主権者がその領土や人民を統治することだ。
정치란 국가의 주권자가 그 영토와 인민을 통치하는 것이다.

0782

정할 정

- 음 せい/しょう
  - 精算 정산 / 精神 정신 / 妖精 요정 / 精一杯 힘껏
  - 精密 정밀 / 精進 정진

通勤にかかった交通費を精算する。 통근에 든 교통비를 정산한다.

人間関係のトラブルのせいで精神的に疲れてしまった。
인간관계의 트러블 때문에 정신적으로 지쳐버렸다.

0783

한도 정

- 음 てい
  - 程度 정도 / 過程 과정 / 日程 일정 / 音程 음정
- 훈 ほど
  - 程 정도, 만큼 / 身の程 자신의 분수 / 先程 아까, 조금 전
  - 余程 상당히, 꽤

結果も大切だが、結果にたどり着く過程がもっと重要だ。
결과도 중요하지만 결과에 이르는 과정이 더 중요하다.

先程もお伝えしましたが、セール品は返品交換ができません。
조금 전도 말씀드렸습니다만 세일 상품은 반품 교환이 불가능합니다.

0784

提

끌 제

- 음 てい
  - 提出 제출 / 提案 제안 / 提供 제공 / 前提 전제
  - 提示 제시 / 提携 제휴
- 훈 さ(げる)
  - 提げる 손에 들다 / 手提げ 손에 들고 다니게 만든 물건

提出日を守って課題に取り組んでください。 제출일을 지켜서 과제에 몰두해 주세요.

商品を手提げ袋に入れてお客様に渡す。 상품을 쇼핑백에 넣어서 손님에게 건네준다.

*는 JLPT N4-N5 기출 단어입니다.

0785

制 절제할 제 | 총 8획 | N3

음 せい
- せいど 制度 제도
- せいさく 制作 제작
- きせい 規制 규제
- せいぎょ 制御 제어
- せいあつ 制圧 제압
- きょうせい 強制 강제

我が国と海外の教育**制**度は大いに違う。 우리나라와 해외 교육제도는 크게 다르다.

私はアニメーションの**制**作会社で働いています。
저는 애니메이션 제작 회사에서 일하고 있습니다.

0786

際 즈음 제 | 총 14획 | N3

음 さい
- こくさい 国際 국제
- こうさい 交際 교제
- じっさい 実際 실제

훈 きわ
- きわ 際 가장자리
- ひときわ 一際 한층 더
- てぎわ 手際 솜씨
- まどぎわ 窓際 창가
- きわだつ 際立つ 두드러지다, 눈에 띄다

今の時代、若者が**国際**的に活動していることは珍しくない。
지금 시대에 젊은이가 국제적으로 활동하고 있는 것은 희귀하지 않다.

手際よく料理を作る方法を教えます。 솜씨 좋게 요리를 만드는 방법을 가르칩니다.

0787

製 지을 제 | 총 14획 | N2

음 せい
- せいぞう 製造 제조
- せいひん 製品 제품
- せいさく 製作 제작
- せいやく 製薬 제약
- にほんせい 日本製 일제, 일본제
- がいこくせい 外国製 외제

あの工場ではパソコンを**製**造している。 저 공장에서는 컴퓨터를 제조하고 있다.

来月からは新商品の**製**作にとりかかる。 다음 달부터는 신상품의 제작에 착수한다.

0788

条 가지 조 | 총 7획 | N1

음 じょう
- じょうけん 条件 조건
- じょうやく 条約 조약
- じょうこう 条項 조항
- かじょうがき 箇条書き 조목별로 씀

ほしい物を買ってもらうには全科目80点以上取ることが**条件**です。
갖고 싶은 것을 받기 위해서는 전 과목 80점 이상 따는 것이 조건입니다.

アメリカと日本の間で新しい**条約**を結ぶ。
미국과 일본 사이에서 새로운 조약을 맺는다.

| 0789 | 造造造造造造造造造造 | 총 10획 | N2 |

지을 조

음	ぞう	創造力 창조력　木造 목조　改造 개조　造船 조선
		偽造 위조　構造 구조
훈	つく(る)	造る 만들다

創造力を働かせて衣装をデザインします。 창조력을 발휘해서 의상을 디자인합니다.

最先端の技術を使って船を造る。 최첨단 기술을 사용해서 배를 만든다.

| 0790 | 祖祖祖祖祖祖祖祖祖 | 총 9획 | N3 |

할아비 조

| 음 | そ | 祖父 조부, 할아버지　祖母 조모, 할머니　先祖 선조, 조상 |
| | | 元祖 원조　祖国 조국 |

私の祖父は昔、警察官だったらしい。 우리 할아버지는 옛날에 경찰관이었다고 한다.

この刀は先祖から受け継がれているものだ。 이 칼은 조상으로부터 계승되고 있는 것이다.

| 0791 | 罪罪罪罪罪罪罪罪罪罪罪罪罪 | 총 13획 | N3 |

허물 죄

음	ざい	犯罪 범죄　有罪 유죄　無罪 무죄　謝罪 사죄
		罪悪感 죄악감
훈	つみ	罪 죄

犯罪を目撃して警察に通報した。 범죄를 목격해서 경찰에 통보했다.

彼女は出所後すぐにまた罪を犯した。 그녀는 출소 후 바로 또 죄를 저질렀다.

| 0792 | 準準準準準準準準準準準準準 | 총 13획 | N2 |

준할 준

| 음 | じゅん | *準備 준비　基準 기준　標準 표준　水準 수준 |
| | | 準優勝 준우승 |

そろそろ出かける準備をしないと、間に合いませんよ。
슬슬 나갈 준비를 하지 않으면 시간에 맞출 수 없어요.

彼の演技の点数が競技全体の基準になるだろう。
그의 연기 점수가 경기 전체의 기준이 될 것이다.

※는 JLPT N4-N5 기출 단어입니다.

0793

増 더할 증 | 총 14획 | N3

- **음** ぞう
  - ぞうか 増加 증가
  - ぞうりょう 増量 증량
  - きゅうぞう 急増 급증
  - ぞうだい 増大 증대
  - ぞうげん 増減 증감
  - ぞうしょく 増殖 증식
- **훈** ふ(える)/ふ(やす)/ま(す)
  - ふ 増える 늘다, 증가하다
  - ふ 増やす 늘리다
  - ま 増す 커지다, 많아지다

去年と比べて、10キロも体重が増加した。 작년과 비교해 10킬로나 체중이 증가했다.

最近、忙しくなってきたので店員の数を増やしました。
최근 바빠졌기 때문에 점원 수를 늘렸습니다.

0794

証 증거 증 | 총 12획 | N1

- **음** しょう
  - しょうこ 証拠 증거
  - しょうにん 証人 증인
  - にんしょう 認証 인증
  - かくしょう 確証 확증
  - けんしょう 検証 검증
  - あんしょうばんごう 暗証番号 비밀번호

カンニングをした証拠があるのに言い訳をする。
커닝을 한 증거가 있는데도 변명을 한다.

裁判に証人として出ることになった。 재판에 증인으로서 나가게 되었다.

0795

枝 가지 지 | 총 8획 | N2

- **음** し
  - ようじ 楊枝 이쑤시개
  - つまようじ 爪楊枝 이쑤시개
- **훈** えだ
  - えだ 枝 가지, 갈래
  - えだまめ 枝豆 풋콩

楊枝にチョコレートを付けてケーキに文字を書く。
이쑤시개에 초콜릿을 묻혀서 케이크에 글자를 쓴다.

散歩中に愛犬が枝を拾ってきた。 산책 중에 애완견이 나뭇가지를 주워왔다.

0796

志 뜻 지 | 총 7획 | N1

- **음** し
  - いし 意志 의지
  - しぼう 志望 지망
  - しがん 志願 지원
  - しこう 志向 지향
- **훈** こころざし/こころざ(す)
  - こころざし 志 뜻, 마음
  - こころざ 志す 뜻을 두다, 지향하다

彼女は自分の意志で会社をやめた。 그녀는 자신의 의지로 회사를 그만뒀다.

医者を志しはじめたのは高校生の時です。
의사를 지향하기 시작한 것은 고등학생 때입니다.

0797

支 지탱할 지 | 총 4획 | N3

- 음 し
  - 支給 しきゅう 지급
  - 支出 ししゅつ 지출
  - 支援 しえん 지원
  - 支持 しじ 지지
  - 支度 したく 채비, 준비
  - 支店 してん 지점
  - 예외 干支 えと 12간지, 띠
- 훈 ささ(える)
  - 支える ささえる 버티다, 유지하다, 지탱하다

多くの人が彼を**支援**してくれた。 많은 사람이 그를 지원해 주었다.

これからは二人で**支え**ながら頑張ります。 앞으로는 둘이서 지탱하면서 힘내겠습니다.

0798

職 직분 직 | 총 18획 | N3

- 음 しょく
  - 職業 しょくぎょう 직업
  - 職場 しょくば 직장
  - 就職 しゅうしょく 취직
  - 休職 きゅうしょく 휴직
  - 転職 てんしょく 이직
  - 天職 てんしょく 천직

職場から近いところにこんな景色のいいところがあるとは！
직장에서 가까운 곳에 이런 경치가 좋은 곳이 있을 줄이야!

体調が良くならないので会社に**休職**願いを出した。
몸 상태가 좋아지지 않아서 회사에 휴직서를 냈다.

0799

織 짤 직 | 총 18획 | N1

- 음 しき/しょく
  - 組織 そしき 조직
  - 紡織 ぼうしょく 방직
- 훈 お(る)
  - 織る おる 짜다
  - 羽織る はおる 겉옷을 걸치다
  - 織物 おりもの 직물

普通の大学生に見える彼は、実はテロ**組織**の一員だ。
보통의 대학생으로 보이는 그는 사실은 테러 조직의 일원이다.

昔はよく、木材の機械で鮮やかな色の布を**織って**いた。
옛날에는 자주 목재 기계로 선명한 색의 천을 짰었다.

0800

質 바탕 질 | 총 15획 | N4

- 음 しつ/しち/ち
  - 質 しつ 질
  - *質問 しつもん 질문
  - 本質 ほんしつ 본질
  - 品質 ひんしつ 품질
  - 悪質だ あくしつだ 악질적이다
  - 質屋 しちや 전당포
  - 人質 ひとじち 인질
  - 言質 げんち 언질

この洋服はとても**質**が良い。 이 옷은 몹시 품질이 좋다.

分からないところは先生に**質問**してください。
모르는 부분은 선생님에게 질문해 주세요.

0801

도울 찬

賛賛賛賛賛賛賛賛賛替替替替替替 | 총 15획 | N3

- 음 さん
  - *賛成(さんせい) 찬성　　賞賛(しょうさん) 칭찬, 찬양　　絶賛(ぜっさん) 절찬　　賛辞(さんじ) 찬사
  - 賛否両論(さんぴりょうろん) 찬반양론　　自画自賛(じがじさん) 자화자찬

この意見(いけん)に賛成(さんせい)する方(かた)は手(て)をあげてください。
이 의견에 찬성하는 분은 손을 들어주세요.

子供(こども)を助(たす)けた彼(かれ)の行動(こうどう)を賞賛(しょうさん)する。 아이를 구한 그의 행동을 칭찬한다.

0802

캘 채

採採採採採採採採採採採 | 총 11획 | N2

- 음 さい
  - 採用(さいよう) 채용　　採取(さいしゅ) 채취　　採血(さいけつ) 채혈　　採掘(さいくつ) 채굴
  - 採点(さいてん) 채점　　採集(さいしゅう) 채집
- 훈 と(る)
  - 採(と)る 뽑다, 채집하다, 채택하다

犯人(はんにん)を捜(さが)すために現場(げんば)に残(のこ)っている指紋(しもん)を採取(さいしゅ)する。
범인을 찾기 위해서 현장에 남아있는 지문을 채취한다.

うちの畑(はたけ)では美味(おい)しい野菜(やさい)が採(と)れます。
우리 집 밭에서는 맛있는 채소를 채집할 수 있습니다.

체크포인트 20

1 다음 단어의 발음을 히라가나로 적어 보세요.

| 예시 花 꽃 → (はな   ) |

1) 利益   이익   → (   )
2) 出張   출장   → (   )
3) 罪   죄   → (   )
4) 移す   옮기다 → (   )
5) 貯金   저금   → (   )
6) 火災   화재   → (   )
7) 資本   자본   → (   )

2 다음 단어의 한자를 적어 보세요.

| 예시 별 ほし → (星   ) |

1) 주택   じゅうたく → (   )
2) 재회   さいかい   → (   )
3) 제출   ていしゅつ → (   )
4) 조건   じょうけん → (   )
5) 정전   ていでん   → (   )
6) 재산   ざいさん   → (   )
7) 절대   ぜったい   → (   )

3 아래의 단어와 뜻이 올바르게 연결되도록 선을 그어 보세요.

1) 精神(せいしん) ・　　　　　・ 정도
2) 程度(ていど) ・　　　　　・ 접속
3) 成績(せいせき) ・　　　　　・ 성적
4) 愛情(あいじょう) ・　　　　　・ 잡담
5) 製造(せいぞう) ・　　　　　・ 제조
6) 雑談(ざつだん) ・　　　　　・ 정신
7) 接続(せつぞく) ・　　　　　・ 애정

정답
1 1) りえき 2) しゅっちょう 3) つみ 4) うつす 5) ちょきん 6) かさい 7) しほん
2 1) 住宅 2) 再会 3) 提出 4) 条件 5) 停電 6) 財産 7) 絶対
3 1) 精神-정신 2) 程度-정도 3) 成績-성적 4) 愛情-애정 5) 製造-제조 6) 雑談-잡담 7) 接続-접속

Unit 21 초등학교 5학년 (33자)

MP3 다운로드

責 꾸짖을 책	妻 아내 처	招 부를 초	総 거느릴 총	築 쌓을 축
測 헤아릴 측	則 법칙 칙	快 쾌할 쾌	態 모습 태	統 거느릴 통
破 깨뜨릴 파	判 판단할 판	版 판목 판	編 엮을 편	評 평할 평
布 베포, 펼 포	暴 사나울 폭	豊 풍년 풍	河 물 하	限 한할 한
航 배 항	解 풀 해	許 허락할 허	險 험할 험	現 나타날 현
型 모형 형	護 도울 호	混 섞을 혼	確 굳을 확	効 본받을 효
厚 두터울 후	興 일 흥	喜 기쁠 희		

*는 JLPT N4-N5 기출 단어입니다.

0803

責
꾸짖을 책

| 총 11획 | N3 |

- **음** せき
  - せきにん 責任 책임 / せきむ 責務 책무 / じせき 自責 자책 / じゅうせき 重責 중책
  - もんせき 問責 문책
- **훈** せ(める)
  - せ 責める 책망하다, 비난하다, 재촉하다

ここのお店の**責任**者は今不在です。 이곳의 가게의 책임자는 지금 부재중입니다.

自分自身をそんなに**責**めないでください。 자기 자신을 그렇게 책망하지 말아 주세요.

0804

妻
아내 처

| 총 8획 | N3 |

- **음** さい
  - ふさい 夫妻 부부 / さいし 妻子 처자식 / あいさいか 愛妻家 애처가
- **훈** つま
  - つま 妻 아내, 마누라 / ひとづま 人妻 유부녀 / にいづま 新妻 새댁

妻子のために毎日働きます。 처자식을 위해 매일 일합니다.

妻は私のために毎朝、弁当を作ってくれます。 아내는 저를 위해 매일 아침 도시락을 만들어 줍니다.

0805

招
부를 초

| 총 8획 | N3 |

- **음** しょう
  - *しょうたい 招待 초대 / しょうたいじょう 招待状 초대장 / しょうしゅう 招集 소집 / しょうせい 招請 초청
- **훈** まね(く)
  - まね 招く 초대하다, 초래하다
  - まねきねこ 招き猫 마네키네코(손님을 부르는 고양이 장식품)

新しく引っ越した家に友達を**招待**した。 새로 이사한 집에 친구를 초대했다.

相手に誤解を**招**く行動をして反省している。 상대방에게 오해를 초래할 만한 행동을 해서 반성하고 있다.

0806

総
거느릴 총

| 총 14획 | N2 |

- **음** そう
  - そうごう 総合 종합 / そうりょう 総量 총량 / そうがく 総額 총액 / そうりだいじん 総理大臣 총리대신
  - そうかい 総会 총회 / そうむ 総務 총무

面接者の経験と能力などを**総合**的に評価する。 면접자의 경험이나 능력 등을 종합적으로 평가한다.

日本は**総理大臣**が国の行政権を持つ。 일본은 총리대신이 국가의 행정권을 가진다.

0807

築 쌓을 축

음	ちく	建築 건축　改築 개축, 리모델링　構築 구축　新築 신축
훈	きず(く)	築く 쌓다, 구축하다, 꾸리다

총 16획 | N2

将来、建築士なりたくて建築学科を志望しました。
장래에 건축사가 되고 싶어서 건축학과를 지망했다.

結婚したら、楽しくて幸せな家庭を築きたいです。
결혼하면 즐겁고 행복한 가정을 꾸리고 싶습니다.

0808

測 헤아릴 측

음	そく	測定 측정　測量 측량　予測 예측　推測 추측 憶測 억측　観測 관측
훈	はか(る)	測る (무게, 길이, 깊이, 넓이 등을) 재다

총 12획 | N2

送る荷物が規定以内なのか測定をする。 보낼 짐이 규정 이내인지 측정을 한다.

カーテンを買うために窓の長さを測った。 커튼을 사기 위해 창문의 길이를 쟀다.

0809

則 법칙 칙

음	そく	規則 규칙　原則 원칙　法則 법칙　反則 반칙 変則 변칙

총 9획 | N2

社内で決められた最低限の規則を守る。 사내에서 정해진 최저한의 규칙을 지키다.

入院中のため原則として外出は認められません。
입원 중이기 때문에 원칙으로서 외출은 인정되지 않습니다.

0810

快 쾌할 쾌

음	かい	快晴 쾌청　快感 쾌감　快楽 쾌락　不快 불쾌 愉快 유쾌　快適 쾌적
훈	こころよ(い)	快い 상쾌하다, 기분 좋다　快く 흔쾌히, 선뜻

총 7획 | N2

今日は久しぶりに雲一つない快晴の日だった。
오늘은 오랜만에 구름 하나 없는 쾌청한 날이었다.

通りすがりの人に道を聞いてみたら快く教えてくれた。
지나가는 사람에게 길을 물어봤더니 흔쾌히 가르쳐 주었다.

✱는 JLPT N4-N5 기출 단어입니다.

0811 態 (모습 태)

態態態態態態態態態態態態態態 | 총 14획 | N2

음 たい

| 態度 태도 | 状態 상태 | 態勢 태세 | 形態 형태 |
| 失態 실태 | 容態 용태, 모양 | | |

部下の**態度**がすごく悪かったので注意した。
부하의 태도가 몹시 나빴기 때문에 주의를 줬다.

この売り上げの**状態**が続けば今月は黒字です。
이 매출 상태가 계속되면 이번 달은 흑자입니다.

0812 統 (거느릴 통)

統統統統統統統統統統統統 | 총 12획 | N1

음 とう

| 統一 통일 | 伝統 전통 | 統治 통치 | 大統領 대통령 |
| 統計 통계 | 統制 통제 | | |

훈 す(べる)

統べる 총괄하다, 통솔하다, 지배하다

リオのカーニバルはブラジルの**伝統**的なお祭りです。
리우의 카니발은 브라질의 전통적인 축제입니다.

天下を**統べる**野望を持って挑む。 천하를 지배하는 야망을 가지고 도전한다.

0813 破 (깨뜨릴 파)

破破破破破破破破破破 | 총 10획 | N3

음 は

| 破損 파손 | 破壊 파괴 | 破片 파편 | 破棄 파기 |
| 破産 파산 | 突破 돌파 | | |

훈 やぶ(る)/やぶ(れる)

| 破る 깨다, 어기다, 찢다 | 破れる 깨지다, 패하다, 찢어지다 |

美術館の美術品が誰かによって**破壊**された。
미술관의 미술품이 누군가에 의해서 파괴되었다.

ドアに洋服が引っかかって**破れて**しまった。 문에 옷이 걸려서 찢어져 버렸다.

0814 判 (판단할 판)

判判判判判判判 | 총 7획 | N3

음 はん/ばん

| 批判 비판 | 判断 판단 | 判子 도장 | 判定 판정 |
| 判決 판결 | 審判 심판 | 判明 판명 | 裁判 재판 |

彼の行動は多くの人から**批判**を浴びた。 그의 행동은 많은 사람에게 비판을 받았다.

審判の**判定**でレッドカードが出た。 심판의 판정으로 레드카드가 나왔다.

Unit 21 초등학교 5학년

0815 版 판목 판

총 8획 | N2

- 음 はん
  - 版画 판화 / 出版 출판 / 初版 초판 / 改訂版 개정판
  - 英語版 영어판 / 限定版 한정판

この本の**改訂版**は原作より良い。
이 책의 개정판은 원작보다 좋다.

ディズニーのアニメは**英語版**で見るのが好きだ。
디즈니의 애니메이션은 영어판으로 보는 것을 좋아한다.

0816 編 엮을 편

총 15획 | N2

- 음 へん
  - 編集 편집 / 編入 편입 / 編成 편성 / 続編 속편
  - 短編 단편 / 長編 장편
- 훈 あ(む)
  - 編む 엮다, 뜨다, 짜다 / 編み物 뜨개질 / 手編み 손으로 뜸

最近はスマホで簡単に動画を**編集**することができる。
최근에는 스마트폰으로 간단히 동영상을 편집할 수 있다.

おばあちゃんが毛糸の**編み**方を教えてくれた。
할머니가 털실을 뜨는 방법을 가르쳐 주셨다.

0817 評 평할 평

총 12획 | N1

- 음 ひょう
  - 評価 평가 / 評判 평판 / 好評 호평 / 批評 비평
  - 論評 논평

上司から高い**評価**をもらった。 상사로부터 높은 평가를 받았다.

新しいカフェの**評判**が良いので、今度友達と行くことにした。
새로운 카페의 평판이 좋기 때문에 다음번에 친구와 가기로 했다.

0818 布 베 포, 펼 포

총 5획 | N2

- 음 ふ
  - 布団 이불 / 布巾 행주 / 座布団 방석 / 財布 지갑
  - 配布 배포 / 分布 분포
- 훈 ぬの
  - 布 천, 직물

カバンの中に入れたはずの**財布**が見当たらない。
가방 안에 넣었을 터인 지갑이 보이지 않는다.

学校の課題がエプロンをつくることなので、**布**を買ってきた。
학교의 과제가 앞치마를 만드는 것이므로 천을 사 왔다.

* 는 JLPT N4-N5 기출 단어입니다.

0819

사나울 **폭**

暴暴暴暴暴暴暴暴暴暴暴暴暴暴暴 | 총 15획 | N2 ☐☐☐

음 ぼう/ばく	ぼうりょく **暴力** 폭력　ぼうげん **暴言** 폭언　ぼうこう **暴行** 폭행　らんぼう **乱暴** 난폭
	ばくろ **暴露** 폭로
훈 あば(く)/あば(れる)	あば **暴く** 파헤치다, 폭로하다　あば **暴れる** 난폭하게 굴다, 날뛰다
	あば ぼう **暴れん坊** 망나니, 난폭자

なに ぼうりょく けっ ゆる こうい
何があっても**暴力**は決して許されない行為です。
뭐가 있어도 폭력은 결코 용서되지 않는 행위입니다.

いぬ だ きゅう あば だ
犬を抱っこしたら急に**暴れ**出した。 개를 안았더니 갑자기 날뛰기 시작했다.

0820

풍년 **풍**

豊豊豊豊豊豊豊豊豊豊豊豊豊 | 총 13획 | N2 ☐☐☐

| 음 ほう | ほうさく **豊作** 풍작　ほうふ **豊富** 풍부　ほうねん **豊年** 풍년 |
| 훈 ゆた(か) | ゆた **豊かだ** 풍부하다 |

あね かいがいりょこう けいけん ほうふ
姉は海外旅行の経験が**豊富**です。 누나는 해외여행 경험이 풍부합니다.

ゆた ろうごせいかつ おく すこ ちょきん
豊かな老後生活を送るために少しずつ貯金をしておく。
풍요로운 노후생활을 보내기 위해서 조금씩 저축을 해둔다.

0821

물 **하**

河河河河河河河河 | 총 8획 | N2 ☐☐☐

음 か	かせん **河川** 하천　かこう **河口** 하구　うんが **運河** 운하　ぎんが **銀河** 은하
	たいが **大河** 대하, 큰 강
훈 かわ	かわ **河** 하천, 강

むすこ うちゅう ぎんが きょうみ も
息子が宇宙や**銀河**について興味を持ちはじめた。
아들이 우주와 은하에 관해 흥미를 가지기 시작했다.

かわ おお ふと かわ いみ
河とは大きくて太い川を意味します。 하천이란 크고 폭이 굵은 강을 의미합니다.

0822

한할 **한**

限限限限限限限限 | 총 8획 | N3 ☐☐☐

음 げん	げんかい **限界** 한계　げんてい **限定** 한정　むげん **無限** 무한　げんど **限度** 한도
	きげん **期限** 기한　せいげん **制限** 제한
훈 かぎ(る)	かぎ **限る** 제한하다, 한정하다

げんかい いじょう がまん
もう**限界**だ。これ以上、我慢できない。 이제 한계다. 이 이상은 참을 수 없어.

かぎ じかん なか けっか だ かんたん
限られた時間の中で結果を出すことは簡単なことではない。
제한된 시간 안에서 결과를 내는 것은 간단한 것이 아니다.

0823

배 항

음 こう

| 航空 항공 | 運航 운항 | 欠航 결항 | 航海 항해 |
| 出航 출항 | 渡航 도항 | | |

航空会社への就職は毎年、競争率が高い。 항공 회사로의 취직은 매년 경쟁률이 높다.

台風のせいでアメリカ行きの飛行機は欠航になった。
태풍 때문에 미국행 비행기는 결항이 되었다.

0824

解 풀 해

음 かい/げ

| 理解 이해 | 解説 해설 | 解決 해결 | 解雇 해고 |
| 正解 정답 | 解熱剤 해열제 | 解毒 해독 | |

훈 と(く)/と(ける)/と(かす)

解く 풀다　解ける 풀리다, 해제되다
解かす 녹이다, 빗다

悩みを解決する方法をいくつか紹介します。
고민을 해결하는 방법을 몇 가지 소개하겠습니다.

先生に難しい問題を出されたが、すぐに解くことができた。
선생님이 어려운 문제를 출제했지만 금방 푸는 것이 가능했다.

0825

허락할 허

음 きょ

| 許可 허가 | 免許 면허 | 特許 특허 |

훈 ゆる(す)

許す 허락하다, 용서하다

駅前で路上ライブをするために市に許可をもらう。
역 앞에서 노상 라이브를 하기 위해서 시에 허가를 받는다.

けんかした友達に「ごめんね」と謝ったら許してくれた。
싸움을 한 친구에게 '미안해'라고 사과했더니 용서해 줬다.

0826

험할 험

음 けん

| *危険 위험 | 冒険 모험 | 保険 보험 | 険悪 험악 |

훈 けわ(しい)

険しい 험하다

このアニメは仲間と一緒に未知の世界を冒険する話である。
이 애니메이션은 동료와 함께 미지의 세계를 모험하는 이야기이다.

狭くてカーブの多い険しい山道を運転した。 좁고 굽은 곳이 많은 험한 산길을 운전했다.

*는 JLPT N4-N5 기출 단어입니다.

0827 現 (나타날 현) — 총 11획, N3

- **음** げん
  - 現実 현실 / 実現 실현 / 現在 현재 / 現金 현금
  - 現代 현대 / 表現 표현
- **훈** あらわ(す) / あらわ(れる)
  - 現す 드러내다, 나타내다 / 現れる 드러나다, 나타나다

理想と**現実**は全く違う。 이상과 현실은 전혀 다르다.

死んだと思ってた娘が目の前に**現れた**。 죽었다고 생각했던 딸이 눈앞에 나타났다.

0828 型 (모형 형) — 총 9획, N2

- **음** けい
  - 模型 모형 / 体型 체형 / 典型的 전형적 / 原型 원형
- **훈** かた
  - 型 틀, 본, 형 / 血液型 혈액형 / 小型 소형 / 大型 대형
  - 新型 신형 / 旧型 구형

家の**模型**を作るのはとても細かい作業だ。 집의 모형을 만드는 것은 몹시 세세한 작업이다.

大型トラックを運転するためには**大型**免許が必要です。 대형 트럭을 운전하기 위해서는 대형 면허가 필요합니다.

0829 護 (도울 호) — 총 20획, N1

- **음** ご
  - 看護 간호 / 看護師 간호사 / 保護 보호 / 警護 경호
  - 介護 간호, 간병 / 弁護士 변호사

病院で働く**看護師**さんに憧れて**看護**学部に入りました。 병원에서 일하는 간호사분을 동경하여 간호학부에 들어왔습니다.

紫外線からサングラスで目を**保護**する。 자외선으로부터 선글라스로 눈을 보호한다.

0830 混 (섞을 혼) — 총 11획, N2

- **음** こん
  - 混合 혼합 / 混雑 혼잡 / 混同 혼동 / 混血 혼혈
  - 混乱 혼란
- **훈** こ(む)/ま(ざる)/ま(ぜる)/ま(じる)
  - 混む 혼잡하다, 붐비다 / 混ざる 섞이다
  - 混ぜる 섞다, 혼합하다 / 混じる 섞이다, 혼입하다

朝の電車は**混雑**するので、時間に余裕を持って出かけましょう。 아침의 전철은 혼잡하기 때문에 시간에 여유를 가지고 나갑시다.

この洗剤は他の洗剤と**混ぜて**使ってはいけません。 이 세제는 다른 세제와 섞어 써서는 안 됩니다.

0831

確 굳을 확

음	かく	確認 확인	確実 확실	確信 확신	確保 확보
		正確 정확	確率 확률		
훈	たし(か)/たし(かめる)	*確か 확실함, 확실히, 아마	確かめる 확인하다		

총 15획 | N3

明日のスケジュールをもう一度を確認する。 내일 스케줄을 다시 한번 확인한다.

この生徒がカンニングをしていないか確かめる必要がある。
이 학생이 커닝을 하지 않았는지 확인할 필요가 있다.

0832

効 본받을 효

음	こう	効果 효과	効能 효능	効率 효율	有効 유효
		無効 무효	効力 효력		
훈	き(く)	効く 듣다, 효과가 있다	効き目 효과, 효능		

총 8획 | N2

この美容液は美白効果があります。 이 미용액은 미백 효과가 있습니다.

この薬は頭痛によく効きます。 이 약은 두통에 잘 듣습니다.

0833

厚 두터울 후

음	こう	温厚だ 온후하다	濃厚だ 농후하다, 진하다	重厚 중후
		厚生 후생		
훈	あつ(い)	厚い 두껍다	厚かましい 뻔뻔하다	

총 9획 | N2

彼女はとても温厚な性格だ。 그녀는 몹시 온후한 성격이다.

この辞書はとても厚くて重いので持ち歩けないです。
이 사전은 몹시 두껍고 무겁기 때문에 들고 다닐 수 없습니다.

0834

興 일 흥

음	きょう/こう	*興味 흥미	余興 여흥	即興 즉흥	興行 흥행
		興奮 흥분	復興 부흥	振興 진흥	
훈	おこ(す)/おこ(る)	興す 일으키다, 흥하게 하다	興る 흥하다, 일어나다		

총 16획 | N2

最近、料理に興味がわいてきた。 최근 요리에 흥미가 생기기 시작했다.

飲み会で私は、即興で歌を歌わされました。
회식에서 저는 억지로 즉흥으로 노래를 불렀습니다.

0835

喜 기쁠 희

- 음 き
  - 喜劇 희극
  - 喜怒哀楽 희로애락
  - 歓喜 환희
- 훈 よろこ(ぶ)
  - *喜ぶ 기뻐하다
  - 喜び 기쁨

총 12획 | N3

マラソンで1位になった選手の地元では**歓喜**の声が上がっている。
마라톤에서 1등을 한 선수의 고향에서는 환희의 목소리가 높아지고 있다.

サプライズで誕生日を祝ったら友達が**喜んで**くれた。
서프라이즈로 생일을 축하했더니 친구가 기뻐해 줬다.

체크포인트 21

1 다음 단어의 발음을 히라가나로 적어 보세요.

예시 花 꽃 → (　　はな　　)

1) 妻　　　아내　　　→　(　　　　　　)
2) 統一　　통일　　　→　(　　　　　　)
3) 布団　　이불　　　→　(　　　　　　)
4) 建築　　건축　　　→　(　　　　　　)
5) 許す　　용서하다　→　(　　　　　　)
6) 推測　　추측　　　→　(　　　　　　)
7) 豊かだ　풍부하다　→　(　　　　　　)

2 다음 단어의 한자를 적어 보세요.

예시 별 ほし → (　　星　　)

1) 흥미　きょうみ　→　(　　　　　　)
2) 현실　げんじつ　→　(　　　　　　)
3) 효과　こうか　　→　(　　　　　　)
4) 평가　ひょうか　→　(　　　　　　)
5) 태도　たいど　　→　(　　　　　　)
6) 한계　げんかい　→　(　　　　　　)
7) 이해　りかい　　→　(　　　　　　)

3 아래의 단어와 뜻이 올바르게 연결되도록 선을 그어 보세요.

1) 総合(そうごう) ・　　　　　・ 책임
2) 責任(せきにん) ・　　　　　・ 두껍다
3) 破る(やぶ) ・　　　　　・ 험하다
4) 編集(へんしゅう) ・　　　　　・ 부수다, 찢다
5) 暴く(あば) ・　　　　　・ 편집
6) 厚い(あつ) ・　　　　　・ 종합
7) 険しい(けわ) ・　　　　　・ 파헤치다, 폭로하다

정답
1 1) つま　2) とういつ　3) ふとん　4) けんちく　5) ゆるす　6) すいそく　7) ゆたかだ
2 1) 興味　2) 現実　3) 効果　4) 評価　5) 態度　6) 限界　7) 理解
3 1) 総合-종합　2) 責任-책임　3) 破る-부수다, 찢다　4) 編集-편집　5) 暴く-파헤치다, 폭로하다　6) 厚い-두껍다
　　7) 険しい-험하다

연습문제 05

채점 /10

한자읽기 다음 문장의 밑줄 친 한자를 바르게 읽은 것은 어느 것인가?

1 こちらへ来ることは<u>可能</u>ですか。
   ① かのう　　② がのう　　③ かの　　④ がのん

2 来年、会社から<u>独立</u>して店を開くつもりです。
   ① とくりつ　　② どくりつ　　③ どりつ　　④ とりつ

3 今日は誰もいないので、家で<u>留守番</u>をする。
   ① るすばん　　② るずばん　　③ りゅうすばん　　④ りゅうしゅばん

4 大小2つの大きさを<u>比</u>べてみよう。
   ① ならべて　　② しらべて　　③ くらべて　　④ くれべて

5 弟は母から誕生日プレゼントをもらってとても<u>喜</u>んだ。
   ① ころんだ　　② ほころんだ　　③ あそんだ　　④ よろこんだ

6 今年から、新しいクラスを<u>担任</u>することになりました。
   ① たにん　　② たんにん　　③ だにん　　④ だんにん

7 私達、市民は国に<u>税金</u>を払わなければならない。
   ① せいきん　　② ぜいきん　　③ ぜきん　　④ せきん

8 あのドラマのシーンはとても<u>印象</u>に残った。
   ① いんそう　　② いんぞう　　③ いんじょう　　④ いんしょう

9 会議では自分の意見を<u>主張</u>する。
   ① しゅっちょう　　② じゅちょう　　③ しゅちょう　　④ しゅうちょう

10 貧困問題のある都市では<u>犯罪</u>が増えている。
   ① はんざい　　② ばんざい　　③ ばんつみ　　④ はんづみ

한자표기 다음 문장의 밑줄 친 히라가나의 한자의 표기로 올바른 것은 어느 것인가?

1. 彼女はかんきょうを守る活動をしています。
   ① 懐境　　② 還鏡　　③ 環鏡　　④ 環境

2. 食品を冷蔵庫へほぞんしておく。
   ① 保在　　☒ 保存　　③ 呆存　　④ 呆在

3. 彼はクラスのリーダーにてきせつな人だ。
   ① 滴切　　☒ 適切　　③ 敵切　　④ 摘切

4. 今、彼は精神も体もとてもいいじょうたいだ。
   ① 状態　　☒ 状熊　　③ 情態　　④ 伏熊

5. 明日の遠足のじゅんびをします。
   ① 准備　　☒ 集備　　③ 準備　　④ 隼備

6. 彼女には赤いスカートがよくにあっている。
   ① 似会って　☒ 以合って　③ 似合って　④ 以会って

7. あの二人は仲の良いふうふだ。
   ① 夫妻　　☒ 天婦　　③ 夫婦　　④ 不婦

8. 財布を忘れた友達にお金をかしてあげました。
   ① 借して　☒ 貸して　③ 貨して　④ 買して

9. 忘れていたかこを思い出して、思わず泣いてしまった。
   ① 過拠　　☒ 過去　　③ 渦去　　④ 渦拠

10. 昨年、ここでじけんがおきたそうです。
    ① 事件　　☒ 事休　　③ 事任　　④ 事伏

연습문제 05 정답 및 해석

한자읽기

정답 1 ① 2 ② 3 ① 4 ③ 5 ④ 6 ② 7 ② 8 ④ 9 ③ 10 ①

해석
1 이쪽으로 오는 것은 가능합니까?
2 내년, 회사로부터 독립해 가게를 열 예정입니다.
3 오늘은 아무도 없기 때문에 집에서 집 보기를 한다.
4 대·소 2개의 크기를 비교해 보자.
5 남동생은 어머니로부터 생일 선물을 받아 대단히 기뻐했다.
6 올해부터 새로운 학급을 담임하게 되었습니다.
7 우리들 시민은 국가에 세금을 내지 않으면 안 된다.
8 저 드라마의 장면은 대단히 인상에 남았다.
9 회의에서는 자신의 의견을 주장한다.
10 빈곤 문제가 있는 도시에서는 범죄가 증가하고 있다.

한자표기

정답 1 ④ 2 ② 3 ② 4 ① 5 ③ 6 ③ 7 ③ 8 ② 9 ② 10 ①

해석
1 그녀는 환경을 지키는 활동을 하고 있습니다.
2 식품을 냉장고에 보존해 둔다.
3 그는 학급의 리더에 적절한 사람이다.
4 지금 그는 정신도 몸도 대단히 좋은 상태다.
5 내일의 소풍의 준비를 합니다.
6 그녀에게는 빨간 치마가 잘 어울린다.
7 저 두 사람은 사이가 좋은 부부다.
8 지갑을 잃어버린 친구에게 돈을 빌려주었습니다.
9 잊어버리고 있던 과거가 생각나서 뜻하지 않게 울어 버렸다.
10 작년 여기에서 사건이 일어났다고 합니다.

일본 문부과학성이 지정한 상용한자

6학년 초등학교 한자

Unit 22　40자
Unit 23　40자
Unit 24　40자
Unit 25　40자
Unit 26　31자

Unit 22 초등학교 6학년 40자

刻	새길 각
閣	집 각
簡	간략할 간
干	방패 간, 마를 건
看	볼 간
鋼	강철 강
降	내릴 강
激	격할 격
絹	비단 견
警	경계할 경
敬	공경 경
系	맬 계
屆	이를 계
穀	곡식 곡
困	곤할 곤
骨	뼈 골
供	이바지할 공
券	문서 권
權	권세 권
卷	책 권, 말 권
机	책상 궤
貴	귀할 귀
劇	심할 극
勤	부지런할 근
筋	힘줄 근
己	몸 기
暖	따뜻할 난
難	어려울 난
納	들일 납
腦	골 뇌
段	층계 단
擔	멜 담
黨	무리 당
糖	엿 당
宅	댁 댁
卵	알 란(난)
亂	어지러울 란(난)
覽	볼 람(남)
朗	밝을 랑(낭)
論	논할 론(논)

* 는 JLPT N4-N5 기출 단어입니다.

0836

刻 | 총 8획 | N3

새길 **각**

- 음 こく
  - 時刻 시각　*遅刻 지각　彫刻 조각
  - 一刻 일각, 짧은 시간　深刻 심각
- 훈 きざ(む)
  - 刻む 잘게 썰다, 조각하다, 새기다

バスの**時刻**表を調べたら次のバスは10分後に来るらしいです。
버스의 시간표를 찾아봤더니 다음 버스는 10분 후에 온다고 합니다.

キャベツときゅうりを細かく**刻**んで下さい。　양배추와 오이를 잘게 썰어 주세요.

0837

閣 | 총 14획 | N1

집 **각**

- 음 かく
  - 内閣 내각　閣僚 각료, 장관　閣議 각의
  - 金閣寺 킨카쿠지(일본 관광 명소)

内閣総理大臣は国会議員の中から国会で指名される。
내각총리대신은 국회의원 중에서 국회에서 지명된다.

日本の**金閣寺**は世界遺産に登録されています。
일본의 킨카쿠지는 세계유산에 등록되어 있습니다.

0838

簡 | 총 18획 | N2

간략할 **간**

- 음 かん
  - 簡単だ 간단하다　簡潔だ 간결하다　簡略 간략
  - 簡易 간이

このプラモデルは初心者でも**簡単**に作れるようになっている。
이 프라모델은 초보자라도 간단하게 만들 수 있도록 되어 있다.

意見はなるべく**簡潔**にまとめて話してください。
의견은 되도록 간결하게 정리해서 얘기해 주세요.

0839

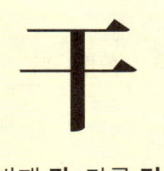

干 | 총 3획 | N2

방패 **간**, 마를 **건**

- 음 かん
  - 干渉 간섭　若干 약간　干ばつ 가뭄　干拓 간척
- 훈 ほ(す)/ひ(る)
  - 干す 말리다　干し柿 곶감　干物 건어물

私は自分のプライベートに**干渉**する人が苦手です。
저는 자신의 사생활에 간섭하는 사람은 질색입니다.

洗濯物を**干**したら掃除機をかけるように娘に言いました。
세탁물을 말리면 청소기를 돌리도록 딸에게 말했습니다.

0840

볼 간

- 음 かん
  - 看板 간판
  - 看護師 간호사
  - 看病 간병
  - 看破 간파
  - 看過 간과

총 9획 | N1

大きな看板があるところを右に曲がったら直進してください。
큰 간판이 있는 곳을 오른쪽으로 돌면 직진해 주세요.

私の妹は海外で看護師として働いている。
내 여동생은 해외에서 간호사로서 일하고 있다.

0841

강철 강

총 16획 | N1

- 음 こう
  - 鋼鉄 강철
  - 鉄鋼 철강
  - 製鋼 제강
- 훈 はがね
  - 鋼 강철

鉄鋼は、車や鉄道など色んなところに使われている。
철광은 자동차나 철도 등 여러 가지 곳에 사용됩니다.

刀には鋼が使用されている。 칼에는 강철이 사용되고 있다.

0842

내릴 강

총 10획 | N3

- 음 こう
  - 以降 이후
  - 降水量 강수량
  - 下降 하강
  - 降参 항복
  - 降臨 강림
- 훈 ふ(る)/お(りる)/お(ろす)
  - *降る (비, 눈이) 내리다
  - 土砂降り 억수같이 쏟아짐
  - 降りる (탈것에서) 내리다, 포기하다
  - 降ろす 내려놓다

仕事が5時に終わるので5時以降会いましょう。
일이 5시에 끝나기 때문에 5시 이후에 만납시다.

雨が降ってきたので傘を差します。 비가 내리기 시작했기 때문에 우산을 씁니다.

0843

激

격할 격

총 16획 | N2

- 음 げき
  - 過激だ 과격하다
  - 感激 감격
  - 急激 급격
  - 激増 격증
  - 刺激 자극
  - 激励 격려
- 훈 はげ(しい)
  - 激しい 격하다

過激なダイエットをすると体を壊す可能性があります。
과격한 다이어트를 하면 몸을 망가뜨릴 가능성이 있습니다.

午後には激しい雨が降るので早めに帰宅しましょう。
오후에는 격한 비가 내리기 때문에 일찍 귀가합시다.

*는 JLPT N4-N5 기출 단어입니다.

0844

비단 견

絹絹絹絹絹絹絹絹絹絹絹絹絹 | 총 13획 | N1

음	けん	絹糸 견사, 명주실
훈	きぬ	絹 명주, 비단　絹ごし豆腐 연두부　絹織物 견직물, 비단

このタオルは**絹糸**でできているのでとても柔らかいです。
이 타월은 명주실로 만들어졌기 때문에 매우 부드럽습니다.

木綿豆腐よりも**絹ごし豆腐**のほうが柔らかい食感です。
목면두부보다도 연두부가 부드러운 식감입니다.

0845

경계할 경

警警警警警警警警警警警警警警警警警警警 | 총 19획 | N3

음	けい	警察 경찰　警告 경고　警報 경보　警戒 경계
		警官 경관, 경찰관　警備 경비

ストーカーの被害にあっていることを**警察**に相談した。
스토커 피해를 당하고 있는 것을 경찰에게 상담했다.

車を道に停めたら違法駐車の**警告**を受けた。
자동차를 길에 세웠더니 주차위반의 경고를 받았다.

0846

공경 경

敬敬敬敬敬敬敬敬敬敬敬敬 | 총 12획 | N2

음	けい	尊敬 존경　敬語 경어, 높임말　敬意 경의
		失敬 버릇없음, 실례　敬礼 경례
훈	うやま(う)	敬う 존경하다, 숭상하다

私が**尊敬**している人は高校の時の先生です。
제가 존경하는 사람은 고등학교 때의 선생님입니다.

私は両親に年上の人を**敬う**ように教えられました。
저는 부모님에게 연상의 사람을 존경하도록 가르침을 받았습니다.

0847

맬 계

系系系系系系系 | 총 7획 | N1

음	けい	系 ~계　系統 계통　系列 계열　体系 체계
		家系図 가계도

妹はかわいい**系**の物がすごく好きだ。 여동생은 귀여운 계통의 물건을 몹시 좋아합니다.

自分に似合う洋服の**系統**を探す。 자신에게 잘 어울리는 옷 계통을 찾는다.

0848 届 이를 계 | 총 8획 | N2

훈 とど(く)/とど(ける)

とど
届く 닿다, 골고루 미치다

とど　　　　　　　　　　　　　　　　　　とど
届ける 닿게 하다, 전달하다, 신고하다　　届け 신고서

こんいんとどけ
婚姻届 혼인 신고

かいがい　　　　とう　　　　　　　てがみ　とど
海外にいるお父さんから手紙が届いた。 해외에 있는 아버지로부터 편지가 도착했다.

むすめ　わす　もの　とど　　　　がっこう　い
娘の忘れ物を届けに学校に行きました。 딸이 깜빡 잊은 물건을 갖다주러 학교에 갔습니다.

0849 穀 곡식 곡 | 총 14획 | N1

음 こく

こくもつ　　　　　こくるい　　　　　ざっこく　　　　こくそう
穀物 곡물　穀類 곡류　雑穀 잡곡　穀倉 곡식 창고

ごこくまい
五穀米 오곡밥

くに　しゅしょく　　　　　　　こくもつ　めん　たよう
それぞれの国の主食は、パン、穀物、麺など多様である。
각각의 나라의 주식은 빵, 곡물, 면 등 다양하다.

せかい　もっと　おお　せいさん　　　　　　こくるい
世界で最も多く生産されている穀類はトウモロコシです。
세계에서 가장 많이 생산되는 곡류는 옥수수입니다.

0850 困 곤할 곤 | 총 7획 | N3

음 こん

こんなん　　　　　ひんこん　　　　　こんわく
困難 곤란　貧困 빈곤　困惑 곤혹

こんきゅう
困窮 곤궁, 처지가 딱함

훈 こま(る)

こま
困る 곤란하다, 난처하다

こんなん　の　こ　　けいけん　じぶん　　　　おお　　ちから
困難を乗り越えた経験は自分にとって大きな力になります。
곤란을 극복해낸 경험은 자신에게 있어서 큰 힘이 됩니다.

こんげつぶん　やちん　はら　かね　　　　　こま
今月分の家賃を払うお金がなくて困っている。
이번 달 분의 집세를 낼 돈이 없어서 곤란해 하고 있다.

0851 骨 뼈 골 | 총 10획 | N2

음 こつ

こっせつ　　　　　がいこつ　　　　　なんこつ　　　　　　　　こっかく
骨折 골절　骸骨 해골　軟骨 연골, 물렁뼈　骨格 골격

ろっこつ　　　　いこつ
露骨 노골　遺骨 유골

훈 ほね

ほね
骨 뼈

こっかく　　　　　に あ　ようふく　ちが
骨格によって似合う洋服が違う。 골격에 따라서 잘 어울리는 옷이 다르다.

あし　ほね　いた　　びょういん　い　　　　　こっせつ
足の骨が痛くて病院に行ったら骨折していた。
다리뼈가 아파서 병원에 갔더니 골절되어 있었다.

* 는 JLPT N4-N5 기출 단어입니다.

0852 供 | 총 8획 | N3

이바지할 공

- 음: きょう/く
  - 提供 (ていきょう) 제공
  - 供給 (きょうきゅう) 공급
  - 供述 (きょうじゅつ) 진술
  - 自供 (じきょう) 자백
  - 供養 (くよう) 공양
- 훈: そな(える)/とも
  - 供える (そなえる) 바치다, 올리다
  - お供え物 (おそなえもの) 제물, 공물
  - お供 (おとも) 모시고 따라감
  - *子供 (こども) 아이, 자식

このホテルは無料(むりょう)で朝食(ちょうしょく)を提供(ていきょう)しています。
이 호텔은 무료로 조식을 제공하고 있습니다.

お墓(はか)に供(そな)える花(はな)は何(なに)がいいですか。 무덤에 올릴 꽃은 무엇이 좋습니까?

0853 券 | 총 8획 | N2

문서 권

- 음: けん
  - 食券 (しょっけん) 식권
  - 入場券 (にゅうじょうけん) 입장권
  - 乗車券 (じょうしゃけん) 승차권
  - 定期券 (ていきけん) 정기권
  - 回数券 (かいすうけん) 회수권
  - 証券 (しょうけん) 증권

ラーメン屋(や)の入口(いりぐち)にある券売機(けんばいき)で食券(しょっけん)を買(か)う。
라멘집 입구에 있는 매표기에서 식권을 사다.

高校生(こうこうせい)からは電車通学(でんしゃつうがく)なので定期券(ていきけん)を買(か)った。
고등학생 때부터는 전철로 통학했기 때문에 정기권을 샀다.

0854 権 | 총 15획 | N3

권세 권

- 음: けん/ごん
  - 権利 (けんり) 권리
  - 権限 (けんげん) 권한
  - 選挙権 (せんきょけん) 선거권
  - 棄権 (きけん) 기권
  - 人権 (じんけん) 인권
  - 権力 (けんりょく) 권력

私(わたし)の邪魔(じゃま)をする権利(けんり)は誰(だれ)にもない。 내 방해를 할 권리는 누구에게도 없다.

選挙権年齢(せんきょけんねんれい)を20歳(はたち)以上(いじょう)から18歳以上(さいいじょう)に引(ひ)き下(さ)げた。
선거권 연령을 20세 이상에서 18세 이상으로 낮췄다.

0855 巻 | 총 9획 | N2

책 권, 말 권

- 음: かん
  - 巻 (かん) ~권(만화책 세는 단위)
  - 全巻 (ぜんかん) 전권
  - 圧巻 (あっかん) 압권
  - 別巻 (べっかん) 별권
- 훈: ま(く)/まき
  - 巻く (まく) 감다, 말다
  - のり巻き (のりまき) 김초밥
  - 巻物 (まきもの) 두루마리

今(いま)、話題(わだい)のアニメの原作漫画(げんさくまんが)を全巻(ぜんかん)持(も)っている。
지금 화제의 애니메이션의 원작 만화를 전권 가지고 있다.

寒(さむ)くなってきたので手袋(てぶくろ)をしてマフラーを巻(ま)く。
추워졌기 때문에 장갑을 하고 목도리를 감는다.

0856 机 책상 궤

机机机机机机 | 총 6획 | N2

- **음** き
  - きじょう
  - 机上 궤상, 탁상
- **훈** つくえ
  - つくえ
  - *机 책상
  - べんきょうづくえ
  - 勉強机 공부용 책상

つくえ うえ ち
机の上が散らかっていたので整理した。 책상 위가 어질러져 있었기 때문에 정리했다.

しょうがくせい いわ べんきょうづくえ
小学生になったお祝いで勉強机をプレゼントした。
초등학생이 된 축하 선물로 공부용 책상을 선물했다.

0857 貴 귀할 귀

貴貴貴貴貴貴貴貴貴貴貴貴 | 총 12획 | N1

- **음** き
  - きちょう
  - 貴重だ 귀중하다
  - きこうし
  - 貴公子 귀공자
  - きぞく
  - 貴族 귀족
  - あにき
  - 兄貴 형님
  - あねき
  - 姉貴 누님
  - きひん
  - 貴賓 귀빈
  - (예외) あなた
  - 貴方 당신
- **훈** とうと(い)/とうと(ぶ)/たっと(い)/たっと(ぶ)
  - とうと
  - 貴い 귀중하다, 고귀하다
  - とうと
  - 貴ぶ 공경하다, 존경하다
  - たっと
  - 貴い 귀중하다, 고귀하다
  - たっと
  - 貴ぶ 공경하다, 존경하다

きちょう じかん
貴重なお時間をいただきありがとうございました。
귀중한 시간을 내주셔서 감사합니다.

わたし す ひと とうと みぶん かた
私が好きになった人は貴い身分の方なの。
내가 좋아하게 된 사람은 고귀한 신분의 분이셔.

0858 劇 심할 극

劇劇劇劇劇劇劇劇劇劇劇劇劇劇劇 | 총 15획 | N2

- **음** げき
  - げき
  - 劇 극, 연극
  - えんげき
  - 演劇 연극
  - げきだん
  - 劇団 극단
  - げきじょう
  - 劇場 극장
  - ひげき
  - 悲劇 비극
  - きげき
  - 喜劇 희극

かれ えんげき えんしゅつ たんとう
彼はこの演劇で演出を担当している。 그는 이 연극에서 연출을 담당하고 있다.

かあ いっしょ ゆうめい げきだん げき み い
お母さんと一緒に有名な劇団の劇を見に行った。
어머니와 함께 유명한 극단의 연극을 보러 갔다.

0859 勤 부지런할 근

勤勤勤勤勤勤勤勤勤勤勤勤 | 총 12획 | N3

- **음** きん/ごん
  - きんむ
  - 勤務 근무
  - つうきん
  - 通勤 통근
  - たいきん
  - 退勤 퇴근
  - しゅっきん
  - 出勤 출근
  - てんきん
  - 転勤 전근
  - かいきん
  - 皆勤 개근
- **훈** つと(める)/つと(まる)
  - つと
  - 勤める 종사하다, 근무하다
  - つと さき
  - 勤め先 근무처, 직장
  - つと
  - 勤まる 잘 수행하다, 감당하다

つうきん じかん でんしゃ こ すわ
通勤時間の電車はとても混むので座れません。
통근시간의 전철은 몹시 붐비기 때문에 앉을 수 없습니다.

わたし ぎんこう つと
私は銀行に勤めています。 저는 은행에 근무하고 있습니다.

* 는 JLPT N4-N5 기출 단어입니다.

0860

筋 | 총 12획 | N1

힘줄 근

- 음 きん
  - きんにく 筋肉 근육   きんりょく 筋力 근력   きん 筋トレ 근력 트레이닝
  - ふっきん 腹筋 복근   はいきん 背筋 등 근육
- 훈 すじ
  - すじ 筋 힘줄, 줄거리   あらすじ 粗筋 개요, 대충의 줄거리
  - う すじ 売れ筋 잘 팔리는 상품

きんにく
筋肉をつけるためにジムへ通い始めた。
근육을 붙이기 위해 체육관에 다니기 시작했다.

くび すじ いた   よこ む
首の筋を痛めてしまい、横を向くことができない。
목 힘줄을 다쳐버려서 옆을 보는 것이 불가능하다.

0861

己 己 己 | 총 3획 | N2

몸 기

- 음 こ/き
  - じこ 自己 자기   りこてき 利己的だ 이기적이다   こっき 克己 극기, 자제
- 훈 おのれ
  - おのれ 己 자기 자신

えいご じこしょうかい れんしゅう
英語で自己紹介の練習をする。 영어로 자기소개 연습을 한다.

おのれ ちから しん   まえ すす
己の力を信じて前に進め！ 자기 자신의 힘을 믿고 앞으로 나아가라!

0862

暖 暖 暖 暖 暖 暖 暖 暖 暖 暖 暖 暖 暖 | 총 13획 | N2

따뜻할 난

- 음 だん
  - だんぼう *暖房 난방   おんだんか 温暖化 온난화   だんろ 暖炉 난로
- 훈 あたた(かい)
  /あたた(まる)
  /あたた(める)/あたた(か)
  - あたた 暖かい 따뜻하다   あたた 暖まる 따뜻해지다
  - あたた 暖める 따뜻하게 하다   あたた 暖かだ 따스하다

でんきだい たか   だんぼう   つ   せいかつ
電気代が高くなったため、暖房をなるべく付けないで生活をする。
전기 요금이 비싸졌기 때문에 난방을 되도록 켜지 않고 생활을 한다。

あたた へや   た   す
暖かい部屋でアイスクリームを食べるのが好きです。
따뜻한 방에서 아이스크림을 먹는 것을 좋아합니다。

0863 難 어려울 난

총 18획 | N3

- 음 なん
  - なんいど 難易度 난이도
  - ひなん 非難 비난
  - なんびょう 難病 난치병
  - なんみん 難民 난민
  - なんかん 難関 난관
  - ひなん 避難 피난
- 훈 むずか(しい)/かた(い)
  - むずかしい 難しい 어렵다
  - ゆるしがたい 許し難い 용서할 수 없다
  - ありがたい 有り難い 감사하다

誤った情報を流したテレビ局に非難が殺到した。
잘못된 정보를 낸 방송국에 비난이 쇄도했다.

この振り付けはとても難しくて真似できない。
이 안무는 매우 어려워서 따라 할 수 없다.

0864 納 들일 납

총 10획 | N2

- 음 のう/なっ/な/なん/とう
  - のうふ 納付 납부
  - しゅうのう 収納 수납
  - のうひん 納品 납품
  - なっとう 納豆 낫토(일본의 콩 발효식품)
  - なっとく 納得 납득
- 훈 おさ(める)/おさ(まる)
  - おさめる 納める 납입하다
  - おさまる 納まる 납입되다

部屋に収納できるスペースがないので部屋が荷物でいっぱいです。
방에 수납 가능한 공간이 없기 때문에 방이 짐으로 가득입니다.

税金を納めるのは国民の義務です。 세금을 납부하는 것은 국민의 의무입니다.

0865 脳 골 뇌

총 11획 | N2

- 음 のう
  - のう 脳 뇌
  - ずのう 頭脳 두뇌
  - のうし 脳死 뇌사
  - のうり 脳裏 뇌리, 머릿속

バランスのいい朝ご飯を食べると、脳が活性化するらしい。
균형 잡힌 아침밥을 먹으면 뇌가 활성화된다고 한다.

悪い想像が脳裏をよぎって不安になった。 나쁜 상상이 뇌리를 스쳐서 불안해졌다.

0866 段 층계 단

총 9획 | N3

- 음 だん
  - *ねだん 値段 값, 가격
  - かいだん 階段 계단
  - だんかい 段階 단계
  - だんさ 段差 단차
  - だんらく 段落 단락
  - だんボール 段ボール 종이 박스

このビルの階段は、段差が高くて降りるとき怖かった。
이 빌딩의 계단은 단차가 높아서 내려올 때 무서웠다.

荷物を送るために郵便局で段ボールを買った。
짐을 보내기 위해서 우체국에서 골판지 상자를 샀다.

※는 JLPT N4-N5 기출 단어입니다.

0867 担 | 担担担担担担担担 | 총 8획 | N2

担 멜 담

- 음: たん
  - たんとう 担当 담당
  - たんにん 担任 담임
  - ふたん 負担 부담
  - たんぽ 担保 담보
  - ぶんたん 分担 분담
- 훈: にな(う)/かつ(ぐ)
  - にな 担う 짊어지다, 떠맡다
  - かつ 担ぐ 메다, 떠받들다

今回のプロジェクトは私が**担当**することになりました。
이번 프로젝트는 제가 담당하게 되었습니다.

次世代を**担う**子供たちが安心して生活できる世界を作りたい。
차세대를 짊어질 아이들이 안심하고 생활할 수 있는 세계를 만들고 싶다.

0868 党 | 党党党党党党党党党党 | 총 10획 | N2

党 무리 당

- 음: とう
  - せいとう 政党 정당
  - いっとう 一党 일당, 한 패
  - あくとう 悪党 악당
  - あまとう 甘党 단것을 좋아하는 사람

共通の政治的目的を持つ者同士で**政党**を作る。
공통의 정치적 목적을 가지는 사람끼리 정당을 만든다.

その**悪党**は彼を脅してお金を奪った。 그 악당은 그를 협박해서 돈을 뺏었다.

0869 糖 | 糖糖糖糖糖糖糖糖糖糖糖糖糖 | 총 16획 | N1

糖 엿 당

- 음: とう
  - さとう 砂糖 설탕
  - とうぶん 糖分 당분
  - けっとう 血糖 혈당
  - とうしつ 糖質 당질
  - とうにょうびょう 糖尿病 당뇨병
  - こくとう 黒糖 흑당, 흑설탕

紅茶に**砂糖**とミルクを入れて飲む。 홍차에 설탕과 우유를 넣어서 마신다.

疲れたときはチョコレートを食べて**糖分**を補給すると良いです。
지쳤을 때는 초콜릿을 먹어서 당분을 보급하면 좋습니다.

0870 宅 | 宅宅宅宅宅宅 | 총 6획 | N3

宅 댁 댁

- 음: たく
  - たく お宅 댁
  - たくはい 宅配 택배
  - じたく 自宅 자택
  - きたく 帰宅 귀가

デリバリーアプリで注文したチキンの**宅配**が来ました。
배달 앱으로 주문한 치킨의 배달이 왔습니다.

タクシーに乗って午後9時に**自宅**に着きました。
택시를 타고 오후 9시에 자택에 도착했습니다.

0871

卵 알 란(난) | 총 7획 | N2

- 음 らん
  - 卵黄(らんおう) 난황, 노른자
  - 卵白(らんぱく) 난백, 흰자
  - 鶏卵(けいらん) 계란, 달걀
  - 卵巣(らんそう) 난소
- 훈 たまご
  - 卵(たまご) 알, 계란
  - ゆで卵(たまご) 삶은 달걀
  - 生卵(なまたまご) 날달걀
  - 卵焼(たまごや)き 계란말이

卵白を使ってメレンゲをつくる。 흰자를 사용해서 머랭을 만든다.
息子のお弁当に卵料理を入れる。 아들 도시락에 달걀 요리를 넣는다.

0872

乱 어지러울 란(난) | 총 7획 | N2

- 음 らん
  - 乱暴(らんぼう) 난폭
  - 混乱(こんらん) 혼란
  - 反乱(はんらん) 반란
  - 乱雑(らんざつ) 난잡
- 훈 みだ(れる)/みだ(す)
  - 乱(みだ)れる 흐트러지다, 혼란해지다
  - 乱(みだ)す 어지럽히다, 흩뜨리다

物を乱暴に扱ってはいけません。 물건을 난폭하게 다뤄서는 안 됩니다.
風のせいで髪の毛が乱れた。 바람 때문에 머리카락이 흩뜨려졌다.

0873

覧 볼 람(남) | 총 17획 | N1

- 음 らん
  - 展覧会(てんらんかい) 전람회
  - 閲覧(えつらん) 열람
  - 観覧(かんらん) 관람
  - 観覧車(かんらんしゃ) 관람차
  - ご覧(らん)になる 보시다(존경어)

この資料は貸し出し不可で、館内閲覧のみとなります。
이 자료는 대출 불가로 관내 열람만 가능합니다.
先日、お送りした提案書はご覧になりましたか。
지난번에 보내드린 제안서는 보셨습니까?

0874

朗 밝을 랑(낭) | 총 10획 | N1

- 음 ろう
  - 朗報(ろうほう) 낭보, 기쁜 소식
  - 明朗(めいろう)だ 명랑하다
- 훈 ほが(らか)
  - 朗(ほが)らかだ 쾌활하다, 명랑하다

試験に合格したという朗報が届いた。 시험에 합격했다는 기쁜 소식이 도착했다.
彼女は朗らかな笑顔で元気にあいさつしてくれた。
그녀는 명랑한 웃는 얼굴로 활기차게 인사해 주었다.

0875

논할 **론(논)**

🔊 ろん

| りろん 理論 이론 | ろんぶん 論文 논문 | ぎろん 議論 의논 | とうろん 討論 토론 |
| もちろん 勿論 물론 | ろんそう 論争 논쟁 | | |

だいがく そつぎょうろんぶん　　　　　　　　　　　き
大学の卒業論文のテーマがまだ決まらない。
대학교 졸업 논문의 테마가 아직 정해지지 않는다.

じゅぎょう　がっこうせいふく　はいし　　　　　　とうろん
授業で「学校制服の廃止」について討論した。
수업에서 '학교 교복 폐지'에 대해서 토론했다.

체크포인트 22

1 다음 단어의 발음을 히라가나로 적어 보세요.

| 예시 | 花 꽃 | → | (はな) |

1) 難しい 어렵다 → ( )
2) 納得 납득 → ( )
3) 激しい 격하다 → ( )
4) 暖かい 따뜻하다 → ( )
5) 看板 간판 → ( )
6) 骨 뼈 → ( )
7) 貴重だ 귀중하다 → ( )

2 다음 단어의 한자를 적어 보세요.

| 예시 | 별 ほし | → | (星) |

1) 말리다 ほす → ( )
2) 담당 たんとう → ( )
3) 책상 つくえ → ( )
4) 택배 たくはい → ( )
5) (비, 눈 등이) 내리다 ふる → ( )
6) 근무 きんむ → ( )
7) 정기권 ていきけん → ( )

3 아래의 단어와 뜻이 올바르게 연결되도록 선을 그어 보세요.

1)　階段(かいだん)・　　　　　　・제공
2)　論文(ろんぶん)・　　　　　　・연극
3)　演劇(えんげき)・　　　　　　・지각
4)　権利(けんり)・　　　　　　・권리
5)　遅刻(ちこく)・　　　　　　・경어
6)　敬語(けいご)・　　　　　　・논문
7)　提供(ていきょう)・　　　　　　・계단

정답

1　1) むずかしい　2) なっとく　3) はげしい　4) あたたかい　5) かんばん　6) ほね　7) きちょうだ

2　1) 干す　2) 担当　3) 机　4) 宅配　5) 降る　6) 勤務　7) 定期券

3　1) 階段-계단　2) 論文-논문　3) 演劇-연극　4) 権利-권리　5) 遅刻-지각　6) 敬語-경어　7) 提供-제공

Unit 23 초등학교 6학년 40자

MP3 다운로드

律 법칙 률(율)	裏 속 리(이)	臨 임할 림(임)	幕 장막 막	晚 늦을 만
忘 잊을 망	亡 망할 망	枚 낱 매	盟 맹세 맹	模 본뜰 모
暮 저물 모	密 빽빽할 밀	班 나눌 반	訪 찾을 방	背 등 배
俳 배우 배	拜 절 배	並 나란히 병	補 기울 보, 도울 보	宝 보배 보
腹 배 복	棒 막대 봉	否 아닐 부	奮 떨칠 분	批 비평할 비
秘 숨길 비	詞 글 사	砂 모래 사	捨 버릴 사	私 사사 사
射 쏠 사	傷 다칠 상	署 마을 서	宣 베풀 선	善 착할 선
舌 혀 설	聖 성인 성	盛 성할 성	誠 정성 성	洗 씻을 세

0876

법칙 률(율)

律律律律律律律律律 | 총 9획 | N2

음	りつ/りち
	ほうりつ 法律 법률　いちりつ 一律 일률　きりつ 規律 규율　じりつ 自律 자율
	ちょうりつ 調律 조율　りちぎ 律義 의리가 두터움

ほうりつ いはん たいほ
法律に違反したら逮捕されます。 법률에 위반하면 체포됩니다.

かれ げんじゅう きりつ しはい
彼らは厳重な**規律**に支配されている。 그들은 엄중한 규율에 지배되고 있다.

0877

속 리(이)

裏裏裏裏裏裏裏裏裏裏裏裏裏 | 총 13획 | N2

음	り
	ひょうり 表裏 겉과 속, 안팎　りめん 裏面 이면, 뒷면　のうり 脳裏 뇌리, 머릿속
훈	うら
	うら 裏 뒤, 뒤쪽, 본심　うらぐち 裏口 뒷문, 부정한 수단
	うらわざ 裏技 숨겨진 기술　うらぎる 裏切る 배신하다

しりょう りめん らん
資料の**裏面**をご覧ください。 자료의 뒷면을 봐 주세요.

かぎ わす うらぐち いえ はい
鍵を忘れたので**裏口**から家に入る。 열쇠를 잊고 왔기 때문에 뒷문으로 집에 들어간다.

0878

임할 림(임)

臨臨臨臨臨臨臨臨臨臨臨臨臨臨臨臨臨臨 | 총 18획 | N1

음	りん
	りんじ 臨時 임시　こうりん 降臨 강림　くんりん 君臨 군림　りんきおうへん 臨機応変 임기응변
훈	のぞ(む)
	のぞむ 臨む 임하다

りんじきゅうぎょう し けいさい
臨時休業のお知らせをホームページに掲載する。
임시 휴업 안내를 홈페이지에 게재한다.

さいご しあい おも のぞ
これが最後の試合だと思って**臨む**。 이것이 마지막 시합이라고 생각하고 임한다.

0879

장막 막

幕幕幕幕幕幕幕幕幕幕幕幕幕 | 총 13획 | N1

음	まく/ばく
	まく 幕 막　あんまく 暗幕 암막　かいまく 開幕 개막　えんまく 煙幕 연막
	ばくまつ 幕末 막부 말기(옛날 일본을 통치한 정부의 말기)

ぶたいやくしゃたち げき お まく さ あたま さ
舞台役者達は劇が終わり、**幕**が下がるまで頭を下げていた。
무대의 연기자들은 연극이 끝나고 막이 내릴 때까지 머리를 숙이고 있었다.

こんしゅう きんようび やきゅう かいまく
今週の金曜日、プロ野球のレギュラーシーズンが**開幕**する。
이번 주 금요일, 프로 야구 레귤러 시즌이 개막한다.

0880

늦을 만

晩晩晩晩晩晩晩晩晩晩晩晩 | 총 12획 | N3

음	ばん	今晩 오늘 밤	晩御飯 저녁 식사	毎晩 매일 밤
		昨晩 어젯밤	朝晩 아침저녁, 자나 깨나	

今晩は彼の家に泊まります。 오늘 밤은 그의 집에서 묵습니다.

今日の晩御飯は一緒に寿司を食べませんか。
오늘의 저녁밥은 함께 스시를 먹지 않을래요?

0881

잊을 망

忘忘忘忘忘忘忘 | 총 7획 | N3

음	ぼう	忘年会 망년회	忘却 망각
훈	わす(れる)	忘れる 잊다	忘れ物 잊은 물건

12月は忘年会シーズンなので、どこのお店も混んでいる。
12월은 망년회 시즌이기 때문에 어느 가게도 붐빈다.

友達に借りた本を持ってくるのを忘れた。
친구에게 빌린 책을 가지고 오는 것을 잊어버렸다.

0882

망할 망

亡亡亡 | 총 3획 | N3

음	ぼう/もう	死亡 사망	逃亡 도망	滅亡 멸망	亡霊 망령
		亡者 망자			
훈	な(い)	亡くなる 죽다, 돌아가다			

年々、死亡事故が増えている。 해마다 사망 사고가 늘고 있다.

昨晩、入院していたおじいちゃんが亡くなりました。
어젯밤 입원하고 계시던 할아버지가 돌아가셨습니다.

0883

낱 매

枚枚枚枚枚枚枚枚 | 총 8획 | N2

음	まい	*枚 ~매, ~장	枚数 매수, 장수	数枚 여러 장
		二枚目 미남		

コピーした5枚の紙をクリップで留める。 복사한 5장의 종이를 클립으로 고정시키다.

必要な枚数だけ持って行ってください。 필요한 매수만큼 가지고 가 주세요.

0884

盟 맹세 맹

| 총 13획 | N1

- 음 めい
  - 同盟 동맹
  - 連盟 연맹
  - 加盟 가맹

両国間の堅固な**同盟**関係を再確認する。 양국 간의 견고한 동맹관계를 재확인한다.

高校野球**連盟**が運営する練習場で合宿をする。
고등학교 야구연맹이 운영하는 연습장에서 합숙을 한다.

0885

模 본뜰 모

| 총 14획 | N1

- 음 ぼ/も
  - 規模 규모
  - 模擬試験 모의시험
  - 模様 모양
  - 模型 모형
  - 模索 모색
  - 模範 모범
  - 模倣 모방

来月から駅の**大規模**な工事がはじまる。 다음 달부터 역의 대규모 공사가 시작된다.

本試験の前に、**模擬試験**で現在の自分のレベルを把握する。
본 시험 전에 모의시험으로 현재 자신의 레벨을 파악한다.

0886

暮 저물 모

| 총 14획 | N3

- 음 ぼ
  - お歳暮 오세이보(신세진 사람에게 연말 선물을 보냄)
- 훈 く(らす)/く(れる)
  - 暮らす 살다, 생활하다
  - 暮れる 저물다, 해가 지다

取引先に**お歳暮**を贈るために、帰りにデパートへ寄った。
거래처에게 연말 선물을 보내기 위해서 돌아가는 길에 백화점에 들렀다.

将来、海外で**暮らす**のが私の憧れです。 장래에 해외에서 사는 것이 저의 동경입니다.

0887

密 빽빽할 밀

| 총 11획 | N1

- 음 みつ
  - 秘密 비밀
  - 密度 밀도
  - 密接 밀접
  - 密会 밀회
  - 密着 밀착
  - 親密 친밀
  - 密集 밀집

この話は**秘密**だから絶対に誰にも言ってはいけない。
이 이야기는 비밀이니까 절대 아무에게도 말하면 안 된다.

今話題の人物を**密着**取材する。 지금 화제인 인물을 밀착 취재한다.

0888 班 — 나눌 반

음	はん
	班 반, 조　班長 반장

二つの**班**に分かれて行動する。 두 개의 반으로 나눠서 행동한다.
班長に一度は選ばれてみたい。 반장에 한 번은 뽑혀보고 싶다.

0889 訪 — 찾을 방

음	ほう
	訪問 방문　訪問客 방문객　来訪 내방
훈	たず(ねる) /おとず(れる)
	訪ねる 찾다, 방문하다　訪れる 방문하다, 찾아오다

月曜日に先生が家庭**訪問**に来る。 월요일에 선생님이 가정방문을 온다.
彼女は私の家を**訪**ねた。 그녀는 우리 집을 방문했다.

0890 背 — 등 배

음	はい
	背後 배후　背景 배경　背筋 등에 있는 근육
훈	せ/せい/そむ(く)/そむ(ける)
	背 등, 키　背中 등　背負う 지다, (일, 책임을) 떠맡다
	背 키　背く 등지다　背ける 등을 돌리다, 외면하다

背後に誰かいるような気がして怖かった。
배후에 누군가 있는 것 같은 느낌이 들어서 무서웠다.
山田さんは**背**が高くてかっこいい。 야마다 씨는 키가 크고 멋있다.

0891 俳 — 배우 배

음	はい
	俳優 배우　俳句 하이쿠(17자로 된 일본 전통시)

私の好きな**俳優**が新しいドラマの主演になった。
내가 좋아하는 배우가 새로운 드라마의 주연이 되었다.
学校の授業で**俳句**を読んだが、思ったより難しかった。
학교 수업에서 하이쿠를 읽었지만 생각했던 것보다 어려웠다.

0892

절 **拝**

| 총 8획 | N2 |

- 음 はい — 礼拝 예배, 参拝 참배, 拝見 삼가 봄(겸양어)
- 훈 おが(む) — 拝む 절하다, 빌다

先日頂いた企画書を**拝見**いたしました。 일전에 받은 기획서를 삼가 보았습니다.

元旦に海へ行き、初日の出を**拝む**。 설날에 바다에 가서 첫 해돋이를 향하여 빌다.

0893

나란히 **並**

| 총 8획 | N2 |

- 음 へい — 並行 병행, 並立 병립, 並列 병렬
- 훈 なら(ぶ)/なら(べる)/なみ/なら(びに) — 並ぶ 한 줄로 서다, 늘어서다 / 並べる 늘어놓다, 열거하다 / 並木 가로수 / 足並 발걸음, 보조 / 並びに 및, 또

本業と副業を**並行**してお金を稼ぐ。 본업과 부업을 병행해서 돈을 번다.

ここは人気の店なので1時間以上**並ばない**と入れない。
여기는 인기 가게이기 때문에 1시간 이상 줄 서지 않으면 들어갈 수 없다.

0894

기울 **보**, 도울 **보**

| 총 12획 | N2 |

- 음 ほ — 候補 후보, 補修 보수, 補助 보조, 補足 보족, 보충, 補給 보급, 補充 보충
- 훈 おぎな(う) — 補う 보충하다, 변상하다

先ほどの説明に**補足**させてください。 아까 전의 설명에 보충하게 해주세요.

足りない栄養を**補う**ためにサプリメントを飲む。
부족한 영양을 보충하기 위해서 영양제를 먹는다.

0895

보배 **보**

| 총 8획 | N2 |

- 음 ほう — 宝石 보석, 家宝 가보, 国宝 국보, 財宝 재보, 재산과 보물
- 훈 たから — 宝 보물, 宝物 보물

宝石にはそれぞれ違った意味が込められている。
보석에는 각각 다른 의미가 담겨 있다.

この子は私たちにとって大切な**宝物**だ。 이 아이는 우리들에게 있어서 소중한 보물이다.

0896

배 복

음 ふく	空腹 공복　腹痛 복통　満腹 만복, 배가 부름　腹筋 복근
훈 はら	腹 배, 속마음　腹黒い 속이 검다, 음험하다　예외 お腹 배

총 13획 | N3

空腹状態で有酸素運動すると脂肪が燃焼しやすい。
공복 상태에서 유산소 운동하면 지방이 연소하기 쉽다.

お腹が空いて、あれもこれも食べたい！ 배가 고파서 이것도 저것도 먹고 싶다!

0897

棒

막대 봉

음 ぼう	棒 몽둥이, 막대기　相棒 파트너　泥棒 도둑질, 도둑 綿棒 면봉　鉄棒 철봉　用心棒 경호원, 보디가드

총 12획 | N2

歩きすぎて足が棒になりそうだ。 너무 걸어서 다리가 뻣뻣해질 것 같다.

家に泥棒が入って宝石と現金が盗まれた。 집에 도둑이 들어서 보석과 현금을 도둑맞았다.

0898

아닐 부

음 ひ	否定 부정　拒否 거부　否認 부인　安否 안부
훈 いな	否む 거절하다, 부정하다　否めない 부정할 수 없다 〜や否や 〜하자마자

총 7획 | N3

事実とは違うことを言われたので否定した。
사실과는 다른 것을 들었기 때문에 부정했다.

今回の出展品はレベルが下がった感じが否めない。
이번의 출전품은 레벨이 떨어진 느낌을 부정할 수 없다.

0899

떨칠 분

음 ふん	興奮 흥분　奮発 분발　奮闘 분투
훈 ふる(う)	奮う 떨치다, 용기를 내다

총 16획 | N1

明日のコンサートが楽しみで、興奮して眠れない。
내일 콘서트가 기대돼서 흥분되어서 잠들 수 없다.

彼女に勇気を奮って告白する。 그녀에게 용기를 내서 고백한다.

*는 JLPT N4-N5 기출 단어입니다.

0900

批 | 총 7획 | N1

批 비평할 비

음 ひ　　批判 비판　批評 비평

ここのお店は店員の態度が悪いと**批判**を浴びている。
이곳의 가게는 점원의 태도가 나쁘다고 비판을 받고 있다.

一つの映画に対して何人かの**批評**家が意見を言った。
하나의 영화에 대해서 몇 명의 비평가가 의견을 말했다.

0901

秘 | 총 10획 | N1

秘 숨길 비

음 ひ　　秘密 비밀　秘書 비서　極秘 극비　神秘 신비
　　　　　秘訣 비결

훈 ひ(める)　秘める 숨기다, 속에 간직하다, 내포하다

会議の内容は**極秘**なので家族にも話してはいけません。
회의 내용은 극비기 때문에 가족에게도 말해서는 안 됩니다.

この話は誰にも言わずに胸に**秘める**ことにした。
이 이야기는 누구에게도 말하지 않고 가슴속에 간직하기로 했다.

0902

詞 | 총 12획 | N2

詞 글 사

음 し　　歌詞 가사　作詞 작사　品詞 품사　動詞 동사
　　　　　形容詞 형용사　名詞 명사　예외 台詞 대사

この歌は**歌詞**がとてもいいのでいつ聞いても感動する。
이 노래는 가사가 매우 좋아서 언제 들어도 감동한다.

自分で歌を**作詞**作曲する人をシンガーソングライターと呼ぶ。
스스로 노래를 작사 작곡하는 사람을 싱어송라이터라고 부른다.

0903

砂 | 총 9획 | N2

砂 모래 사

음 さ/しゃ　砂糖 설탕　黄砂 황사　土砂 토사
　　　　　　土砂崩れ 토사 붕괴, 산사태

훈 すな　　砂 모래　砂浜 모래사장　砂時計 모래시계

クッキーを作るのに**砂糖**は絶対欠かせない。
쿠키를 만드는 데에 설탕은 절대로 빠질 수 없다.

沖縄の**砂**は白くてサラサラしている。　오키나와의 모래는 하얗고 매끄럽다.

0904

버릴 사

| 총 11획 | N2 |

- 음 しゃ
  - 取捨選択 (しゅしゃせんたく) 취사선택(놔둘 건 놔두고 버릴 건 버림)
  - 断捨離 (だんしゃり) 단샤리(불필요한 것을 끊고 버리는 정리 법), 미니멀리즘
- 훈 す(てる)
  - *捨てる (すてる) 버리다

たくさんの資料(しりょう)から必要(ひつよう)なものを取捨選択(しゅしゃせんたく)しなければならない。
많은 자료에서 필요한 것을 취사선택하지 않으면 안 된다.

洋服(ようふく)がたくさんあるので着(き)ない服(ふく)は捨(す)てました。
옷이 많이 있기 때문에 입지 않는 옷은 버렸습니다.

0905

사사 사

| 총 7획 | N4 |

- 음 し
  - 私立 (しりつ) 사립 私鉄 (してつ) 사철, 민영 철도 私物 (しぶつ) 개인 소유 물건
  - 私情 (しじょう) 개인적인 감정
- 훈 わたし/わたくし
  - 私 (わたし) 나, 저   *私 (わたくし) 저

私鉄電車(してつでんしゃ)に乗(の)って毎朝学校(まいあさがっこう)に行(い)きます。
민영 철도 열차를 타고 매일 아침 학교에 갑니다.

私(わたし)は高校生(こうこうせい)の時(とき)から、背(せ)が180㎝です。 저는 고등학생 때부터 키가 180cm입니다.

0906

쏠 사

| 총 10획 | N1 |

- 음 しゃ
  - 注射 (ちゅうしゃ) 주사 発射 (はっしゃ) 발사 反射 (はんしゃ) 반사 放射能 (ほうしゃのう) 방사능
- 훈 い(る)
  - 射る (いる) 쏘다, 맞히다 射手座 (いてざ) 사수자리

病院(びょういん)で痛(いた)み止(ど)め注射(ちゅうしゃ)を打(う)ってもらった。 병원에서 진통제 주사를 맞았다.

正(ただ)しい姿勢(しせい)で矢(や)を射(い)る練習(れんしゅう)をする。 바른 자세로 화살을 쏘는 연습을 하다.

0907

다칠 상

| 총 13획 | N1 |

- 음 しょう
  - 負傷 (ふしょう) 부상 損傷 (そんしょう) 손상 軽傷 (けいしょう) 경상 中傷 (ちゅうしょう) 중상
  - 傷害 (しょうがい) 상해
- 훈 きず/いた(む)/いた(める)
  - 傷 (きず) 상처, 흠   傷つく (きずつく) 상처 입다, 다치다
  - 傷む (いたむ) 상하다, 손상되다   傷める (いためる) 상하게 하다   예외 火傷 (やけど) 화상

彼(かれ)は全治一(ぜんちいっ)カ月(げつ)の負傷(ふしょう)を負(お)った。 그는 전치 1개월의 부상을 입었다.

携帯(けいたい)を落(お)としたら画面(がめん)に傷(きず)がついてしまった。
휴대전화를 떨어뜨렸더니 화면에 흠이 나 버렸다.

＊는 JLPT N4-N5 기출 단어입니다.

0908

署 | 총 13획 | N2

署 마을 서

- 음 しょ
  - 署名 서명
  - 警察署 경찰서
  - 消防署 소방서
  - 署長 서장
  - 税務署 세무서

メールの一番下に**署名**を入れて、誰のメールか分かりやすくしましょう。
메일의 가장 아래에 서명을 넣어서 누구의 메일인지 알기 쉽게 합시다.

春から**警察署**で勤務することになりました。
봄부터 경찰서에서 근무하게 되었습니다.

0909

宣 | 총 9획 | N1

宣 베풀 선

- 음 せん
  - 宣伝 선전
  - 宣言 선언
  - 宣告 선고
  - 宣教師 선교사
  - 宣戦布告 선전 포고

友達が作ったブランドをSNSで**宣伝**する。
친구가 만든 브랜드를 SNS에서 선전한다.

私は夏までに5キロ痩せるとみんなに**宣言**した。
나는 여름까지 5킬로 뺄 것을 모두에게 선언했다.

0910

善 | 총 12획 | N1

善 착할 선

- 음 ぜん
  - 善悪 선악
  - 最善 최선
  - 改善 개선
  - 偽善者 위선자
- 훈 よ(い)
  - 善い 바람직하다, 옳다

最善を尽くして国家試験に挑む。 최선을 다해서 국가시험에 도전한다.

彼女は日頃の行いが**善い**ので周りに友達が多い。
그녀는 평소 행실이 좋기 때문에 주변에 친구가 많다.

0911

舌 | 총 6획 | N1

舌 혀 설

- 음 ぜつ
  - 毒舌 독설
  - 滑舌 발음
  - 悪舌 악설, 비방
- 훈 した
  - 舌 혀

ニュース番組のアナウンサーはみんな**滑舌**がすごくいい。
뉴스 방송 아나운서는 모두 발음이 매우 좋다.

舌を噛んでしまって腫れてしまった。 혀를 씹어 버려서 혀가 부어 버렸다.

0912

성인 성

聖聖聖聖聖聖聖聖聖聖聖 | 총 13획 | N1

음	せい	神聖だ 신성하다	聖書 성서, 성경	聖地 성지
		聖堂 성당		

牛はヒンドゥー教では**神聖**な動物です。 소는 힌두교에서는 신성한 동물입니다.

聖堂で毎週日曜日にお祈りをする。 성당에서 매주 일요일에 기도를 한다.

0913

성할 성

盛盛盛盛盛盛盛盛盛盛盛 | 총 11획 | N1

음	せい/じょう	盛大だ 성대하다	旺盛 왕성	全盛期 전성기
		繁盛 번성, 번창		
훈	も(る)/さか(ん)/さか(る)	盛る 높이 쌓아 올리다, 많이 담다	大盛り 곱빼기	
		盛り上がる 달아오르다, 고조되다	盛んだ 번성하다, 번창하다	
		燃え盛る 활활 타다	食べ盛り 한창 먹을 나이	

今年のお姉ちゃんの誕生日は**盛大**に祝ってあげることにした。
올해 누나의 생일은 성대하게 축해해 주기로 했다.

弟は**食べ盛り**なのでご飯をたくさん**盛って**あげる。
남동생은 한창 먹을 나이기 때문에 밥을 많이 담아준다.

0914

誠
정성 성

誠誠誠誠誠誠誠誠誠誠誠誠誠 | 총 13획 | N1

음	せい	誠実だ 성실하다	誠意 성의
		誠心誠意 성심성의, 성심껏	忠誠 충성
훈	まこと	誠 진실, 진심	

彼の**誠実**な姿に惚れました。 그의 성실한 자세에 반했습니다.

商品を購入していただき、**誠**にありがとうございます。
상품을 구입해 주셔서 진심으로 감사합니다.

0915

씻을 세

洗洗洗洗洗洗洗洗洗 | 총 9획 | N3

음	せん	*洗濯 세탁	洗剤 세제	洗顔 세안	洗浄 세정, 세척
훈	あら(う)	*洗う 씻다, 빨다			

洗濯物を**洗濯**して外に干しておいた。 세탁물을 세탁해서 밖에 말려 두었다.

食事をした後は自分で食器を**洗う**。 식사를 한 후에는 스스로 식기를 씻는다.

체크포인트 23

1 다음 단어의 발음을 히라가나로 적어 보세요.

> 예시 花 꽃 → (はな)

1) 砂   모래   → (   )
2) 補う   보충하다   → (   )
3) 舌   혀   → (   )
4) お腹   배(신체)   → (   )
5) 暮らす   살다   → (   )

2 다음 단어의 한자를 적어 보세요.

> 예시 별 ほし → (星)

1) 나, 저   わたし   → (   )
2) 가사   かし   → (   )
3) 법률   ほうりつ   → (   )
4) 동맹   どうめい   → (   )
5) 오늘 밤   こんばん   → (   )

3 아래의 단어와 뜻이 올바르게 연결되도록 선을 그어 보세요.

1) 規模(きぼ) •   • 개선
2) 訪問(ほうもん) •   • 방문
3) 注射(ちゅうしゃ) •   • 주사
4) 改善(かいぜん) •   • 규모
5) 開幕(かいまく) •   • 개막

정답
1 1) すな 2) おぎなう 3) した 4) おなか 5) くらす
2 1) 私 2) 歌詞 3) 法律 4) 同盟 5) 今晩
3 1) 規模-규모 2) 訪問-방문 3) 注射-주사 4) 改善-개선 5) 開幕-개막

Unit 24 — 초등학교 6학년 (40자)

收	거둘 수
樹	나무 수
垂	드리울 수
熟	익을 숙
純	순수할 순
承	이을 승
視	볼 시
我	나 아
若	같을 약
嚴	엄할 엄
訳	번역할 역
域	지경 역
延	늘일 연
沿	물 따라갈 연
染	물들 염
映	비칠 영
預	맡길 예
誤	그르칠 오
欲	하고자 할 욕
優	뛰어날 우
郵	우편 우
宇	집 우
源	근원 원
胃	위장 위
危	위태할 위
遺	남길 유
幼	어릴 유
乳	젖 유
恩	은혜 은
疑	의심할 의
異	다를 이(리)
翌	다음날 익
仁	어질 인
賃	품삯 임
認	알 인
姿	모양 자
磁	자석 자
裝	꾸밀 장
藏	감출 장
障	막을 장

0916

거둘 **수**

음	しゅう	しゅうにゅう **収**入 수입	かいしゅう 回**収** 회수	しゅうしゅう **収**集 수집	てっしゅう 撤**収** 철수
		きゅうしゅう 吸**収** 흡수	しゅうかく **収**穫 수확		
훈	おさ(める)/おさ(まる)	おさ **収**める 거두다, 손에 넣다		おさ **収**まる 수습되다, 해결되다	

총 4획 | N3

えいが こうぎょうしゅうにゅう おくえん とっぱ
あの映画は、興行**収**入100億円を突破した。 저 영화는 흥행수입 100억 엔을 돌파했다.

せい かぜ りゅうこう おさ
ウイルス性の風邪の流行が**収**まった。 바이러스성 감기의 유행이 가라앉았다.

0917

나무 **수**

음	じゅ	じゅもく **樹**木 수목, 나무	じゅりつ **樹**立 수립	じゅりん **樹**林 수림	かじゅえん 果**樹**園 과수원

총 16획 | N1

か じゅもく き お あたら じゅもく う
枯れた**樹**木は切り落とし新しい**樹**木を植える。
마른 수목을 잘라내고 새로운 수목을 심는다.

かじゅえん くだもの しゅうかくたいけん
果**樹**園で果物の収穫体験をする。 과수원에서 과일의 수확 체험을 한다.

0918

드리울 **수**

음	すい	すいちょく **垂**直 수직	けんすい 懸**垂** 매달림, 턱걸이	いかすい 胃下**垂** 위하수, 위처짐
훈	た(れる)/た(らす)	た **垂**れる 늘어지다	た **垂**らす 늘어뜨리다	

총 8획 | N1

つくえ うえ すいちょく えんぴつ た
机の上に**垂**直に鉛筆を立てられますか。 책상 위에 수직으로 연필을 세울 수 있나요?

めぐすり め てき た
目薬を目に2、3滴**垂**らす。 안약을 두, 세 방울 떨어뜨린다.

0919

익을 **숙**

음	じゅく	じゅく **熟**す 익다, 무르익다	じゅくせい **熟**成 숙성	みじゅく 未**熟** 미숙	せいじゅく 成**熟** 성숙
		じゅくれん **熟**練 숙련	じゅくち **熟**知 숙지, 잘 앎		
훈	う(れる)	う **熟**れる 익다, 여물다			

총 15획 | N1

じゅく た お い
アボカドは**熟**されてから食べると美味しいです。
아보카도는 숙성되고 나서 먹으면 맛있습니다.

う くろ へんしょく
バナナが**熟**れてしまって黒く変色してしまった。
바나나가 익어 버려서 검게 변색해 버렸다.

0920

純 순수할 순 | 총 10획 | N2

- 음 じゅん
  - 純粋だ 순수하다
  - 単純 단순
  - 純白 순백
  - 純情 순정
  - 純潔 순결
  - 純愛 순애

子供は純粋で素直でとてもかわいい。 아이는 순수하고 솔직해서 매우 귀엽다.

純白のウェディングドレスを着るのは女性のあこがれだ。
순백의 웨딩드레스를 입는 것은 여성의 로망이다.

0921

承 이을 승 | 총 8획 | N2

- 음 しょう
  - 承認 승인
  - 承知 알아들음
  - 承諾 승낙
  - 起承転結 기승전결
  - 了承 납득, 양해
- 훈 うけたまわ(る)
  - 承る 삼가 듣다, 삼가 받다

国会で予算案が過半数の承認により可決した。
국회에서 예산안이 과반수 승인에 의해 가결되었다.

お客様から貴重なご意見を承りました。 손님으로부터 귀중한 의견을 삼가 받았습니다.

0922

視 볼 시 | 총 11획 | N2

- 음 し
  - 視野 시야
  - 視線 시선
  - 無視 무시
  - 監視 감시
  - 視力 시력
  - 重視 중요시

いろんなことに挑戦すると視野が広がります。
여러 가지 일에 도전하면 시야가 넓어집니다.

彼女に何度もあいさつしたけれど、無視された。
그녀에게 몇 번이나 인사를 했지만, 무시당했다.

0923

我 나 아 | 총 7획 | N1

- 음 が
  - 我慢 참음
  - 怪我 상처, 부상
  - 自我 자아
- 훈 われ/わ
  - 我 나, 자신
  - 我々 우리들
  - 我がまま 제멋대로
  - 我が子 내 아이
  - 我が国 우리나라
  - 我が家 우리 집

妹のために姉は我慢することが多かった。 여동생을 위해서 언니는 참는 것이 많았다.

姪っ子を我が子のように可愛がる。 조카딸을 내 자식처럼 귀여워한다.

> *는 JLPT N4-N5 기출 단어입니다.

0924 若 같을 약

| 총 8획 | N3 |

- 음 じゃく/にゃく
  - 若干 약간
  - 若年 약년, 나이가 어림, 연소
  - 老若男女 남녀노소
- 훈 わか(い)/も(しくは)
  - 若い 젊다
  - 若者 젊은이
  - 若々しい 아주 젊다, 풋풋하다
  - 若手 젊은 사람, 신인
  - 若しくは 혹은

この2つの言葉の意味は若干違う。 이 두 개 단어의 의미는 약간 다르다.

若手芸人を育てるためにいろんな現場へ連れていく。
신인 개그맨을 육성하기 위해서 다양한 현장에 데리고 간다.

0925 厳 엄할 엄

| 총 17획 | N2 |

- 음 げん/ごん
  - 厳守 엄수
  - 厳格 엄격
  - 厳重 엄중
  - 威厳 위엄
  - 厳密 엄밀
  - 厳選 엄선
  - 荘厳 장엄
- 훈 きび(しい)/おごそ(か)
  - *厳しい 엄하다
  - 厳かだ 엄숙하다

明日の集合時間は厳守してください。 내일 집합 시간은 엄수해 주세요.

私の親は厳しくて、門限があります。 제 부모님은 엄해서 통금시간이 있습니다.

0926 訳 번역할 역

| 총 11획 | N2 |

- 음 やく
  - 訳す 번역하다, 해석하다
  - 翻訳 번역
  - 通訳 통역
  - 和訳 일본어 번역
  - 意訳 의역
- 훈 わけ
  - 訳 사정, 이유, 의미
  - 言い訳 변명, 핑계
  - 内訳 내역, 명세
  - 申し訳ない 죄송하다

英語の小説を訳しながら勉強する。 영어 소설을 번역하면서 공부를 한다.

彼氏が遅刻の言い訳ばかり言って全く謝らない。
남자친구가 지각의 변명만 하고 전혀 사과하지 않는다.

0927

지경 **역**

음	いき
	ちいき　　　　おんいき　　　　かいいき　　　　くいき 地域 지역　音域 음역　海域 해역　区域 구역 りょういき 領域 영역

この**地域**はよく雨が降ります。 이 지역은 자주 비가 내립니다.

ミュージカル俳優は、声量もあり、**音域**がとても広い。
뮤지컬 배우는 성량도 있고, 음역이 매우 넓다.

0928

늘일 **연**

음	えん
	えんき　　　　えんちょう　　　えんたい　　　ちえん 延期 연기　延長 연장　延滞 연체　遅延 지연
훈	の(ばす)/の(びる)/の(べる)
	の 延ばす 연장시키다, 연기하다　延びる 길어지다, 연장되다 の 延べる 펴다, 늘이다

運動会は雨のため、来週に**延期**になった。 운동회는 비 때문에 다음 주로 연기되었다.

再来年までに地下鉄が郊外まで**延びる**予定だ。
내후년까지 지하철이 교외까지 연장될 예정이다.

0929

물 따라갈 **연**

음	えん
	えんがん　　　えんがんぶ　　　えんせん 沿岸 연안　沿岸部 연안부　沿線 연선
훈	そ(う)
	そ　　　　　　　　　かいがんぞ 沿う 따르다　海岸沿い 해안가

沿岸部にお住まいの方は津波にご注意下さい。
연안부에 살고 계시는 분은 쓰나미에 주의하세요.

海岸沿いに家を建てると開放感を味わうことができます。
해안가에 집을 지으면 개방감을 맛볼 수 있습니다.

0930

물들 **염**

음	せん
	おせん　　　　かんせん　　　でんせん　　　せんしょく 汚染 오염　感染 감염　伝染 전염　染色 염색
훈	そ(める)/そ(まる)/し(み)/し(みる)
	そ　　　　　　　　　　　　そ 染める 물들이다, 염색하다　染まる 물들다 し　　　　　　　　　し 染み 얼룩, 기미　染みる 스며들다, 번지다

海にごみを捨てることによって、海が**汚染**されていく。
바다에 쓰레기를 버리는 것에 의해 바다가 오염되어 간다.

髪の毛を**染め**に美容室に行く。 머리카락을 염색하러 미용실에 간다.

* 는 JLPT N4-N5 기출 단어입니다.

0931 映 비칠 영 | 총 9획 | N4

- 음 えい
  - *映画 영화　上映 상영　映像 영상　反映 반영
- 훈 うつ(る)/うつ(す)/は(える)
  - 映る 반영하다, 비치다　映す 비추다, 비치게 하다
  - 映える 빛을 받아 빛나다

見たかった**映画**が明日から**上映**されます。 보고 싶었던 영화가 내일부터 상영됩니다.

今テレビに**映**っている人は、私の同級生です。
지금 텔레비전에 비치고 있는 사람은 제 동창입니다.

0932 預 맡길 예 | 총 13획 | N2

- 음 よ
  - 預金 예금　預託 예탁
- 훈 あず(ける)/あず(かる)
  - 預ける 맡기다　預かる 맡다, 보관하다

毎日節約をしたおかげで**預金**額が100万円になった。
매일 절약을 한 덕분에 예금액이 100만 엔이 되었다.

ホテルに早めに着いたので、荷物だけ先に**預**けた。
호텔에 일찍 도착했기 때문에 짐만 먼저 맡겼다.

0933 誤 그르칠 오 | 총 14획 | N3

- 음 ご
  - 誤解 오해　誤差 오차　錯誤 착오　誤字 오타
  - 誤審 오심　誤診 오진
- 훈 あやま(る)
  - 誤る 실수하다, 잘못되다　誤って 실수로

うわさを聞いたあとに本人に確認をしたらそれは**誤解**だった。
소문을 들은 후에 본인에게 확인을 했더니 그것은 오해였다.

誤って削除したデータを復元する。 실수로 삭제한 데이터를 복원하다.

0934

欲 하고자 할 욕

- 음 よく
  - 欲 욕심 　欲張り 욕심꾸러기 　欲望 욕망 　意欲 의욕
  - 物欲 물욕 　食欲 식욕
- 훈 ほ(しい)/ほっ(する)
  - 欲しい 원하다, 갖고 싶다 　欲しがる 갖고 싶어 하다, 탐하다
  - 欲する 바라다, 원하다

愛犬が**欲張り**なのか、おもちゃを3つも運ぼうとしている。
애완견이 욕심꾸러기인지 장난감을 3개나 옮기려고 하고 있다.

今、**欲しい**ものがたくさんあって悩んでいる。
지금 갖고 싶은 것이 많아서 고민하고 있다.

0935

優 뛰어날 우

- 음 ゆう
  - 優秀だ 우수하다 　優勝 우승 　女優 여배우 　俳優 배우
  - 優先 우선 　優等生 우등생
- 훈 やさ(しい)/すぐ(れる)
  - 優しい 상냥하다 　優れる 뛰어나다, 훌륭하다

彼は全教科90点以上の**優秀**な生徒だ。 그는 전교과 90점 이상의 우수한 학생이다.

私の理想のタイプは**優しい**人です。 저의 이상형은 상냥한 사람입니다.

0936

郵 우편 우

- 음 ゆう
  - 郵便 우편 　郵便局 우체국 　郵便物 우편물 　郵送 우송

郵便局へ直接**郵便物**を受け取りに行く。 우체국에 우편물을 수취하러 간다.

東京までの**郵送**料は300円でございます。 도쿄까지의 우송료는 300엔입니다.

0937

宇 집 우

- 음 う
  - 宇宙 우주 　宇宙飛行士 우주비행사 　宇宙人 우주인
  - 宇宙船 우주선

宇宙は広く、まだ分からないことがたくさんある。
우주는 넓고 아직 모르는 것이 많이 있다.

将来はロケットに乗って仕事をする**宇宙飛行士**になりたい。
장래에는 로켓을 타고 일을 하는 우주비행사가 되고 싶다.

* 는 JLPT N4-N5 기출 단어입니다.

0938

源
근원 **원**

| 총 13획 | N1 |

- 음 げん
  - 資源 자원　起源 기원　音源 음원　収入源 수입원
  - 語源 어원　情報源 정보원
- 훈 みなもと
  - 源 기원, 근원

作曲した歌の**音源**をレコーディング会社に送った。
작곡한 노래의 음원을 리코딩 회사에 보냈다.

私の元気の**源**はあなたです。 저의 활력소는 당신입니다.

0939

胃
위장 **위**

| 총 9획 | N2 |

- 음 い
  - 胃 위　胃薬 위장약　胃袋 위장　胃液 위액
  - 胃炎 위염　胃酸 위산

夜に食べすぎたせいか、**胃**がもたれるので、**胃薬**を飲んで寝た。
밤에 너무 먹은 탓인지 위가 거북하기 때문에 위장약을 마시고 잤다.

あの子はたくさん食べるから**胃袋**が大きそうだ。
저 애는 많이 먹기 때문에 위장이 클 것 같다.

0940

危
위태할 **위**

| 총 6획 | N3 |

- 음 き
  - ***危険**だ 위험하다　**危機** 위기　**危害** 위해
- 훈 あぶ(ない)/あや(うい)/あや(ぶむ)
  - 危ない 위험하다　危うい 위태롭다
  - 危ぶむ 위태로워하다

工事中は**危険**なので中には入らないでください。
공사 중은 위험하기 때문에 안에는 들어가지 말아 주세요.

子供一人で公園で遊ぶのは**危ない**です。
아이 혼자서 공원에서 노는 것은 위험합니다.

0941

遺
남길 **유**

| 총 15획 | N1 |

- 음 い/ゆい
  - 遺族 유족　遺跡 유적　後遺症 후유증　遺書 유서
  - 遺産 유산　遺体 시체　遺言 유언

世界の**遺跡**を回りながら旅行をするのが好きです。
세계의 유적을 돌아다니면서 여행을 하는 것을 좋아합니다.

手術の**後遺症**が残る可能性がある。 수술의 후유증이 남을 가능성이 있다.

0942

어릴 유

- 음: よう
  - 幼稚園 유치원 幼稚だ 유치하다 幼児 유아
  - 幼虫 유충 幼少期 유소년기
- 훈: おさな(い)
  - 幼い 어리다, 미숙하다 幼馴染 죽마고우

お父さんが幼稚園に娘を迎えに行く。 아버지가 유치원에 딸을 마중하러 간다.

彼は幼少期からの幼馴染です。 그는 유소년기부터의 죽마고우입니다.

0943

젖 유

- 음: にゅう
  - 牛乳 우유 乳製品 유제품 乳児 유아, 젖먹이
  - 母乳 모유
- 훈: ちち/ち
  - 乳 젖, 유방 乳首 젖꼭지 乳房 유방 乳飲み子 젖먹이

毎朝、コップ一杯の牛乳を飲みます。 매일 아침 컵 한 잔의 우유를 마십니다.

牧場で牛の乳しぼり体験をした。 목장에서 소 젖 짜기 체험을 했다.

0944

은혜 은

- 음: おん
  - 恩恵 은혜 恩返し 은혜를 갚음, 보은 恩師 은사
  - 恩人 은인

いつも私を応援してくれる両親になにか恩返しをしたいです。
항상 저를 응원해 주시는 부모님께 뭔가 은혜를 갚고 싶습니다.

その医者は私の命の恩人です。 그 의사는 저의 생명의 은인입니다.

0945

의심할 의

- 음: ぎ
  - 疑問 의문 疑惑 의혹 容疑 용의, 혐의
  - 半信半疑 반신반의
- 훈: うたが(う)
  - 疑う 의심하다 疑い 의심, 혐의

なにか疑問に思ったことはすぐに聞いてください。
뭔가 의문이 든 것은 바로 질문해 주세요.

宝くじに当たったことが信じられなくて何度も疑った。
복권에 당첨된 것이 믿을 수 없어서 몇 번이나 의심했다.

*는 JLPT N4-N5 기출 단어입니다.

0946

異 다를 이(리)

異異異異異異異異異異異 | 총 11획 | N2

- 음 い
  - 異文化 이문화　異常 이상　異性 이성　異論 이론
  - 変異 변이　差異 차이
- 훈 こと
  - 異なる 다르다

海外留学とは勉強はもちろん、異文化にも触れることができる。
해외 유학이란 공부는 물론이지만 이문화에도 접할 수 있다.

好き嫌いは人によって異なるため、強要してはいけない。
호불호는 사람에 따라 다르기 때문에 강요해서는 안 된다.

0947

翌 다음날 익

翌翌翌翌翌翌翌翌翌翌翌 | 총 11획 | N2

- 음 よく
  - 翌日 익일, 다음날　翌年 익년, 다음 해　翌朝 다음날 아침
  - 翌月 익월, 다음 달

ケンカをしても翌日にはケンカしたことも忘れている。
싸움을 해도 다음 날에는 싸운 것도 잊어버리고 있다.

お酒をたくさん飲んでしまうと、翌朝に帰ることがよくある。
술을 많이 마셔 버리면 다음날 아침에 집에 가는 경우가 자주 있다.

0948

仁 어질 인

仁仁仁仁 | 총 4획 | N0

- 음 じん/にん/に
  - 仁義 인의, 어짊과 의로움　仁愛 인애, 어진 마음으로 사랑함
  - 杏仁豆腐 안닌도후(중국식 전통 디저트)

うちの社長は、何よりも仁義を重んじる。 우리 사장님은 무엇보다도 인의를 중시한다.

仁愛の心で人に接することが大切だ。 인애의 마음으로 사람을 대하는 것이 중요하다.

0949

賃 품삯 임

賃賃賃賃賃賃賃賃賃賃賃賃賃 | 총 13획 | N2

- 음 ちん
  - 家賃 집세　賃貸 임대　運賃 운임　無賃乗車 무임승차
  - 賃金 임금

ソウルは家賃がすごく高いです。 서울은 집세가 매우 비쌉니다.

来月からバスの運賃が上がります。 다음 달부터 버스 운임이 오릅니다.

0950

알 인

- 음 にん
  - 確認 확인　認証 인증　承認 승인　公認 공인
  - 認定 인정
- 훈 みと(める)
  - 認める 인정하다

来月の授業のスケジュールを確認する。 다음 달의 수업 스케줄을 확인한다.

ついに一人前の社員として先輩に認められた。
마침내 제대로 한 사람 몫을 하는 사원으로서 선배에게 인정받았다.

0951

모양 자

- 음 し
  - 姿勢 자세　容姿 용모
- 훈 すがた
  - 姿 모습

姿勢を正しくすることで気持ちも前向きになります。
자세를 바르게 하는 것으로 기분도 긍정적으로 됩니다.

お父さんの働く姿をはじめて見ました。 아버지가 일하는 모습을 처음으로 봤습니다.

0952

자석 자

- 음 じ
  - 磁石 자석　磁気 자기　磁力 자기력　陶磁器 도자기

磁石のN極にS極を近づけるとくっつきます。
자석의 N극에 S극을 가까이하면 붙습니다.

この陶磁器はとても価値があるものです。 이 도자기는 매우 가치가 있는 물건입니다.

0953

꾸밀 장

- 음 しょう/そう
  - 衣装 의상　包装 포장　服装 복장　装置 장치
  - 装飾 장식　装備 장비　武装 무장
- 훈 よそお(う)
  - 装う 치장하다, 가장하다　装い 옷차림

アイドルと同じ衣装を着てダンスをする。 아이돌과 같은 의상을 입고 춤을 춘다.

あの華やかな装いの女性が社長です。 저 화려한 옷차림의 여성이 사장님입니다.

*는 JLPT N4-N5 기출 단어입니다.

0954

蔵

감출 **장**

蔵蔵蔵蔵蔵蔵蔵蔵蔵蔵蔵蔵蔵蔵蔵 | 총 15획 | **N2** □□□

음	ぞう	れいぞうこ **冷蔵**庫 냉장고	ちょぞう 貯**蔵** 저장	まいぞう 埋**蔵** 매장
훈	くら	くら **蔵** 곳간, 창고	さかぐら 酒**蔵** 술 창고, 술 곳간	

アイスクリームは冷蔵庫ではなく冷凍庫に入れてください。
아이스크림은 냉장고가 아니라 냉동고에 넣어 주세요.

毎年多くの人が酒蔵へ見学しに訪れます。
매년 많은 사람이 술 창고에 견학하러 방문합니다.

0955

障

막을 **장**

障障障障障障障障障障障障障障 | 총 14획 | **N1** □□□

음	しょう	*こしょう **故障** 고장	しょう 支**障** 지장	しょうへき **障**壁 장벽	ほしょう 保**障** 보장
		しょうがい **障**害 장애	しょうじ **障**子 장지, 미닫이(문)		
훈	さわ(る)	さわ **障**る 방해가 되다, 지장이 있다	き さわ 気に**障**る 비위에 거슬리다		

携帯を落としたら故障してしまった。 휴대전화를 떨어뜨렸더니 고장 나버렸다.

彼の行動と言葉がいちいち気に障る。 그의 행동과 말이 하나하나 비위에 거슬린다.

체크포인트 24

1 다음 단어의 발음을 히라가나로 적어 보세요.

> 예시 花 꽃 → (はな   )

1) 厳しい   엄하다   → (   )
2) 言い訳   변명   → (   )
3) 食欲   식욕   → (   )
4) 染める   물들이다   → (   )
5) 冷蔵庫   냉장고   → (   )
6) 純粋だ   순수하다   → (   )
7) 預ける   맡기다   → (   )

2 다음 단어의 한자를 적어 보세요.

> 예시 별 ほし → (星   )

1) 상냥하다   やさしい   → (   )
2) 위장   い   → (   )
3) 어리다   おさない   → (   )
4) 의심하다   うたがう   → (   )
5) 회수   かいしゅう   → (   )
6) 미숙   みじゅく   → (   )
7) 우체국   ゆうびんきょく   → (   )

3 아래의 단어와 뜻이 올바르게 연결되도록 선을 그어 보세요.

1) 承諾(しょうだく) •　　　　　　　　• 시야
2) 視野(しや) •　　　　　　　　• 승낙
3) 地域(ちいき) •　　　　　　　　• 자세
4) 姿勢(しせい) •　　　　　　　　• 연기
5) 延期(えんき) •　　　　　　　　• 오해
6) 誤解(ごかい) •　　　　　　　　• 참음
7) 我慢(がまん) •　　　　　　　　• 지역

정답

1 1) きびしい　2) いいわけ　3) しょくよく　4) そめる　5) れいぞうこ　6) じゅんすいだ　7) あずける

2 1) 優しい　2) 胃　3) 幼い　4) 疑う　5) 回収　6) 未熟　7) 郵便局

3 1) 承諾-승낙　2) 視野-시야　3) 地域-지역　4) 姿勢-자세　5) 延期-연기　6) 誤解-오해　7) 我慢-참음

Unit 25

초등학교 6학년 (40자)

臟 오장 장	將 장수 장	腸 창자 장	裁 마를 재	著 나타날 저
敵 대적할 적	錢 돈 전	專 오로지 전	展 펼 전	頂 정수리 정
濟 건널 제	除 덜 제	諸 모두 제	潮 밀물 조	操 잡을 조
尊 높을 존	存 있을 존	宗 마루 종	縱 세로 종	從 좇을 종
座 자리 좌	株 그루 주	奏 아뢸 주	宙 집 주	衆 무리 중
蒸 찔 증	誌 기록할 지	至 이를 지	窓 창 창	創 비롯할 창
策 꾀 책	冊 책 책	處 곳 처	尺 자 척	泉 샘 천
蚕 지렁이 천, 누에 잠	庁 관청 청	寸 마디 촌	推 밀 추	縮 줄일 축

※는 JLPT N4-N5 기출 단어입니다.

0956 臟 | 총 19획 | N2

오장 **장**

- 음 ぞう
  - 臓器 장기　心臓 심장　肝臓 간장　腎臓 신장
  - 内臓 내장

この世界には**臓器**提供を待っている人がたくさんいます。
이 세계에는 장기 제공을 기다리고 있는 사람이 많이 있습니다.

お酒を飲み過ぎると**肝臓**を悪くします。 술을 너무 마시면 간을 좋지 않게 합니다.

0957 将 | 총 10획 | N2

장수 **장**

- 음 しょう
  - ※将来 장래　大将 대장　将軍 장군　将棋 장기
  - 主将 주장

将来の夢について、学校の授業で話す。
장래의 꿈에 대해서 학교 수업에서 이야기한다.

チームの**主将**は、メンバーの投票によって選ばれた。
팀의 주장은 멤버의 투표에 의해 선택되었다.

0958 腸 | 총 13획 | N1

창자 **장**

- 음 ちょう
  - 腸 장, 창자　胃腸 위장　大腸 대장　小腸 소장
  - 盲腸 맹장

焼肉屋さんで出るホルモンは**腸**の部分だ。
숯불구이 고깃집에서 나오는 내장은 장 부분이다.

キャベツやにんじん、じゃがいもは**胃腸**に優しい野菜である。
양배추, 당근, 감자는 위장에 좋은 야채이다.

0959 裁 | 총 12획 | N1

마를 **재**

- 음 さい
  - 裁判 재판　裁判官 재판관　独裁 독재
  - 裁縫 재봉, 바느질　仲裁 중재　体裁 체제
- 훈 さば(く)/た(つ)
  - 裁く 중재하다, 재판하다　裁つ 마르다, 재단하다

被告人が有罪か無罪か**裁判**で判決する。
피고인이 유죄인지 무죄인지 재판에서 판결하다.

この事件の犯人は法で**裁かれる**べきです。
이 사건의 범인은 법으로 심판받아야 합니다.

0960

著 나타날 저 | 총 11획 | N2

- 음: ちょ
  - 著作権 (ちょさくけん) 저작권
  - 著者 (ちょしゃ) 저자
  - 著書 (ちょしょ) 저서
  - 顕著 (けんちょ) 현저
  - 著名 (ちょめい) 저명
- 훈: いちじる(しい) / あらわ(す)
  - 著しい (いちじるしい) 현저하다, 두드러지다
  - 著す (あらわす) 저술하다

音楽を違法ダウンロードするのは著作権に違反します。
음악을 불법 다운로드하는 것은 저작권에 위반됩니다.

彼が著した本の多くがベストセラーになった。
그가 저술한 책의 대다수가 베스트셀러가 되었다.

0961

敵 대적할 적 | 총 15획 | N2

- 음: てき
  - 敵 (てき) 적
  - 天敵 (てんてき) 천적
  - 無敵 (むてき) 무적
  - 宿敵 (しゅくてき) 숙적
  - 素敵だ (すてきだ) 훌륭하다
  - 匹敵 (ひってき) 필적
- 훈: かたき
  - 敵 (かたき) 적, 원수
  - 恋敵 (こいがたき) 연적

このゲームは、敵よりも早くゴールしたら勝ちです。
이 게임은 적보다도 빨리 골인하면 승리입니다.

恋敵とは愛のライバルという意味です。
연적이란 사랑의 라이벌이라는 의미입니다.

0962

銭 돈 전 | 총 14획 | N1

- 음: せん
  - 金銭 (きんせん) 금전, 돈
  - 銭湯 (せんとう) 대중목욕탕
- 훈: ぜに
  - 小銭 (こぜに) 잔돈, 동전

今付き合っている人とは、金銭感覚がよく合います。
지금 사귀고 있는 사람과는 금전 감각이 잘 맞습니다.

小銭がお財布にたくさん入っているので重い。
동전이 지갑에 잔뜩 들어있기 때문에 무겁다.

0963

専 오로지 전 | 총 9획 | N2

- 음: せん
  - 専攻 (せんこう) 전공
  - 専門 (せんもん) 전문
  - 専念 (せんねん) 전념
  - 専用 (せんよう) 전용
  - 専業主婦 (せんぎょうしゅふ) 전업주부
- 훈: もっぱ(ら)
  - 専ら (もっぱら) 오로지, 한결같이

大学の専攻は経済学です。 대학의 전공은 경제학입니다.

我が家の朝ごはんは専らおにぎりと納豆です。
저희 집의 아침밥은 한결같이 주먹밥과 낫토입니다.

✱는 JLPT N4-N5 기출 단어입니다.

0964

展 펼 전 | 총 10획 | N1

- 음 てん
  - 展示 전시
  - 展覧会 전람회
  - 発展 발전
  - 進展 진전
  - 展開 전개
  - 展望台 전망대

自分の作品が美術館で展示されることになった。
자신의 작품이 미술관에서 전시되게 되었다.

東南アジアは近年、目覚ましい経済発展を遂げている。
동남아시아는 근년, 놀라운 경제 발전을 이루고 있다.

0965

頂 정수리 정 | 총 11획 | N1

- 음 ちょう
  - 頂上 정상
  - 頂点 정점
  - 絶頂 절정
  - 山頂 산꼭대기
  - 頂戴 받음, ~주세요
- 훈 いただ(く)/いただき
  - 頂く 받다, 먹다(겸양어)
  - 頂 정상

人気絶頂だったあのタレントは、ある日姿を消した。
인기 절정이었던 저 탤런트는 어느 날 자취를 감췄다.

お菓子をお客さんから差し入れとして頂いた。
과자를 손님에게 간식 선물로서 받았다.

0966

済 건널 제 | 총 11획 | N3

- 음 さい
  - 返済 변제
  - 救済 구제
  - 決済 결제
  - 経済 경제
- 훈 す(む)/す(ます)
  - 済む 완료되다, 끝나다
  - 使用済み 사용이 끝남
  - 済ます 끝내다, 마치다

奨学金を毎月3万円返済しています。 학자금을 매달 3만엔 변제하고 있습니다.

宿題が済んだので遊びに行きます。 숙제가 끝났기 때문에 놀러 갑니다.

0967

除 덜 제 | 총 10획 | N3

- 음 じょ/じ
  - 除外 제외
  - 削除 삭제
  - 解除 해제
  - 駆除 구제
  - 免除 면제
  - 掃除 청소
- 훈 のぞ(く)
  - 除く 제거하다, 제외하다
  - 取り除く 없애다, 제거하다

今のアカウントを削除して、新しいアカウントを作る。
지금 계정을 삭제하고 새로운 계정을 만든다.

水曜日と金曜日を除いて予約できます。
수요일과 금요일을 제외하고 예약 가능합니다.

0968

諸
모두 제

음 しょ	諸国 제국, 여러 나라　諸問題 여러 문제　諸君 제군, 여러분	

총 15획 | N2

今回のサミットではアフリカ諸国の代表が集まった。
이번 정상 회담에서는 아프리카 여러 나라의 대표가 모였다.

生徒諸君! 卒業おめでとう！と校長先生が祝辞を述べた。
학생 여러분! 졸업을 축하해!라고 교장선생님이 축사를 말씀하셨다.

0969

潮
밀물 조

총 15획 | N1

음 ちょう	満潮 만조　干潮 간조　潮汐 조석, 조수의 간만
훈 しお	潮 조수, 바닷물　潮時 물 들어올 때, 적당한 때

この橋は満潮になると橋の足が水に浸かる。
이 다리는 만조가 되면 다리의 아랫부분이 물에 잠긴다.

潮が引くと海水面が下がります。 조수가 빠지면 해수면이 낮아집니다.

0970

操
잡을 조

총 16획 | N2

음 そう	体操 체조　操作 조작　操縦 조종
훈 あやつ(る)/みさお	操る 조종하다, 다루다　操り人形 꼭두각시 인형 操 지조, 절개, 정조

テレビでオリンピックの体操競技を見る。 텔레비전으로 올림픽 체조 경기를 본다.

彼は馬を操るのが上手い。 그는 말을 다루는 솜씨가 뛰어나다.

0971

尊
높을 존

총 12획 | N2

음 そん	尊敬 존경　自尊心 자존심　尊敬語 존경어　尊重 존중 尊厳 존엄
훈 とうと(い)/とうと(ぶ) /たっと(い) /たっと(ぶ)	尊い 소중하다, 귀중하다　尊ぶ 공경하다, 존경하다 尊い 소중하다, 귀중하다　尊ぶ 공경하다, 존경하다

どんなトラブルも解決してくれる上司を尊敬しています。
어떤 트러블도 해결해 주는 상사를 존경하고 있습니다.

この世で一人一人が特別で尊い存在である。
이 세상에서 한 사람 한 사람이 특별하고 소중한 존재이다.

0972

存 | 있을 존

- 음: そん/ぞん
- 存在 존재 | 既存 기존 | 依存 의존 | 保存 보존
- 存分 뜻대로, 마음껏

チームの中でも彼の**存在**感はとても大きい。 팀 안에서도 그의 존재감은 매우 크다.

悲しい時はお酒に**依存**する悪い癖がある。 슬플 때는 술에 의존하는 나쁜 버릇이 있다.

0973

宗 | 마루 종

- 음: しゅう/そう
- 宗教 종교 | 宗派 종파 | 宗家 종가, 본가

彼は**宗教**上の理由で豚肉を食べられない。
그는 종교 상의 이유로 돼지고기를 먹을 수 없다.

仏教にはいろんな**宗派**がある。 불교에는 다양한 종파가 있다.

0974

縱 | 세로 종

- 음: じゅう
- 縦断 종단 | 縦横 종횡 | 操縦 조종 | 操縦士 조종사
- 훈: たて
- 縦 세로 | 縦書き 세로쓰기 | 縦長 세로로 긺

南北アメリカ大陸を自転車で**縦横**する。 남북 아메리카 대륙을 자전거로 종횡하다.

私は**縦書き**の本が横書きの本より読みやすい。
나는 세로쓰기 책이 가로쓰기 책보다 읽기 편하다.

0975

従 | 좇을 종

- 음: じゅう/しょう/じゅ
- 服従 복종 | 従順 순종 | 従来 종래 | 従事 종사
- 従容 종용, 침착한 모양 | 従三位 종삼품(일본 벼슬 품계)
- 예외: 従兄弟 사촌
- 훈: したが(う)/したが(える)
- 従う 따르다, 좇다 | 従える 따르게 하다, 거느리다

従来のやり方はもう古くて通用しない。 종래의 방식은 이미 오래되어서 통용되지 않는다.

飼い主に**従う**ように子犬の頃から、しつけをしっかりする。
기르는 주인에게 따르도록 강아지 때부터 예의범절을 확실히 가르친다.

0976

자리 **좌**

- 음 ざ
  - ざせき 座席 좌석 / ざしき 座敷 다다미방 / せいざ 正座 정좌 / ざぶとん 座布団 방석
  - せいざ 星座 별자리
- 훈 すわ(る)
  - すわ 座る 앉다

後部座席も、シートベルトを着用してください。 뒷좌석도 안전벨트를 착용해 주세요.

椅子に座ってご飯を食べましょう。 의자에 앉아서 밥을 먹읍시다.

0977

그루 **주**

- 훈 かぶ
  - かぶ 株 주식, 그루 / かぶしき 株式 주식 / かぶか 株価 주가 / かぶぬし 株主 주주

社会人になってはじめて株を買ってみた。 사회인이 되고 처음으로 주식을 사봤다.

企業の株式を購入して株主となった。 기업의 주식을 구입해서 주주가 되었다.

0978

아뢸 **주**

- 음 そう
  - えんそう 演奏 연주 / ばんそう 伴奏 반주 / がっそう 合奏 합주 / どくそう 独奏 독주
- 훈 かな(でる)
  - かな 奏でる 연주하다

娘の演奏会を夫と見に行く。 딸의 연주회를 남편과 보러 간다.

バイオリンでとても美しい音を奏でる。 바이올린으로 몹시 아름다운 소리를 연주한다.

0979

집 **주**

- 음 ちゅう
  - ちゅう 宙 하늘, 공중 / うちゅう 宇宙 우주 / うちゅうじん 宇宙人 우주인, 외계인
  - ちゅうがえり 宙返り 공중제비, 재주 넘기

テレビで人が宙に浮くマジックを見てびっくりした。 텔레비전에서 사람이 공중에 뜨는 마술을 보고 깜짝 놀랐다.

いくらお金がかかっても、いつかは宇宙に行ってみたいです。 아무리 돈이 들어도 언젠가는 우주에 가보고 싶습니다.

* 는 JLPT N4-N5 기출 단어입니다.

0980 衆 무리 중 | 총 12획 | N1

- 음: しゅう/しゅ
- 大衆(たいしゅう) 대중
- 民衆(みんしゅう) 민중
- 観衆(かんしゅう) 관중
- アメリカ合衆国(がっしゅうこく) 아메리카 합중국
- 公衆(こうしゅう) 공중
- 衆生(しゅじょう) 중생

怒(おこ)った**民衆**(みんしゅう)は町中(まちじゅう)で暴動(ぼうどう)を起(お)こした。 화난 민중은 온 동네에서 폭동을 일으켰다.

大観衆(だいかんしゅう)の中(なか)、試合(しあい)が始(はじ)まった。 많은 관중 속에서 시합이 시작되었다.

0981 蒸 찔 증 | 총 13획 | N2

- 음: じょう
- 蒸気(じょうき) 증기
- 水蒸気(すいじょうき) 수증기
- 蒸発(じょうはつ) 증발
- 훈: む(す)/む(らす)/む(れる)
- 蒸(む)す 찌다
- 蒸(む)し暑(あつ)い 무덥다
- 蒸(む)らす 뜸이다
- 蒸(む)れる 뜸들다

100度(ど)以上(いじょう)の水(みず)は**蒸発**(じょうはつ)して気体(きたい)になる。 100도 이상의 물은 증발해서 기체가 된다.

この肉(にく)まんは**蒸**(む)して食(た)べた方(ほう)が美味(おい)しいです。
이 고기 찐빵은 쪄서 먹는 편이 맛있습니다.

0982 誌 기록할 지 | 총 14획 | N2

- 음: し
- ***雑誌**(ざっし) 잡지
- 誌面(しめん) 지면
- 週刊誌(しゅうかんし) 주간지
- 日誌(にっし) 일지

若者(わかもの)を中心(ちゅうしん)に、**雑誌**(ざっし)が読(よ)まれなくなっている。
젊은이를 중심으로 잡지가 읽히지 않게 되고 있다.

今週(こんしゅう)の**週刊誌**(しゅうかんし)にある芸能人(げいのうじん)のスキャンダルが大(おお)きく載(の)っていた。
이번 주 주간지에 어느 연예인의 스캔들이 크게 실려 있었다.

0983 至 이를 지 | 총 6획 | N1

- 음: し
- 至急(しきゅう) 지급, 빨리, 급히
- 夏至(げし) 하지
- 冬至(とうじ) 동지
- 훈: いた(る)
- 至(いた)る 이르다, 도달하다

至急(しきゅう)この書類(しょるい)を部長(ぶちょう)に届(とど)けてください。 급히 이 서류를 부장님에게 전달해 주세요.

このアニメは、子供(こども)から大人(おとな)に**至**(いた)るまで人気(にんき)がある。
이 애니는 아이부터 어른에 이르기까지 인기가 있다.

0984

창 창

음 そう	車窓 차창　同窓会 동창회
훈 まど	*窓 창, 창문　窓際 창가　窓口 창구

久しぶりに高校の同窓会が開かれた。 오랜만에 고등학교 동창회가 열렸다.

雑巾で家中の窓をピカピカになるまで拭いた。
걸레로 집 안의 창문을 반짝반짝해질 때까지 닦았다.

0985

비롯할 창

음 そう	創造 창조　創刊 창간　創業 창업　創作 창작 創立 창립
훈 つく(る)	創る 만들다, 창조하다

創造力を働かせて作品のアイディアを出す。
창조력을 발휘시켜서 작품의 아이디어를 낸다.

どこでも食べたことのない料理を創る。 어디에서도 먹은 적이 없는 요리를 만든다.

0986

꾀 책

음 さく	対策 대책　政策 정책　策略 책략　失策 실책

週末に台風が来るので、そのための対策はしっかりしておきましょう。
주말에 태풍이 오기 때문에 그를 위한 대책은 확실히 해 둡시다.

政府は新しい経済政策を発表した。 정부는 새로운 경제 정책을 발표했다.

0987

책 책

음 さつ/さく	*冊 ~권(책을 세는 단위)　冊子 책자　合冊 합본 別冊 별책　短冊 단자쿠(글을 쓰기 위해 길게 자른 종이)

この本は一冊1,000円で売られています。 이 책은 한 권에 1,000엔으로 팔리고 있습니다.

商品を説明する冊子を作り、顧客に配布する。
상품을 설명하는 책자를 만들어 고객에게 배부한다.

0988

곳 **처**

- 음 しょ
- しょり 処理 처리 | しょち 処置 처치 | しょけい 処刑 처형 | しょぶん 処分 처분
- しょほうせん 処方箋 처방전 | しょばつ 処罰 처벌 | たいしょ 対処 대처

処処処処処 | 총 5획 | N3

きゅうきゅうしゃ が 来る 前に 怪我人の 応急処置をする。
구급차가 오기 전에 다친 사람의 응급처치를 한다.

コンピューターは全てのデータをあっという間に処理できる。
컴퓨터는 모든 데이터를 순식간에 처리할 수 있다.

0989

자 **척**

- 음 しゃく
- しゃく 尺 길이, 키, 자 | しゃくど 尺度 척도, 기준 | しゅくしゃく 縮尺 축척
- まじゃく 巻き尺 줄자

尺尺尺尺 | 총 4획 | N1

この尺では、全ての撮影を終わらせるのは難しい。
이 길이로는 모든 촬영을 끝내는 것은 어렵다.

巻き尺で腰のサイズを測る。 줄자로 허리 사이즈를 잰다.

0990

샘 **천**

- 음 せん
- おんせん 温泉 온천 | げんせん 源泉 원천
- 훈 いずみ
- いずみ 泉 샘, 샘물

泉泉泉泉泉泉泉泉泉 | 총 9획 | N2

冬休みに家族と温泉旅行に行った。 겨울 방학에 가족이랑 온천 여행에 갔다.

森の奥の泉では動物達がよく水を飲んでいる。
숲의 깊은 곳의 샘물에서는 동물들이 자주 물을 마시고 있다.

0991

지렁이 **천**, 누에 **잠**

- 음 さん
- さんし 蚕糸 잠사, 명주실 | ようさん 養蚕 양잠(누에를 기르는 것)
- 훈 かいこ
- かいこ 蚕 누에

蚕蚕蚕蚕蚕蚕蚕蚕蚕蚕 | 총 10획 | N0

蚕のまゆからとった糸を蚕糸という。 누에의 고치로부터 얻은 실을 명주실이라고 한다.

この地域は養蚕が盛んだが、年々生産量が減少している。
이 지역은 양잠이 번성했지만 매년 생산량이 감소하고 있다.

0992

庁 관청 **청** | 총 5획 | N2

- 음 ちょう
  - 気象庁 기상청
  - 警察庁 경찰청
  - 官庁 관청
  - 県庁 현청
  - 庁舎 청사

気象庁によると週末に降る雪は今年最高の積雪量になるそうだ。
기상청에 따르면 주말에 내리는 눈은 올해 최고의 적설량이 될 것이라고 한다.

警察庁の長官が今回の事件について記者会見を行った。
경찰청 장관이 이번 사건에 대해서 기자회견을 진행했다.

0993

寸 마디 **촌** | 총 3획 | N1

- 음 すん
  - 寸法 길이, 치수
  - 寸前 직전
  - 一寸 한 치, 짧은 거리

新しいカーペットを買うために部屋の床の寸法を測る。
새로운 카펫을 사기 위해서 방바닥의 치수를 잰다.

赤字状態が続いて、あの会社は倒産寸前である。
적자 상태가 계속되어서 저 회사는 도산 직전이다.

0994

推 밀 **추** | 총 11획 | N1

- 음 すい
  - 推薦 추천
  - 推移 추이
  - 推定 추정
  - 推測 추측
  - 推量 추량
  - 推理 추리
- 훈 お(す)
  - 推す 헤아리다, 밀다, 추진시키다
  - 推し 최애, 타인에게 추천하는 것

私は彼をリーダーに推薦します。 저는 그를 리더로 추천합니다.

高校生のときはアイドルの推し活をしていた。
고등학생 때는 아이돌의 응원 활동을 했었다.

0995

縮 줄일 **축** | 총 17획 | N1

- 음 しゅく
  - 縮小 축소
  - 圧縮 압축
  - 恐縮 송구함, 황송함
  - 短縮 단축
- 훈 ちぢ(む)/ちぢ(まる)/ちぢ(める)/ちぢ(れる)/ちぢ(らす)
  - 縮む 줄어들다
  - 縮まる 줄어들다, 짧아지다
  - 縮める 줄이다, 단축하다
  - 縮れる 오그라지다, 곱슬곱슬해지다
  - 縮らす 오그라들게 하다

複数のファイルをまとめて圧縮フォルダーを作る。
복수의 파일을 모아서 압축 폴더를 만든다.

マラソン大会で1位と2位の差が縮まってきた。
마라톤 대회에서 1위와 2위의 차가 좁혀지기 시작했다.

체크포인트 25

1 다음 단어의 발음을 히라가나로 적어 보세요.

> 예시 花 꽃 → (はな   )

1) 従う　　따르다　　→　(　　　　　)
2) 窓　　　창문　　　→　(　　　　　)
3) 縦　　　세로　　　→　(　　　　　)
4) 著作権　저작권　　→　(　　　　　)
5) 演奏　　연주　　　→　(　　　　　)

2 다음 단어의 한자를 적어 보세요.

> 예시 별 ほし → (星   )

1) 정상　　ちょうじょう　→　(　　　　　)
2) 잡지　　ざっし　　　　→　(　　　　　)
3) 전시　　てんじ　　　　→　(　　　　　)
4) 경제　　けいざい　　　→　(　　　　　)
5) 종교　　しゅうきょう　→　(　　　　　)

3 아래의 단어와 뜻이 올바르게 연결되도록 선을 그어 보세요.

1) 裁判(さいばん) ・　　　　・ 제거하다
2) 専攻(せんこう) ・　　　　・ 조종하다
3) 除く(のぞく) ・　　　　・ 줄어들다
4) 操る(あやつる) ・　　　　・ 재판
5) 縮む(ちぢむ) ・　　　　・ 전공

정답
1　1) したがう　2) まど　3) たて　4) ちょさくけん　5) えんそう
2　1) 頂上　2) 雑誌　3) 展示　4) 経済　5) 宗教
3　1) 裁判-재판　2) 専攻-전공　3) 除く-제거하다　4) 操る-조종하다　5) 縮む-줄어들다

Unit 26 초등학교 6학년 (31자)

MP3 다운로드

忠 충성 충	就 나아갈 취	層 층 층	値 값 치	針 바늘 침
誕 낳을 탄	探 찾을 탐	討 칠 토	痛 아플 통	退 물러날 퇴
派 갈래 파	片 조각 편	閉 닫을 폐	陛 대궐 섬돌 폐	肺 허파 폐
俵 나누어 줄 표	割 벨 할	鄕 시골 향	憲 법 헌	革 가죽 혁
穴 구멍 혈	呼 부를 호	紅 붉을 홍	孝 효도 효	拡 넓힐 황
皇 임금 황	灰 재 회	后 뒤 후	胸 가슴 흉	揮 휘두를 휘
吸 마실 흡				

* 는 JLPT N4-N5 기출 단어입니다.

0996

忠忠忠忠忠忠忠忠 | 총 8획 | N1

충성 **충**

- 음 ちゅう
  - 忠告 (ちゅうこく) 충고 忠実だ (ちゅうじつ) 충실하다 忠誠 (ちゅうせい) 충성
  - 忠言 (ちゅうげん) 충언, 충고

お母さんの**忠**告を聞かなかったせいで大変なことが起きた。
어머니의 충고를 듣지 않은 탓에 큰일이 일어났다.

仕事に**忠**実な先輩を見てかっこいいと思った。
일에 충실한 선배를 보고 멋있다고 생각했다.

0997

就就就就就就就就就就就就 | 총 12획 | N1

나아갈 **취**

- 음 しゅう/じゅ
  - 就職 (しゅうしょく) 취직 就活 (しゅうかつ) 구직 활동 就業 (しゅうぎょう) 취업 就任 (しゅうにん) 취임
  - 就寝 (しゅうしん) 취침 成就 (じょうじゅ) 성취
- 훈 つ(く)/つ(ける)
  - 就く 취임하다, 취업하다 就ける 지위에 앉히다, 종사시키다

日本は大学3年生から**就**活を始める。
일본은 대학교 3학년부터 취직 활동을 시작한다.

職に**就**くということはその分、責任感も求められる。
취직한다는 것은 그만큼 책임감도 요구된다.

0998

層層層層層層層層層層層層層層 | 총 14획 | N2

층 **층**

- 음 そう
  - 一層 (いっそう) 한층 더, 더욱더 高層 (こうそう) 고층 階層 (かいそう) 계층 深層 (しんそう) 심층
  - 断層 (だんそう) 단층

高橋先生のおかげで一**層**日本語が好きになった。
타카하시 선생님 덕분에 한층 더 일본어를 좋아하게 되었다.

ソウルのカンナムは高**層**ビルが立ち並んでいる。
서울 강남은 고층 빌딩이 즐비해 있다.

0999

値値値値値値値値値値 | 총 10획 | N3

값 **치**

- 음 ち
  - 価値 (かち) 가치 数値 (すうち) 수치 偏差値 (へんさち) 편차치
- 훈 ね/あたい
  - 値 (ね) 값 *値段 (ねだん) 가격 値上がり (ねあがり) 값이 오름
  - 値 (あたい) 값어치, 가치

この品物は世界に一つしかないとても**価値**のあるものだ。
이 물품은 세계에 하나밖에 없는 매우 가치가 있는 것이다.

思ったより**値**段が高くて驚いた。 생각한 것보다 가격이 비싸서 놀랐다.

1000 針 바늘 침

음	しん	秒針 초침　時針 시침　方針 방침
훈	はり	針 바늘, 침

腕時計の秒針が動かなくて修理に出した。
손목시계의 초침이 움직이지 않아서 수리에 맡겼다.

注射針は必ず消毒をしてから使う。 주삿바늘은 반드시 소독을 하고 나서 사용한다.

1001 誕 낳을 탄

음	たん	誕生 탄생　誕生日 생일

この地球が誕生したのはおよそ46億年前と言われている。
이 지구가 탄생한 것은 대략 46억 년 전이라고 한다.

今日はお母さんの誕生日なのでケーキを買う。
오늘은 어머니의 생일이기 때문에 케이크를 산다.

1002 探 찾을 탐

음	たん	探偵 탐정　探索 탐색　探検 탐험　探求 탐구　探査 탐사
훈	さが(す)/さぐ(る)	探す 찾다　探る 찾다, 탐색하다

引っ越したばかりなので、周辺を探索しに出かける。
이사한 지 얼마 안 됐기 때문에 주변을 탐색하러 나간다.

学校と家をいくら探しても鍵が見つからない。
학교와 집을 아무리 찾아도 열쇠가 발견되지 않는다.

1003 討 칠 토

음	とう	検討 검토　討論 토론　討議 토의　討伐 토벌
훈	う(つ)	討つ 치다, 토벌하다　敵を討つ 원수를 갚다

新車と中古車どちらを購入するか検討する。
신차와 중고차 어느 쪽을 구입할지 검토한다.

親の敵を討つため、真犯人を必ず捕まえてやる！
부모님의 원수를 갚기 위해 진짜 범인을 반드시 잡아주마!

✱는 JLPT N4-N5 기출 단어입니다.

1004

痛 아플 통

총 12획 | N3

- **음** つう
  - 頭痛(ずつう) 두통
  - 腹痛(ふくつう) 복통
  - 苦痛(くつう) 고통
  - 痛感(つうかん) 통감
  - 激痛(げきつう) 격통, 엄청 아픔
  - 鎮痛剤(ちんつうざい) 진통제
- **훈** いた(い)/いた(む)/いた(める)
  - 痛(いた)い 아프다
  - 痛(いた)む 아프다, 괴롭다
  - 痛(いた)み 아픔
  - 痛(いた)める 아프게 하다

今朝(けさ)から頭痛(ずつう)と吐(は)き気(け)が止(と)まらないです。
오늘 아침부터 두통과 구역질이 멈추지 않습니다.

すごく歯(は)が痛(いた)くて歯医者(はいしゃ)に行(い)ったら虫歯(むしば)ができていた。
엄청 이가 아파서 치과의사에게 갔더니 충치가 생겨있었다.

1005

退 물러날 퇴

총 9획 | N3

- **음** たい
  - 引退(いんたい) 은퇴
  - 退学(たいがく) 퇴학
  - 退職(たいしょく) 퇴직
  - 退院(たいいん) 퇴원
  - 辞退(じたい) 사퇴
  - 退屈(たいくつ)だ 지루하다
- **훈** しりぞ(く)/しりぞ(ける)
  - 退(しりぞ)く 물러나다, 후퇴하다
  - 退(しりぞ)ける 물리치다, 멀리하다

今(こん)シーズンを限(かぎ)りに、あの選手(せんしゅ)は引退(いんたい)するそうだ。
이번 시즌을 끝으로 저 선수는 은퇴한다고 한다.

父(ちち)は現場勤務(げんばきんむ)から退(しりぞ)き、オフィス勤務(きんむ)に変(か)わった。
아버지는 현장 근무에서 물러나 사무실 근무로 바뀌었다.

1006

派 갈래 파

총 9획 | N2

- **음** は
  - 派遣(はけん) 파견
  - 派生(はせい) 파생
  - 宗派(しゅうは) 종파
  - 学派(がくは) 학파
  - 派手(はで)だ 화려하다
  - 派閥(はばつ) 파벌

彼女(かのじょ)は仕事(しごと)の関係(かんけい)でロンドンに派遣(はけん)された。
그녀는 일 관계로 런던에 파견되었다.

スペイン語(ご)はラテン語(ご)から派生(はせい)した言語(げんご)です。
스페인어는 라틴어에서부터 파생한 언어입니다.

1007 片 조각 편 | 총 4획 | N2

- 음 へん — 破片(はへん) 파편
- 훈 かた — 片方(かたほう) 한쪽, 한편 / 片手(かたて) 한 손 / 片道(かたみち) 편도
  - *片付ける(かたづける) 정리하다

ガラスの破片(はへん)が落(お)ちているので、気(き)を付(つ)けてください。
유리 파편이 떨어져 있기 때문에 주의해 주세요.

彼(かれ)は片手(かたて)で重(おも)い荷物(にもつ)を持(も)ち上(あ)げた。 그는 한 손으로 무거운 짐을 들어 올렸다.

1008 閉 닫을 폐 | 총 11획 | N3

- 음 へい — 閉店(へいてん) 폐점 / 閉鎖(へいさ) 폐쇄 / 開閉(かいへい) 개폐 / 閉会式(へいかいしき) 폐회식
- 훈 し(める)/し(まる)/と(じる)/と(ざす)
  - *閉(し)める 닫다 / 閉(し)まる 닫히다 / *閉(と)じる 닫다, 닫히다
  - 閉(と)ざす 잠그다, 가두다

当店(とうてん)は本日(ほんじつ)の営業(えいぎょう)をもって閉店(へいてん)させていただきます。
저희 가게는 오늘 영업으로 폐점합니다.

スーパーは午前(ごぜん)9時(じ)に開(あ)いて、午後(ごご)11時(じ)に閉(し)まります。
슈퍼는 오전 9시에 열려서 오후 11시에 닫힙니다.

1009 陛 대궐 섬돌 폐 | 총 10획 | N1

- 음 へい — 陛下(へいか) 폐하

国王(こくおう)陛下(へいか)の命令(めいれい)は絶対(ぜったい)だ。 국왕 폐하의 명령은 절대적이다.

1010 肺 허파 폐 | 총 9획 | N1

- 음 はい — 肺(はい) 폐 / 肺(はい)がん 폐암 / 肺炎(はいえん) 폐렴 / 肺活量(はいかつりょう) 폐활량

たばこを吸(す)う人(ひと)は、肺(はい)がんになる可能性(かのうせい)が高(たか)い。
담배를 피우는 사람은 폐암이 될 가능성이 높다.

音楽(おんがく)をやっている人(ひと)は肺活量(はいかつりょう)が多(おお)い。 음악을 하고 있는 사람은 폐활량이 많다.

* 는 JLPT N4-N5 기출 단어입니다.

1011

나누어 줄 **표**

| 총 10획 | N1 |

- **음** ひょう
  - 土俵 (どひょう) 씨름판
- **훈** たわら
  - 俵 (たわら) (쌀·숯 등을 담는) 섬, 가마니
  - 米俵 (こめだわら) 쌀가마니

お相撲(すもう)さんは、土俵(どひょう)に上(あ)がると目(め)つきが変(か)わる。 스모 선수는 씨름판에 오르면 눈빛이 바뀐다.

賞金(しょうきん)として、米俵(こめだわら)10個(こ)が送(おく)られた。 상금으로서 쌀가마니 10개가 보내졌다.

1012

벨 **할**

| 총 12획 | N3 |

- **음** かつ
  - 分割 (ぶんかつ) 분할
  - 割愛 (かつあい) 할애
- **훈** わ(る)/わ(れる)/わり /さ(く)
  - 割(わ)る 나누다
  - 割(わ)り勘(かん) 더치페이
  - *割(わ)れる 갈라지다, 깨지다
  - 割引 (わりびき) 할인
  - 割合 (わりあい) 비율
  - 割(さ)く 가르다

高(たか)いパソコンを分割(ぶんかつ)払(ばら)いで購入(こうにゅう)する。 비싼 컴퓨터를 할부로 구입한다.

割引(わりびき)シールが貼(は)られている商品(しょうひん)を安(やす)く買(か)う。 할인 스티커가 붙어있는 상품을 싸게 산다.

1013

시골 **향**

| 총 11획 | N1 |

- **음** きょう/ごう
  - 故郷 (こきょう) 고향
  - 郷土 (きょうど) 향토
  - 郷 (ごう) 고향, 시골
- **훈**
  - 예외 故郷 (ふるさと) 고향

私(わたし)は10年(ねん)ぶりに故郷(こきょう)に戻(もど)ってきた。 나는 10년 만에 고향에 돌아왔다.

郷(ごう)に入(い)っては郷(ごう)に従(したが)え。 고장에 가면 그 고장 법을 따르라(로마에 가면 로마법을 따르라)

1014

법 **헌**

| 총 16획 | N1 |

- **음** けん
  - 憲法 (けんぽう) 헌법
  - 改憲 (かいけん) 개헌
  - 違憲 (いけん) 위헌
  - 立憲 (りっけん) 입헌

憲法(けんぽう)に反(はん)する法律(ほうりつ)は作(つく)れません。 헌법에 반하는 법률은 만들 수 없습니다.

改憲(かいけん)について会議(かいぎ)で話(はな)し合(あ)いが進(すす)められた。 개헌에 관해서 회의로 의논이 진행되었다.

1015

가죽 혁

革革革革革革革革革 | 총 9획 | N2

| 음 | かく | 革命 혁명　改革 개혁　革新 혁신 |
| 훈 | かわ | 革 가죽　革靴 가죽 구두 |

そのデザインはファッション業界に革命を起こした。
그 디자인은 패션 업계에 혁명을 일으켰다.

このカバンは革なので、使えば使うほど柔らかくなります。
이 가방은 가죽이기 때문에 쓰면 쓸수록 부드러워집니다.

1016

구멍 혈

穴穴穴穴穴 | 총 5획 | N1

| 음 | けつ | 墓穴 묘혈, 무덤 |
| 훈 | あな | 穴 구멍　毛穴 모공　穴子 붕장어 |

余計なことを言ってしまい、自ら墓穴を掘る結果になった。
쓸데없는 말을 해버려서, 스스로 무덤을 파는 결과가 되었다.

靴下に穴があいていて恥ずかしい。 양말에 구멍이 나 있어서 부끄럽다.

1017

부를 호

呼呼呼呼呼呼呼呼 | 총 8획 | N3

| 음 | こ | 呼吸 호흡　点呼 점호　歓呼 환호 |
| 훈 | よ(ぶ) | 呼ぶ 부르다 |

走った後は呼吸が早くなる。 뛴 후에는 호흡이 빨라진다.

彼の名前をいくら呼んでも返事がない。 그의 이름을 아무리 불러도 대답이 없다.

1018

붉을 홍

紅紅紅紅紅紅紅紅紅 | 총 9획 | N2

| 음 | こう/く | 紅茶 홍차　紅白 홍백　紅葉 단풍　真紅 진홍 |
| 훈 | べに/くれない | 口紅 입술 연지, 립스틱　紅 다홍, 주홍색　예외 紅葉 단풍 |

食事後にデザートでケーキと一緒に紅茶を飲んだ。
식사 후에 디저트로 케이크와 홍차를 마셨다.

成人になったお祝いで、母が口紅を買ってくれた。
성인이 된 축하 선물로 엄마가 립스틱을 사 주었다.

* 는 JLPT N4-N5 기출 단어입니다.

1019

孝孝孝孝孝孝孝 | 총 7획 | N1

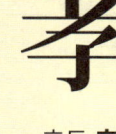
효도 **효**

| 음 こう | 親孝行 효도 　親不孝 불효 |

親が生きているうちに親孝行しておこう。
부모님이 살아 계실 동안에 효도를 해두자.

家出を繰り返すなんて親不孝にもほどがある。
가출을 반복하다니 불효에도 정도가 있다.

1020

拡拡拡拡拡拡拡拡 | 총 8획 | N2

넓힐 **확**

| 음 かく | 拡大 확대　拡張 확장　拡散 확산　拡充 확충 |

その会社は、規模を拡大して海外にも進出した。
그 회사는 규모를 확대해서 해외에도 진출했다.

利用客が増えたので、空港を拡張する予定だ。
이용객이 늘었기 때문에 공항을 확장할 예정이다.

1021

皇皇皇皇皇皇皇皇皇 | 총 9획 | N1

임금 **황**

| 음 こう/おう | 皇帝 황제　皇太子 황태자　皇后 황후　皇室 황실 |
| | 教皇 교황　皇子 황자　예외 天皇 천황, 일본 국왕 |

皇帝の息子を皇太子と呼ぶ。　황제의 아들을 황태자라고 부른다.

ローマ教皇はカトリックの最高指導者である。　로마 교황은 가톨릭의 최고 지도자이다.

1022

灰灰灰灰灰灰 | 총 6획 | N2

재 **회**

| 음 かい | 石灰 석회 |
| 훈 はい | 灰 재　灰色 회색, 잿빛　火山灰 화산재　灰皿 재떨이 |

たばこの灰が落ちないように気を付けてください。
담뱃재가 떨어지지 않도록 주의해 주세요.

喫煙席に灰皿が無かったので、店員に頼んだ。
흡연석에 재떨이가 없어서 점원에게 부탁했다.

1023 后 — 뒤 후

음 こう | 皇后 황후 | 后妃 후비, 왕비 | 皇太后 황태후

皇帝の妻を皇后と呼ぶ。 황제의 아내를 황후라고 부른다.

后妃になる人は礼儀や作法が完璧だ。 왕비가 될 사람은 예의와 예의범절이 완벽하다.

1024 胸 — 가슴 흉

음 きょう | 胸筋 흉근, 가슴 근육 | 気胸 기흉 | 度胸 담력, 배짱

훈 むね/むな | 胸 가슴 | 胸肉 닭 가슴살 | 胸騒ぎ 두근거림, 설렘

胸筋をつけるために、毎日トレーニングをしている。
가슴 근육을 만들기 위해 매일 트레이닝을 하고 있다.

好きな人の前に立つと胸がどきどきします。
좋아하는 사람 앞에 서면 가슴이 두근두근합니다.

1025 揮 — 휘두를 휘

음 き | 指揮 지휘 | 指揮者 지휘자 | 発揮 발휘 | 揮発 휘발

合唱コンクールで、指揮者をすることになった。
합창 콩쿠르에서 지휘자를 하게 되었다.

試合で練習の成果を発揮する。 시합에서 연습 성과를 발휘한다.

1026 吸 — 마실 흡

음 きゅう | 呼吸 호흡 | 吸収 흡수 | 吸引 흡인 | 吸血 흡혈 | 吸着 흡착

훈 す(う) | 吸う 들이마시다, 빨아들이다

スポンジが水を吸収して重くなった。 스폰지가 물을 흡수해서 무거워졌다.

吸血鬼は、人の血を吸って栄養源とする。 흡혈귀는 사람의 피를 빨아서 영양원으로 한다.

체크포인트 26

1 다음 단어의 발음을 히라가나로 적어 보세요.

| 예시 | 花 꽃 → (はな) |

1) 親孝行　효도　→　(　　　　　　　)
2) 指揮　　지휘　→　(　　　　　　　)
3) 探す　　찾다　→　(　　　　　　　)
4) 口紅　　립스틱　→　(　　　　　　　)
5) 破片　　파편　→　(　　　　　　　)

2 다음 단어의 한자를 적어 보세요.

| 예시 | 별 ほし → (星) |

1) 구멍　　あな　　→　(　　　　　　　)
2) 닫히다　しまる　→　(　　　　　　　)
3) 부르다　よぶ　　→　(　　　　　　　)
4) 재떨이　はいざら　→　(　　　　　　　)
5) 가격　　ねだん　→　(　　　　　　　)

3 아래의 단어와 뜻이 올바르게 연결되도록 선을 그어 보세요.

1) 肺(はい) ・　　　　　・ 가슴
2) 胸(むね) ・　　　　　・ 은퇴
3) 憲法(けんぽう) ・　　　　・ 검토
4) 引退(いんたい) ・　　　　・ 헌법
5) 検討(けんとう) ・　　　　・ 폐

정답
1　1) おやこうこう　2) しき　3) さがす　4) くちべに　5) はへん
2　1) 穴　2) 閉まる　3) 呼ぶ　4) 灰皿　5) 値段
3　1) 肺-폐　2) 胸-가슴　3) 憲法-헌법　4) 引退-은퇴　5) 検討-검토

연습문제 06

채점 /10

한자읽기 다음 문장의 밑줄 친 한자를 바르게 읽은 것은 어느 것인가?

1. 背が低いので高い棚の上に手が届きません。
   ① とどきません　② とときません　③ どときません　④ とどぎません

2. そんな危険な国には旅行に行かない方がいいと思う。
   ① きげん　② きけん　③ きかん　④ ぎけん

3. 激しい運動をした後にすぐに筋肉痛になるのは若い証拠だ。
   ① わけい　② にがい　③ じゃい　④ わかい

4. 将来、生まれ故郷に自分の店を出したいです。
   ① しょうらい　② しょうき　③ まさらい　④ しょうるい

5. 見たい番組があるので、リモコンで操作します。
   ① そうせ　② そうさ　③ そうさく　④ あやさ

6. この地球上に存在するものの中で一番固いものはダイヤモンドだ。
   ① そんさい　② ぞんざい　③ そんざい　④ ぞんさい

7. 前から一度は行きたかった人気のラーメン屋を訪ねる。
   ① たすねる　② ほうねる　③ たずねる　④ おとずねる

8. 効果のある宣伝広告を1年間試してみます。
   ① せんでん　② せんてん　③ ぜんでん　④ ぜんてん

9. 否定的な意見も肯定的な意見もどちらも大切です。
   ① ひてい　② ひでい　③ いなてい　④ びてい

10. 大企業に就職するために頑張っています。
    ① つくしょく　② しゅうしょく　③ じゅうしょく　④ しゅうじょく

한자표기 다음 문장의 밑줄 친 한자를 바르게 읽은 것은 어느 것인가?

1. 今までの人生で、きっと一人は<u>そんけい</u>できる先生がいるはずだ。
   ① 尊計   ☒ 噂敬   ③ 傳啓   ④ 尊敬

2. 今まで雨が続いたが、今日は天気がいいので<u>せんたく</u>します。
   ① 洗濯   ☒ 先濯   ③ 洗択   ④ 選択

3. 緊張しすぎて<u>こきゅう</u>が荒くなりました。
   ① 呼急   ☒ 呼球   ③ 呼級   ④ 呼吸

4. <u>ひみつ</u>が多い友達はあまり人から信頼されません。
   ① 秘蜜   ☒ 必密   ③ 秘密   ④ 必必

5. タバコを吸うのではい<u>ざら</u>をとってほしいです。
   ① 灰冊   ☒ 灰皿   ③ 廃皿   ④ 背皿

6. たまたま食べに行ったお店で、有名な<u>はいゆう</u>に会いました。
   ① 俳優   ☒ 俳憂   ③ 非優   ④ 杯優

7. デパートで息子がずっと泣き続けて<u>こまりました</u>。
   ① 固りました   ☒ 団りました   ③ 國りました   ④ 困りました

8. 国によって文化や考え方が違うので、<u>ほんやく</u>の仕事は大変だ。
   ① 翻訳   ☒ 翻役   ③ 番訳   ④ 通訳

9. いつか家族で<u>うちゅう</u>旅行に行くのが夢です。
   ① 宇抽   ☒ 字宙   ③ 宇宙   ④ 上宙

10. 今の世界情勢の様子だと、<u>かぶ</u>の予想をするのは難しいです。
    ① 株   ☒ 朱   ③ 珠   ④ 柯

연습문제 06 정답 및 해석

한자읽기

정답 1 ①   2 ②   3 ④   4 ①   5 ②   6 ③   7 ③   8 ①   9 ①   10 ②

해석
1. 키가 작기 때문에 높은 선반의 위에 손이 닿지 않습니다.
2. 그런 위험한 나라에는 여행을 가지 않는 편이 좋다고 생각한다.
3. 격한 운동을 한 후에 곧바로 근육통이 오는 것은 젊다는 증거다.
4. 장래에 태어난 고향에 자신의 가게를 내고 싶습니다.
5. 보고 싶은 프로그램이 있기 때문에 리모컨으로 조작합니다.
6. 이 지구상에 존재하는 것 중에서 가장 단단한 것은 다이아몬드다.
7. 이전부터 한 번은 가고 싶었던 인기 있는 라멘 가게를 방문한다.
8. 효과가 있는 선전광고를 1년간 시험해 봅니다.
9. 부정적인 의견도 긍정적인 의견도 어느 쪽도 소중합니다.
10. 대기업에 취업하기 위해서 노력하고 있습니다.

한자표기

정답 1 ④   2 ①   3 ④   4 ③   5 ②   6 ①   7 ④   8 ①   9 ③   10 ①

해석
1. 지금까지의 인생에서 반드시 한 명은 존경할 수 있는 선생님이 있을 것이다.
2. 지금까지 비가 계속되었지만, 오늘은 날씨가 좋기 때문에 빨래를 합니다.
3. 너무 긴장해서 호흡이 거칠어졌습니다.
4. 비밀이 많은 친구는 그다지 타인으로부터 신뢰받지 못합니다.
5. 담배를 피우기 때문에 재떨이를 집어줬으면 합니다.
6. 우연히 먹으러 간 가게에서 유명한 배우를 만났습니다.
7. 백화점에서 아들이 계속 울어서 곤란했습니다.
8. 국가에 따라 문화와 사고방식이 다르기 때문에 번역의 일은 힘들다.
9. 언젠가 가족끼리 우주여행에 가는 것이 꿈입니다.
10. 지금의 세계정세의 모습이라면, 주식의 예상을 하는 것은 어렵습니다.

2가지 방법으로 한자를 찾아볼 수 있어요!

상용한자 1026
쉽게 찾는 색인

1. 가나다순

2. 총 획순

가나다순

ㄱ

價 값 **가**	249
街 거리 **가**	175
仮 거짓 **가**	249
歌 노래 **가**	077
加 더할 **가**	175
可 옳을 **가**	249
家 집 **가**	050
各 각각 **각**	175
覚 깨달을 **각**	176
角 뿔 **각**	060
刻 새길 **각**	317
閣 집 **각**	317
簡 간략할 **간**	317
看 볼 **간**	318
間 사이 **간**	054
干 방패 **간**, 마를 **건**	317
刊 새길 **간**	249
幹 줄기 **간**	250
感 느낄 **감**	130
減 덜 **감**	250
鋼 강철 **강**	318
強 강할 **강**	061
降 내릴 **강**	318
岡 산등성이 **강**	176
講 외울 **강**	250
康 편안 **강**	176
改 고칠 **개**	176
個 낱 **개**	250
開 열 **개**	135
客 손 **객**	130
去 갈 **거**	149
挙 들 **거**	177
居 살 **거**	251
健 굳셀 **건**	177
件 물건 **건**	251
建 세울 **건**	177
検 검사할 **검**	251
格 격식 **격**	251
激 격할 **격**	318
犬 개 **견**	033
見 볼 **견**	036
絹 비단 **견**	319
決 결단할 **결**	120
潔 깨끗할 **결**	252
結 맺을 **결**	178
欠 이지러질 **결**	178
軽 가벼울 **경**	106
鏡 거울 **경**	179
警 경계할 **경**	319
敬 공경 **경**	319
競 다툴 **경**	179
耕 밭 갈 **경**	252
景 볕 **경**	178
京 서울 **경**	066
境 지경 **경**	252
経 지날 **경**	252
径 지름길 **경**	178
季 계절 **계**	179
械 기계 **계**	179
系 맬 **계**	319
係 맬 **계**	164
階 섬돌 **계**	166
計 셀 **계**	078
届 이를 **계**	320
界 지경 **계**	112
告 고할 **고**	253
庫 곳집 **고**	166
固 굳을 **고**	180
高 높을 **고**	063
考 생각할 **고**	081
苦 쓸 **고**	108
故 연고 **고**	253
古 옛 **고**	062
穀 곡식 **곡**	320
谷 골 **곡**	076
曲 굽을 **곡**	159
困 곤할 **곤**	320
骨 뼈 **골**	320
功 공 **공**	180
公 공평할 **공**	080
空 빌 **공**	028
供 이바지할 **공**	321
工 장인 **공**	094
共 한가지 **공**	180
科 과목 **과**	085
課 과정 **과**	180
果 실과 **과**	181
過 지날 **과**	253
関 관계할 **관**	181
管 대롱 **관**	181
官 벼슬 **관**	182
観 볼 **관**	182
慣 익숙할 **관**	254
館 집 **관**	120
広 넓을 **광**	064
光 빛 **광**	075
鉱 쇳돌 **광**	254
教 가르칠 **교**	079
橋 다리 **교**	148
交 사귈 **교**	090
校 학교 **교**	022
具 갖출 **구**	162
球 공 **구**	161
区 구분할 **구**	125
救 구원할 **구**	254
求 구할 **구**	182
句 글귀 **구**	254
九 아홉 **구**	015
構 얽을 **구**	255
究 연구할 **구**	111
旧 옛 **구**	255
久 오랠 **구**	255
口 입 **구**	020
国 나라 **국**	065
局 판 **국**	119
郡 고을 **군**	182
軍 군사 **군**	183
群 무리 **군**	183
君 임금 **군**	151
宮 집 **궁**	148
弓 활 **궁**	088
権 권세 **권**	321
券 문서 **권**	321
巻 책 **권**, 말 **권**	321
机 책상 **궤**	322
貴 귀할 **귀**	322
帰 돌아갈 **귀**	068
規 법 **규**	256
均 고를 **균**	256
極 극진할 **극**	183
劇 심할 **극**	322
近 가까울 **근**	061
勤 부지런할 **근**	322
根 뿌리 **근**	131
筋 힘줄 **근**	323
禁 금할 **금**	256
今 이제 **금**	052
急 급할 **급**	121
級 등급 **급**	134
給 줄 **급**	184
岐 갈림길 **기**	184
埼 갑 **기**	184
器 그릇 **기**	184
旗 기 **기**	185
記 기록할 **기**	089
期 기약할 **기**	112
気 기운 **기**	031
己 몸 **기**	323
汽 물 끓는 김 **기**	095
紀 벼리 **기**	256
寄 부칠 **기**	257
起 일어날 **기**	148
技 재주 **기**	257
基 터 **기**	257
機 틀 **기**	185
崎 험할 **기**	185
金 성 **김**, 쇠 **금**	017

ㄴ

暖 따뜻할 난	323
難 어려울 난	324
南 남녘 남	046
男 사내 남	028
納 들일 납	324
内 안 내	048
奈 어찌 내	185
女 여자 녀(여)	027
年 해 년(연)	016
念 생각 념(염)	189
努 힘쓸 노	189
農 농사 농	137
脳 골 뇌	324
能 능할 능	258

ㄷ

多 많을 다	062
断 끊을 단	258
団 둥글 단	258
短 짧을 단	107
段 층계 단	324
単 홑 단	189
達 통달할 달	189
談 말씀 담	136
担 멜 담	325
答 대답 답	091
当 마땅 당	091
党 무리 당	325
糖 엿 당	325
堂 집 당	258
待 기다릴 대	112
代 대신할 대	163
対 대할 대	123
宅 댁 댁	325
帯 띠 대	190
隊 무리 대	190
貸 빌릴 대	259
大 큰 대	018
徳 덕 덕	190
図 그림 도	080
道 길 도	067
都 도읍 도	125
徒 무리 도	190
度 법도 도	138
島 섬 도	137
導 인도할 도	259
刀 칼 도	089
毒 독 독	259
読 읽을 독	089
独 홀로 독	263
冬 겨울 동	045
銅 구리 동	263
働 굼닐 동	191
東 동녘 동	046
童 아이 동	164
動 움직일 동	109
同 한가지 동	088
頭 머리 두	050
豆 콩 두	152
得 얻을 득	263
等 무리 등	134
灯 등잔 등	191
登 오를 등	138

ㄹ

落 떨어질 락(낙)	159
楽 즐길 락(낙)	092
卵 알 란(난)	326
乱 어지러울 란(난)	326
覧 볼 람(남)	326
朗 밝을 랑(낭)	326
来 올 래(내)	068
冷 찰 랭(냉)	191
略 간략할 략(약)	263
両 두 량(양)	166
良 어질 량(양)	192
量 헤아릴 량(양)	192
旅 나그네 려(여)	120
歴 지날 력(역)	264
力 힘 력(역)	034
連 이을 련(연)	192
練 익힐 련(연)	111
列 벌일 렬(열)	136
領 거느릴 령(영)	264
令 하여금 령(영)	193
例 법식 례(예)	193
礼 예도 례(예)	137
路 길 로(노)	166
老 늙을 로(노)	193
労 일할 로	193
録 기록할 록	194
鹿 사슴 록(녹)	194
緑 푸를 록(녹)	144
論 논할 론(논)	327
料 헤아릴 료(요)	194
留 머무를 류(유)	264
類 무리 류(유)	194
流 흐를 류(유)	158
陸 뭍 륙(육)	195
六 여섯 륙(육)	014
輪 바퀴 륜(윤)	195
律 법칙 률(율)	331
理 다스릴 리(이)	085
里 마을 리(이)	066
梨 배나무 리(이)	195
裏 속 리(이)	331
利 이로울 리(이)	195
林 수풀 림(임)	030
臨 임할 림(임)	331
立 설 립(입)	035

ㅁ

馬 말 마	060
幕 장막 막	331
晩 늦을 만	332
万 일만 만	074
満 찰 만	196
末 끝 말	196
亡 망할 망	332
望 바랄 망	196
忘 잊을 망	332
枚 낱 매	332
妹 누이 매	050
毎 매양 매	093
梅 매화 매	196
買 살 매	082
売 팔 매	082
麦 보리 맥	073
脈 줄기 맥	264
盟 맹세 맹	333
面 낯 면	129
綿 솜 면	265
勉 힘쓸 면	163
皿 그릇 명	161
命 목숨 명	104
明 밝을 명	093
鳴 울 명	077
名 이름 명	037
模 본뜰 모	333
母 어머니 모	049
暮 저물 모	333
毛 터럭 모	051
木 나무 목	017
目 눈 목	020
牧 칠 목	197
夢 꿈 몽	265
墓 무덤 묘	265
貿 무역할 무	266
無 없을 무	197
武 호반 무	265
務 힘쓸 무	266
文 글월 문	023
聞 들을 문	090
門 문 문	090
問 물을 문	117
物 물건 물	110
味 맛 미	133
迷 미혹할 미	266
米 쌀 미	073
未 아닐 미	197
美 아름다울 미	108
民 백성 민	197
密 빽빽할 밀	333

ㅂ

| 博 넓을 박 | 198 |

班 나눌 반	334	副 버금 부	203	思 생각 사	081	選 가릴 선	207
反 돌이킬 반, 돌아올 반	123	富 부자 부	203	士 선비 사	271	先 먼저 선	023
返 돌이킬 반	158	付 부칠 부	204	仕 섬길 사	121	船 배 선	095
半 반 반	074	不 아닐 부(불)	204	師 스승 사	272	宣 베풀 선	339
飯 밥 반	198	否 아닐 부	336	糸 실 사	035	線 줄 선	092
発 필 발	123	父 아버지 부	048	射 쏠 사	338	善 착할 선	339
放 놓을 방	163	阜 언덕 부	204	事 일 사	121	雪 눈 설	065
防 막을 방	266	夫 지아비 부	204	寺 절 사	067	説 말씀 설	207
方 모 방, 본뜰 방	047	負 질 부	118	査 조사할 사	272	設 베풀 설	276
訪 찾을 방	334	北 북녘 북	046	死 죽을 사	121	舌 혀 설	339
倍 곱 배	160	粉 가루 분	268	舎 집 사	272	星 별 성	075
配 나눌 배	132	分 나눌 분	054	産 낳을 산	206	省 살필 성	207
背 등 배	334	奮 떨칠 분	336	山 메 산	028	聖 성인 성	340
俳 배우 배	334	仏 부처 불	269	算 셈 산	073	性 성품 성	277
拝 절 배	335	備 갖출 비	269	酸 실 산	272	盛 성할 성	340
百 일백 백	015	比 견줄 비	269	散 흩을 산	206	声 소리 성	077
白 흰 백	021	飛 날 비	205	殺 죽일 살	275	成 이룰 성	208
番 차례 번	086	批 비평할 비	337	三 석 삼	013	城 재 성	208
犯 범할 범	267	肥 살찔 비	269	森 수풀 삼	030	誠 정성 성	340
法 법 법	198	秘 숨길 비	337	傷 다칠 상	338	細 가늘 세	063
辺 가 변	198	悲 슬플 비	107	像 모양 상	275	税 세금 세	277
弁 말씀 변	267	費 쓸 비	270	箱 상자 상	161	洗 씻을 세	340
変 변할 변	199	非 아닐 비	270	賞 상줄 상	275	世 인간 세	112
別 다를 별	199	鼻 코 비	103	想 생각 상	130	勢 형세 세	277
並 나란히 병	335	貧 가난할 빈	270	相 서로 상	136	所 바 소	126
病 병 병	118	氷 얼음 빙	143	上 윗 상	019	昭 밝을 소	113
兵 병사 병	203			商 장사 상	124	素 본디 소	277
報 갚을 보	267	**ㅅ**		象 코끼리 상	275	焼 불사를 소	208
歩 걸음 보	067	詞 글 사	337	常 항상 상	276	消 사라질 소	157
補 기울 보, 도울 보	335	飼 기를 사	270	状 형상 상	276	巣 새집 소	209
宝 보배 보	335	四 넉 사	013	色 빛 색	055	笑 웃음 소	209
保 지킬 보	267	似 닮을 사	271	生 날 생	023	小 작을 소	018
複 겹칠 복	268	辞 말씀 사	205	署 마을 서	339	少 적을 소	062
腹 배 복	336	司 맡을 사	205	書 글 서	080	続 계속 속	209
福 복 복	134	砂 모래 사	337	暑 더울 서	105	属 무리 속	278
服 옷 복	137	社 모일 사	078	西 서녘 서	046	束 묶을 속	209
復 회복할 복	268	捨 버릴 사	338	序 차례 서	276	速 빠를 속	108
本 근본 본	037	写 베낄 사	117	潟 개펄 석	206	損 덜 손	278
棒 막대 봉	336	使 부릴 사	158	石 돌 석	030	孫 손자 손	210
部 떼 부	147	史 사기 사	271	昔 예 석	151	率 거느릴 솔, 비율 률	278
府 마을 부	203	謝 사례할 사	271	席 자리 석	207	送 보낼 송	132
婦 며느리 부	268	私 사사 사	338	夕 저녁 석	032	松 소나무 송	210

刷 인쇄할 쇄	210
収 거둘 수	343
樹 나무 수	343
修 닦을 수	278
垂 드리울 수	343
首 머리 수	051
水 물 수	016
受 받을 수	124
輸 보낼 수	279
数 셈 수	073
手 손 수	021
授 줄 수	279
守 지킬 수	152
熟 익을 숙	343
宿 잘 숙	136
純 순수할 순	344
順 순할 순	210
術 재주 술	279
述 펼 술	279
習 익힐 습	111
拾 주울 습	157
勝 이길 승	118
承 이을 승	344
縄 줄 승	211
乗 탈 승	149
時 때 시	054
示 보일 시	280
視 볼 시	344
始 비로소 시	110
詩 시 시	145
試 시험 시	211
市 저자 시	066
矢 화살 시	088
食 밥 식, 먹을 식	069
式 법 식	139
息 쉴 식	104
植 심을 식	109
識 알 식	280
申 거듭 신	160
神 귀신 신	159
身 몸 신	104
信 믿을 신	211

新 새 신	062
臣 신하 신	212
実 열매 실	122
失 잃을 실	212
室 집 실	079
深 깊을 심	107
心 마음 심	052
十 열 십	015
氏 성씨 씨	211

ㅇ

我 나 아	344
芽 싹 아	212
児 아이 아	212
悪 악할 악	106
顔 낯 안	051
眼 눈 안	280
岸 언덕 안	144
案 책상 안	213
安 편안 안	106
岩 바위 암	075
暗 어두울 암	106
圧 누를 압	280
央 가운데 앙	150
愛 사랑 애	213
額 이마 액	281
液 진 액	281
桜 앵두나무 앵	281
野 들 야	076
夜 밤 야	053
若 같을 약	345
約 맺을 약	213
薬 약 약	119
弱 약할 약	061
養 기를 양	217
様 모양 양	130
陽 볕 양	162
羊 양 양	110
洋 큰 바다 양	138
漁 고기 잡을 어	217
語 말씀 어	079
魚 물고기 어	059

億 억 억	217
言 말씀 언	079
厳 엄할 엄	345
業 업 업	122
円 화폐 단위 엔, 둥글 원	035
余 남을 여	281
逆 거스릴 역	282
訳 번역할 역	345
役 부릴 역	129
駅 역 역	147
域 지경 역	346
研 갈 연, 벼루 연	111
然 그럴 연	217
延 늘일 연	346
沿 물 따라갈 연	346
燃 탈 연	282
演 펼 연	282
熱 더울 열	218
染 물들 염	346
塩 소금 염	218
葉 잎 엽	144
営 경영할 영	282
永 길 영	283
英 뛰어날 영	218
映 비칠 영	347
栄 영화 영	218
泳 헤엄칠 영	131
預 맡길 예	347
予 미리 예	164
芸 재주 예	219
誤 그르칠 오	347
午 낮 오	093
五 다섯 오	014
玉 구슬 옥	035
屋 집 옥	131
温 따뜻할 온	105
完 완전할 완	219
往 갈 왕	283
王 임금 왕	028
外 바깥 외	048
曜 빛날 요	053
要 요긴할 요	219

浴 목욕할 욕	219
欲 하고자 할 욕	348
勇 날랠 용	220
用 쓸 용	082
容 얼굴 용	283
羽 깃 우	077
優 뛰어날 우	348
友 벗 우	091
雨 비 우	031
牛 소 우	059
右 오른쪽 우	019
郵 우편 우	348
宇 집 우	348
雲 구름 운	065
運 옮길 운	109
熊 곰 웅	220
原 근원 원	076
源 근원 원	349
園 동산 원	080
遠 멀 원	061
媛 여자 원	220
願 원할 원	220
元 으뜸 원	094
員 인원 원	125
院 집 원	118
月 달 월	016
委 맡길 위	125
囲 에워쌀 위	283
胃 위장 위	349
危 위태할 위	349
位 자리 위	221
衛 지킬 위	284
油 기름 유	150
遺 남길 유	349
遊 놀 유	131
由 말미암을 유	164
幼 어릴 유	350
有 있을 유	161
乳 젖 유	350
肉 고기 육	052
育 기를 육	160
銀 은 은	146

恩 은혜 **은**	350	昨 어제 **작**	223	全 온전할 **전**	165	朝 아침 **조**	053
飮 마실 **음**	122	作 지을 **작**	086	伝 전할 **전**	225	兆 억조 **조**	231
音 소리 **음**	034	残 해칠 **잔**	223	展 펼 **전**	359	早 이를 **조**	032
泣 울 **읍**	221	雑 섞일 **잡**	288	畑 화전 **전**	143	操 잡을 **조**	360
応 응할 **응**	284	蔵 감출 **장**	353	折 꺾을 **절**	226	造 지을 **조**	294
意 뜻 **의**	135	章 글 **장**	146	切 끊을 **절**	095	組 짤 **조**	086
義 옳을 **의**	284	長 길 **장**	064	絶 끊을 **절**	290	祖 할아비 **조**	294
衣 옷 **의**	221	装 꾸밀 **장**	352	節 마디 **절**	225	族 겨레 **족**	147
議 의논할 **의**	222	場 마당 **장**	066	店 가게 **점**	068	足 발 **족**	021
疑 의심할 **의**	350	障 막을 **장**	353	点 점 **점**	088	尊 높을 **존**	360
医 의원 **의**	119	張 베풀 **장**	288	接 이을 **접**	291	存 있을 **존**	361
耳 귀 **이**	020	臓 오장 **장**	357	整 가지런할 **정**	157	卒 마칠 **졸**	231
異 다를 **이(리)**	351	帳 장막 **장**	167	丁 고무래 **정**	167	宗 마루 **종**	361
二 두 **이**	013	将 장수 **장**	357	静 고요할 **정**	226	終 마칠 **종**	110
易 쉬울 **이**, 바꿀 **역**	284	腸 창자 **장**	357	庭 뜰 **정**	148	縦 세로 **종**	361
以 써 **이**	221	再 두 **재**	289	情 뜻 **정**	291	種 씨 **종**	231
移 옮길 **이**	287	裁 마를 **재**	357	停 머무를 **정**	291	従 좇을 **종**	361
翌 다음날 **익**	351	在 있을 **재**	289	正 바를 **정**	036	佐 도울 **좌**	231
益 더할 **익**	287	材 재목 **재**	223	町 밭두둑 **정**	031	左 왼 **좌**	020
引 끌 **인**	074	財 재물 **재**	289	井 우물 **정**	226	座 자리 **좌**	362
印 도장 **인**	222	災 재앙 **재**	289	政 정사 **정**	292	罪 허물 **죄**	294
人 사람 **인**	027	才 재주 **재**	074	頂 정수리 **정**	359	州 고을 **주**	126
認 알 **인**	352	争 다툴 **쟁**	223	定 정할 **정**	120	株 그루 **주**	362
仁 어질 **인**	351	著 나타날 **저**	358	精 정할 **정**	292	柱 기둥 **주**	143
因 인할 **인**	287	低 낮을 **저**	224	程 한도 **정**	292	昼 낮 **주**	053
日 날 **일**	017	底 밑 **저**	224	済 건널 **제**	359	走 달릴 **주**	067
一 한 **일**	013	貯 쌓을 **저**	290	提 끌 **제**	292	週 돌 **주**	052
任 맡길 **임**	287	的 과녁 **적**	224	除 덜 **제**	359	周 두루 **주**	232
賃 품삯 **임**	351	績 길쌈할 **적**	290	諸 모두 **제**	360	注 부을 **주**	135
入 들 **입**	033	敵 대적할 **적**	358	弟 아우 **제**	049	住 살 **주**	126
		適 맞을 **적**	290	制 절제할 **제**	293	酒 술 **주**	122
ㅈ		赤 붉을 **적**	022	題 제목 **제**	117	奏 아뢸 **주**	362
		積 쌓을 **적**	224	祭 제사 **제**	163	主 임금 **주**	129
字 글자 **자**	027	笛 피리 **적**	162	際 즈음 **제**, 가 **제**	293	宙 집 **주**	362
者 놈 **자**	119	転 구를 **전**	109	製 지을 **제**	293	竹 대 **죽**	029
姿 모양 **자**	352	銭 돈 **전**	358	第 차례 **제**	133	準 준할 **준**	294
滋 불을 **자**	222	田 밭 **전**	031	条 가지 **조**	293	中 가운데 **중**	018
自 스스로 **자**	094	電 번개 **전**	081	調 고를 **조**	133	重 무거울 **중**	107
子 아들 **자**	027	典 법 **전**	225	助 도울 **조**	157	衆 무리 **중**	363
姉 윗누이 **자**	049	戦 싸울 **전**	225	潮 밀물 **조**	360	仲 버금 **중**	232
磁 자석 **자**	352	前 앞 **전**	047	照 비칠 **조**	227	増 더할 **증**	295
資 재물 **자**	288	専 오로지 **전**	358	鳥 새 **조**	059	証 증거 **증**	295
茨 지붕 일 **자**	222						

蒸 찔 **증**	363	妻 아내 **처**	301	則 법칙 **칙**	302	平 평평할 **평**	129
指 가리킬 **지**	103	尺 자 **척**	365	親 친할 **친**	048	評 평할 **평**	304
枝 가지 **지**	295	川 내 **천**	029	七 일곱 **칠**	014	閉 닫을 **폐**	372
持 가질 **지**	158	泉 샘 **천**	365	針 바늘 **침**	370	陛 대궐 섬돌 **폐**	372
止 그칠 **지**	094	浅 얕을 **천**	234			肺 허파 **폐**	372
誌 기록할 **지**	363	千 일천 **천**	015	**ㅋ**		布 베 **포**, 펼 **포**	304
地 땅 **지**	076	蚕 지렁이 **천**, 누에 **잠**	365			包 쌀 **포**	238
志 뜻 **지**	295	天 하늘 **천**	030	快 쾌할 **쾌**	302	暴 사나울 **폭**	305
池 못 **지**	081	鉄 쇠 **철**	146			表 겉 **표**	123
知 알 **지**	087	晴 갤 **청**	065	**ㅌ**		俵 나누어 줄 **표**	373
至 이를 **지**	363	庁 관청 **청**	366			票 표 **표**	238
紙 종이 **지**	082	清 맑을 **청**	234	他 다를 **타**	151	標 표할 **표**	238
支 지탱할 **지**	296	青 푸를 **청**	022	打 칠 **타**	134	品 물건 **품**	124
直 곧을 **직**	087	体 몸 **체**	051	誕 낳을 **탄**	370	風 바람 **풍**	064
職 직분 **직**	296	招 부를 **초**	301	炭 숯 **탄**	147	豊 풍년 **풍**	305
織 짤 **직**	296	秒 분초 **초**	151	探 찾을 **탐**	370	皮 가죽 **피**	103
進 나아갈 **진**	149	初 처음 **초**	235	湯 끓일 **탕**	162	必 반드시 **필**	238
真 참 **진**	117	草 풀 **초**	029	態 모습 **태**	303	筆 붓 **필**	145
質 바탕 **질**	296	寸 마디 **촌**	366	太 클 **태**	063		
集 모을 **집**	153	村 마을 **촌**	032	台 별 **태**, 태풍 **태**	092	**ㅎ**	
		総 거느릴 **총**	301	討 칠 **토**	370		
ㅊ		最 가장 **최**	235	土 흙 **토**	017	荷 멜 **하**, 꾸짖을 **하**	165
		秋 가을 **추**	045	統 거느릴 **통**	303	河 물 **하**	305
差 다를 **차**	232	推 밀 **추**	366	痛 아플 **통**	371	下 아래 **하**	019
次 버금 **차**	132	追 쫓을 **추**, 따를 **추**	149	通 통할 **통**	087	何 어찌 **하**	085
借 빌 **차**	232	祝 빌 **축**	235	退 물러날 **퇴**	371	夏 여름 **하**	045
車 수레 **차**	032	築 쌓을 **축**	302	投 던질 **투**	135	賀 하례할 **하**	239
着 붙을 **착**	152	縮 줄일 **축**	366	特 특별할 **특**	237	学 배울 **학**	022
賛 도울 **찬**	297	春 봄 **춘**	045			寒 찰 **한**	105
察 살필 **찰**	233	出 날 **출**	033	**ㅍ**		漢 한나라 **한**	146
札 편지 **찰**	233	虫 벌레 **충**	034			限 한할 **한**	305
茶 차 **차**	069	忠 충성 **충**	369	派 갈래 **파**	371	割 벨 **할**	373
参 참여할 **참**	233	沖 화할 **충**	236	破 깨뜨릴 **파**	303	合 합할 **합**	086
倉 곳집 **창**	234	取 가질 **취**	124	波 물결 **파**	145	航 배 **항**	306
唱 부를 **창**	233	就 나아갈 **취**	369	坂 고개 **판**	143	港 항구 **항**	145
創 비롯할 **창**	364	側 곁 **측**	236	板 널빤지 **판**	138	海 바다 **해**	075
窓 창 **창**	364	測 헤아릴 **측**	302	阪 언덕 **판**	237	解 풀 **해**	306
菜 나물 **채**	234	層 층 **층**	369	判 판단할 **판**	303	害 해할 **해**	239
採 캘 **채**	297	値 값 **치**	369	版 판목 **판**	304	行 다닐 **행**	068
策 꾀 **책**	364	治 다스릴 **치**	236	八 여덟 **팔**	014	幸 다행 **행**	133
責 꾸짖을 **책**	301	置 둘 **치**	236	貝 조개 **패**	034	郷 시골 **향**	373
冊 책 **책**	364	歯 이 **치**	104	敗 패할 **패**	237	香 향기 **향**	239
処 곳 **처**	365			編 엮을 **편**	304	向 향할 **향**	150
				片 조각 **편**	372		
				便 편할 **편**	237		

許 허락할 허	306
憲 법 헌	373
驗 시험 험	239
險 험할 험	306
革 가죽 혁	374
現 나타날 현	307
県 매달 현	126
穴 구멍 혈	374
血 피 혈	103
協 화합할 협	240
形 모양 형	060
型 모형 형	307
兄 형 형	049
護 도울 호	307
呼 부를 호	374
号 이름 호	165
好 좋을 호	240
戸 집 호	050
湖 호수 호	144
混 섞을 혼	307
紅 붉을 홍	374
画 그림 화, 그을 획	078
花 꽃 화	029
化 될 화	165
話 말씀 화	091
火 불 화	016
貨 재물 화	240
和 화할 화	113
確 굳을 확	308
拡 넓힐 확	375
丸 둥글 환	060
活 살 활	092
黄 누를 황	055
皇 임금 황	375
絵 그림 회	089
回 돌아올 회	085
会 모일 회	078
栃 상수리나무 회	240
灰 재 회	375
横 가로 횡	150
効 본받을 효	308
孝 효도 효	375

候 기후 후	241
厚 두터울 후	308
後 뒤 후	047
后 뒤 후	376
訓 가르칠 훈	241
揮 휘두를 휘	376
休 쉴 휴	036
胸 가슴 흉	376
黒 검을 흑	059
吸 마실 흡	376
興 일 흥	308
喜 기쁠 희	309
希 바랄 희	241

총 획순

1획

一	한 **일**	013

2획

九	아홉 **구**	015
刀	칼 **도**	089
力	힘 **력(역)**	034
十	열 **십**	015
二	두 **이**	013
人	사람 **인**	027
入	들 **입**	033
丁	고무래 **정**	167
七	일곱 **칠**	014
八	여덟 **팔**	014

3획

干	방패 **간**, 마를 **건**	317
工	장인 **공**	094
久	오랠 **구**	255
口	입 **구**	020
弓	활 **궁**	088
己	몸 **기**	323
女	여자 **녀(여)**	027
大	큰 **대**	018
万	일 만 **만**	074
亡	망할 **망**	332
士	선비 **사**	271
山	메 **산**	028
三	석 **삼**	013
上	윗 **상**	019
夕	저녁 **석**	032
小	작을 **소**	018
子	아들 **자**	027
才	재주 **재**	074
川	내 **천**	029
千	일천 **천**	015
寸	마디 **촌**	366
土	흙 **토**	017
下	아래 **하**	019

丸	둥글 **환**	060

4획

犬	개 **견**	033
欠	이지러질 **결**	178
公	공평할 **공**	080
区	구분할 **구**	125
今	이제 **금**	052
内	안 **내**	048
六	여섯 **륙(육)**	014
毛	터럭 **모**	051
木	나무 **목**	017
文	글월 **문**	023
反	돌이킬 **반**, 돌아올 **반**	123
方	모 **방**, 본뜰 **방**	047
不	아닐 **부(불)**	204
父	아버지 **부**	048
夫	지아비 **부**	204
分	나눌 **분**	054
仏	부처 **불**	269
比	견줄 **비**	269
少	적을 **소**	062
収	거둘 **수**	343
水	물 **수**	016
手	손 **수**	021
心	마음 **심**	052
氏	성씨 **씨**	211
円	화폐 단위 **엔**, 둥글 **원**	035
予	미리 **예**	164
午	낮 **오**	093
五	다섯 **오**	014
王	임금 **왕**	028
牛	소 **우**	059
友	벗 **우**	091
元	으뜸 **원**	094
月	달 **월**	016
引	끌 **인**	074
仁	어질 **인**	351
日	날 **일**	017
切	끊을 **절**	095

井	우물 **정**	226
中	가운데 **중**	018
止	그칠 **지**	094
支	지탱할 **지**	296
尺	자 **척**	365
天	하늘 **천**	030
太	클 **태**	063
片	조각 **편**	372
戸	집 **호**	050
化	될 **화**	165
火	불 **화**	016

5획

加	더할 **가**	175
可	옳을 **가**	249
刊	새길 **간**	249
去	갈 **거**	149
古	옛 **고**	062
功	공 **공**	180
広	넓을 **광**	064
句	글귀 **구**	254
旧	옛 **구**	255
代	대신할 **대**	163
令	하여금 **령(영)**	193
礼	예도 **례(예)**	137
立	설 **립(입)**	035
末	끝 **말**	196
皿	그릇 **명**	161
母	어머니 **모**	049
目	눈 **목**	020
未	아닐 **미**	197
民	백성 **민**	197
半	반 **반**	074
白	흰 **백**	021
犯	범할 **범**	267
辺	가 **변**	198
弁	말씀 **변**	267
本	근본 **본**	037
付	부칠 **부**	204
北	북녘 **북**	046

氷	얼음 **빙**	143
四	넉 **사**	013
司	맡을 **사**	205
写	베낄 **사**	117
史	사기 **사**	271
仕	섬길 **사**	121
生	날 **생**	023
石	돌 **석**	030
世	인간 **세**	112
示	보일 **시**	280
市	저자 **시**	066
矢	화살 **시**	088
申	거듭 **신**	160
失	잃을 **실**	212
圧	누를 **압**	280
央	가운데 **앙**	150
永	길 **영**	283
玉	구슬 **옥**	035
外	바깥 **외**	048
用	쓸 **용**	082
右	오른쪽 **우**	019
由	말미암을 **유**	164
幼	어릴 **유**	350
以	써 **이**	221
田	밭 **전**	031
正	바를 **정**	036
左	왼 **좌**	020
主	임금 **주**	129
札	편지 **찰**	233
冊	책 **책**	364
処	곳 **처**	365
庁	관청 **청**	366
冬	겨울 **동**	045
出	날 **출**	033
他	다를 **타**	151
打	칠 **타**	134
台	별 **태**, 태풍 **태**	092
平	평평할 **평**	129
布	베 **포**, 펼 **포**	304
包	쌀 **포**	238

389

皮 가죽 피	103
必 반드시 필	238
穴 구멍 혈	374
兄 형 형	049
号 이름 호	165

6획

仮 거짓 가	249
各 각각 각	175
件 물건 건	251
考 생각할 고	081
曲 굽을 곡	159
共 한가지 공	180
光 빛 광	075
交 사귈 교	090
机 책상 궤	322
気 기운 기	031
年 해 년(연)	016
多 많을 다	062
団 둥글 단	258
当 마땅 당	091
宅 댁 댁	325
同 한가지 동	088
灯 등잔 등	191
両 두 량(양)	166
列 벌일 렬(열)	136
老 늙을 로(노)	193
毎 매양 매	093
名 이름 명	037
米 쌀 미	073
百 일백 백	015
糸 실 사	035
寺 절 사	067
死 죽을 사	121
色 빛 색	055
西 서녘 서	046
先 먼저 선	023
舌 혀 설	339
成 이룰 성	208
守 지킬 수	152
式 법 식	139
安 편안 안	106

羊 양 양	110
羽 깃 우	077
宇 집 우	348
危 위태할 위	349
有 있을 유	161
肉 고기 육	052
衣 옷 의	221
耳 귀 이	020
印 도장 인	222
因 인할 인	287
任 맡길 임	287
字 글자 자	027
自 스스로 자	094
再 두 재	289
在 있을 재	289
争 다툴 쟁	223
全 온전할 전	165
伝 전할 전	225
兆 억조 조	231
早 이를 조	032
存 있을 존	361
州 고을 주	126
竹 대 죽	029
仲 버금 중	232
地 땅 지	076
池 못 지	081
至 이를 지	363
次 버금 차	132
虫 벌레 충	034
合 합할 합	086
行 다닐 행	068
向 향할 향	150
血 피 혈	103
好 좋을 호	240
回 돌아올 회	085
会 모일 회	078
灰 재 회	375
后 뒤 후	376
休 쉴 휴	036
吸 마실 흡	376

7획

角 뿔 각	060
改 고칠 개	176
見 볼 견	036
決 결단할 결	120
系 맬 계	319
告 고할 고	253
谷 골 곡	076
困 곤할 곤	320
求 구할 구	182
究 연구할 구	111
局 판 국	119
君 임금 군	151
均 고를 균	256
近 가까울 근	061
岐 갈림길 기	184
汽 물 끓는 김 기	095
技 재주 기	257
男 사내 남	028
努 힘쓸 노	189
対 대할 대	123
図 그림 도	080
豆 콩 두	152
卵 알 란(난)	326
乱 어지러울 란(난)	326
来 올 래(내)	068
冷 찰 랭(냉)	191
良 어질 량(양)	192
労 일할 로	193
里 마을 리(이)	066
利 이로울 리(이)	195
忘 잊을 망	332
売 팔 매	082
麦 보리 맥	073
返 돌이킬 반	158
防 막을 방	266
別 다를 별	199
兵 병사 병	203
否 아닐 부	336
批 비평할 비	337
似 닮을 사	271
社 모일 사	078
私 사사 사	338

状 형상 상	276
序 차례 서	276
声 소리 성	077
束 묶을 속	209
身 몸 신	104
臣 신하 신	212
我 나 아	344
児 아이 아	212
言 말씀 언	079
余 남을 여	281
役 부릴 역	129
芸 재주 예	219
完 완전할 완	219
位 자리 위	221
囲 에워쌀 위	283
応 응할 응	284
医 의원 의	119
作 지을 작	086
材 재목 재	223
災 재앙 재	289
低 낮을 저	224
赤 붉을 적	022
折 꺾을 절	226
町 밭두둑 정	031
弟 아우 제	049
条 가지 조	293
助 도울 조	157
足 발 족	021
佐 도울 좌	231
走 달릴 주	067
住 살 주	126
志 뜻 지	295
車 수레 차	032
体 몸 체	051
初 처음 초	235
村 마을 촌	032
沖 화할 충	236
快 쾌할 쾌	302
投 던질 투	135
坂 고개 판	143
阪 언덕 판	237
判 판단할 판	303

貝 조개 패	034	放 놓을 방	163	者 놈 자	119	係 맬 계	164
何 어찌 하	085	拜 절 배	335	姉 윗누이 자	049	計 셀 계	078
形 모양 형	060	法 법 법	198	長 길 장	064	界 지경 계	112
花 꽃 화	029	並 나란히 병	335	底 밑 저	224	故 연고 고	253
孝 효도 효	375	步 걸음 보	067	的 과녁 적	224	科 과목 과	085
希 바랄 희	241	宝 보배 보	335	典 법 전	225	軍 군사 군	183
		服 옷 복	137	店 가게 점	068	巻 책 권, 말 권	321
		府 마을 부	203	定 정할 정	120	急 급할 급	121

8획

価 값 가	249	阜 언덕 부	204	制 절제할 제	293	級 등급 급	134
刻 새길 각	317	肥 살찔 비	269	卒 마칠 졸	231	紀 벼리 기	256
岡 산등성이 강	176	非 아닐 비	270	宗 마루 종	361	南 남녘 남	046
居 살 거	251	使 부릴 사	158	周 두루 주	232	段 층계 단	324
京 서울 경	066	事 일 사	121	注 부을 주	135	単 홀 단	189
径 지름길 경	178	舎 집 사	272	宙 집 주	362	待 기다릴 대	112
季 계절 계	179	昔 예 석	151	枝 가지 지	295	度 법도 도	138
届 이를 계	320	性 성품 성	277	知 알 지	087	独 홀로 독	263
固 굳을 고	180	所 바 소	126	直 곧을 직	087	律 법칙 률(율)	331
苦 쓸 고	108	松 소나무 송	210	参 참여할 참	233	面 낯 면	129
空 빌 공	028	刷 인쇄할 쇄	210	妻 아내 처	301	迷 미혹할 미	266
供 이바지할 공	321	垂 드리울 수	343	青 푸를 청	022	美 아름다울 미	108
果 실과 과	181	受 받을 수	124	招 부를 초	301	発 필 발	123
官 벼슬 관	182	述 펼 술	279	忠 충성 충	369	背 등 배	334
具 갖출 구	162	承 이을 승	344	取 가질 취	124	変 변할 변	199
国 나라 국	065	始 비로소 시	110	治 다스릴 치	236	保 지킬 보	267
券 문서 권	321	実 열매 실	122	波 물결 파	145	負 질 부	118
金 성 김, 쇠 금	017	芽 싹 아	212	板 널빤지 판	138	飛 날 비	205
奈 어찌 내	185	岸 언덕 안	144	版 판목 판	304	砂 모래 사	337
念 생각 념(염)	189	岩 바위 암	075	表 겉 표	123	思 생각 사	081
担 멜 담	325	夜 밤 야	053	河 물 하	305	査 조사할 사	272
毒 독 독	259	若 같을 약	345	学 배울 학	022	相 서로 상	136
東 동녘 동	046	延 늘일 연	346	幸 다행 행	133	宣 베풀 선	339
例 법식 례(예)	193	沿 물 따라갈 연	346	協 화합할 협	240	星 별 성	075
林 수풀 림(임)	030	英 뛰어날 영	218	呼 부를 호	374	省 살필 성	207
枚 낱 매	332	泳 헤엄칠 영	131	画 그림 화, 그을 획	078	城 재 성	208
妹 누이 매	050	往 갈 왕	283	和 화할 화	113	洗 씻을 세	340
命 목숨 명	104	雨 비 우	031	拡 넓힐 확	375	昭 밝을 소	113
明 밝을 명	093	委 맡길 위	125	効 본받을 효	308	送 보낼 송	132
牧 칠 목	197	油 기름 유	150			首 머리 수	051
武 호반 무	265	乳 젖 유	350	## 9획		拾 주울 습	157
門 문 문	090	育 기를 육	160			乗 탈 승	149
物 물건 물	110	泣 울 읍	221	看 볼 간	318	食 밥 식, 먹을 식	069
味 맛 미	133	易 쉬울 이, 바꿀 역	284	客 손 객	130	神 귀신 신	159
				建 세울 건	177		

信 믿을 **신**	211	便 편할 **편**	237	連 이을 **련(연)**	192	展 펼 **전**	359
室 집 **실**	079	肺 허파 **폐**	372	料 헤아릴 **료(요)**	194	庭 뜰 **정**	148
約 맺을 **약**	213	品 물건 **품**	124	留 머무를 **류(유)**	264	除 덜 **제**	359
洋 큰 바다 **양**	138	風 바람 **풍**	064	流 흐를 **류(유)**	158	造 지을 **조**	294
逆 거스릴 **역**	282	限 한할 **한**	305	馬 말 **마**	060	從 좇을 **종**	361
研 갈 **연**, 벼루 **연**	111	海 바다 **해**	075	梅 매화 **매**	196	座 자리 **좌**	362
染 물들 **염**	346	香 향기 **향**	239	脈 줄기 **맥**	264	株 그루 **주**	362
映 비칠 **영**	347	革 가죽 **혁**	374	勉 힘쓸 **면**	163	酒 술 **주**	122
栄 영화 **영**	218	県 매달 **현**	126	班 나눌 **반**	334	紙 종이 **지**	082
屋 집 **옥**	131	型 모형 **형**	307	倍 곱 **배**	160	真 참 **진**	117
勇 날랠 **용**	220	紅 붉을 **홍**	374	配 나눌 **배**	132	差 다를 **차**	232
要 요긴할 **요**	219	活 살 **활**	092	俳 배우 **배**	334	借 빌 **차**	232
胃 위장 **위**	349	皇 임금 **황**	375	病 병 **병**	118	倉 곳집 **창**	234
音 소리 **음**	034	栃 상수리나무 **회**	240	粉 가루 **분**	268	蚕 지렁이 **천**, 누에 **잠**	365
姿 모양 **자**	352	厚 두터울 **후**	308	秘 숨길 **비**	337	値 값 **치**	369
茨 지붕 일 **자**	222	後 뒤 **후**	047	師 스승 **사**	272	針 바늘 **침**	370
昨 어제 **작**	223			射 쏠 **사**	338	討 칠 **토**	370
前 앞 **전**	047	**10획**		殺 죽일 **살**	275	通 통할 **통**	087
専 오로지 **전**	358	家 집 **가**	050	書 글 **서**	080	特 특별할 **특**	237
畑 화전 **전**	143	降 내릴 **강**	318	席 자리 **석**	207	破 깨뜨릴 **파**	303
点 점 **점**	088	個 낱 **개**	250	素 본디 **소**	277	陛 대궐 섬돌 **폐**	372
政 정사 **정**	292	挙 들 **거**	177	消 사라질 **소**	157	俵 나누어 줄 **표**	373
祖 할아비 **조**	294	格 격식 **격**	251	笑 웃음 **소**	209	荷 멜 **하**, 꾸짖을 **하**	165
柱 기둥 **주**	143	耕 밭 갈 **경**	252	速 빠를 **속**	108	夏 여름 **하**	045
昼 낮 **주**	053	庫 곳집 **고**	166	孫 손자 **손**	210	航 배 **항**	306
奏 아뢸 **주**	362	高 높을 **고**	063	修 닦을 **수**	278	害 해할 **해**	239
重 무거울 **중**	107	骨 뼈 **골**	320	純 순수할 **순**	344	候 기후 **후**	241
指 가리킬 **지**	103	校 학교 **교**	022	時 때 **시**	054	訓 가르칠 **훈**	241
持 가질 **지**	158	郡 고을 **군**	182	息 쉴 **식**	104	胸 가슴 **흉**	376
茶 차 **차**	069	宮 집 **궁**	148	案 책상 **안**	213		
泉 샘 **천**	365	帰 돌아갈 **귀**	068	桜 앵두나무 **앵**	281	**11획**	
浅 얕을 **천**	234	根 뿌리 **근**	131	弱 약할 **약**	061	強 강할 **강**	061
秒 분초 **초**	151	記 기록할 **기**	089	浴 목욕할 **욕**	219	康 편안 **강**	176
草 풀 **초**	029	起 일어날 **기**	148	容 얼굴 **용**	283	健 굳셀 **건**	177
秋 가을 **추**	045	納 들일 **납**	324	原 근원 **원**	076	経 지날 **경**	252
追 쫓을 **추**, 따를 **추**	149	能 능할 **능**	258	員 인원 **원**	125	械 기계 **계**	179
祝 빌 **축**	235	党 무리 **당**	325	院 집 **원**	118	教 가르칠 **교**	079
春 봄 **춘**	045	帯 띠 **대**	190	恩 은혜 **은**	350	球 공 **구**	161
則 법칙 **칙**	302	徒 무리 **도**	190	益 더할 **익**	287	救 구원할 **구**	254
炭 숯 **탄**	147	島 섬 **도**	137	残 해칠 **잔**	223	規 법 **규**	256
退 물러날 **퇴**	371	朗 밝을 **랑(낭)**	326	将 장수 **장**	357	埼 갑 **기**	184
派 갈래 **파**	371	旅 나그네 **려(여)**	120	財 재물 **재**	289	寄 부칠 **기**	257

基 터 기	257	野 들 야	076	鄕 시골 향	373	博 넓을 박	198
崎 험할 기	185	魚 물고기 어	059	許 허락할 허	306	飯 밥 반	198
腦 골 뇌	324	訳 번역할 역	345	険 험할 험	306	番 차례 번	086
断 끊을 단	258	域 지경 역	346	現 나타날 현	307	報 갚을 보	267
堂 집 당	258	欲 하고자 할 욕	348	混 섞을 혼	307	補 기울 보, 도울 보	335
都 도읍 도	125	郵 우편 우	348	黒 검을 흑	059	復 회복할 복	268
動 움직일 동	109	異 다를 이(리)	351			棒 막대 봉	336
得 얻을 득	263	移 옮길 이	287	**12획**		富 부자 부	203
略 간략할 략(약)	263	翌 다음날 익	351			備 갖출 비	269
鹿 사슴 록(녹)	194	章 글 장	146	街 거리 가	175	悲 슬플 비	107
陸 뭍 륙(육)	195	張 베풀 장	288	覚 깨달을 각	176	費 쓸 비	270
理 다스릴 리(이)	085	帳 장막 장	167	間 사이 간	054	詞 글 사	337
梨 배나무 리(이)	195	著 나타날 저	358	減 덜 감	250	散 흩을 산	206
望 바랄 망	196	笛 피리 적	162	開 열 개	135	森 수풀 삼	030
務 힘쓸 무	266	転 구를 전	109	検 검사할 검	251	象 코끼리 상	275
問 물을 문	117	接 이을 접	291	結 맺을 결	178	暑 더울 서	105
密 빽빽할 밀	333	情 뜻 정	291	軽 가벼울 경	106	善 착할 선	339
訪 찾을 방	334	停 머무를 정	291	敬 공경 경	319	税 세금 세	277
部 떼 부	147	頂 정수리 정	359	景 볕 경	178	焼 불사를 소	208
婦 며느리 부	268	済 건널 제	359	階 섬돌 계	166	属 무리 속	278
副 버금 부	203	祭 제사 제	163	過 지날 과	253	順 순할 순	210
貧 가난할 빈	270	第 차례 제	133	貴 귀할 귀	322	勝 이길 승	118
捨 버릴 사	338	鳥 새 조	059	極 극진할 극	183	植 심을 식	109
産 낳을 산	206	組 짤 조	086	勤 부지런할 근	322	陽 볕 양	162
商 장사 상	124	族 겨레 족	147	筋 힘줄 근	323	然 그럴 연	217
常 항상 상	276	終 마칠 종	110	給 줄 급	184	葉 잎 엽	144
船 배 선	095	週 돌 주	052	期 기약할 기	112	営 경영할 영	282
雪 눈 설	065	進 나아갈 진	149	短 짧을 단	107	温 따뜻할 온	105
設 베풀 설	276	唱 부를 창	233	達 통달할 달	189	雲 구름 운	065
盛 성할 성	340	窓 창 창	364	答 대답 답	091	運 옮길 운	109
細 가늘 세	063	責 꾸짖을 책	301	隊 무리 대	190	媛 여자 원	220
巢 새집 소	209	清 맑을 청	234	貸 빌릴 대	259	遊 놀 유	131
率 거느릴 솔, 비율 률	278	菜 나물 채	234	道 길 도	067	飲 마실 음	122
授 줄 수	279	採 캘 채	297	童 아이 동	164	滋 불을 자	222
宿 잘 숙	136	推 밀 추	366	等 무리 등	134	装 꾸밀 장	352
術 재주 술	279	側 곁 측	236	登 오를 등	138	場 마당 장	066
習 익힐 습	111	探 찾을 탐	370	落 떨어질 락(낙)	159	裁 마를 재	357
視 볼 시	344	敗 패할 패	237	量 헤아릴 량(양)	192	貯 쌓을 저	290
深 깊을 심	107	閉 닫을 폐	372	晩 늦을 만	332	絶 끊을 절	290
悪 악할 악	106	票 표 표	238	満 찰 만	196	程 한도 정	292
眼 눈 안	280	貨 재물 화	240	買 살 매	082	提 끌 제	292
液 진 액	281	黄 누를 황	055	貿 무역할 무	266	朝 아침 조	053
				無 없을 무	197		

尊 높을 존	360
衆 무리 중	363
証 증거 증	295
集 모을 집	153
着 붙을 착	152
創 비롯할 창	364
策 꾀 책	364
晴 갤 청	065
最 가장 최	235
就 나아갈 취	369
測 헤아릴 측	302
歯 이 치	104
湯 끓일 탕	162
統 거느릴 통	303
痛 아플 통	371
評 평할 평	304
筆 붓 필	145
賀 하례할 하	239
寒 찰 한	105
割 벨 할	373
港 항구 항	145
湖 호수 호	144
絵 그림 회	089
揮 휘두를 휘	376
喜 기쁠 희	309

13획

幹 줄기 간	250
感 느낄 감	130
絹 비단 견	319
鉱 쇳돌 광	254
群 무리 군	183
禁 금할 금	256
暖 따뜻할 난	323
農 농사 농	137
働 굼닐 동	191
楽 즐길 락(낙)	092
路 길 로(노)	166
裏 속 리(이)	331
幕 장막 막	331
盟 맹세 맹	333
夢 꿈 몽	265

墓 무덤 묘	265
腹 배 복	336
福 복 복	134
飼 기를 사	270
辞 말씀 사	205
傷 다칠 상	338
想 생각 상	130
署 마을 서	339
聖 성인 성	340
誠 정성 성	340
勢 형세 세	277
続 계속 속	209
損 덜 손	278
数 셈 수	073
詩 시 시	145
試 시험 시	211
新 새 신	062
暗 어두울 암	106
愛 사랑 애	213
業 업 업	122
塩 소금 염	218
預 맡길 예	347
源 근원 원	349
園 동산 원	080
遠 멀 원	061
意 뜻 의	135
義 옳을 의	284
賃 품삯 임	351
資 재물 자	288
腸 창자 장	357
電 번개 전	081
戦 싸울 전	225
節 마디 절	225
照 비칠 조	227
罪 허물 죄	294
準 준할 준	294
蒸 찔 증	363
鉄 쇠 철	146
置 둘 치	236
豊 풍년 풍	305
漢 한나라 한	146
解 풀 해	306

| 話 말씀 화 | 091 |

14획

歌 노래 가	077
閣 집 각	317
境 지경 경	252
穀 곡식 곡	320
関 관계할 관	181
管 대롱 관	181
慣 익숙할 관	254
構 얽을 구	255
旗 기 기	185
徳 덕 덕	190
読 읽을 독	089
銅 구리 동	263
歴 지날 력(역)	264
練 익힐 련(연)	111
領 거느릴 령(영)	264
緑 푸를 록(녹)	144
綿 솜 면	265
鳴 울 명	077
模 본뜰 모	333
暮 저물 모	333
聞 들을 문	090
複 겹칠 복	268
鼻 코 비	103
算 셈 산	073
酸 실 산	272
像 모양 상	275
説 말씀 설	207
様 모양 양	130
漁 고기 잡을 어	217
語 말씀 어	079
駅 역 역	147
演 펼 연	282
誤 그르칠 오	347
熊 곰 웅	220
銀 은 은	146
疑 의심할 의	350
認 알 인	352
磁 자석 자	352
雑 섞일 잡	288

障 막을 장	353
適 맞을 적	290
銭 돈 전	358
静 고요할 정	226
精 정할 정	292
際 즈음 제	293
製 지을 제	293
種 씨 종	231
増 더할 증	295
誌 기록할 지	363
察 살필 찰	233
総 거느릴 총	301
層 층 층	369
態 모습 태	303

15획

潔 깨끗할 결	252
課 과정 과	180
権 권세 권	321
劇 심할 극	322
器 그릇 기	184
談 말씀 담	136
導 인도할 도	259
論 논할 론(논)	327
輪 바퀴 륜(윤)	195
箱 상자 상	161
賞 상줄 상	275
選 가릴 선	207
潟 개펄 석	206
線 줄 선	092
熟 익을 숙	343
縄 줄 승	211
養 기를 양	217
億 억 억	217
熱 더울 열	218
遺 남길 유	349
蔵 감출 장	353
敵 대적할 적	358
諸 모두 제	360
調 고를 조	133
潮 밀물 조	360
質 바탕 질	296

贊 도울 찬	297
誕 낳을 탄	370
編 엮을 편	304
暴 사나울 폭	305
標 표할 표	238
確 굳을 확	308
橫 가로 횡	150

16획

鋼 강철 강	318
激 격할 격	318
館 집 관	120
橋 다리 교	148
機 틀 기	185
糖 엿 당	325
頭 머리 두	050
錄 기록할 록	194
奮 떨칠 분	336
樹 나무 수	343
輸 보낼 수	279
藥 약 약	119
燃 탈 연	282
衛 지킬 위	284
積 쌓을 적	224
整 가지런할 정	157
操 잡을 조	360
縱 세로 종	361
築 쌓을 축	302
親 친할 친	048
憲 법 헌	373
興 일 흥	308

17획

講 외울 강	250
覽 볼 람(남)	326
謝 사례할 사	271
嚴 엄할 엄	345
優 뛰어날 우	348
績 길쌈할 적	290
縮 줄일 축	366

18획

簡 간략할 간	317
觀 볼 관	182
難 어려울 난	324
類 무리 류(유)	194
臨 임할 림(임)	331
顔 낯 안	051
額 이마 액	281
曜 빛날 요	053
題 제목 제	117
職 직분 직	296
織 짤 직	296
驗 시험 험	239

19획

鏡 거울 경	179
警 경계할 경	319
識 알 식	280
願 원할 원	220
臟 오장 장	357

20획

競 다툴 경	179
議 의논할 의	222
護 도울 호	307

초판 1쇄 발행 2024년 1월 22일
5쇄 발행 2025년 8월 1일

지은이 유하다요컨텐츠개발팀
펴낸곳 ㈜유하다요
펴낸이 전유하
책임편집 정설
디자인 최한솔

정가 16,800원
ISBN 979-11-91687-32-3(03730)

Copyright ⓒ ㈜유하다요
이 책에 대한 저작권은 주식회사 유하다요에 있으므로 무단 전재, 배포, 복제 및 사용을 금합니다. 이 책의 전부 또는 일부를 인용 및 발췌하여 사용하려면 저작권자 주식회사 유하다요의 서면 동의를 받아야 합니다. 잘못 만든 책은 구입한 서점 또는 본사에서 바꿔드립니다.

주소 서울특별시 송파구 풍성로 77, C동 3층
홈페이지 https://yuhadayo.com/
교재 관련 문의 02)470-6845

일본어는 유하다요로 충분합니다!

일본어 전문 인강 유하다요의
체계적인 학습 커리큘럼

기초

기초 입문 부터, 회화, 단어 복습까지 체계적인 3-STEP 커리큘럼

- **STEP 1 기초 입문** — 히라가나부터 기초 표현 배우기
- **STEP 2 회화 연습** — 실제로 쓰이는 기초 회화 연습하기
- **STEP 3 단어 복습** — 철저한 반복 학습으로 단어 외우기

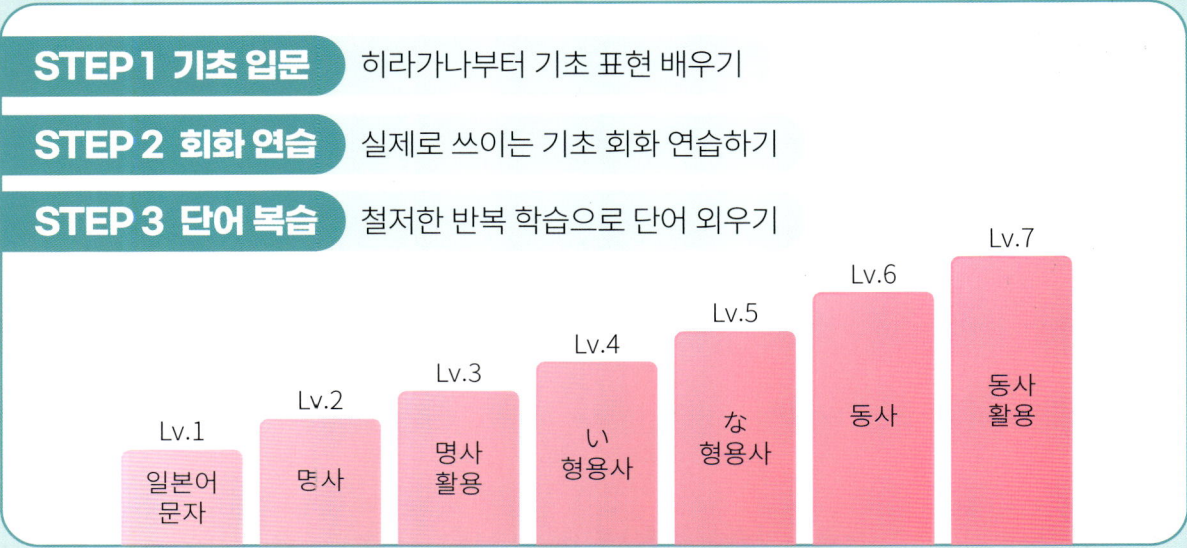

Lv.1 일본어 문자 / Lv.2 명사 / Lv.3 명사 활용 / Lv.4 い형용사 / Lv.5 な형용사 / Lv.6 동사 / Lv.7 동사 활용

한자

기초부터 실전까지 일본어 상용한자 1026자 30일 완성 커리큘럼

쉽게 배우는 일본어 유하다요 yuhadayo.com

30일 완성! 기초부터 JLPT까지

유하다요 일본어 상용한자 1026

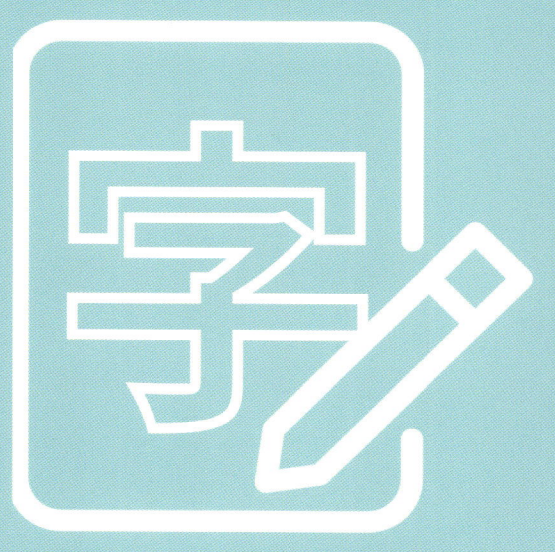

유하다요

30일 완성! 기초부터 JLPT까지

유하다요 일본어 상용한자 1026

쓰기노트

유하다요

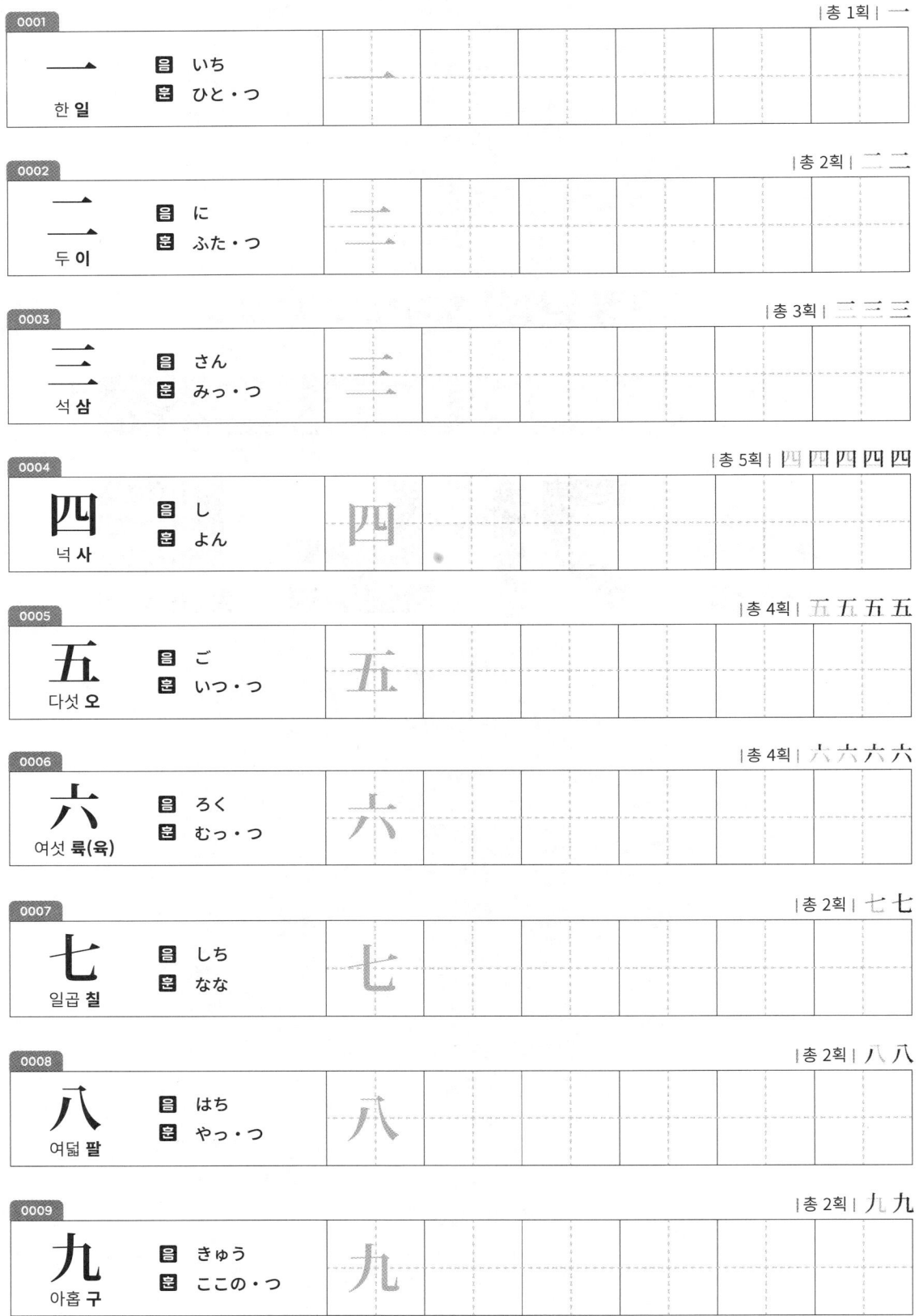

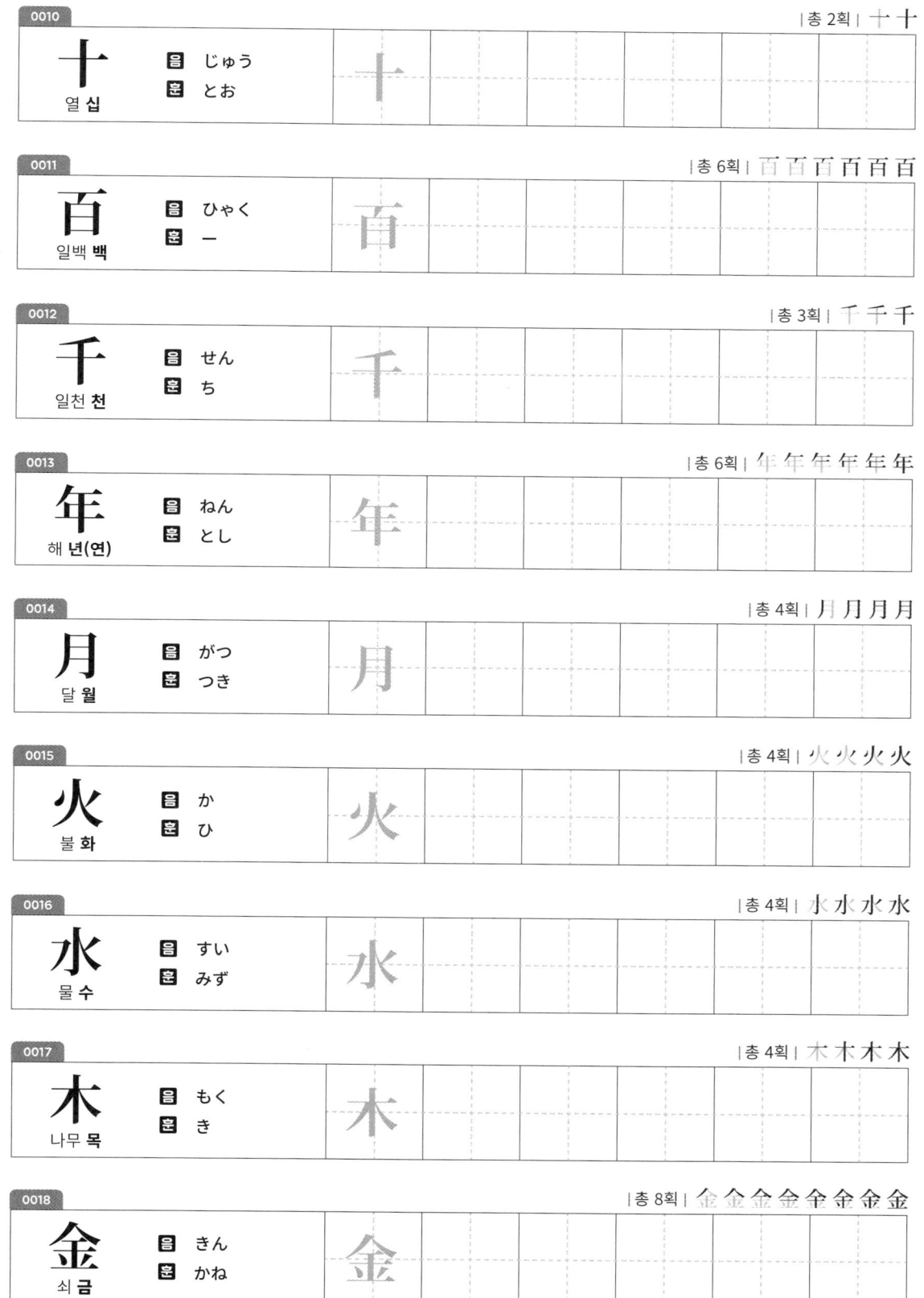

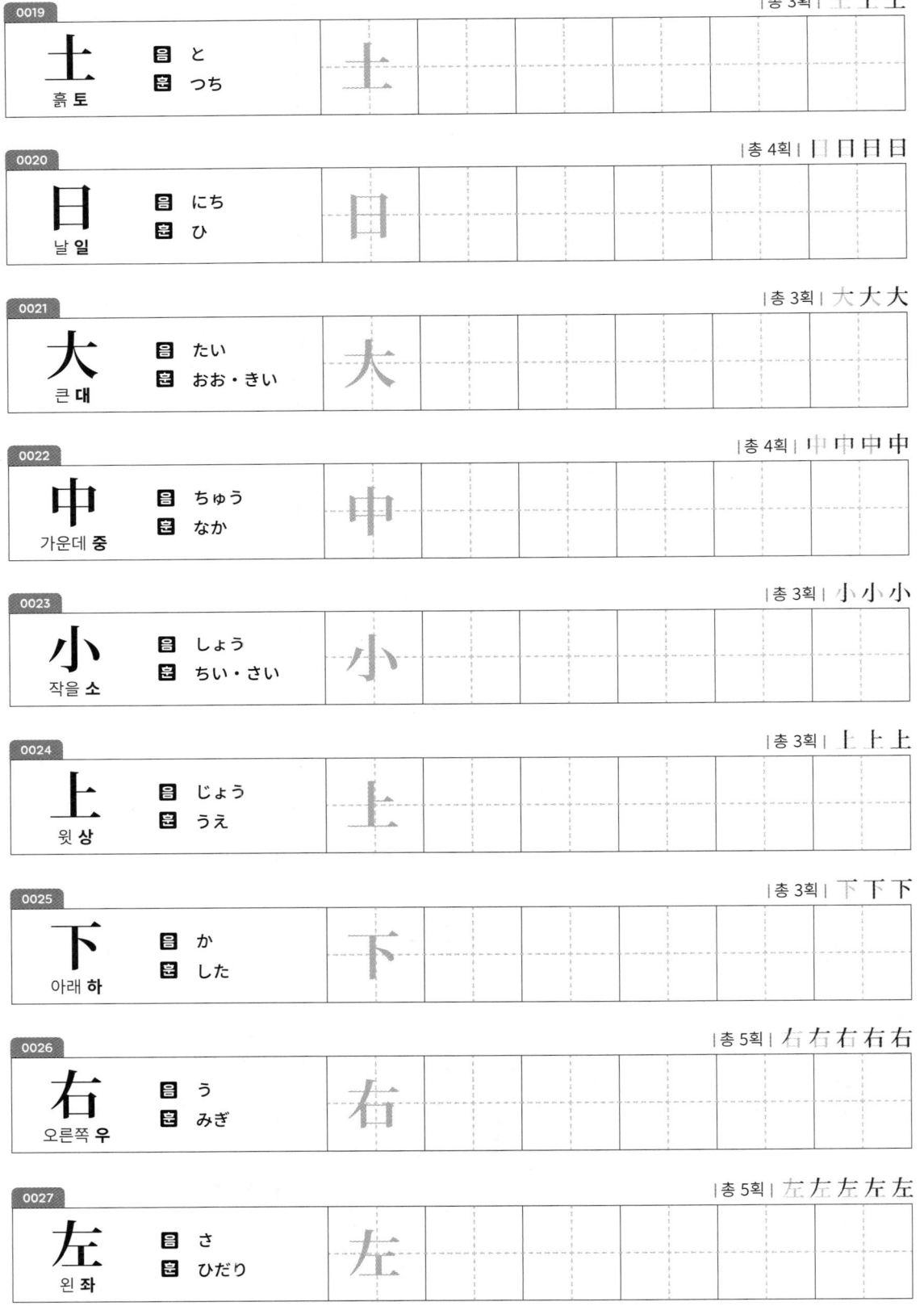

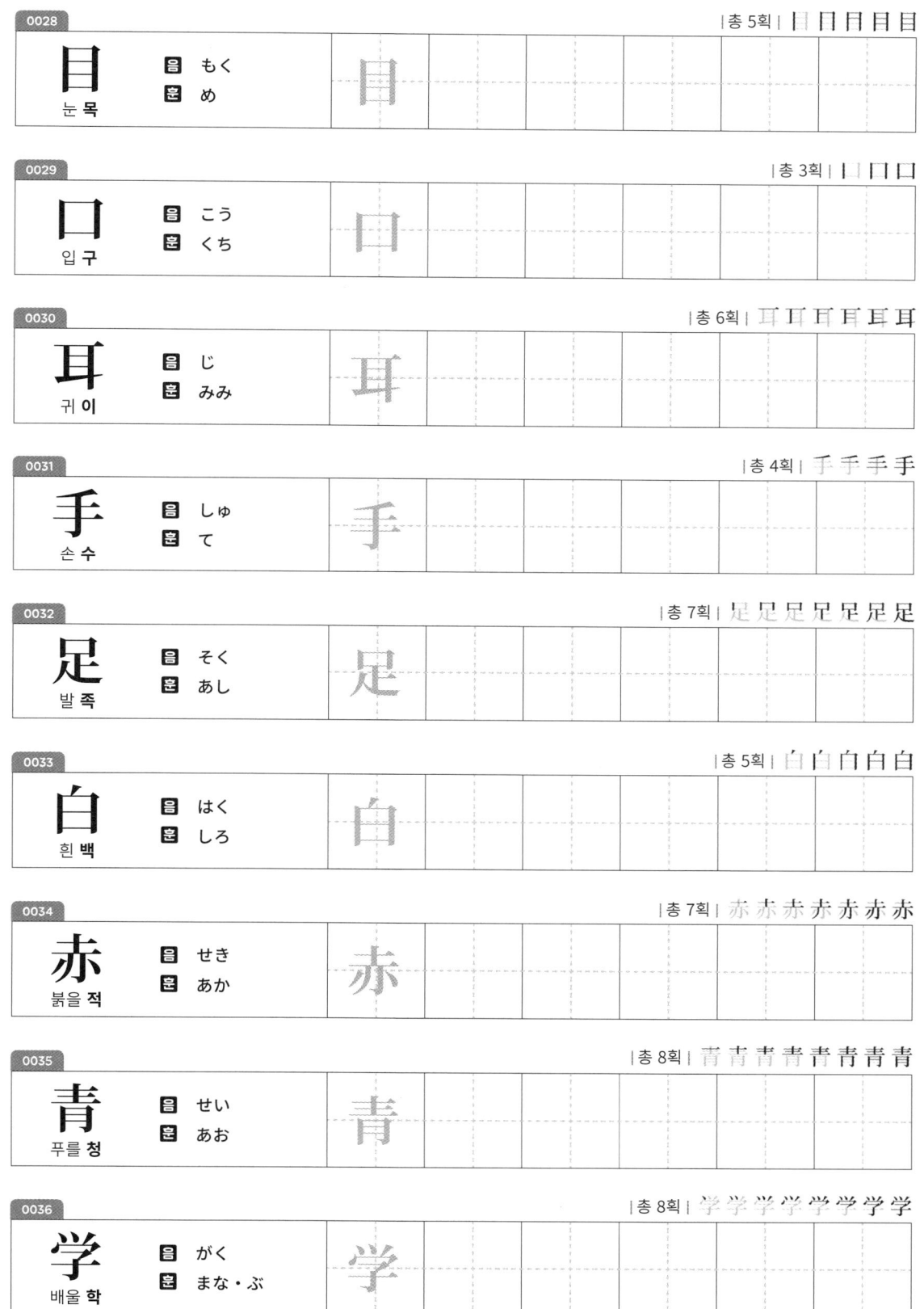

| 0037 | 校 학교 교 | 음 こう / 훈 — | 총 10획 | 校校校校校校校校校校 |

校

| 0038 | 先 먼저 선 | 음 せん / 훈 さき | 총 6획 | 先先先先先先 |

先

| 0039 | 生 날 생 | 음 しょう / 훈 う・まれる | 총 5획 | 生生生生生 |

生

| 0040 | 文 글월 문 | 음 ぶん / 훈 ふみ | 총 4획 | 文文文文 |

文

| 0041 | 字 글자 자 | 음 じ / 훈 あざ | 총 6획 | 字字字字字字 |

字

| 0042 | 人 사람 인 | 음 じん / 훈 ひと | 총 2획 | 人人 |

人

| 0043 | 子 아들 자 | 음 し / 훈 こ | 총 3획 | 子子子 |

子

| 0044 | 女 여자 녀(여) | 음 じょ / 훈 おんな | 총 3획 | 女女女 |

女

| 0045 | 男 사내 남 | 음 だん / 훈 おとこ | 총 7획 | 男男男男男男男 |

男

번호	한자	음	훈	획수
0046	王 (임금 왕)	おう	—	총 4획 — 王丁王王
0047	空 (빌 공)	くう	そら	총 8획 — 空空空空空空空空
0048	山 (메 산)	さん	やま	총 3획 — 山山山
0049	川 (내 천)	せん	かわ	총 3획 — 川川川
0050	草 (풀 초)	そう	くさ	총 9획 — 草草草草草草草草草
0051	花 (꽃 화)	か	はな	총 7획 — 花花花花花花花
0052	竹 (대 죽)	ちく	たけ	총 6획 — 竹竹竹竹竹竹
0053	林 (수풀 림(임))	りん	はやし	총 8획 — 林林林林林林林林
0054	森 (수풀 삼)	しん	もり	총 12획 — 森森森森森森森森森森森森

| 0055 | 石 돌 석 | 음 せき / 훈 いし | 총 5획 | 石石石石石 |

| 0056 | 天 하늘 천 | 음 てん / 훈 あま | 총 4획 | 天天天天 |

| 0057 | 気 기운 기 | 음 き / 훈 ー | 총 6획 | 気気気気気気 |

| 0058 | 雨 비 우 | 음 う / 훈 あめ | 총 8획 | 雨雨雨雨雨雨雨雨 |

| 0059 | 田 밭 전 | 음 でん / 훈 た | 총 5획 | 田田田田田 |

| 0060 | 町 밭두둑 정 | 음 ちょう / 훈 まち | 총 7획 | 町町町町町町町 |

| 0061 | 村 마을 촌 | 음 そん / 훈 むら | 총 7획 | 村村村村村村村 |

| 0062 | 夕 저녁 석 | 음 せき / 훈 ゆう | 총 3획 | 夕夕夕 |

| 0063 | 早 이를 조 | 음 そう / 훈 はや・い | 총 6획 | 早早早早早早 |

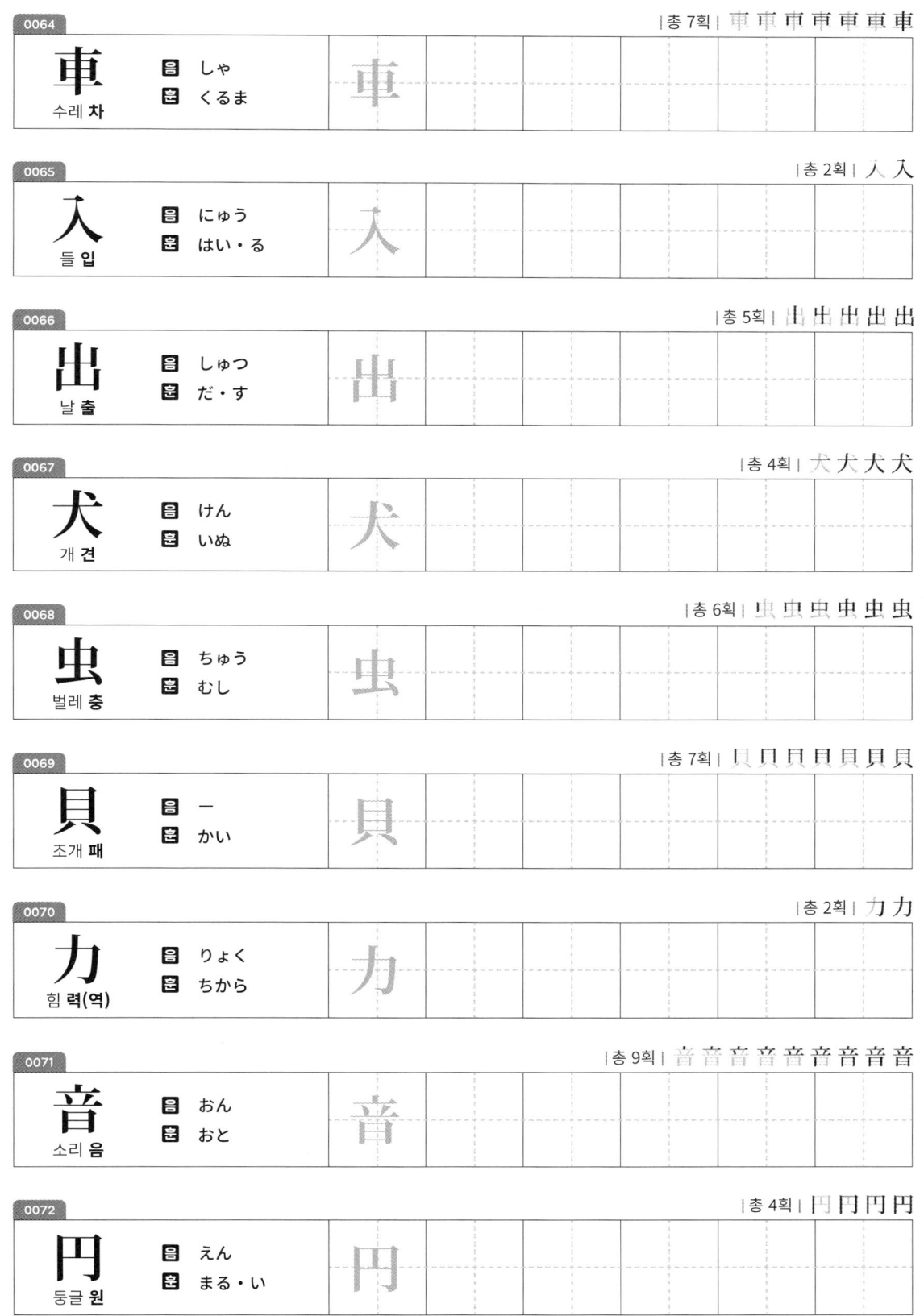

No.	漢字	음	훈	총획
0073	玉 (구슬 옥)	ぎょく	たま	총 5획
0074	糸 (실 사)	し	いと	총 6획
0075	立 (설 립(입))	りつ	た・つ	총 5획
0076	見 (볼 견)	けん	み・る	총 7획
0077	休 (쉴 휴)	きゅう	やす・む	총 6획
0078	正 (바를 정)	せい	ただ・しい	총 5획
0079	本 (근본 본)	ほん	もと	총 5획
0080	名 (이름 명)	めい	な	총 6획
0081	春 (봄 춘)	しゅん	はる	총 9획

번호	한자	음	훈	총획
0082	夏 (여름 하)	か	なつ	총 10획
0083	秋 (가을 추)	しゅう	あき	총 9획
0084	冬 (겨울 동)	とう	ふゆ	총 5획
0085	東 (동녘 동)	とう	ひがし	총 8획
0086	西 (서녘 서)	せい	にし	총 6획
0087	南 (남녘 남)	なん	みなみ	총 9획
0088	北 (북녘 북)	ほく	きた	총 5획
0089	方 (모 방)	ほう	かた	총 4획
0090	前 (앞 전)	ぜん	まえ	총 9획

0091
後 뒤 후 | 음: ご | 훈: あと | 총 9획 | 後後後後後後後後後

0092
外 바깥 외 | 음: がい | 훈: そと | 총 5획 | 外外外外外

0093
内 안 내 | 음: ない | 훈: うち | 총 4획 | 内内内内

0094
親 친할 친 | 음: しん | 훈: おや | 총 16획 | 親親親親親親親親親親親親親親親親

0095
父 아버지 부 | 음: ふ | 훈: ちち | 총 4획 | 父父父父

0096
母 어머니 모 | 음: ぼ | 훈: はは | 총 5획 | 母母母母母

0097
兄 형 형 | 음: きょう | 훈: あに | 총 5획 | 兄兄兄兄兄

0098
弟 아우 제 | 음: だい | 훈: おとうと | 총 7획 | 弟弟弟弟弟弟弟

0099
姉 윗누이 자 | 음: し | 훈: あね | 총 8획 | 姉姉姉姉姉姉姉姉

번호	한자	음	훈	총획
0100	妹 (누이 매)	まい	いもうと	총 8획
0101	家 (집 가)	か	いえ	총 10획
0102	戸 (집 호)	こ	と	총 4획
0103	頭 (머리 두)	ず	あたま	총 16획
0104	顔 (낯 안)	がん	かお	총 18획
0105	首 (머리 수)	しゅ	くび	총 9획
0106	体 (몸 체)	たい	からだ	총 7획
0107	毛 (터럭 모)	もう	け	총 4획
0108	心 (마음 심)	しん	こころ	총 4획

No.	漢字	음/훈	총획
0109	肉 (고기 육)	음: にく / 훈: —	총 6획
0110	今 (이제 금)	음: こん / 훈: いま	총 4획
0111	週 (돌 주)	음: しゅう / 훈: —	총 11획
0112	曜 (빛날 요)	음: よう / 훈: —	총 18획
0113	朝 (아침 조)	음: ちょう / 훈: あさ	총 12획
0114	昼 (낮 주)	음: ちゅう / 훈: ひる	총 9획
0115	夜 (밤 야)	음: や / 훈: よ	총 8획
0116	時 (때 시)	음: じ / 훈: とき	총 10획
0117	間 (사이 간)	음: かん / 훈: あいだ	총 12획

번호	한자	음	훈	획수
0118	分 (나눌 분)	ふん	わ・かる	총 4획 分分分分
0119	色 (빛 색)	しょく	いろ	총 6획 色色色色色色
0120	黄 (누를 황)	おう	き	총 11획 黄黄黄黄黄黄黄黄黄黄黄
0121	黒 (검을 흑)	こく	くろ	총 11획 黒黒黒黒黒黒黒黒黒黒黒
0122	牛 (소 우)	ぎゅう	うし	총 4획 牛牛牛牛
0123	魚 (물고기 어)	ぎょ	さかな	총 11획 魚魚魚魚魚魚魚魚魚魚魚
0124	鳥 (새 조)	ちょう	とり	총 11획 鳥鳥鳥鳥鳥鳥鳥鳥鳥鳥鳥
0125	馬 (말 마)	ば	うま	총 10획 馬馬馬馬馬馬馬馬馬馬
0126	丸 (둥글 환)	がん	まる	총 3획 丸九丸

번호	한자	음	훈	총획
0127	形 (모양 형)	けい	かたち	총 7획 — 形形形形形形形
0128	角 (뿔 각)	かく	かど	총 7획 — 角角角角角角角
0129	近 (가까울 근)	きん	ちか・い	총 7획 — 近近近近近近近
0130	遠 (멀 원)	えん	とお・い	총 13획 — 遠遠遠遠遠遠遠遠遠遠
0131	強 (강할 강)	きょう	つよ・い	총 11획 — 強強強強強強強強強強
0132	弱 (약할 약)	じゃく	よわ・い	총 10획 — 弱弱弱弱弱弱弱弱弱弱
0133	多 (많을 다)	た	おお・い	총 6획 — 多多多多多多
0134	少 (적을 소)	しょう	すく・ない	총 4획 — 少少少少
0135	古 (옛 고)	こ	ふる・い	총 5획 — 古古古古古

번호	한자	음	훈	총획
0136	新 (새 신)	しん	あたら・しい	총 13획
0137	太 (클 태)	たい	ふと・い	총 4획
0138	細 (가늘 세)	さい	ほそ・い	총 11획
0139	高 (높을 고)	こう	たか・い	총 10획
0140	長 (길 장)	ちょう	なが・い	총 8획
0141	広 (넓을 광)	こう	ひろ・い	총 5획
0142	風 (바람 풍)	ふう	かぜ	총 9획
0143	雪 (눈 설)	せつ	ゆき	총 11획
0144	雲 (구름 운)	うん	くも	총 12획

No.	한자	음	훈	총획
0145	晴 (갤 청)	せい	は・れる	총 12획
0146	国 (나라 국)	こく	くに	총 8획
0147	市 (저자 시)	し	いち	총 5획
0148	京 (서울 경)	きょう	—	총 8획
0149	里 (마을 리(이))	り	さと	총 7획
0150	場 (마당 장)	じょう	ば	총 12획
0151	寺 (절 사)	じ	てら	총 6획
0152	道 (길 도)	どう	みち	총 12획
0153	歩 (걸음 보)	ほ	ある・く	총 8획

| 0154 | 走 달릴 주 | 음 そう / 훈 はし・る | 총 7획 | 走走走走走走走 |

| 0155 | 行 다닐 행 | 음 こう / 훈 い・く | 총 6획 | 行行行行行行 |

| 0156 | 来 올 래(내) | 음 らい / 훈 く・る | 총 7획 | 来来来来来来来 |

| 0157 | 帰 돌아갈 귀 | 음 き / 훈 かえ・る | 총 10획 | 帰帰帰帰帰帰帰帰帰帰 |

| 0158 | 店 가게 점 | 음 てん / 훈 みせ | 총 8획 | 店店店店店店店店 |

| 0159 | 茶 차 차 | 음 ちゃ / 훈 ― | 총 9획 | 茶茶茶茶茶茶茶茶茶 |

| 0160 | 食 밥 식 | 음 しょく / 훈 た・べる | 총 9획 | 食食食食食食食食食 |

| 0161 | 米 쌀 미 | 음 まい / 훈 こめ | 총 6획 | 米米米米米米 |

| 0162 | 麦 보리 맥 | 음 ばく / 훈 むぎ | 총 7획 | 麦麦麦麦麦麦麦 |

| 0163 数 셈 수 | 음 すう / 훈 かず | 총 13획 | 数 数 数 数 数 数 数 数 数 数 数 数 数 |

| 0164 算 셈 산 | 음 さん / 훈 ― | 총 14획 | 算 算 算 算 算 算 算 算 算 算 算 算 算 算 |

| 0165 引 끌 인 | 음 いん / 훈 ひ・く | 총 4획 | 引 引 引 引 |

| 0166 万 일만 만 | 음 まん / 훈 ― | 총 3획 | 万 万 万 |

| 0167 半 반 반 | 음 はん / 훈 なか・ば | 총 5획 | 半 半 半 半 半 |

| 0168 才 재주 재 | 음 さい / 훈 ― | 총 3획 | 才 才 才 |

| 0169 海 바다 해 | 음 かい / 훈 うみ | 총 9획 | 海 海 海 海 海 海 海 海 海 |

| 0170 岩 바위 암 | 음 がん / 훈 いわ | 총 8획 | 岩 岩 岩 岩 岩 岩 岩 岩 |

| 0171 光 빛 광 | 음 こう / 훈 ひかり | 총 6획 | 光 光 光 光 光 光 |

번호	한자	음	훈	획수
0172	星 (별 성)	せい	ほし	총 9획
0173	谷 (골 곡)	こく	たに	총 7획
0174	原 (근원 원)	げん	はら	총 10획
0175	野 (들 야)	や	の	총 11획
0176	地 (땅 지)	ち	―	총 6획
0177	羽 (깃 우)	う	はね	총 6획
0178	鳴 (울 명)	めい	な・く	총 14획
0179	声 (소리 성)	せい	こえ	총 7획
0180	歌 (노래 가)	か	うた	총 14획

번호	한자	음	훈	쓰기	총 획수
0181	会 (모일 회)	かい	あ・う	会	총 6획
0182	社 (모일 사)	しゃ	やしろ	社	총 7획
0183	計 (셀 계)	けい	はか・る	計	총 9획
0184	画 (그림 화)	が	―	画	총 8획
0185	教 (가르칠 교)	きょう	おし・える	教	총 11획
0186	室 (집 실)	しつ	むろ	室	총 9획
0187	言 (말씀 언)	げん	い・う	言	총 7획
0188	語 (말씀 어)	ご	かた・る	語	총 14획
0189	公 (공평할 공)	こう	おおやけ	公	총 4획

번호	한자	음	훈	총 획수
0190	園 (동산 원)	えん	その	총 13획
0191	図 (그림 도)	ず	はか·る	총 7획
0192	書 (글 서)	しょ	か·く	총 10획
0193	電 (번개 전)	でん	―	총 13획
0194	池 (못 지)	ち	いけ	총 6획
0195	思 (생각 사)	し	おも·う	총 9획
0196	考 (생각할 고)	こう	かんが·える	총 6획
0197	用 (쓸 용)	よう	もち·いる	총 5획
0198	紙 (종이 지)	し	かみ	총 10획

| 0199 | 売 팔매 | 음 ばい / 훈 う・る | |총 7획| 売売売売売売売 |

| 0200 | 買 살매 | 음 ばい / 훈 か・う | |총 12획| 買買買買買買買買買買買買 |

| 0201 | 理 다스릴 리(이) | 음 り / 훈 — | |총 11획| 理理理理理理理理理理理 |

| 0202 | 科 과목 과 | 음 か / 훈 — | |총 9획| 科科科科科科科科科 |

| 0203 | 何 어찌 하 | 음 か / 훈 なに | |총 7획| 何何何何何何何 |

| 0204 | 回 돌아올 회 | 음 かい / 훈 まわ・す | |총 6획| 回回回回回回 |

| 0205 | 合 합할 합 | 음 ごう / 훈 あ・う | |총 6획| 合合合合合合 |

| 0206 | 作 지을 작 | 음 さく / 훈 つく・る | |총 7획| 作作作作作作作 |

| 0207 | 番 차례 번 | 음 ばん / 훈 — | |총 12획| 番番番番番番番番番番番番 |

0208	組 짤 조	음 そ / 훈 く・む	총 11획	組組組組組組組組組
0209	直 곧을 직	음 ちょく / 훈 なお・す	총 8획	直直直直直直直直
0210	通 통할 통	음 つう / 훈 とお・る	총 10획	通通通通通通通通通通
0211	知 알 지	음 ち / 훈 し・る	총 8획	知知知知知知知知
0212	同 한가지 동	음 どう / 훈 おな・じ	총 6획	同同同同同同
0213	点 점 점	음 てん / 훈 ー	총 9획	点点点点点点点点点
0214	矢 화살 시	음 し / 훈 や	총 5획	矢矢矢矢矢
0215	弓 활 궁	음 きゅう / 훈 ゆみ	총 3획	弓弓弓
0216	刀 칼 도	음 とう / 훈 かたな	총 2획	刀刀

| 0217 | 記 기록할 기 | 음 き / 훈 しる・す | 총 10획 | 記記記記記記記記記記 |

| 0218 | 読 읽을 독 | 음 どく / 훈 よ・む | 총 14획 | 読読読読読読読読読読読読読読 |

| 0219 | 絵 그림 회 | 음 え / 훈 — | 총 12획 | 絵絵絵絵絵絵絵絵絵絵絵絵 |

| 0220 | 聞 들을 문 | 음 ぶん / 훈 き・く | 총 14획 | 聞聞聞聞聞聞聞聞聞聞聞聞聞聞 |

| 0221 | 門 문 문 | 음 もん / 훈 かど | 총 8획 | 門門門門門門門門 |

| 0222 | 交 사귈 교 | 음 こう / 훈 ま・ぜる | 총 6획 | 交交交交交交 |

| 0223 | 友 벗 우 | 음 ゆう / 훈 とも | 총 4획 | 友友友友 |

| 0224 | 話 말씀 화 | 음 わ / 훈 はなし | 총 13획 | 話話話話話話話話話話話話話 |

| 0225 | 答 대답 답 | 음 とう / 훈 こた・え | 총 12획 | 答答答答答答答答答答答答 |

번호	한자	음	훈	획수
0226	当 (마땅 당)	とう	あ・たる	총 6획
0227	楽 (즐길 락(낙))	がく	たの・しい	총 13획
0228	活 (살 활)	かつ	—	총 9획
0229	台 (별 태)	たい	—	총 5획
0230	線 (줄 선)	せん	—	총 15획
0231	毎 (매양 매)	まい	—	총 6획
0232	午 (낮 오)	ご	—	총 4획
0233	明 (밝을 명)	めい	あか・るい	총 8획
0234	元 (으뜸 원)	げん	もと	총 4획

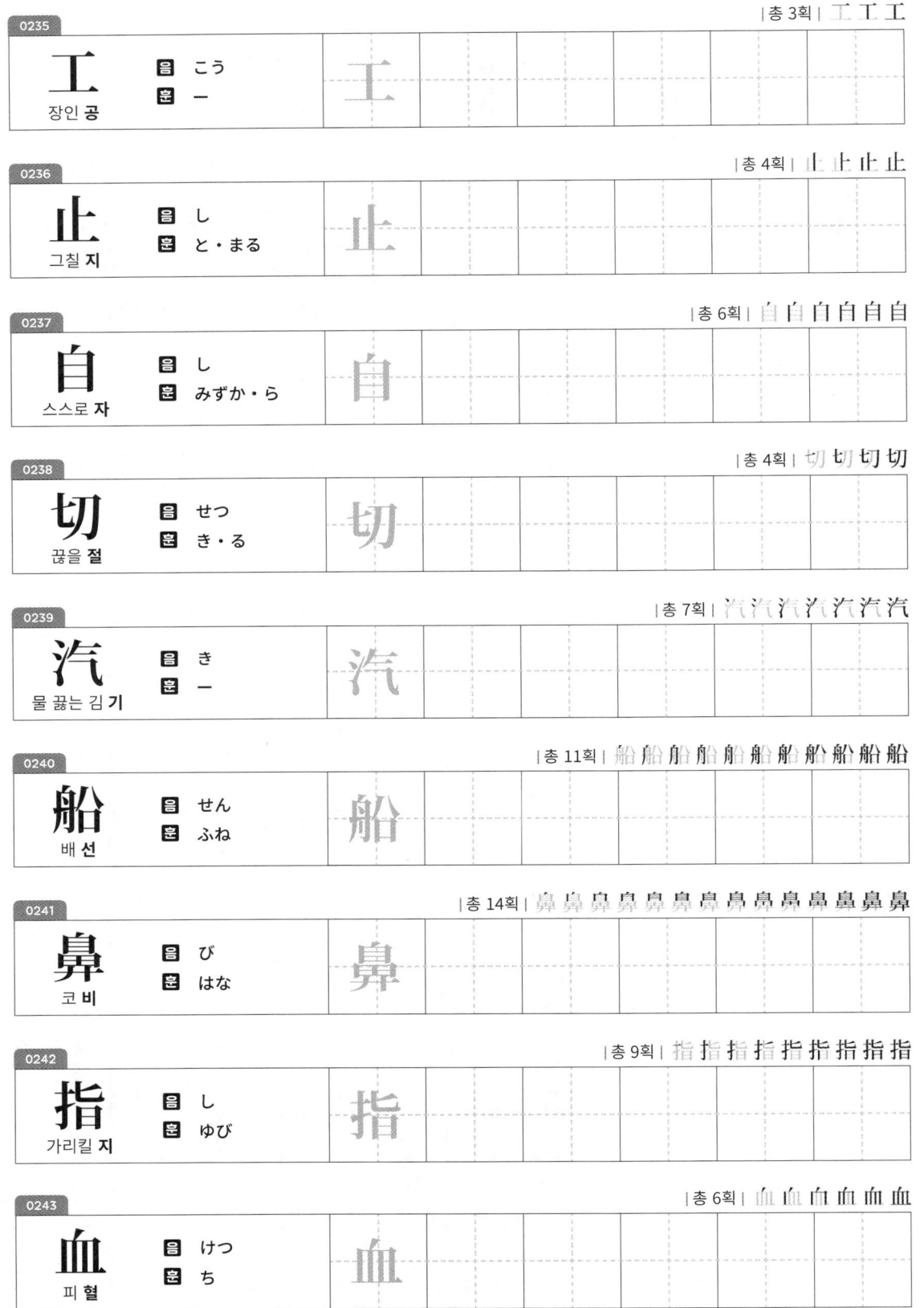

| 0244 皮 가죽 피 | 음: ひ / 훈: かわ | 총 5획 | 皮皮皮皮皮 |

| 0245 歯 이 치 | 음: し / 훈: は | 총 12획 | 歯歯歯歯歯歯歯歯歯歯歯歯 |

| 0246 身 몸 신 | 음: しん / 훈: み | 총 7획 | 身身身身身身身 |

| 0247 息 쉴 식 | 음: そく / 훈: いき | 총 10획 | 息息息息息息息息息息 |

| 0248 命 목숨 명 | 음: めい / 훈: いのち | 총 8획 | 命命命命命命命命 |

| 0249 温 따뜻할 온 | 음: おん / 훈: あたた・かい | 총 12획 | 温温温温温温温温温温温温 |

| 0250 暑 더울 서 | 음: しょ / 훈: あつ・い | 총 12획 | 暑暑暑暑暑暑暑暑暑暑暑暑 |

| 0251 寒 찰 한 | 음: かん / 훈: さむ・い | 총 12획 | 寒寒寒寒寒寒寒寒寒寒寒寒 |

| 0252 悪 악할 악 | 음: あく / 훈: わる・い | 총 11획 | 悪悪悪悪悪悪悪悪悪悪悪 |

번호	한자	음	훈	획수	쓰기
0253	安 (편안 안)	あん	やす・い	총 6획	安安安安安安
0254	暗 (어두울 암)	あん	くら・い	총 13획	暗暗暗暗暗暗暗暗暗暗暗暗暗
0255	軽 (가벼울 경)	けい	かる・い	총 12획	軽軽軽軽軽軽軽軽軽軽軽軽
0256	重 (무거울 중)	じゅう	おも・い	총 9획	重重重重重重重重重
0257	深 (깊을 심)	しん	ふか・い	총 11획	深深深深深深深深深深深
0258	短 (짧을 단)	たん	みじか・い	총 12획	短短短短短短短短短短短短
0259	悲 (슬플 비)	ひ	かな・しい	총 12획	悲悲悲悲悲悲悲悲悲悲悲悲
0260	苦 (쓸 고)	く	くる・しい	총 8획	苦苦苦苦苦苦苦苦
0261	美 (아름다울 미)	び	うつく・しい	총 9획	美美美美美美美美美

번호	한자	음	훈	획수
0262	速 (빠를 속)	そく	はや・い	총 10획
0263	運 (옮길 운)	うん	はこ・ぶ	총 12획
0264	転 (구를 전)	てん	ころ・ぶ	총 11획
0265	動 (움직일 동)	どう	うご・く	총 11획
0266	植 (심을 식)	しょく	う・える	총 12획
0267	物 (물건 물)	ぶつ	もの	총 8획
0268	羊 (양 양)	よう	ひつじ	총 6획
0269	始 (비로소 시)	し	はじ・まる	총 8획
0270	終 (마칠 종)	しゅう	お・わる	총 11획

번호	한자	음	훈	총획
0271	研 (갈 연)	けん	と・ぐ	총 9획
0272	究 (연구할 구)	きゅう	きわ・める	총 7획
0273	練 (익힐 련(연))	れん	ね・る	총 14획
0274	習 (익힐 습)	しゅう	なら・う	총 11획
0275	期 (기약할 기)	き	—	총 12획
0276	待 (기다릴 대)	たい	ま・つ	총 9획
0277	世 (인간 세)	せ	よ	총 5획
0278	界 (지경 계)	かい	—	총 9획
0279	昭 (밝을 소)	しょう	—	총 9획

No.	漢字	음	훈	뜻	총획
0280	和	わ	やわ・らぐ	화할 화	총 8획
0281	問	もん	と・う	물을 문	총 11획
0282	題	だい	―	제목 제	총 18획
0283	写	しゃ	うつ・す	베낄 사	총 5획
0284	真	しん	ま	참 진	총 10획
0285	勝	しょう	か・つ	이길 승	총 12획
0286	負	ふ	ま・ける	질 부	총 9획
0287	病	びょう	やまい	병 병	총 10획
0288	院	いん	―	집 원	총 10획

번호	한자	음	훈	뜻/쓰기	총획
0289	医	い	—	医	총 7획 医医医医医医医
0290	者 (놈 자)	しゃ	もの	者	총 8획 者者者者者者者者
0291	薬 (약 약)	やく	くすり	薬	총 16획 薬薬薬薬薬薬薬薬薬薬薬薬薬薬薬薬
0292	局 (판 국)	きょく	—	局	총 7획 局局局局局局局
0293	旅 (나그네 려(여))	りょ	たび	旅	총 10획 旅旅旅旅旅旅旅旅旅旅
0294	館 (집 관)	かん	やかた	館	총 16획 館館館館館館館館館館館館館館館館
0295	決 (결단할 결)	けつ	き・まる	決	총 7획 決決決決決決決
0296	定 (정할 정)	てい	さだ・める	定	총 8획 定定定定定定定定
0297	急 (급할 급)	きゅう	いそ・ぐ	急	총 9획 急急急急急急急急急

0298			
死 죽을 사	음 し 훈 し・ぬ	死	총 6획 ǀ 死死死死死死

0299			
仕 섬길 사	음 し 훈 つか・える	仕	총 5획 ǀ 仕仕仕仕仕

0300			
事 일 사	음 じ 훈 こと	事	총 8획 ǀ 事事事事事事事事

0301			
実 열매 실	음 じつ 훈 み	実	총 8획 ǀ 実実実実実実実実

0302			
業 업 업	음 ぎょう 훈 わざ	業	총 13획 ǀ 業業業業業業業業業業業業業

0303			
飲 마실 음	음 いん 훈 の・む	飲	총 12획 ǀ 飲飲飲飲飲飲飲飲飲飲飲飲

0304			
酒 술 주	음 しゅ 훈 さけ	酒	총 10획 ǀ 酒酒酒酒酒酒酒酒酒酒

0305			
反 돌이킬 반	음 はん 훈 そ・らす	反	총 4획 ǀ 反反反反

0306			
対 대할 대	음 たい 훈 ―	対	총 7획 ǀ 対対対対対対対

번호	한자	훈/음(한국)	음(일본)	훈(일본)	총획
0307	発	필 발	はつ	—	총 9획
0308	表	겉 표	ひょう	あらわ・す	총 8획
0309	商	장사 상	しょう	あきな・う	총 11획
0310	品	물건 품	ひん	しな	총 9획
0311	受	받을 수	じゅ	う・ける	총 8획
0312	取	가질 취	しゅ	と・る	총 8획
0313	委	맡길 위	い	ゆだ・ねる	총 8획
0314	員	인원 원	いん	—	총 10획
0315	区	구분할 구	く	—	총 4획

0316
都 도읍 도
- 음: と
- 훈: みやこ
- 총 11획

0317
県 매달 현
- 음: けん
- 훈: —
- 총 9획

0318
州 고을 주
- 음: しゅう
- 훈: す
- 총 6획

0319
住 살 주
- 음: じゅう
- 훈: す・む
- 총 7획

0320
所 바 소
- 음: しょ
- 훈: ところ
- 총 8획

0321
平 평평할 평
- 음: びょう
- 훈: たい・ら
- 총 5획

0322
面 낯 면
- 음: めん
- 훈: おもて
- 총 9획

0323
主 임금 주
- 음: しゅ
- 훈: おも
- 총 5획

0324
役 부릴 역
- 음: やく
- 훈: —
- 총 7획

번호	한자	음	훈	획수	필순
0325	客 (손 객)	きゃく	—	총 9획	客客客客客客客客客
0326	様 (모양 양)	よう	さま	총 14획	様様様様様様様様様様様様様様
0327	感 (느낄 감)	かん	—	총 13획	感感感感感感感感感感感感感
0328	想 (생각 상)	そう	—	총 13획	想想想想想想想想想想想想想
0329	屋 (집 옥)	おく	や	총 9획	屋屋屋屋屋屋屋屋屋
0330	根 (뿌리 근)	こん	ね	총 10획	根根根根根根根根根根
0331	遊 (놀 유)	ゆう	あそ・ぶ	총 12획	遊遊遊遊遊遊遊遊遊遊遊遊
0332	泳 (헤엄칠 영)	えい	およ・ぐ	총 8획	泳泳泳泳泳泳泳泳
0333	配 (나눌 배)	はい	くば・る	총 10획	配配配配配配配配配配

번호	한자	음	훈	획수
0334	送 (보낼 송)	そう	おく・る	총 9획
0335	次 (버금 차)	じ	つぎ	총 6획
0336	第 (차례 제)	だい	―	총 11획
0337	調 (고를 조)	ちょう	しら・べる	총 15획
0338	味 (맛 미)	み	あじ	총 8획
0339	幸 (다행 행)	こう	しあわ・せ	총 8획
0340	福 (복 복)	ふく	―	총 13획
0341	等 (무리 등)	とう	ひと・しい	총 12획
0342	級 (등급 급)	きゅう	―	총 9획

0343	打 (칠 타)	음: だ / 훈: う・つ	총 5획
0344	開 (열 개)	음: かい / 훈: あ・く	총 12획
0345	注 (부을 주)	음: ちゅう / 훈: そそ・ぐ	총 8획
0346	意 (뜻 의)	음: い / 훈: ―	총 13획
0347	投 (던질 투)	음: とう / 훈: な・げる	총 7획
0348	宿 (잘 숙)	음: しゅく / 훈: やど	총 11획
0349	相 (서로 상)	음: そう / 훈: あい	총 9획
0350	談 (말씀 담)	음: だん / 훈: ―	총 15획
0351	列 (벌일 렬(열))	음: れつ / 훈: ―	총 6획

| 0352 | 島 섬 도 | 음 とう 훈 しま | 총 10획 | 島島島島島島島島島島 |

| 0353 | 礼 예도 례(예) | 음 れい 훈 ― | 총 5획 | 礼礼礼礼礼 |

| 0354 | 服 옷 복 | 음 ふく 훈 ― | 총 8획 | 服服服服服服服服 |

| 0355 | 農 농사 농 | 음 のう 훈 ― | 총 13획 | 農農農農農農農農農農農 |

| 0356 | 度 법도 도 | 음 ど 훈 たび | 총 9획 | 度度度度度度度度 |

| 0357 | 登 오를 등 | 음 とう 훈 のぼ・る | 총 12획 | 登登登登登登登登登登 |

| 0358 | 板 널빤지 판 | 음 ばん 훈 いた | 총 8획 | 板板板板板板板板 |

| 0359 | 洋 큰 바다 양 | 음 よう 훈 ― | 총 9획 | 洋洋洋洋洋洋洋洋 |

| 0360 | 式 법 식 | 음 しき 훈 ― | 총 6획 | 式式式式式式 |

| 0361 | 氷 얼음 빙 | 음 ひょう / 훈 こおり | 총 5획 | 氷 氷 氷 氷 氷 |

| 0362 | 柱 기둥 주 | 음 ちゅう / 훈 はしら | 총 9획 | 柱 柱 柱 柱 柱 柱 柱 柱 柱 |

| 0363 | 坂 고개 판 | 음 はん / 훈 さか | 총 7획 | 坂 坂 坂 坂 坂 坂 坂 |

| 0364 | 畑 화전 전 | 음 ― / 훈 はたけ | 총 9획 | 畑 畑 畑 畑 畑 畑 畑 畑 畑 |

| 0365 | 葉 잎 엽 | 음 よう / 훈 は | 총 12획 | 葉 葉 葉 葉 葉 葉 葉 葉 葉 葉 |

| 0366 | 緑 푸를 록(녹) | 음 りょく / 훈 みどり | 총 14획 | 緑 緑 緑 緑 緑 緑 緑 緑 緑 緑 緑 緑 |

| 0367 | 岸 언덕 안 | 음 がん / 훈 きし | 총 8획 | 岸 岸 岸 岸 岸 岸 岸 |

| 0368 | 湖 호수 호 | 음 こ / 훈 みずうみ | 총 12획 | 湖 湖 湖 湖 湖 湖 湖 湖 湖 湖 湖 |

| 0369 | 港 항구 항 | 음 こう / 훈 みなと | 총 12획 | 港 港 港 港 港 港 港 港 港 港 |

번호	한자	음	훈	총획
0370	波 (물결 파)	は	なみ	총 8획
0371	詩 (시 시)	し	—	총 13획
0372	筆 (붓 필)	ひつ	ふで	총 12획
0373	漢 (한나라 한)	かん	—	총 13획
0374	章 (글 장)	しょう	—	총 11획
0375	鉄 (쇠 철)	てつ	—	총 13획
0376	銀 (은 은)	ぎん	—	총 14획
0377	炭 (숯 탄)	たん	すみ	총 9획
0378	部 (떼 부)	ぶ	—	총 11획

번호	한자	음	훈	총획
0379	族 (겨레 족)	ぞく	―	총 11획
0380	駅 (역 역)	―	えき	총 14획
0381	橋 (다리 교)	きょう	はし	총 16획
0382	宮 (집 궁)	きゅう	みや	총 10획
0383	庭 (뜰 정)	てい	にわ	총 10획
0384	起 (일어날 기)	き	お・きる	총 10획
0385	去 (갈 거)	きょ	さ・る	총 5획
0386	進 (나아갈 진)	しん	すす・む	총 11획
0387	乗 (탈 승)	じょう	の・る	총 9획

번호	한자	음	훈	총획
0388	追 (쫓을 추)	つい	お・う	총 9획
0389	向 (향할 향)	こう	む・かう	총 6획
0390	油 (기름 유)	ゆ	あぶら	총 8획
0391	横 (가로 횡)	おう	よこ	총 15획
0392	央 (가운데 앙)	おう	―	총 5획
0393	君 (임금 군)	くん	きみ	총 7획
0394	他 (다를 타)	た	ほか	총 5획
0395	昔 (예 석)	せき	むかし	총 8획
0396	秒 (분초 초)	びょう	―	총 9획

번호	한자	음	훈	획수
0397	着 붙을 착	ちゃく	き・る	총 12획
0398	豆 콩 두	とう	まめ	총 7획
0399	守 지킬 수	しゅ	まも・る	총 6획
0400	集 모을 집	しゅう	あつ・まる	총 12획
0401	助 도울 조	じょ	たす・ける	총 7획
0402	消 사라질 소	しょう	け・す	총 10획
0403	整 가지런할 정	せい	ととの・う	총 16획
0404	拾 주울 습	しゅう	ひろ・う	총 9획
0405	使 부릴 사	し	つか・う	총 8획

| 0406 | 持 가질 지 | 음 じ / 훈 も・つ | | 총 9획 | 持 持 持 持 持 持 持 持 持 |

| 0407 | 流 흐를 류(유) | 음 りゅう / 훈 なが・れる | | 총 10획 | 流 流 流 流 流 流 流 流 流 流 |

| 0408 | 返 돌이킬 반 | 음 へん / 훈 かえ・す | | 총 7획 | 返 返 返 返 返 返 返 |

| 0409 | 落 떨어질 락(낙) | 음 らく / 훈 お・ちる | | 총 12획 | 落 落 落 落 落 落 落 落 落 落 落 落 |

| 0410 | 神 귀신 신 | 음 しん / 훈 かみ | | 총 9획 | 神 神 神 神 神 神 神 神 神 |

| 0411 | 曲 굽을 곡 | 음 きょく / 훈 ま・がる | | 총 6획 | 曲 曲 曲 曲 曲 曲 |

| 0412 | 育 기를 육 | 음 いく / 훈 そだ・てる | | 총 8획 | 育 育 育 育 育 育 育 育 |

| 0413 | 申 거듭 신 | 음 しん / 훈 もう・す | | 총 5획 | 申 申 申 申 申 |

| 0414 | 倍 곱 배 | 음 ばい / 훈 — | | 총 10획 | 倍 倍 倍 倍 倍 倍 倍 倍 倍 倍 |

| 0415 | 有 있을 유 | 음 ゆう / 훈 あ・る | 총 6획 | 有有有有有有 |

| 0416 | 箱 상자 상 | 음 ー / 훈 はこ | 총 15획 | 箱箱箱箱箱箱箱箱箱箱箱箱箱箱箱 |

| 0417 | 皿 그릇 명 | 음 ー / 훈 さら | 총 5획 | 皿皿皿皿皿 |

| 0418 | 球 공 구 | 음 きゅう / 훈 たま | 총 11획 | 球球球球球球球球球球球 |

| 0419 | 笛 피리 적 | 음 てき / 훈 ふえ | 총 11획 | 笛笛笛笛笛笛笛笛笛笛笛 |

| 0420 | 具 갖출 구 | 음 ぐ / 훈 ー | 총 8획 | 具具具具具具具具 |

| 0421 | 陽 볕 양 | 음 よう / 훈 ー | 총 12획 | 陽陽陽陽陽陽陽陽陽陽陽陽 |

| 0422 | 湯 끓일 탕 | 음 とう / 훈 ゆ | 총 12획 | 湯湯湯湯湯湯湯湯湯湯湯湯 |

| 0423 | 祭 제사 제 | 음 さい / 훈 まつ・り | 총 11획 | 祭祭祭祭祭祭祭祭祭祭祭 |

번호	한자	음	훈	획수
0424	勉 (힘쓸 면)	べん	—	총 10획
0425	放 (놓을 방)	ほう	はな・す	총 8획
0426	代 (대신할 대)	だい	か・わる	총 5획
0427	係 (맬 계)	けい	かかり	총 9획
0428	童 (아이 동)	どう	わらべ	총 12획
0429	由 (말미암을 유)	ゆ	よし	총 5획
0430	予 (미리 예)	よ	あらかじ・め	총 4획
0431	化 (될 화)	か	ば・ける	총 4획
0432	荷 (멜 하)	か	に	총 10획

No.	한자	음	훈	총획
0433	号 (이름 호)	ごう	—	총 5획 号号号号号
0434	全 (온전할 전)	ぜん	すべ・て	총 6획 全全全全全全
0435	両 (두 량(양))	りょう	—	총 6획 両両両両両両
0436	階 (섬돌 계)	かい	—	총 12획 階階階階階階階階階
0437	庫 (곳집 고)	こ	—	총 10획 庫庫庫庫庫庫庫庫
0438	路 (길 로(노))	ろ	じ	총 13획 路路路路路路路路路路
0439	丁 (고무래 정)	ちょう	—	총 2획 丁丁
0440	帳 (장막 장)	ちょう	—	총 11획 帳帳帳帳帳帳帳帳
0441	街 (거리 가)	がい	まち	총 12획 街街街街街街街街街

0442
加 더할 가
- 음: か
- 훈: くわ・える
- 총 5획: 加 加 加 加 加

0443
各 각각 각
- 음: かく
- 훈: おのおの
- 총 6획: 各 各 各 各 各 各

0444
覚 깨달을 각
- 음: かく
- 훈: おぼ・える
- 총 12획: 覚 覚 覚 覚 覚 覚 覚 覚 覚 覚 覚 覚

0445
康 편안 강
- 음: こう
- 훈: ―
- 총 11획: 康 康 康 康 康 康 康 康 康 康 康

0446
岡 산등성이 강
- 음: ―
- 훈: おか
- 총 8획: 岡 岡 岡 岡 岡 岡 岡 岡

0447
改 고칠 개
- 음: かい
- 훈: あらた・まる
- 총 7획: 改 改 改 改 改 改 改

0448
挙 들 거
- 음: きょ
- 훈: あ・がる
- 총 10획: 挙 挙 挙 挙 挙 挙 挙 挙 挙 挙

0449
建 세울 건
- 음: けん
- 훈: た・てる
- 총 9획: 建 建 建 建 建 建 建 建 建

0450
健 굳셀 건
- 음: けん
- 훈: すこ・やか
- 총 11획: 健 健 健 健 健 健 健 健 健 健 健

0451
結 맺을 결
- 음: けつ
- 훈: むす・ぶ

총 12획 | 結結結結結結結結結結結結

0452
欠 이지러질 결
- 음: けつ
- 훈: か・ける

총 4획 | 欠欠欠欠

0453
径 지름길 경
- 음: けい
- 훈: ―

총 8획 | 径径径径径径径径

0454
景 볕 경
- 음: けい
- 훈: ―

총 12획 | 景景景景景景景景景景景景

0455
鏡 거울 경
- 음: きょう
- 훈: かがみ

총 19획 | 鏡鏡鏡鏡鏡鏡鏡鏡鏡鏡鏡鏡鏡鏡鏡鏡鏡鏡鏡

0456
競 다툴 경
- 음: きょう
- 훈: きそ・う

총 20획 | 競競競競競競競競競競競競競競競競競競競競

0457
季 계절 계
- 음: き
- 훈: ―

총 8획 | 季季季季季季季季

0458
械 기계 계
- 음: かい
- 훈: ―

총 11획 | 械械械械械械械械械械械

0459
固 굳을 고
- 음: こ
- 훈: かた・い

총 8획 | 固固固固固固固固

번호	한자	음	훈	총획
0460	功 (공 공)	こう	—	총 5획
0461	共 (한가지 공)	きょう	とも	총 6획
0462	課 (과정 과)	か	—	총 15획
0463	果 (실과 과)	か	は・たす	총 8획
0464	関 (관계할 관)	かん	かか・わる	총 14획
0465	管 (대롱 관)	かん	くだ	총 14획
0466	官 (벼슬 관)	かん	—	총 8획
0467	観 (볼 관)	かん	—	총 18획
0468	求 (구할 구)	きゅう	もと・める	총 7획

번호	한자	음	훈	총 획수
0469	郡 (고을 군)	ぐん	―	총 10획
0470	軍 (군사 군)	ぐん	―	총 9획
0471	群 (무리 군)	ぐん	む・れ	총 13획
0472	極 (극진할 극)	きょく	きわ・める	총 12획
0473	給 (줄 급)	きゅう	―	총 12획
0474	岐 (갈림길 기)	き	―	총 7획
0475	埼 (갑 기)	―	さい	총 11획
0476	器 (그릇 기)	き	うつわ	총 15획
0477	旗 (기 기)	き	はた	총 14획

번호	한자	음	훈	뜻	총 획수
0478	機	き	はた	틀 기	총 16획
0479	崎	ー	さき	험할 기	총 11획
0480	奈	な	ー	어찌 내	총 8획
0481	念	ねん	ー	생각 념(염)	총 8획
0482	努	ど	つと・める	힘쓸 노	총 7획
0483	単	たん	ー	홑 단	총 9획
0484	達	たつ	ー	통달할 달	총 12획
0485	帯	たい	おび	띠 대	총 10획
0486	隊	たい	ー	무리 대	총 12획

#	漢字	음	훈	総획
0487	徳 (덕 덕)	とく	—	총 14획
0488	徒 (무리 도)	と	—	총 10획
0489	働 (굼닐 동)	どう	はたら・く	총 13획
0490	灯 (등잔 등)	とう	ひ	총 6획
0491	冷 (찰 랭(냉))	れい	つめ・たい	총 7획
0492	量 (헤아릴 량(양))	りょう	はか・る	총 12획
0493	良 (어질 량(양))	りょう	よ・い	총 7획
0494	連 (이을 련(연))	れん	つら・なる	총 10획
0495	令 (하여금 령(영))	れい	—	총 5획

번호	한자	음	훈	총획
0496	例 (법식 례(예))	れい	たと・える	총 8획
0497	老 (늙을 로(노))	ろう	お・いる	총 6획
0498	労 (일할 로)	ろう	—	총 7획
0499	録 (기록할 록)	ろく	—	총 16획
0500	鹿 (사슴 록(녹))	—	しか	총 11획
0501	料 (헤아릴 료(요))	りょう	—	총 10획
0502	類 (무리 류(유))	るい	たぐ・い	총 18획
0503	陸 (뭍 륙(육))	りく	—	총 11획
0504	輪 (바퀴 륜(윤))	りん	わ	총 15획

번호	한자	음	훈	총획
0505	梨 (배나무 리(이))	-	なし	총 11획
0506	利 (이로울 리(이))	り	き・く	총 7획
0507	満 (찰 만)	まん	み・たす	총 12획
0508	末 (끝 말)	まつ	すえ	총 5획
0509	望 (바랄 망)	ぼう	のぞ・む	총 11획
0510	梅 (매화 매)	ばい	うめ	총 10획
0511	牧 (칠 목)	ぼく	まき	총 8획
0512	無 (없을 무)	む	な・い	총 12획
0513	未 (아닐 미)	み	いま・だ	총 5획

| 0514 | 民 백성 민 | 음 みん / 훈 たみ | 총 5획 | 民民民民民 |

| 0515 | 博 넓을 박 | 음 はく / 훈 ― | 총 12획 | 博博博博博博博博博博博博 |

| 0516 | 飯 밥 반 | 음 はん / 훈 めし | 총 12획 | 飯飯飯飯飯飯飯飯飯飯飯飯 |

| 0517 | 法 법 법 | 음 ほう / 훈 ― | 총 8획 | 法法法法法法法法 |

| 0518 | 辺 가 변 | 음 へん / 훈 あた・り | 총 5획 | 辺辺辺辺辺 |

| 0519 | 変 변할 변 | 음 へん / 훈 か・える | 총 9획 | 変変変変変変変変変 |

| 0520 | 別 다를 별 | 음 べつ / 훈 わか・れる | 총 7획 | 別別別別別別別 |

| 0521 | 兵 병사 병 | 음 へい / 훈 ― | 총 7획 | 兵兵兵兵兵兵兵 |

| 0522 | 府 마을 부 | 음 ふ / 훈 ― | 총 8획 | 府府府府府府府府 |

번호	한자	음	훈	획수
0523	副 (버금 부)	ふく	—	총 11획
0524	富 (부자 부)	ふ	とみ	총 12획
0525	付 (부칠 부)	ふ	つ・ける	총 5획
0526	不 (아닐 부(불))	ふ	—	총 4획
0527	阜 (언덕 부)	ふ	—	총 8획
0528	夫 (지아비 부)	ふう	おっと	총 4획
0529	飛 (날 비)	ひ	と・ぶ	총 9획
0530	辞 (말씀 사)	じ	や・める	총 13획
0531	司 (맡을 사)	し	—	총 5획

번호	한자	음	훈	총획
0532	産 (낳을 산)	さん	う・まれる	총 11획
0533	散 (흩을 산)	さん	ち・る	총 12획
0534	潟 (개펄 석)	―	かた	총 15획
0535	席 (자리 석)	せき	―	총 10획
0536	選 (가릴 선)	せん	えら・ぶ	총 15획
0537	説 (말씀 설)	せつ	と・く	총 14획
0538	省 (살필 성)	しょう	はぶ・く	총 9획
0539	成 (이룰 성)	せい	な・す	총 6획
0540	城 (재 성)	じょう	しろ	총 9획

번호	한자	음	훈	총획
0541	焼 (불사를 소)	しょう	や・く	총 12획
0542	巣 (새집 소)	そう	す	총 11획
0543	笑 (웃음 소)	しょう	わら・う	총 10획
0544	続 (계속 속)	ぞく	つづ・く	총 13획
0545	束 (묶을 속)	そく	たば	총 7획
0546	孫 (손자 손)	そん	まご	총 10획
0547	順 (순할 순)	じゅん	—	총 12획
0548	松 (소나무 송)	しょう	まつ	총 8획
0549	刷 (인쇄할 쇄)	さつ	す・る	총 8획

번호	한자	음	훈	총획
0550	縄 (줄 승)	じょう	なわ	총 15획
0551	試 (시험 시)	し	ため・す	총 13획
0552	氏 (성씨 씨)	し	うじ	총 4획
0553	信 (믿을 신)	しん	―	총 9획
0554	臣 (신하 신)	しん	―	총 7획
0555	失 (잃을 실)	しつ	うしな・う	총 5획
0556	芽 (싹 아)	が	め	총 8획
0557	児 (아이 아)	じ	―	총 7획
0558	案 (책상 안)	あん	―	총 10획

No.	漢字	훈음	음	훈	총획
0559	愛	사랑 애	あい	いと・しい	총 13획
0560	約	맺을 약	やく	―	총 9획
0561	養	기를 양	よう	やしな・う	총 15획
0562	漁	고기 잡을 어	ぎょ	―	총 14획
0563	億	억 억	おく	―	총 15획
0564	然	그럴 연	ぜん	―	총 12획
0565	熱	더울 열	ねつ	あつ・い	총 15획
0566	塩	소금 염	えん	しお	총 13획
0567	英	뛰어날 영	えい	―	총 8획

번호	한자	음	훈	총획
0568	栄 영화 영	えい	さか・える	총 9획
0569	芸 재주 예	げい	―	총 7획
0570	完 완전할 완	かん	―	총 7획
0571	要 요긴할 요	よう	い・る	총 9획
0572	浴 목욕할 욕	よく	あ・びる	총 10획
0573	勇 날랠 용	ゆう	いさ・ましい	총 9획
0574	熊 곰 웅	―	くま	총 14획
0575	媛 여자 원	えん	ひめ	총 12획
0576	願 원할 원	がん	ねが・う	총 19획

| 0577 | 位 자리 위 | 음 い / 훈 くらい | 총 7획 | 位位位位位位 |

| 0578 | 以 써 이 | 음 い / 훈 ― | 총 5획 | 以以以以以 |

| 0579 | 泣 울 읍 | 음 きゅう / 훈 な・く | 총 8획 | 泣泣泣泣泣泣泣泣 |

| 0580 | 衣 옷 의 | 음 い / 훈 ころも | 총 6획 | 衣衣衣衣衣衣 |

| 0581 | 議 의논할 의 | 음 ぎ / 훈 ― | 총 20획 | 議議議議議議議議議議議議議議議議 |

| 0582 | 印 도장 인 | 음 いん / 훈 しるし | 총 6획 | 印印印印印印 |

| 0583 | 滋 불을 자 | 음 じ / 훈 ― | 총 12획 | 滋滋滋滋滋滋滋滋滋滋滋 |

| 0584 | 茨 지붕 일 자 | 음 ― / 훈 いばら | 총 9획 | 茨茨茨茨茨茨茨茨茨 |

| 0585 | 昨 어제 작 | 음 さく / 훈 ― | 총 9획 | 昨昨昨昨昨昨昨昨 |

번호	한자	음	훈	뜻·음	총획
0586	残	ざん	のこ・す	해칠 잔	총 10획
0587	材	ざい	―	재목 재	총 7획
0588	争	そう	あらそ・う	다툴 쟁	총 6획
0589	低	てい	ひく・い	낮을 저	총 7획
0590	底	てい	そこ	밑 저	총 8획
0591	的	てき	まと	과녁 적	총 8획
0592	積	せき	つ・もる	쌓을 적	총 16획
0593	典	てん	―	법 전	총 8획
0594	戦	せん	たたか・う	싸울 전	총 13획

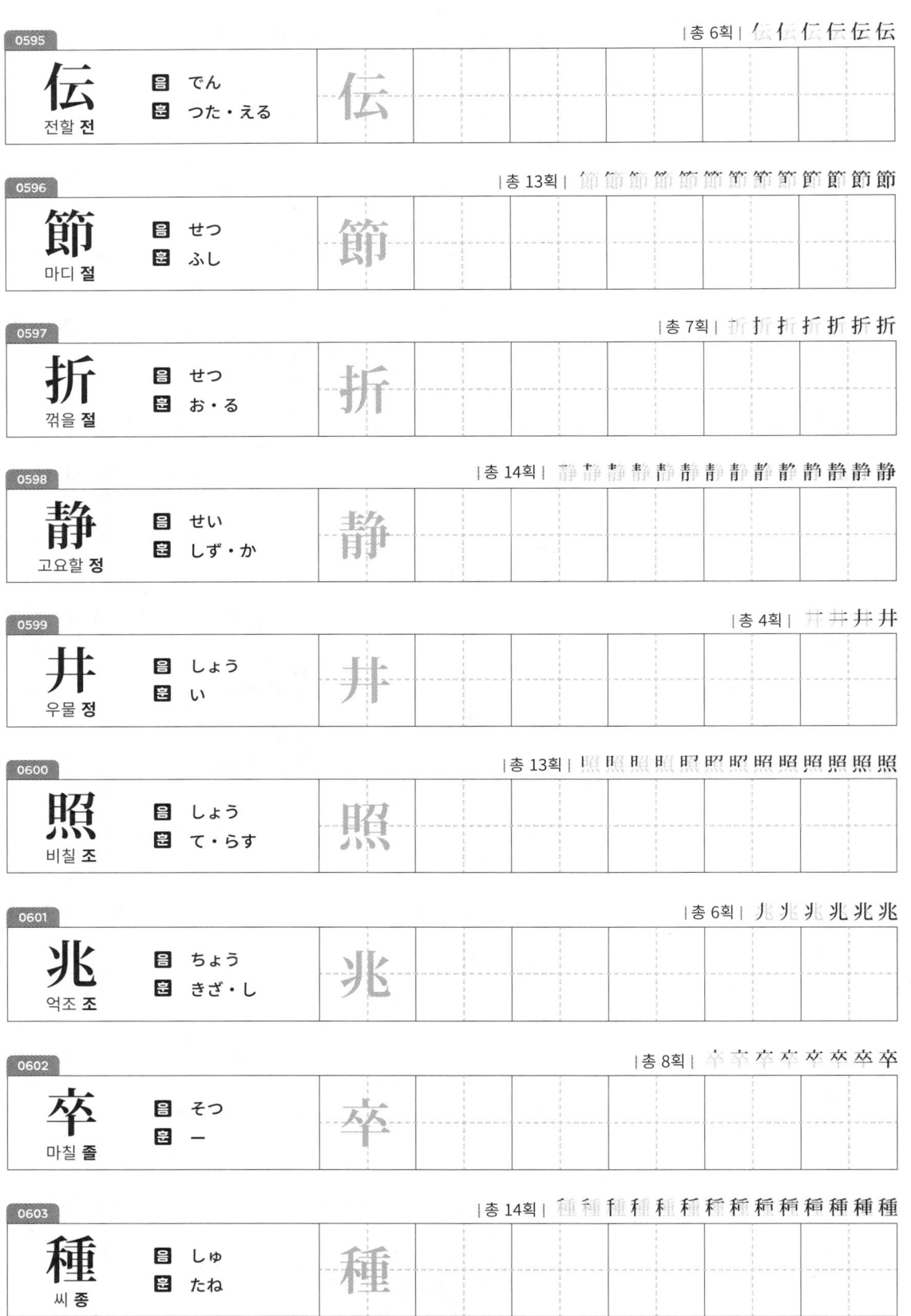

번호	한자	음	훈	총획	획순
0604	佐 (도울 좌)	さ	―	총 7획	佐佐佐佐佐佐佐
0605	周 (두루 주)	しゅう	まわ·り	총 8획	周周周周周周周周
0606	仲 (버금 중)	ちゅう	なか	총 6획	仲仲仲仲仲仲
0607	差 (다를 차)	さ	さ·す	총 10획	差差差差差差差差差差
0608	借 (빌 차)	しゃく	か·りる	총 10획	借借借借借借借借借借
0609	参 (참여할 참)	さん	まい·る	총 8획	参参参参参参参参
0610	察 (살필 찰)	さつ	―	총 14획	察察察察察察察察察察察察察察
0611	札 (편지 찰)	さつ	ふだ	총 5획	札札札札札
0612	唱 (부를 창)	しょう	とな·える	총 11획	唱唱唱唱唱唱唱唱唱唱唱

번호	한자	음	훈	획수	필순
0613	倉 (곳집 창)	そう	くら	총 10획	倉倉介倉倉倉倉倉倉倉
0614	菜 (나물 채)	さい	な	총 11획	菜菜菜菜菜菜菜菜菜菜菜
0615	浅 (얕을 천)	せん	あさ・い	총 9획	浅浅浅浅浅浅浅浅浅
0616	清 (맑을 청)	せい	きよ・い	총 11획	清清清清清清清清清清清
0617	初 (처음 초)	しょ	はじ・め	총 7획	初初初初初初初
0618	最 (가장 최)	さい	もっと・も	총 12획	最最最最最最最最最最最最
0619	祝 (빌 축)	しゅく	いわ・う	총 9획	祝祝祝祝祝祝祝祝祝
0620	沖 (화할 충)	ちゅう	おき	총 7획	沖沖沖沖沖沖沖
0621	側 (곁 측)	そく	がわ	총 11획	側側側側側側側側側側側

번호	한자	음	훈	총 획수
0622	置 (둘 치)	ち	お・く	총 13획
0623	治 (다스릴 치)	じ	なお・る	총 8획
0624	特 (특별할 특)	とく	―	총 10획
0625	阪 (언덕 판)	はん	さか	총 7획
0626	敗 (패할 패)	はい	やぶ・れる	총 11획
0627	便 (편할 편)	べん	たよ・り	총 9획
0628	包 (쌀 포)	ほう	つつ・む	총 5획
0629	票 (표 표)	ひょう	―	총 11획
0630	標 (표할 표)	ひょう	―	총 15획

No.	漢字	음	훈	한국어 뜻/음	총획
0631	必	ひつ	かなら・ず	반드시 필	총 5획
0632	賀	が	―	하례할 하	총 12획
0633	害	がい	―	해할 해	총 10획
0634	香	こう	かお・り	향기 향	총 9획
0635	験	けん	―	시험 험	총 18획
0636	協	きょう	―	화합할 협	총 8획
0637	好	こう	この・む	좋을 호	총 6획
0638	貨	か	―	재물 화	총 11획
0639	栃	―	とち	상수리나무 회	총 9획

번호	한자	음	훈	획수
0640	候 (기후 후)	こう	そうろう	총 10획
0641	訓 (가르칠 훈)	くん	―	총 10획
0642	希 (바랄 희)	き	―	총 7획
0643	価 (편값 가)	か	あたい	총 8획
0644	仮 (거짓 가)	か	かり	총 6획
0645	可 (옳을 가)	か	―	총 5획
0646	刊 (새길 간)	かん	―	총 5획
0647	幹 (줄기 간)	かん	みき	총 13획
0648	減 (덜 감)	げん	へ・る	총 12획

№	漢字	音	訓	획수
0649	講 (외울 강)	こう	—	총 17획
0650	個 (낱 개)	こ	—	총 10획
0651	居 (살 거)	きょ	い・る	총 8획
0652	件 (물건 건)	けん	—	총 6획
0653	検 (검사할 검)	けん	—	총 12획
0654	格 (격식 격)	かく	—	총 10획
0655	潔 (깨끗할 결)	けつ	いさぎよ・い	총 15획
0656	経 (지날 경)	けい	へ・る	총 11획
0657	耕 (밭 갈 경)	こう	たがや・す	총 10획

0658				총 14획	境境境境境境境境境境境境境境
境 지경 경	음 きょう 훈 さかい	境			

0659				총 9획	故故故故故故故故故
故 연고 고	음 こ 훈 ゆえ	故			

0660				총 7획	告告告告告告告
告 고할 고	음 こく 훈 つ・げる	告			

0661				총 12획	過過過過過過過過過過過過
過 지날 과	음 か 훈 す・ぎる	過			

0662				총 14획	慣慣慣慣慣慣慣慣慣慣慣慣慣慣
慣 익숙할 관	음 かん 훈 な・れる	慣			

0663				총 13획	鉱鉱鉱鉱鉱鉱鉱鉱鉱鉱鉱鉱鉱
鉱 쇳돌 광	음 こう 훈 ―	鉱			

0664				총 5획	句句句句句
句 글귀 구	음 く 훈 ―	句			

0665				총 11획	救救救救救救救救救救救
救 구원할 구	음 きゅう 훈 すく・う	救			

0666				총 14획	構構構構構構構構構構構構構構
構 얽을 구	음 こう 훈 かま・う	構			

유하다요 일본어 상용한자 1026

0667
旧 옛 구
- 음: きゅう
- 훈: —
- 총 5획 | 旧旧旧旧旧

0668
久 오랠 구
- 음: きゅう
- 훈: ひさ・しい
- 총 3획 | 久久久

0669
規 법 규
- 음: き
- 훈: —
- 총 11획 | 規規規規規規規規規規規

0670
均 고를 균
- 음: きん
- 훈: —
- 총 7획 | 均均均均均均均

0671
禁 금할 금
- 음: きん
- 훈: —
- 총 13획 | 禁禁禁禁禁禁禁禁禁禁禁禁禁

0672
紀 벼리 기
- 음: き
- 훈: —
- 총 9획 | 紀紀紀紀紀紀紀紀紀

0673
寄 부칠 기
- 음: き
- 훈: よ・る
- 총 11획 | 寄寄寄寄寄寄寄寄寄寄寄

0674
技 재주 기
- 음: ぎ
- 훈: わざ
- 총 7획 | 技技技技技技技

0675
基 터 기
- 음: き
- 훈: もと
- 총 11획 | 基基基基基基基基基基基

번호	한자	음	훈	획수
0676	能 (능할 능)	のう	—	총 10획
0677	断 (끊을 단)	だん	ことわ·る	총 11획
0678	団 (둥글 단)	だん	—	총 6획
0679	堂 (집 당)	どう	—	총 11획
0680	貸 (빌릴 대)	たい	か·す	총 12획
0681	導 (인도할 도)	どう	みちび·く	총 15획
0682	毒 (독 독)	どく	—	총 8획
0683	独 (홀로 독)	どく	ひと·り	총 9획
0684	銅 (구리 동)	どう	—	총 14획

0685
得 얻을 득
- 음: とく
- 훈: え・る
- 총 11획

0686
略 간략할 략(약)
- 음: りゃく
- 훈: —
- 총 11획

0687
歷 지날 력(역)
- 음: れき
- 훈: —
- 총 14획

0688
領 거느릴 령(영)
- 음: りょう
- 훈: —
- 총 14획

0689
留 머무를 류(유)
- 음: りゅう
- 훈: と・まる
- 총 10획

0690
脈 줄기 맥
- 음: みゃく
- 훈: —
- 총 10획

0691
綿 솜 면
- 음: めん
- 훈: わた
- 총 14획

0692
夢 꿈 몽
- 음: む
- 훈: ゆめ
- 총 13획

0693
墓 무덤 묘
- 음: ぼ
- 훈: はか
- 총 13획

번호	한자	음	훈	획수
0694	武 (호반 무)	ぶ	—	총 8획
0695	務 (힘쓸 무)	む	つと・める	총 11획
0696	貿 (무역할 무)	ぼう	—	총 12획
0697	迷 (미혹할 미)	めい	まよ・う	총 9획
0698	防 (막을 방)	ぼう	ふせ・ぐ	총 7획
0699	犯 (범할 범)	はん	おか・す	총 5획
0700	弁 (말씀 변)	べん	—	총 5획
0701	報 (갚을 보)	ほう	むく・いる	총 12획
0702	保 (지킬 보)	ほ	たも・つ	총 9획

No.	漢字	音	訓	획수
0703	複 (겹칠 복)	ふく	—	총 14획
0704	復 (회복할 복)	ふく	—	총 12획
0705	婦 (며느리 부)	ふ	—	총 11획
0706	粉 (가루 분)	ふん	こな	총 10획
0707	仏 (부처 불)	ぶつ	ほとけ	총 4획
0708	備 (갖출 비)	び	そな・える	총 12획
0709	比 (견줄 비)	ひ	くら・べる	총 4획
0710	肥 (살찔 비)	ひ	こ・える	총 8획
0711	費 (쓸 비)	ひ	つい・やす	총 12획

0712
非 아닐 비
- 음: ひ
- 훈: ―
- 총 8획: ノ ナ ナ 扌 非 非 非 非

0713
貧 가난할 빈
- 음: ひん
- 훈: まず・しい
- 총 11획: 貧 貧 貧 貧 貧 貧 貧 貧 貧 貧 貧

0714
飼 기를 사
- 음: し
- 훈: か・う
- 총 13획: 飼 飼 飼 飼 飼 飼 飼 飼 飼 飼 飼 飼 飼

0715
似 닮을 사
- 음: じ
- 훈: に・る
- 총 7획: 似 似 似 似 似 似 似

0716
史 사기 사
- 음: し
- 훈: ―
- 총 5획: 史 史 史 史 史

0717
謝 사례할 사
- 음: しゃ
- 훈: あやま・る
- 총 17획: 謝 謝 謝 謝 謝 謝 謝 謝 謝 謝 謝 謝 謝 謝 謝 謝 謝

0718
士 선비 사
- 음: し
- 훈: ―
- 총 3획: 一 十 士

0719
師 스승 사
- 음: し
- 훈: ―
- 총 10획: 師 師 師 師 師 師 師 師 師 師

0720
査 조사할 사
- 음: さ
- 훈: ―
- 총 9획: 査 査 査 査 査 査 査 査 査

0721				총 8획	舍舍舍舍舍舍舍舍
舍 집 사	음 しゃ 훈 ―	舍			

0722				총 14획	酸酸酸酸酸酸酸酸酸酸酸酸酸酸
酸 실 산	음 さん 훈 す・い	酸			

0723				총 10획	殺殺殺殺殺殺殺殺殺殺
殺 죽일 살	음 さつ 훈 ころ・す	殺			

0724				총 14획	像像像像像像像像像像像像像像
像 모양 상	음 ぞう 훈 ―	像			

0725				총 15획	賞賞賞賞賞賞賞賞賞賞賞賞賞賞賞
賞 상줄 상	음 しょう 훈 ―	賞			

0726				총 12획	象象象象象象象象象象象象
象 코끼리 상	음 ぞう 훈 ―	象			

0727				총 11획	常常常常常常常常常常常
常 항상 상	음 じょう 훈 つね	常			

0728				총 7획	狀狀狀狀狀狀狀
狀 형상 상	음 じょう 훈 ―	狀			

0729				총 7획	序序序序序序序
序 차례 서	음 じょ 훈 ―	序			

0730
設 베풀 설
- 음: せつ
- 훈: もう・ける

|총 11획|

0731
性 성품 성
- 음: せい
- 훈: —

|총 8획|

0732
税 세금 세
- 음: ぜい
- 훈: —

|총 12획|

0733
勢 형세 세
- 음: せい
- 훈: いきお・い

|총 13획|

0734
素 본디 소
- 음: そ
- 훈: —

|총 10획|

0735
属 무리 속
- 음: ぞく
- 훈: —

|총 12획|

0736
損 덜 손
- 음: そん
- 훈: そこ・なう

|총 13획|

0737
率 비율 률
- 음: りつ
- 훈: ひき・いる

|총 11획|

0738
修 닦을 수
- 음: しゅう
- 훈: おさ・める

|총 10획|

No.	漢字	音	訓	총획	필순
0739	輸 (보낼 수)	ゆ	—	총 16획	輸輸輸輸輸輸輸輸輸輸輸輸
0740	術 (재주 술)	じゅつ	—	총 11획	術術術術術術術術術術
0741	授 (줄 수)	じゅ	さず・かる	총 11획	授授授授授授授授授授
0742	述 (펼 술)	じゅつ	の・べる	총 8획	述述述述述述述述
0743	示 (보일 시)	じ	しめ・す	총 5획	示示示示示
0744	識 (알 식)	しき	—	총 19획	識識識識識識識識識識識識識識識
0745	眼 (눈 안)	がん	まなこ	총 11획	眼眼眼眼眼眼眼眼眼眼
0746	圧 (누를 압)	あつ	—	총 5획	圧圧圧圧圧
0747	額 (이마 액)	がく	ひたい	총 18획	額額額額額額額額額額額額額額額

0748
液 진 액
- 음: えき
- 훈: —
- 총 11획

0749
桜 앵두나무 앵
- 음: おう
- 훈: さくら
- 총 10획

0750
余 남을 여
- 음: よ
- 훈: あま・る
- 총 7획

0751
逆 거스릴 역
- 음: ぎゃく
- 훈: さか・らう
- 총 9획

0752
燃 탈 연
- 음: ねん
- 훈: も・える
- 총 16획

0753
演 펼 연
- 음: えん
- 훈: —
- 총 14획

0754
営 경영할 영
- 음: えい
- 훈: いとな・む
- 총 12획

0755
永 길 영
- 음: えい
- 훈: なが・い
- 총 5획

0756
往 갈 왕
- 음: おう
- 훈: —
- 총 8획

No.	漢字	음훈	음	훈	총획	필순
0757	容	얼굴 용	よう	—	총 10획	容容容容容容容容容容
0758	囲	에워쌀 위	い	かこ・む	총 7획	囲囲囲囲囲囲囲
0759	衛	지킬 위	えい	—	총 16획	衛衛衛衛衛衛衛衛衛衛衛衛衛衛衛衛
0760	応	응할 응	おう	こた・える	총 7획	応応応応応応応
0761	義	옳을 의	ぎ	—	총 13획	義義義義義義義義義義義義義
0762	易	쉬울 이	い	やさ・しい	총 8획	易易易易易易易易
0763	移	옮길 이	い	うつ・す	총 11획	移移移移移移移移移移移
0764	益	더할 익	えき	—	총 10획	益益益益益益益益益益
0765	因	인할 인	いん	よ・る	총 6획	因因因因因因

| 0766 | 任 맡길 임 | 음: にん / 훈: まか・せる | 총 6획 | 任 亻 仁 仟 任 任 |

| 0767 | 資 재물 자 | 음: し / 훈: — | 총 13획 | 資 資 資 資 資 資 資 資 資 資 資 資 資 |

| 0768 | 雜 섞일 잡 | 음: ざつ / 훈: — | 총 14획 | 雜 |

| 0769 | 張 베풀 장 | 음: ちょう / 훈: は・る | 총 11획 | 張 |

| 0770 | 再 두 재 | 음: さい / 훈: ふたた・び | 총 6획 | 再 |

| 0771 | 在 있을 재 | 음: ざい / 훈: あ・る | 총 6획 | 在 |

| 0772 | 財 재물 재 | 음: ざい / 훈: — | 총 10획 | 財 |

| 0773 | 災 재앙 재 | 음: さい / 훈: わざわ・い | 총 7획 | 災 |

| 0774 | 貯 쌓을 저 | 음: ちょ / 훈: た・める | 총 12획 | 貯 |

번호	한자	음	훈	총 획수
0775	績 (길쌈할 적)	せき	—	총 17획
0776	適 (맞을 적)	てき	—	총 14획
0777	絶 (끊을 절)	ぜつ	た・える	총 12획
0778	接 (이을 접)	せつ	つ・ぐ	총 11획
0779	情 (뜻 정)	じょう	なさ・け	총 11획
0780	停 (머무를 정)	てい	と・まる	총 11획
0781	政 (정사 정)	せい	まつりごと	총 9획
0782	精 (정할 정)	せい	—	총 14획
0783	程 (한도 정)	てい	ほど	총 12획

0784	提 끌 제	음 てい 훈 さ・げる		총 12획
0785	制 절제할 제	음 せい 훈 —		총 8획
0786	際 즈음 제	음 さい 훈 きわ		총 14획
0787	製 지을 제	음 せい 훈 —		총 14획
0788	条 가지 조	음 じょう 훈 —		총 7획
0789	造 지을 조	음 ぞう 훈 つく・る		총 10획
0790	祖 할아비 조	음 そ 훈 —		총 9획
0791	罪 허물 죄	음 ざい 훈 つみ		총 13획
0792	準 준할 준	음 じゅん 훈 —		총 13획

번호	한자	음	훈	총 획수
0793	増 더할 증	ぞう	ふ・える	총 14획
0794	証 증거 증	しょう	—	총 12획
0795	枝 가지 지	し	えだ	총 8획
0796	志 뜻 지	し	こころざし	총 7획
0797	支 지탱할 지	し	ささ・える	총 4획
0798	職 직분 직	しょく	—	총 18획
0799	織 짤 직	しき	お・る	총 18획
0800	質 바탕 질	しつ	—	총 15획
0801	賛 도울 찬	さん	—	총 15획

번호	한자	음	훈	총획
0802	採 (캘 채)	さい	と・る	총 11획
0803	責 (꾸짖을 책)	せき	せ・める	총 11획
0804	妻 (아내 처)	さい	つま	총 8획
0805	招 (부를 초)	しょう	まね・く	총 8획
0806	総 (거느릴 총)	そう	―	총 14획
0807	築 (쌓을 축)	ちく	きず・く	총 16획
0808	測 (헤아릴 측)	そく	はか・る	총 12획
0809	則 (법칙 칙)	そく	―	총 9획
0810	快 (쾌할 쾌)	かい	こころよ・い	총 7획

번호	한자	훈/음	음	훈	쓰기	총 획수	필순
0811	態	모습 태	たい	―	態	총 14획	態態態態態態態態態態
0812	統	거느릴 통	とう	す・べる	統	총 12획	統統統統統統統統統統統
0813	破	깨뜨릴 파	は	やぶ・る	破	총 10획	破破破破破破破破破破
0814	判	판단할 판	はん	―	判	총 7획	判判判判判判判
0815	版	판목 판	はん	―	版	총 8획	版版版版版版版版
0816	編	엮을 편	へん	あ・む	編	총 15획	編編編編編編編編編編編編編編編
0817	評	평할 평	ひょう	―	評	총 12획	評評評評評評評評評評評評
0818	布	베 포	ふ	ぬの	布	총 5획	布布布布布
0819	暴	사나울 폭	ぼう	あば・く	暴	총 15획	暴暴暴暴暴暴暴暴暴暴暴暴暴暴暴

번호	한자	음	훈	총획
0820	豊 (풍년 풍)	ほう	ゆた・か	총 13획
0821	河 (물 하)	か	かわ	총 8획
0822	限 (한할 한)	げん	かぎ・る	총 8획
0823	航 (배 항)	こう	ー	총 10획
0824	解 (풀 해)	かい	と・く	총 13획
0825	許 (허락할 허)	きょ	ゆる・す	총 11획
0826	険 (험할 험)	けん	けわ・しい	총 11획
0827	現 (나타날 현)	げん	あらわ・す	총 11획
0828	型 (모형 형)	けい	かた	총 9획

No.	漢字	音	訓	총 획수
0829	護 (도울 호)	ご	ー	총 20획
0830	混 (섞을 혼)	こん	こ・む	총 11획
0831	確 (굳을 확)	かく	たし・か	총 15획
0832	効 (본받을 효)	こう	き・く	총 8획
0833	厚 (두터울 후)	こう	あつ・い	총 9획
0834	興 (일 흥)	きょう	おこ・す	총 16획
0835	喜 (기쁠 희)	き	よろこ・ぶ	총 12획
0836	刻 (새길 각)	こく	きざ・む	총 8획
0837	閣 (집 각)	かく	ー	총 14획

번호	한자	음	훈	총획
0838	簡 (간략할 간)	かん	—	총 18획
0839	干 (방패 간)	かん	ほ・す	총 3획
0840	看 (볼 간)	かん	—	총 9획
0841	鋼 (강철 강)	こう	はがね	총 16획
0842	降 (내릴 강)	こう	ふ・る	총 10획
0843	激 (격할 격)	げき	はげ・しい	총 16획
0844	絹 (비단 견)	けん	きぬ	총 13획
0845	警 (경계할 경)	けい	—	총 19획
0846	敬 (공경 경)	けい	うやま・う	총 12획

번호	한자	음	훈	총획	쓰기
0847	系 맬 계	けい	—	총 7획	系系系系系系系
0848	届 이를 계	—	とど・く	총 8획	届届届届届届届届
0849	穀 곡식 곡	こく	—	총 14획	穀穀穀穀穀穀穀穀穀穀穀穀穀穀
0850	困 곤할 곤	こん	こま・る	총 7획	困困困困困困困
0851	骨 뼈 골	こつ	ほね	총 10획	骨骨骨骨骨骨骨骨骨骨
0852	供 이바지할 공	きょう	そな・える	총 8획	供供供供供供供供
0853	券 문서 권	けん	—	총 8획	券券券券券券券券
0854	権 권세 권	けん	—	총 15획	権権権権権権権権権権権権権権権
0855	巻 책 권	かん	ま・く	총 9획	巻巻巻巻巻巻巻巻巻

번호	한자	음	훈	총획
0856	机 (책상 궤)	き	つくえ	총 6획
0857	貴 (귀할 귀)	き	とうと・い	총 12획
0858	劇 (심할 극)	げき	―	총 15획
0859	勤 (부지런할 근)	きん	つと・める	총 12획
0860	筋 (힘줄 근)	きん	すじ	총 12획
0861	己 (몸 기)	こ	おのれ	총 3획
0862	暖 (따뜻할 난)	だん	あたた・かい	총 13획
0863	難 (어려울 난)	なん	むずか・しい	총 18획
0864	納 (들일 납)	のう	おさ・める	총 10획

| 0865 | 脳 | 음 のう | 훈 ー | 골 뇌 | 총 11획 | 脳 脳 脳 脳 脳 脳 脳 脳 脳 |

| 0866 | 段 | 음 だん | 훈 ー | 층계 단 | 총 9획 | 段 段 段 段 段 段 段 段 |

| 0867 | 担 | 음 たん | 훈 にな・う | 멜 담 | 총 8획 | 担 担 担 担 担 担 担 |

| 0868 | 党 | 음 とう | 훈 ー | 무리 당 | 총 10획 | 党 党 党 党 党 党 党 党 党 |

| 0869 | 糖 | 음 とう | 훈 ー | 엿 당 | 총 16획 | 糖 糖 糖 糖 糖 糖 糖 糖 糖 糖 糖 糖 |

| 0870 | 宅 | 음 たく | 훈 ー | 댁 댁 | 총 6획 | 宅 宅 宅 宅 宅 宅 |

| 0871 | 卵 | 음 らん | 훈 たまご | 알 란(난) | 총 7획 | 卵 卵 卵 卵 卵 卵 卵 |

| 0872 | 乱 | 음 らん | 훈 みだ・れる | 어지러울 란(난) | 총 7획 | 乱 乱 乱 乱 乱 乱 乱 |

| 0873 | 覧 | 음 らん | 훈 ー | 볼 람(남) | 총 17획 | 覧 覧 覧 覧 覧 覧 覧 覧 覧 覧 覧 覧 覧 |

0874
朗 밝을 랑(낭)
- 음: ろう
- 훈: ほが・らか
- 총 10획

0875
論 논할 론(논)
- 음: ろん
- 훈: ―
- 총 15획

0876
律 법칙 률(율)
- 음: りつ
- 훈: ―
- 총 9획

0877
裏 속 리(이)
- 음: り
- 훈: うら
- 총 13획

0878
臨 임할 림(임)
- 음: りん
- 훈: のぞ・む
- 총 18획

0879
幕 장막 막
- 음: まく
- 훈: ―
- 총 13획

0880
晩 늦을 만
- 음: ばん
- 훈: ―
- 총 12획

0881
忘 잊을 망
- 음: ぼう
- 훈: わす・れる
- 총 7획

0882
亡 망할 망
- 음: ぼう
- 훈: な・い
- 총 3획

번호	한자	음	훈	총획
0883	枚 낱 매	まい	―	총 8획
0884	盟 맹세 맹	めい	―	총 13획
0885	模 본뜰 모	ぼ	―	총 14획
0886	暮 저물 모	ぼ	く・らす	총 14획
0887	密 빽빽할 밀	みつ	―	총 11획
0888	班 나눌 반	はん	―	총 10획
0889	訪 찾을 방	ほう	たず・ねる	총 11획
0890	背 등 배	はい	せ	총 9획
0891	俳 배우 배	はい	―	총 10획

번호	한자	음	훈	총 획수
0892	拝 (절 배)	はい	おが・む	총 8획
0893	並 (나란히 병)	へい	なら・ぶ	총 8획
0894	補 (기울 보)	ほ	おぎな・う	총 12획
0895	宝 (보배 보)	ほう	たから	총 8획
0896	腹 (배 복)	ふく	はら	총 13획
0897	棒 (막대 봉)	ぼう	―	총 12획
0898	否 (아닐 부)	ひ	いな	총 7획
0899	奮 (떨칠 분)	ふん	ふる・う	총 16획
0900	批 (비평할 비)	ひ	―	총 7획

번호	한자	음	훈	훈/음(한국)	총획
0901	秘	ひ	ひ・める	숨길 비	총 10획
0902	詞	し	—	글 사	총 12획
0903	砂	さ	すな	모래 사	총 9획
0904	捨	しゃ	す・てる	버릴 사	총 11획
0905	私	し	わたし	사사 사	총 7획
0906	射	しゃ	い・る	쏠 사	총 10획
0907	傷	しょう	きず	다칠 상	총 13획
0908	署	しょ	—	마을 서	총 13획
0909	宣	せん	—	베풀 선	총 9획

번호	한자	음	훈	총 획수
0910	善 (착할 선)	ぜん	よ・い	총 12획
0911	舌 (혀 설)	ぜつ	した	총 6획
0912	聖 (성인 성)	せい	—	총 13획
0913	盛 (성할 성)	せい	も・る	총 11획
0914	誠 (정성 성)	せい	まこと	총 13획
0915	洗 (씻을 세)	せん	あら・う	총 9획
0916	収 (거둘 수)	しゅう	おさ・める	총 4획
0917	樹 (나무 수)	じゅ	—	총 16획
0918	垂 (드리울 수)	すい	た・れる	총 8획

| 0919 | 熟 익을 숙 | 음: じゅく 훈: う・れる | 총 15획 | 熟熟熟熟熟熟熟孰孰孰孰孰熟熟熟 |

| 0920 | 純 순수할 순 | 음: じゅん 훈: ― | 총 10획 | 純純純純純純純純純純 |

| 0921 | 承 이을 승 | 음: しょう 훈: うけたまわ・る | 총 8획 | 承了子子手承承承 |

| 0922 | 視 볼 시 | 음: し 훈: ― | 총 11획 | 視視視視視視視視視視視 |

| 0923 | 我 나 아 | 음: が 훈: われ | 총 7획 | 我我我我我我我 |

| 0924 | 若 같을 약 | 음: じゃく 훈: わか・い | 총 8획 | 若若若若若若若若 |

| 0925 | 厳 엄할 엄 | 음: げん 훈: きび・しい | 총 17획 | 厳厳厳厳厳厳厳厳厳厳厳厳厳厳厳厳厳 |

| 0926 | 訳 번역할 역 | 음: やく 훈: わけ | 총 11획 | 訳訳訳訳訳訳訳訳訳訳訳 |

| 0927 | 域 지경 역 | 음: いき 훈: ― | 총 11획 | 域域域域域域域域域域域 |

번호	한자	음	훈	총획
0928	延 (늘일 연)	えん	の・ばす	총 8획
0929	沿 (물 따라갈 연)	えん	そ・う	총 8획
0930	染 (물들 염)	せん	そ・める	총 9획
0931	映 (비칠 영)	えい	うつ・る	총 9획
0932	預 (맡길 예)	よ	あず・ける	총 13획
0933	誤 (그르칠 오)	ご	あやま・る	총 14획
0934	欲 (하고자 할 욕)	よく	ほ・しい	총 11획
0935	優 (뛰어날 우)	ゆう	やさ・しい	총 17획
0936	郵 (우편 우)	ゆう	—	총 11획

번호	한자	음	훈	획수
0937	宇 (집 우)	う	ー	총 6획
0938	源 (근원 원)	げん	みなもと	총 13획
0939	胃 (위장 위)	い	ー	총 9획
0940	危 (위태할 위)	き	あぶ・ない	총 6획
0941	遺 (남길 유)	い	ー	총 15획
0942	幼 (어릴 유)	よう	おさな・い	총 5획
0943	乳 (젖 유)	にゅう	ちち	총 8획
0944	恩 (은혜 은)	おん	ー	총 10획
0945	疑 (의심할 의)	ぎ	うたが・う	총 14획

번호	한자	음	훈	뜻	총 획수
0946	異	い	こと	다를 이(리)	총 11획
0947	翌	よく	—	다음날 익	총 11획
0948	仁	じん	—	어질 인	총 4획
0949	賃	ちん	—	품삯 임	총 13획
0950	認	にん	みと·める	알 인	총 14획
0951	姿	し	すがた	모양 자	총 9획
0952	磁	じ	—	자석 자	총 14획
0953	装	しょう	よそお·う	꾸밀 장	총 12획
0954	蔵	ぞう	くら	감출 장	총 15획

0955
障 막을 장
- 음: しょう
- 훈: さわ・る
- 총 14획

0956
臟 오장 장
- 음: ぞう
- 훈: ―
- 총 19획

0957
将 장수 장
- 음: しょう
- 훈: ―
- 총 10획

0958
腸 창자 장
- 음: ちょう
- 훈: ―
- 총 13획

0959
裁 마를 재
- 음: さい
- 훈: さば・く
- 총 12획

0960
著 나타날 저
- 음: ちょ
- 훈: いちじる・しい
- 총 11획

0961
敵 대적할 적
- 음: てき
- 훈: かたき
- 총 15획

0962
錢 돈 전
- 음: せん
- 훈: ぜに
- 총 14획

0963
専 오로지 전
- 음: せん
- 훈: もっぱ・ら
- 총 9획

번호	한자	음	훈	총획
0964	展 (펼 전)	てん	—	총 10획
0965	頂 (정수리 정)	ちょう	いただ・く	총 11획
0966	済 (건널 제)	さい	す・む	총 11획
0967	除 (덜 제)	じょ	のぞ・く	총 10획
0968	諸 (모두 제)	しょ	—	총 15획
0969	潮 (밀물 조)	ちょう	しお	총 15획
0970	操 (잡을 조)	そう	あやつ・る	총 16획
0971	尊 (높을 존)	そん	とうと・い	총 12획
0972	存 (있을 존)	そん	—	총 6획

번호	한자	음	훈	총획
0973	宗 (마루 종)	しゅう	―	총 8획
0974	縱 (세로 종)	じゅう	たて	총 16획
0975	從 (좇을 종)	じゅう	したが・う	총 10획
0976	座 (자리 좌)	ざ	すわ・る	총 10획
0977	株 (그루 주)	―	かぶ	총 10획
0978	奏 (아뢸 주)	そう	かな・でる	총 9획
0979	宙 (집 주)	ちゅう	―	총 8획
0980	衆 (무리 중)	しゅう	―	총 12획
0981	蒸 (찔 증)	じょう	む・す	총 13획

0982
誌 기록할 지
- 음: し
- 훈: —
- 총 14획: 誌誌誌誌誌誌誌誌誌誌誌誌誌誌

0983
至 이를 지
- 음: し
- 훈: いた・る
- 총 6획: 至至至至至至

0984
窓 창 창
- 음: そう
- 훈: まど
- 총 11획: 窓窓窓窓窓窓窓窓窓窓窓

0985
創 비롯할 창
- 음: そう
- 훈: つく・る
- 총 12획: 創創創創創創創創創創創創

0986
策 꾀 책
- 음: さく
- 훈: —
- 총 12획: 策策策策策策策策策策策策

0987
冊 책 책
- 음: さつ
- 훈: —
- 총 5획: 冊冊冊冊冊

0988
処 곳 처
- 음: しょ
- 훈: —
- 총 5획: 処処処処処

0989
尺 자 척
- 음: しゃく
- 훈: —
- 총 4획: 尺尺尺尺

0990
泉 샘 천
- 음: せん
- 훈: いずみ
- 총 9획: 泉泉泉泉泉泉泉泉泉

번호	한자	음	훈	총획
0991	蚕	さん	かいこ	총 10획
0992	庁	ちょう	—	총 5획
0993	寸	すん	—	총 3획
0994	推	すい	お・す	총 11획
0995	縮	しゅく	ちぢ・む	총 17획
0996	忠	ちゅう	—	총 8획
0997	就	しゅう	つ・く	총 12획
0998	層	そう	—	총 14획
0999	値	ち	ね	총 10획

- 0991 蚕 지렁이 천
- 0992 庁 관청 청
- 0993 寸 마디 촌
- 0994 推 밀 추
- 0995 縮 줄일 축
- 0996 忠 충성 충
- 0997 就 나아갈 취
- 0998 層 층 층
- 0999 値 값 치

No.	한자	음	훈	획수
1000	針 (바늘 침)	しん	はり	총 10획
1001	誕 (낳을 탄)	たん	―	총 15획
1002	探 (찾을 탐)	たん	さが·す	총 11획
1003	討 (칠 토)	とう	う·つ	총 10획
1004	痛 (아플 통)	つう	いた·い	총 12획
1005	退 (물러날 퇴)	たい	しりぞ·く	총 9획
1006	派 (갈래 파)	は	―	총 9획
1007	片 (조각 편)	へん	かた	총 4획
1008	閉 (닫을 폐)	へい	し·める	총 11획

1009	陛	음 へい	훈 ―	대궐 섬돌 **폐**		총 10획	陛陛陛陛陛陛陛陛陛陛
1010	肺	음 はい	훈 ―	허파 **폐**		총 9획	肺肺肺肺肺肺肺肺肺
1011	俵	음 ひょう	훈 たわら	나누어 줄 **표**		총 10획	俵俵俵俵俵俵俵俵俵俵
1012	割	음 かつ	훈 わ・る	벨 **할**		총 12획	割割割割割割割割割割割割
1013	郷	음 きょう	훈 ―	시골 **향**		총 11획	郷郷郷郷郷郷郷郷郷郷郷
1014	憲	음 けん	훈 ―	법 **헌**		총 16획	憲憲憲憲憲憲憲憲憲憲憲憲憲憲憲憲
1015	革	음 かく	훈 かわ	가죽 **혁**		총 9획	革革革革革革革革革
1016	穴	음 けつ	훈 あな	구멍 **혈**		총 5획	穴穴穴穴穴
1017	呼	음 こ	훈 よ・ぶ	부를 **호**		총 8획	呼呼呼呼呼呼呼呼

번호	한자	음	훈	총획
1018	紅 붉을 홍	こう	べに	총 9획
1019	孝 효도 효	こう	―	총 7획
1020	拡 넓힐 확	かく	―	총 8획
1021	皇 임금 황	こう	―	총 9획
1022	灰 재 회	かい	はい	총 6획
1023	后 뒤 후	こう	―	총 6획
1024	胸 가슴 흉	きょう	むね	총 10획
1025	揮 휘두를 휘	き	―	총 12획
1026	吸 마실 흡	きゅう	す・う	총 6획

유하다요 일본어 상용한자 1026
쓰기노트

유하다요

JLPT
일본어 전문 인강의 노하우를 다 담았다!

기출어휘, 기출문법 완벽 정리부터 실전 연습까지 합격을 위한 커리큘럼

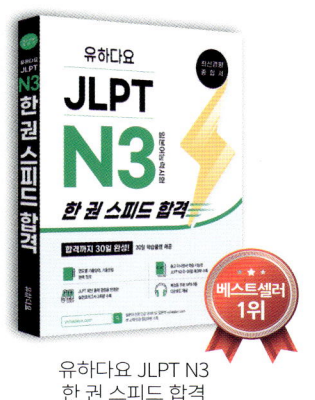

유하다요 JLPT N3
한 권 스피드 합격

유하다요 JLPT N2
한 권 스피드 합격

유하다요 JLPT N1
한 권 스피드 합격

알라딘 JLPT 분야 및 일본어 통합 분야 1위 (2024.4.18~2024.4.24)

회화
원어민 발음을 들으면서 학습하는 섀도잉 회화

반말일본어 시즌1 교과서편
상황별로 친구들끼리 나누는 회화 학습

반말일본어 시즌2 실전편
최근 유행어를 섞은 자연스러운 회화 학습

데스마스 회화
자연스러운일본어 정중체 학습

일본백서
일본 문화와 생활에 도움되는 꿀팁 강의

아르바이트 일본어
업종별 리얼한 아르바이트 용어와 상황 학습

쉽게 배우는 일본어 유하다요 yuhadayo.com

유하다요 일본어를 선택해야 하는 이유!

실제 수강생 후기들로 확인하세요!

유하다요 수강생 이**

까막눈이었던 제게 한자도 공부하면 된다는 걸 알려준 유하다요 넘 감사합니다ㅜㅜ 나랑 한자는 진짜 안 맞는가 보다 하고 포기할 뻔했는데 이렇게 결과로 나오니 앞으로도 더 열심히 할 수 있을 것 같아요!! 모르는 단어 나오면 흐린 눈 하고 넘기기에 바빴는데 이제 새로운 한자도 무섭지 않아요>< 감사합니다♡

유하다요 수강생 김**

시험준비를 위한 공부였긴하지만, 사실 현실에 필요하고 쓸만한 단어들위주로 콕콕 찝어주는게 너무 마음에 들었습니다. 사실 학자가 될것도 아니고, 실생활에 잘쓰이고, 유용한표현을 익히는게 시험준비뿐 아니라, 여행이나 비즈니스를 위해서 더 필요하다고 생각을 하는데. 그 점이 좋았습니다. 다른 일본어 공부하려는 사람들이 있다면 추천하고 싶네요.

유하다요 수강생 안**

유튜브에서 처음에 취미 삼아 보다가 이왕 할꺼 제대로 해보자 싶어서 시작했던 공부고, 일본 드라마를 볼때 예전에는 안 들리던 단어가 하나씩 들리는 게 재밌어서 매일매일 더 푹 빠졌던 것 같아요. 특히 한자 외우는 방법을 재밌게 알려주셔서 한자 공부도 저는 재밌게 했습니다.

유하다요 수강생 신**

강사님은 일본어를 유창하게 구사하시며 수업을 진행하셨고, 학생들의 이해도를 고려한 강의 방식으로 특히 실생활에서 유용한 표현과 관용어를 배울 수 있어서 매우 도움이 되었습니다.강의 중에는 많은 예시 실제 상황에서 일본어를 사용하는 연습을 할 수 있었습니다. 또한, 강의 자료와 연습 문제는 학습 내용을 복습하고 응용할 수 있도록 구성되어 있었습니다. 강의는 재미있고 유익하게 진행되었으며, 일본어에 대한 흥미와 자신감을 높일 수 있었습니다.

쉽게 배우는 일본어 유하다요 yuhadayo.com